2020年中级会计资格备考教辅配套增值服务

1.新教材变动讲解
2.学习方法直播课
3.科目讲解
4.学习答疑

①手机微信扫一扫本书封面二维码，关注“中财智会”公众号，并刮开涂层获取增值服务密码

②进入公众号，点击左下角菜单，进入“智会学院”

③在智会学院界面点击“课程”

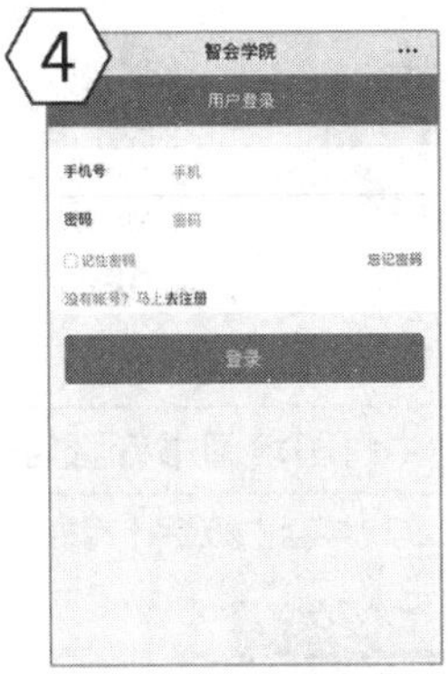

④凭手机号注册或登录您的学员账号

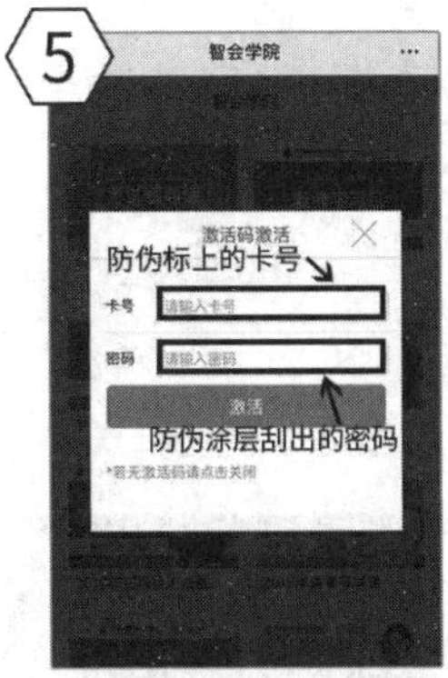

⑤返回智会学院界面点击“课程”，在弹出的激活框中，输入封面涂层内的卡号密码，激活增值服务

⑥激活成功后，即可在“课程"中使用增值服务，增值服务名称以实际激活内容为准

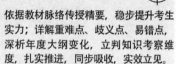

2020 中财传媒版
年度全国会计专业技术资格考试辅导系列丛书

财务管理
精讲精练

财政部中财传媒　全国会计资格考试辅导用书编写组　编

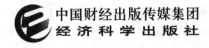

中国财经出版传媒集团
经济科学出版社

图书在版编目（CIP）数据

财务管理精讲精练/财政部中财传媒，全国会计资格考试辅导用书编写组编 .—北京：经济科学出版社，2020.2

（中财传媒版 2020 年度全国会计专业技术资格考试辅导系列丛书）

ISBN 978 – 7 – 5218 – 1311 – 1

Ⅰ. ①财… Ⅱ. ①财…②全… Ⅲ. ①财务管理 – 资格考试 – 自学参考资料 Ⅳ. ①F275

中国版本图书馆 CIP 数据核字（2020）第 020476 号

责任校对：蒋子明
责任印制：刘 军 邱 天

财务管理精讲精练

财政部中财传媒 全国会计资格考试辅导用书编写组 编
经济科学出版社出版、发行 新华书店经销
社址：北京市海淀区阜成路甲 28 号 邮编：100142
总编部电话：010 – 88191217 发行部电话：010 – 88191522
网址：http：//www. cfeac. com
天猫网店：经济科学出版社旗舰店
网址：http：//jjkxcbs. tmall. com
北京鑫海金澳胶印有限公司印装
787 × 1092 16 开 19 印张 550000 字
2020 年 2 月第 1 版 2020 年 2 月第 1 次印刷
ISBN 978 – 7 – 5218 – 1311 – 1 定价：55.00 元
（图书出现印装问题，本社负责调换。电话：010 – 88191510）
（图书内容问题联系电话：010 – 88190955）
（打击盗版举报热线：010 – 88191661，QQ：2242791300）

前　言

2020年度全国会计专业技术中级资格考试大纲及辅导教材已经出版发行。与上年相比，新大纲与新教材作了较大调整。为了帮助考生准确理解和掌握新大纲和新教材的内容、顺利通过考试，中国财经出版传媒集团本着对广大考生负责的态度，严格按照新大纲和新教材内容，组织编写了中财传媒版2020年度全国会计专业技术资格考试辅导系列丛书。

该系列丛书包括“名师点拨”“备战演练”“考前练兵”3个系列，共4套图书，具有重点把握精准、难点分析到位、题型题量贴切、模拟演练逼真等特点。

1. 名师点拨系列——精析重点难点，助力学习记忆

本系列图书共2套：名师点拨①包括《中级会计实务精讲精练》《财务管理精讲精练》《经济法精讲精练》，突出对教材变化及知识点的讲解，配以例题点津，并精选典型习题供考生巩固知识；名师点拨②包括《中级会计实务要点随身记》《财务管理要点随身记》《经济法要点随身记》，以携带方便为特点，进一步将教材中重要、易考、难以记忆的知识点进行归纳总结，以图表形式展现，帮助考生随时随地加深记忆。

2. 备战演练系列——强化实战训练，侧重大量练习

本系列图书包括《中级会计实务通关题库》《财务管理通关题库》《经济法通关题库》，突出对教材知识点的练习，针对教材的重难点内容配以大量的练习题进行演练，帮助考生巩固所学知识。该系列根据教材的内容按章编写，内容包括考情分析、基本内容框架、通关重难点例题、通关演练及参考答案和解析。

3. 考前练兵系列——系统模拟测试，全面涵盖考点

本系列图书包括《中级会计实务全真模拟试题》《财务管理全真模拟试题》《经济法全真模拟试题》，每本书包括8套试题，其题型、题量及难易程度均依照2019年度全国会计专业技术中级资格考试真题设计，每套试题附有参考答案及解析，帮助考生增强应考冲刺能力。

中国财经出版传媒集团旗下“中财智会”微信服务号为购买上述图书

的考生提供网上后续服务。考生扫描二维码关注后，可免费享有教材最新变化及学习方法直播课、科目讲解、学习答疑、每日一练等增值服务。考生还可以选择购买考试专家精心设计的考前冲刺线上模拟测试。

全国会计专业技术资格考试是我国评价选拔会计人才、促进会计人员成长的重要渠道，也是落实会计人才强国战略的重要措施。希望广大考生在认真学习教材内容的基础上，结合本丛书准确理解和全面掌握应试知识点内容，顺利通过考试，不断取得更大进步，为我国会计事业的发展作出新的更大贡献！

由于时间所限，书中难免有疏漏，敬请批评指正。

财政部中财传媒　全国会计资格考试辅导用书编写组

2020年2月

目 录

第一章 总 论

第二章 财务管理基础

第三章 预算管理

第四章 筹资管理（上）

第五章 筹资管理（下）

第六章 投资管理

第七章 营运资金管理

第八章 成本管理

第九章　收入与分配管理

第十章　财务分析与评价

第一章　总　论

考情分析

本章属于财务管理的基础章节，主要讲述企业及其组织形式，企业财务管理的内容，企业财务管理目标理论，利益冲突与协调，财务管理环节，企业财务管理体制的一般模式，影响企业财务管理体制集权与分权选择的因素，企业财务管理体制的设计原则，集权与分权相结合型财务管理体制的一般内容，财务管理技术环境、经济环境、金融环境、法律环境等方面的内容。本章内容比较简单，主要是出客观题题型。

教材变化

2020 年本章删除了部分关于“普通合伙企业和有限合伙企业”的相关表述，修改了“技术环境”的表述，增加了“期货市场”的内容，与 2019 年相比无重大变化。

考点提示

本章是财务管理的基础性章节，内容比较简单，主要是出客观题。本章需要掌握的考点主要有企业与企业财务管理、财务管理目标、利益冲突与协调、企业的社会责任、财务管理环节、企业财务管理体制、财务管理环境等。

本章考点框架

- 总论
  - 企业与企业财务管理——企业与企业财务管理
  - 财务管理目标
    - 财务管理目标
    - 利益冲突与协调
    - 企业的社会责任
  - 财务管理环节及财务管理体制
    - 财务管理环节
    - 企业财务管理体制
  - 财务管理环境——财务管理环境

考点解读及例题点津

第一单元　企业与企业财务管理

1 企业与企业财务管理

一、考点解读

（一）企业及其组织形式

1. 企业的定义及功能

（1）定义。

企业是依法设立的，以营利为目的，运用各种生产要素（土地、劳动力、资本和技术等），向市场提供商品或服务，实行自主经营、自负盈亏、独立核算的法人或其他社会经济组织。企业的目标是创造财富（或价值）。企业在创造财富（或价值）的过程中必须承担相应的社会责任。

（2）功能。

①企业是市场经济活动的主要参与者；

②企业是社会生产和服务的主要承担者；

③企业是经济社会发展的重要推动力量。

2. 企业的组织形式

典型的企业组织形式有三种：个人独资企业、合伙企业和公司制企业。

（1）个人独资企业。

①含义。个人独资企业是由一个自然人投资，全部资产为投资人个人所有，全部债务由投资者个人承担的经营实体，是非法人企业，不具有法人资格。

②优点。创立容易；经营灵活自由；不需要缴纳企业所得税。

③缺点。无限债务责任；难以从外部获得大量资金用于经营；所有权转移比较困难；企业生命有限。

（2）合伙企业。

①含义。合伙企业通常是由两个或两个以上的自然人（有时也包括法人或其他组织）合伙经营的企业。是由各合伙人遵循自愿、平等、公平、诚实信用原则订立合伙协议，共同出资、共同经营、共享收益、共担风险的营利性组织。

②分类。合伙企业，分为普通合伙企业和有限合伙企业。

普通合伙企业由普通合伙人组成，合伙人对合伙企业债务承担无限连带责任。

有限合伙企业由普通合伙人和有限合伙人组成，普通合伙人对债务承担无限连带责任，有限合伙人以其认缴的出资额为限对合伙企业债务承担责任。

③特点。普通合伙人对企业债务承担无限连带责任；合伙人转让其所有权时要经过其他合伙人的同意，有时甚至还需要修改合伙协议。

（3）公司制企业。

①含义。公司制企业是指有两个或两个以上投资人（自然人或法人）依法出资组建，有独立法人财产，自主经营、自负盈亏的法人企业。

提示 国有独资公司是有限责任公司的一种特殊形式。具体指国家单独出资、由国务院或者地方人民政府授权本级人民政府国有资产监督管理机构履行出资人职责的有限责任公司。国有独资公司的公司章程由国有资产监督管理机构制定，或者由董事会制定报国有资产监督管理机构批准。我国国有独资公司不设股东会，由国有资产监督管理机构行使股东会职权。国有资产监督管理机构可以授权公司董事会行使股东会的部分职权，决定公司的重大事项，但公司的合并、分立、解散、增加或者减少注册资本和发行公司债券，必须由国有资产监督管理机构决定。

②有限责任公司和股份有限公司的区别。

公司设立时股东人数要求不同：设立有限责任公司的股东人数可以为 1 人或 50 人以下；设立股份有限公司应有 2 人以上 200 人以下为发起人；股东的股权表现形式不同；股份转让的限制不同。

③优点。容易转让所有权；有限债务责任；无限存续；更容易筹集所需资金。

④缺点。组建公司的成本高；存在代理问题；双重课税。

（二）财务管理的内容

主要包括投资管理、筹资管理、营运资金管理、成本管理、收入与分配管理五部分内容。这五部分内容是相互联系、相互制约的。

二、例题点津

【例题 1 · 单选题】 某上市公司职业经理人在任职期间不断提高在职消费，损害股东利益。这一现象主要揭示公司制企业的缺点是（　　）。

A. 产权问题　　B. 激励问题

C. 代理问题　　D. 责权分配问题

【答案】C

【解析】所有者和经营者分开以后，所有者成为委托人，经营者成为代理人，代理人可能为了自身利益而伤害委托人利益，属于存在代理问题。

【例题 2 · 多选题】 以下各项中，属于公司制企业特点的有（　　）。

A. 企业的存续年限受限于业主的寿命

B. 有限债务责任

C. 容易转让所有权

D. 存在代理问题

【答案】BCD

【解析】公司制企业的优点：（1）容易转让所有权。（2）有限债务责任。（3）公司制企业可以无限存续，一个公司在最初的所有者和经营者退出后仍然可以继续存在。（4）公司制企业融资渠道较多，更容易筹集所需资金。公司制企业的缺点：（1）组建公司的成本高；（2）存在代理问题；（3）双重课税。所以本题选 BCD。

第二单元　财务管理目标

1 财务管理目标

一、考点解读

（一）企业财务管理目标理论（见表 1 - 1）

表 1-1

目标理论	含义	优点	缺点
利润最大化	企业财务管理以实现利润最大化为目标	①有利于企业资源的合理配置；②有利于企业整体经济效益的提高	①没有考虑资金时间价值；②没有考虑风险；③没有反映创造的利润与投入资本之间的关系；④可能导致短期财务决策倾向
股东财富最大化	企业财务管理以实现股东财富最大化为目标	①考虑了风险因素；股价通常会对风险作出反应。②在一定程度上能避免企业追求短期行为；对未来利润的预期会对股价产生重要影响。③对于上市公司而言比较容易量化，便于考核和奖惩	①只适用于上市公司，非上市公司难于应用；②股价受众多因素影响，不能准确反映企业财务管理状况；③更多强调的是股东利益，对其他相关者的利益重视不够
企业价值最大化	企业财务管理行为以实现企业的价值最大化为目标	①考虑了时间价值；②考虑了风险与报酬的关系；③能克服企业在追求利润上的短期行为；④用价值替代价格，可以避免过多受外界因素的干扰，有效规避了企业的短期行为	①过于理论化，不易操作； ②对于非上市公司，只有对企业进行专门评估才能确定其价值，不易做到客观公正
相关者利益最大化	在确定企业财务管理目标时，不能忽视企业相关利益群体的利益	①有利于企业长期稳定发展；②体现了合作共赢的价值理念，有利于实现企业经济效益和社会效益的统一；③较好地兼顾了各利益主体的利益；④体现了前瞻性和现实性的统一	过于理想化，且无法操作

提示 相关者利益最大化目标的具体内容包括：

①强调风险与报酬的均衡，将风险限制在企业可接受的范围之内；

②强调股东的首要地位，强调企业与股东之间的协调关系；

③强调对企业代理人即企业经营者的监督和控制，建立有效的激励机制；

④关心本企业普通职工的利益；

⑤不断加强与债权人的关系，培养可靠的资金供应者；

⑥关心客户的长期利益，保持销售收入的长期稳定增长；

⑦加强与供应商的协作，并注重企业形象的宣传；

⑧保持与政府部门的良好关系。

（二）各种财务管理目标之间的关系

（1）各种财务管理目标，都以股东财富最大化为基础。因为企业的创立和发展都必须以股东的投入为基础，离开了股东的投入，企业就不复存在，并且在日常经营中，股东承担着最大的义务和风险。

（2）以股东财富最大化为核心和基础，还应该考虑利益相关者的利益。因为各国公司法都规定，股东权益是剩余权益，只有满足了其他方面的利益之后才会有股东的利益。

二、例题点津

【例题1·多选题】 每股收益最大化作为财务管理目标，缺点有（　　）。

A. 没有考虑资金时间价值

B. 没有考虑投资的风险价值

C. 会导致企业短视行为

D. 没有考虑投入资本与收益的关系

【答案】ABC

【解析】每股收益最大化（企业利润/投入资本）是利润最大化的另一种表现方式，缺点有以下三点：没有考虑资金时间价值；没有考虑风险；可能导致短期财务决策倾向。

【例题2·判断题】 就上市公司而言，将股东财富最大化作为财务管理目标的缺点之一是不容易被量化。（　　）

【答案】×

【解析】对上市公司而言，股东财富最大化目标比较容易量化，便于考核和奖罚。

【例题3·单选题】 甲、乙两个企业都投资1 000万元，本年获利均为200万元，但甲企业的获利已全部转化为现金，而乙企业则全部是应收账款，财务人员在分析时认为这两个企业都获利200万元，经营效果相同，得出这种结论的是（　　）。

A. 没有考虑利润的取得时间

B. 没有考虑利润的获得和所承担风险大小的关系

C. 没有考虑所获利润和投入的关系

D. 没有考虑所获利润与企业规模大小的关系

【答案】B

【解析】甲企业的获利已全部转化为现金，而乙企业则全部是应收账款，这两个企业获得的利润风险是不相同的，所以选项B正确。

【例题4·多选题】 下列各项企业财务管理目标中，能够同时考虑避免企业追求短期行为和考虑了风险因素的财务管理目标有（　　）。

A. 利润最大化　　B. 股东财富最大化

C. 企业价值最大化　　D. 相关者利益最大化

【答案】BCD

【解析】利润最大化目标可能导致企业短期财务决策倾向，而且没有考虑风险因素，其他三个目标都能不同程度地避免企业短期行为，并考虑了风险因素。

2 利益冲突与协调

一、考点解读

将相关者利益最大化作为财务管理的目标，其首要要求就是协调相关者的利益关系，化解他们之间的矛盾冲突。协调相关者的利益冲突要把握的原则是：尽可能使企业相关者的利益分配在数量上和时间上达到动态的协调平衡。

1. 所有者和经营者的冲突与协调

（1）冲突表现。

经营者希望在创造财富的同时，能够获得更多的报酬；而所有者和股东则希望以较小的代价（支付较少报酬）实现更多的财富。

（2）协调方式。

①解聘。指通过所有者约束经营者。如果经营者绩效不佳，就解聘经营者。

②接收。指通过市场约束经营者。如果经营者决策失误，绩效不佳，该企业就可能被其他企业强行接收。

③激励。

a.“股票期权”方式：允许经营者以预先确定的条件购买本企业一定数量股份的权利，当股票的市场价格高于约定价格，经营者就会因此获取收益。

b.“绩效股”方式：企业根据经营者绩效大小给予经营者相应的股票作为报酬。

2. 所有者和债权人的冲突与协调

（1）冲突表现。

①所有者要求经营者改变借债资金的原定用途，将其用于风险更高的项目；

②所有者或股东可能未征得现有债权人同意，而要求经营者发行新债券或借入新债。

（2）协调方式。

①限制性借债：事先规定借债用途限制、借债担保条款和借债信用条件；

②收回借款或停止借款：当债权人发现企业有侵蚀其债权价值的意图时，采取收回债权的方式保护自身权益。

二、例题点津

【例题1·单选题】 下列关于财务管理目标的协调的表述中，不正确的是（　　）。

A. 加大负债的比重是剥夺债权人权益的一种方法

B. 对经营者进行激励和监督就可以解决所有者与经营者之间的矛盾

C. 接收是通过市场约束经营者，监督是通过所有者约束经营者

D. 债权人可以通过限制性借债保护自身的权益

【答案】B

【解析】即使采取了激励和监督的措施，也无法完全解决这一矛盾，因为经营者也是理性的人，也是一个独立的利益主体，他会采取对他最有利的行动，激励和监督只能缓解所有者与经营者之间的矛盾。

【例题2·多选题】公司制企业可能存在经营者和股东之间的利益冲突，解决这一冲突的方式有（　　）。

A. 解聘　　B. 接收

C. 收回借款　　D. 授予股票期权

【答案】ABD

【解析】所有者和经营者利益冲突通常可采用以下方式解决：（1）解聘；（2）接收；（3）激励（股票期权、绩效股）。所以选项ABD正确。

3 企业的社会责任

表1-2

含义	企业的社会责任是指企业在谋求所有者或股东权益最大化之外所负有的维护和增进社会利益的义务
内容	对员工的责任；对债权人责任；对消费者的责任；对社会公益的责任；对环境和资源的责任

适当地从事一些社会公益活动，有助于提高公司知名度，促进其业务活动的开展，进而使股价升高，但任何企业都无法长期单独地负担因承担社会责任而增加的成本。

第三单元　财务管理环节及财务管理体制

1 财务管理环节

一、考点解读

指企业财务管理的工作步骤与一般工作程序。一般而言，财务管理包括计划与预算（事前）、决策与控制（事中）、分析与考核（事后）。

具体内容见表1-3。

表1-3

财务管理环节		提示
计划与预算	财务预测	财务预测的主要方法有定性预测和定量预测两类
	财务计划	确定财务计划指标的方法一般有平衡法、因素法、比例法和定额法
	财务预算	财务预算编制方法包括固定预算与弹性预算、增量预算与零基预算、定期预算与滚动预算等

续表

财务管理环节		提示
决策与控制	财务决策	财务管理的核心。 财务决策的方法：（1）经验判断法：常用的方法有淘汰法、排队法、归类法；（2）定量分析法：优选对比法、数学微分法、线性规划法、概率决策法
	财务控制	方法通常有：前馈控制、过程控制、反馈控制；控制措施一般有预算控制、运营分析控制和绩效考评控制等
分析与考核	财务分析	财务分析方法有：比较分析法、比率分析法、因素分析法
	财务考核	是贯彻责任制原则的要求，也是构建激励与约束机制的关键环节

二、例题点津

【例题1·判断题】财务分析是构建激励与约束机制的关键环节。（　　）

【答案】×

【解析】财务考核是构建激励与约束机制的关键环节。

【例题2·单选题】财务管理体制是明确企业各财务层的财务权限、责任和利益的制度，其核心问题是如何确定（　　）。

A. 人事任免权限　　B. 收益分配权限

C. 财务管理权限　　D. 生产经营权限

【答案】C

【解析】财务管理体制核心问题是如何配置财务管理权限。

2 企业财务管理体制

一、考点解读

（一）财务管理的一般模式及优缺点

财务管理体制是明确企业各财务层级的财务权限、责任和利益的制度，其核心问题是如何配置财务管理权限。财务管理体制的一般模式包括：集权型财务管理体制、分权型财务管理体制、集权与分权相结合型财务管理体制。

表1-4

类型	含义	优点	缺点
集权型财务管理体制	企业对各所属单位的所有财务管理决策都进行集中统一，各所属单位没有财务决策权，企业总部财务部门不但参与决策和执行决策，在特定情况下还直接参与各所属单位的执行过程	企业内部的各项决策由总部制定和部署，可以实现一体化管理，使决策统一化、制度化得到保证；有利于在整个企业内部优化配置资源	会使个所属单位丧失主动性、积极性；也可能因为决策程序复杂丧失市场机会
分权型财务管理体制	将财务决策权和管理权完全下放到所属单位，所属单位只需将决策结果报请企业总部备案即可	有利于分散经营风险，因地制宜地解决问题，搞好各项业务	缺乏全局意识和整体意识，可能导致资金管理分散、资金成本增大
集权与分权相结合型财务管理体制	实质就是集权下的分权，即企业对各所属单位在所有重大问题的决策与处理上实行高度集权，各所属单位对日常经营活动具有较大的自主权	吸收了集权型和分权型财务管理体制各自的优点，避免了两者各自的缺点，具有较大的优越性	

提示 集权与分权相结合型财务管理体制在制度上，制定统一的内部管理制度，各所属单位应遵照执行，但可以根据自身特点加以补充；在管理上，利用企业的各项优势，对部分权限集中管理；在经营上，充分调动各所属单位的积极性。各所属单位在遵守企业统一制度的前提下，可自主制定生产经营的各项决策。

（二）影响企业财务管理体制集权与分权选择的因素

表1-5

因素	具体内容	影响方向
企业生命周期	初创阶段、快速发展阶段、稳定增长阶段、成熟阶段和衰退阶段	各个阶段特点不同，所对应的财务管理体制选择模式会有区别
		举例：在初创阶段，企业经营风险高，财务管理宜偏重集权模式
企业战略	数量扩大、地区开拓、纵向或横向联合发展和产品多样化	不同战略目标应匹配不同的财务管理体制。只有对本企业的战略目标及其特点进行深入的了解和分析，分别确定集权分权情况才能最有利于企业的长久发展
		举例：实施纵向一体化战略的企业，要求各所属单位保持密切的业务联系，各所属单位之间业务联系越密切，就越有必要采用相对集中的财务管理体制

续表

因素	具体内容	影响方向
企业所处市场环境	复杂多变/稳定	①复杂多变。有较大的不确定性，就要求在财务管理划分权力给中下层财务管理人员较多的随机处理权，以增强企业对市场环境变动的适应能力
		②稳定。对生产经营的影响不太显著，则可以把财务管理权较多地集中
企业规模	大/小	①企业规模小，财务管理工作量小，为财务管理服务的财务组织制度也相应简单、集中，偏重于集权模式
		②企业规模大，财务管理工作量大，复杂性增加，财务管理各种权限就有必要根据需要重新设置规划
企业管理层素质	高/低	①素质高、能力强，可以采用集权型财务管理体制
		②素质低、能力弱，通过分权可以调动所属单位的生产积极性、创造性和应变能力
信息网络系统	及时、准确	集权型的财务管理体制，在企业内部需要有一个能及时、准确传递信息的网络系统，并通过对信息传递过程的严格控制来保障信息的质量

提示 财权的集中与分散还应该考虑企业类型、经济政策、管理方法、管理手段、成本代价等相关情况。企业应综合各种因素，建立符合企业自身特点和发展需要的财务管理体制。

（三）企业财务管理体制的设计原则

（1）与现代企业制度的要求相适应的原则；

（2）明确企业对各所属单位管理中的决策权、执行权与监督权相互制衡原则；

（3）明确财务综合管理与分层管理思想的原则；

（4）与企业组织体制相对应的原则。

企业组织体制大体上有U型组织、H型组织和M型组织，其特征和最高决策层的职能如下：

①U型组织：U型组织以职能化管理为核心，最典型的特征是在管理分工下实行集权控制，子公司的自主权较小。

②H型组织：控股公司体制。过度分权各子公司保持了较大的独立性，总部缺乏有效的监控约束力度。

提示 现代意义的H型组织既可以分权管理也可以集权管理。

③M型组织：事业部制，即按照企业所经营的事业，包括按产品、按地区、按顾客（市场）等来划分部门，设立若干事业部。事业部是总部设置的中间管理组织，不是独立法人，不能够独立对外从事生产经营活动。因此，从这个意义上说，M型组织比H型组织集权程度更高。现代意义上的H型组织既可以分权管理，也可以集权管理。

（四）集权与分权相结合型财务管理体制的实践

1. 核心内容

企业总部应做到制度统一、资金集中、信息集成和人员委派。

2. 集中内容

集中制度制定权；集中筹资、融资权；集中投资权；集中用资、担保权；集中固定资产购置权；集中财务机构设置权；集中收益分配权。

3. 分散内容

分散经营自主权；分散人员管理权；分散业务定价权；分散费用开支审批权。

提示 具体框架见图1－1。

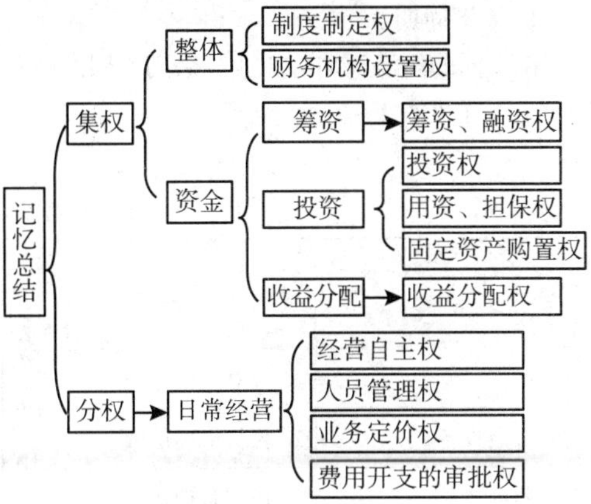

图1-1

二、例题点津

【例题1·单选题】 企业财务管理体制是明确企业各财务层级财务权限、责任和利益的制度，其核心问题是（　　）。

A. 如何进行财务决策

B. 如何进行财务分析

C. 如何配置财务管理权限

D. 如何实施财务控制

【答案】C

【解析】企业财务管理体制是明确企业财务层级财务权限、责任和利益的制度，其核心问题是如何配置财务管理权限，所以选项C正确。

【例题2·判断题】 如果企业所处的市场环境比较复杂多变，有较大的不确定性，就有必要实行集权的财务管理体制。（　　）

【答案】×

【解析】如果企业所处的市场环境复杂多变，有较大的不确定性，就要求在财务管理划分权力给中下层财务管理人员较多的随机处理权，以增强企业对市场环境变动的适应能力。如果企业面临的环境是稳定的、对生产经营的影响不太显著，则可以把财务管理权较多地集中。

【例题3·单选题】 U型组织是以职能化管理为核心的一种最基本的企业组织结构，其典型特征是（　　）。

A. 集权控制　　B. 分权控制

C. 多元控制　　D. 分层控制

【答案】A

【解析】U型组织以职能化管理为核心，最典型的特征是在管理分工下实行集权控制。

【例题4·多选题】 某企业集团选择集权与分权相结合的财务管理体制，下列各项中，通常应当集权的有（　　）。

A. 收益分配权　　B. 财务机构设置权

C. 对外担保权　　D. 子公司业务定价权

【答案】ABC

【解析】在集权与分权相结合的财务管理体制下，通常应当集权的有集中制度制定权；集中筹资、融资权；集中投资权；集中用资、担保权；集中固定资产购置权；集中财务机构设置权；集中收益分配权。通常应当分散的有分散经营自主权；分散人员管理权；分散业务定价权；分散费用开支审批权。

第四单元　财务管理环境

1 财务管理环境

一、考点解读

在影响财务管理的各种外部环境中，经济环境是最为重要的。

（一）技术环境

财务管理的技术环境，是指财务管理得以实现的技术手段和技术条件，它决定着财务管理的效率和效果。

（二）经济环境

1. 经济体制

在计划经济体制下，国家统收统支，企业利润统一上缴、亏损全部由国家补贴，企业作为一个独立的核算单位而无独立的理财权利。这时，财务管理活动的内容比较单一，财务管理方法比较简单。在市场经济体制下，企业成为“自主经营、自负盈亏”的经济实体，财务管理活动的内容比较丰富，方法也复杂多样。

2. 经济周期

在不同的经济周期，企业应采用不同的财务管理战略（见表1－6）。

表1－6

经济周期中不同阶段的财务管理战略复苏	繁荣	衰退	萧条
1. 增加厂房设备	1. 扩充厂房设备	1. 停止扩张	1. 建立投资标准
2. 实行长期租赁	2. 继续建立存货	2. 出售多余设备	2. 保持市场份额
3. 建立存货储备	3. 提高产品价格	3. 停产不利产品	3. 压缩管理费用
4. 开发新产品	4. 开展营销规划	4. 停止长期采购	4. 放弃次要利益
5. 增加劳动力	5. 增加劳动力	5. 削减存货	5. 削减存货
		6. 停止扩招雇员	6. 裁减雇员

3. 经济发展水平

（1）财务管理水平和经济发展水平密切相关，经济发展水平越高，财务管理水平也越好。

（2）财务管理应当以经济发展水平为基础，以宏观经济发展目标为导向，从业务工作角度保证企业经营目标和经营战略的实现。

4. 宏观经济政策

5. 通货膨胀水平

（1）通货膨胀对企业财务活动的影响表现。

a. 引起资金占用的大量增加，从而增加企业的资金需求；

b. 引起企业利润虚增，造成企业资金流失；

c. 引起利润上升，加大企业筹资成本；

d. 引起有价证券价格下降，增加企业的筹资难度；

e. 引起资金供应紧张，增加企业的筹资困难。

（2）企业应对通货膨胀应当采取的防范措施在通货膨胀初期，货币面临着贬值的风险，这时企业进行投资可以避免风险，实现资本保值；与客户应签订长期购货合同，以减少物价上涨造成的损失；取得长期负债，保持资本成本的稳定。在通货膨胀持续期，企业可以采用比较严格的信用条件，减少企业债权；调整财务政策，防止和减少企业资本流失等。

（三）金融环境

1. 金融机构、金融工具与金融市场

（1）金融机构。

主要是银行和非银行金融机构。

（2）金融工具。

①含义。

金融工具是指形成一方的金融资产并形成其他方的金融负债或权益工具的合同。借助金融工具，资金从供给方转移到需求方。

②分类。

金融工具分为基本金融工具和衍生金融工具两大类。常见的基本金融工具有企业持有的现金、从其他方收取现金或其他金融资产的合同权利、向其他方交付现金或其他金融资产的合同义务等；衍生金融工具又称派生金融工具，是在基本金融工具的基础上通过特定技术设计形成新的融资工具，如各种远期合同、期货合同、互换合同和期权合同等。

③特征。

金融工具具有流动性、风险性和收益性的特征。

（3）金融市场。

①含义。

金融市场是指资金供应者和资金需求者双方通过一定的金融工具进行交易而融通资金的场所。

②要素。

金融市场的构成要素包括资金供应者和资金需求者、金融工具、交易价格、组织方式等。

③资金转移方式。

直接转移，需要资金的企业或其他资金不足者直接将股票或债券出售给资金剩余者。间接转移，需要资金的企业或其他资金不足者，通过中介机构将股票或债券出售给资金剩余者；或者以他们自身所发行的证券来交换资金供应者手中的资金，再将资金转移到资金需求者手中。

2. 金融市场的分类（见表1－7）

表1－7

标准	类型	内容
期限	货币市场	短期金融市场，是指以期限在1年以内的金融工具为媒介，进行短期资金融通的市场，包括同业拆借市场、票据市场、大额定期存单市场和短期债券市场等
	资本市场	长期金融市场，是指以期限在1年以上的金融工具为媒介，进行长期资金交易活动的市场，包括股票市场、债券市场、期货市场和融资租赁市场等
功能	发行市场	又称为一级市场，它主要处理金融工具的发行与最初购买者之间的交易
	流通市场	又称为二级市场，它主要处理现有金融工具转让和变现的交易
融资对象	资本市场	以货币和资本为交易对象
	外汇市场	以各种外汇金融工具为交易对象
	黄金市场	集中进行黄金买卖和金币兑换
金融工具的属性	基础性金融市场	以基础性金融产品为交易对象的金融市场，如商业票据、企业债券、企业股票的交易市场
	金融衍生品市场	以金融衍生产品为交易对象的金融市场，如远期、期货、掉期（互换）、期权的交易市场，以及具有远期、期货、掉期（互换）、期权中一种或多种特征的结构化金融工具的交易市场
地理范围	地方性金融市场、全国性金融市场和国际性金融市场	

3. 货币市场和资本市场（见表1－8）

表1－8

类型	特点
货币市场	（1）期限短；（2）交易目的是解决短期资金周转；（3）金融工具有较强的“货币性”，具有流动性强、价格平稳、风险较小等特性
资本市场	（1）融资期限长；（2）融资目的是解决长期投资性资本的需要；（3）资本借贷量大；（4）收益较高但风险也较大

提示 期货市场主要包括商品期货市场和金融期货市场。商品期货是期货交易的起源种类。国际商品期货交易的品种包括传统的农产品期货和经济作物、畜产品、有色金属、贵金属和能源等大宗初级产品。金融期货主要包括外汇期货、利率期货、股指期货和股票期货。期货市场具有规避风险、发现价格、风险投资的功能。

（四）法律环境

法律环境是指企业与外部发生经济关系时应遵守的有关法律、法规和规章（简称法规），主要包括公司法、证券法、金融法、证券交易法、经济合同法、税法、企业财务通则、内部控制基本规范等。

表1－9

财务管理内容	影响财务管理内容的国家相关法律法规
企业筹资	公司法、证券法、金融法、证券交易法、合同法等
企业投资	证券交易法、公司法、企业财务通则等
企业收益分配	税法、公司法、企业财务通则等

二、例题点津

【例题1·单选题】在下列各项中，不属于财务管理经济环境构成要素的是（　　）。

A. 经济周期　　B. 经济发展水平

C. 宏观经济政策　　D. 公司治理结构

【答案】D

【解析】影响财务管理的经济环境因素主要包括：经济周期、经济发展水平、宏观经济政策。公司治理结构属于法律环境中公司治理和财务监控的内容。

【例题2·多选题】下列应对通货膨胀风险的各项策略中，不正确的有（　　）。

A. 进行长期投资

B. 签订长期销货合同

C. 取得长期借款

D. 增加企业债权

【答案】BD

【解析】通货膨胀下企业的应对措施包括：

（1）进行投资可以避免货币贬值风险，实现资本保值；（2）签订长期购货合同，以减少物价上涨造成的损失；（3）取得长期负债，保持资本成本稳定；（4）采用比较严格的信用条件，减少企业债权；（5）调整财务政策，防止和减少企业资本流失等。

【例题3·单选题】资本市场又称长期金融市场，是指以期限在1年以上的金融工具为媒介，进行长期资金交易活动的市场，资本市场的特点不包括（　　）。

A. 收益较高但风险也较大

B. 资本借贷量大

C. 融资目的是解决周转性资本的需要

D. 融资期限长

【答案】C

【解析】资本市场的特点包括融资期限长、融资目的是解决长期投资性资本的需要、资本借贷量大、收益较高但风险也较大。

【例题4·判断题】资金的间接转移是需要资金的企业或其他资金不足者将股票或债券出售给资金剩余者。（　　）

【答案】×

【解析】直接转移是需要资金的企业或其他资金不足者直接将股票或债券出售给资金剩余者。

本章考点巩固练习题

一、单项选择题

1. 下列关于有限合伙企业表述中，不正确的是（　　）。

A. 由普通合伙人和有限合伙人组成

B. 普通合伙人对合伙企业债务承担无限连带责任

C. 有限合伙人对合伙企业债务承担有限责任

D. 由有限合伙人组成

2. 下列有关我国国有独资公司的表述中，错误的是（　　）。

A. 国有独资公司是有限责任公司的一种特殊形式

B. 国有独资公司不设股东会

C. 国有独资公司的公司章程由董事会批准

D. 国有独资公司的合并、分立、解散等事项

由国有资产监督管理机构决定

3. 下列企业组织形式中，所有权转让最容易的是（　　）。

A. 普通合伙企业

B. 有限责任公司

C. 股份有限公司

D. 国有独资公司

4. 甲公司是一家在创业板上市的科技公司，由于股市低迷，公司股票价格连续下降。为维护股价，公司董事长提出一项举债投资的创新计划。董事长的做法是出于实现（　　）财务管理目标。

A. 利润最大化

B. 股东财富最大化

C. 企业价值最大化

D. 相关者利益最大化

5. 企业财务管理目标理论的各种表述中，没有考虑风险的是（　　）。

A. 每股收益最大化

B. 股东财富最大化

C. 企业价值最大化

D. 相关者利益最大化

6. 对上市公司而言，下列各种财务管理目标中，比较容易量化，便于考核和奖惩的是（　　）。

A. 每股收益最大化

B. 股东财富最大化

C. 相关者利益最大化

D. 企业价值最大化

7. 根据相关者利益最大化财务管理目标理论，承担最大风险并可能获得最大报酬的是（　　）。

A. 股东　　B. 债权人

C. 经营者　　D. 供应商

8. 企业的经营者和所有者之间会发生冲突的主要原因是（　　）。

A. 两者的地位不同　B. 两者的理念不同

C. 两者的经验不同　D. 两者的目标不同

9. 在重大问题上采取集权方式统一处理，各所属单位执行各项指令，他们只对生产经营活动具有较大的自主权，该种财务管理体制属于（　　）。

A. 集权型

B. 分权型

C. 集权与分权结合型

D. 以上都不是

10. 财务计划是根据企业整体战略目标和规划，结合财务预测的结果，对财务活动进行规划，并以指标形式落实到每一计划期间的过程。下列各项中，不属于确定财务计划指标方法的是（　　）。

A. 平衡法　　B. 比较分析法

C. 比例法　　D. 因素法

11. 某上市公司年初从银行借款 5 000 万元，原打算将资金投入房地产开发，后来由于种种原因项目没有实施，准备改变借款用途。下列会侵害债权人利益的用途是（　　）。

A. 将资金用于流动资金周转

B. 将资金用于购买大额定期存单

C. 将资金用于购买货币基金

D. 将资金用于回购本公司股票

12. 下列关于分权型财务管理体制的表述中，错误的是（　　）。

A. 有利于分散经营风险

B. 有利于降低资金成本

C. 有利于所属单位因地制宜搞好各项业务

D. 有利于所属单位针对本单位存在的问题及时作出有效决策

13. 企业财务管理体制的设计原则之一，就是明确企业对各所属单位管理中的（　　）相互制衡原则。

A. 筹资权、投资权、分配权

B. 决策权、执行权、监督权

C. 采购权、生产权、销售权

D. 组织权、任免权、奖惩权

14. U 型组织的特点不包括（　　）。

A. 实行管理层级的集中控制

B. 分公司是相对独立的利润中心

C. 最高决策层直接从事各所属单位的日常管理

D. 存在于产品简单、规模较小的企业

15. 在通货膨胀初期，货币面临贬值的风险，此时，企业采取的正确应对方法是（　　）。

A. 加大货币资金的持有量

B. 与客户签订价格浮动的销售合同

C. 与客户签订价格浮动的购货合同

D. 减少长期负债

16. 当企业处于经济周期的（　　）阶段时，应该继续建立存货，提高产品价格，增加劳动力。

A. 复苏　　B. 繁荣

C. 衰退　　D. 萧条

17. 在不同的经济周期，企业应采用不同的财务管理战略。在萧条时期，企业不应该采取的财务管理战略包括（　　）。

A. 建立投资标准　　B. 保持市场份额

C. 开展营销规划　　D. 压缩管理费用

18. 将金融市场分为发行市场和流通市场是以（　　）进行的分类。

A. 期限为标准

B. 功能为标准

C. 融资对象为标准

D. 所交易金融工具的属性为标准

19. 下列各项金融工具中，属于基本金融工具的是（　　）。

A. 期权合同　　B. 期货合同

C. 股票　　D. 互换合同

20. 按照金融工具的属性可将金融市场分为（　　）。

A. 发行市场和流通市场

B. 基础性金融市场和金融衍生品市场

C. 短期金融市场和长期金融市场

D. 一级市场和二级市场

二、多项选择题

1. 下列关于期货市场的说法正确的有（　　）。

A. 期货市场主要包括商品期货市场和金融期货市场

B. 金融期货是期货交易的起源种类

C. 期货市场具有规避风险、发现价格、风险投资的功能

D. 有色金属期货属于金融期货

2. 下列企业活动中，属于财务管理内容的有（　　）。

A. 对固定资产更新改造活动作出进度安排

B. 对固定资产更新改造活动作出资金安排

C. 对固定资产更新改造活动作出工艺安排

D. 对固定资产更新改造活动进行成本效益分析

3. 以利润最大化作为财务管理目标的原因包括（　　）。

A. 符合人类从事生产经营活动的目的

B. 有利于取得资金

C. 有利于股东财富的增加

D. 有利于社会财富的增加

4. 下列关于财务管理目标的表述中，没有考虑债权人利益的有（　　）。

A. 利润最大化

B. 股东财富最大化

C. 企业价值最大化

D. 相关者利益最大化

5. 下列各项中，能协调所有者与经营者之间利益冲突的方式有（　　）。

A. 制定年度利润指标

B. 安排高管带薪休假

C. 将公司股票价格与高管薪酬挂钩

D. 将成本控制与高管升降级挂钩

6. 在某公司财务目标研讨会上，张经理主张“贯彻合作共赢的价值理念，做大企业的财富蛋糕”；李经理认为“既然企业的绩效按年度考核，财务目标就应当集中体现当年利润指标”；王经理提出“应将企业长期稳定的发展放在首位，以便创造更多的价值”。上述观点涉及的财务管理目标有（　　）。

A. 利润最大化

B. 企业规模最大化

C. 企业价值最大化

D. 相关者利益最大化

7. 下列关于企业财务管理体制集权与分权选择的叙述，正确的有（　　）。

A. 企业规模小，偏重于采用集权模式

B. 较高的管理者的管理水平，有助于企业更多地集中财权

C. 企业所处的市场环境复杂多变应采用集权模式集中决策、管理

D. 实施多元化战略的企业，比较适合于采用

相对集中的体制模式

8. 下列有关企业财务管理目标的表述中，正确的有（ ）。

A. 企业价值最大化目标弥补了股东财富最大化目标过于强调股东利益的不足

B. 相关者利益最大化目标认为应当将除股东之外的其他利益相关者置于首要地位

C. 利润最大化目标要求企业提高资源配置效率

D. 股东财富最大化目标比较适用于上市公司

9. 某公司有A、B两个子公司，采用集权与分权相结合的财务管理体制，根据我国企业的实践，公司总部一般应该集权的有（ ）。

A. 融资权　　B. 担保权

C. 收益分配权　　D. 经营权

10. 影响企业筹资的法规有（ ）。

A.《证券法》　　B.《税法》

C.《金融法》　　D.《公司法》

11. 下列宜采用相对集中的财务管理体制的有（ ）。

A. 实施纵向一体化战略的企业

B. 实施横向一体化战略的企业

C. 管理者的管理水平较高

D. 各所属单位之间的业务联系较分散

12. 在经济衰退时期，企业应采取的财务管理战略包括（ ）。

A. 提高产品价格

B. 出售多余设备

C. 停产不利产品

D. 削减存货

13. 下列各项，属于衍生金融工具的有（ ）。

A. 远期合同　　B. 互换合同

C. 资产支持证券　　D. 期权合同

14. 资本市场又称长期金融市场，是指以期限在1年以上的金融工具为媒介，进行长期资金交易活动的市场。资本市场主要包括（ ）。

A. 同业拆借市场　　B. 债券市场

C. 股票市场　　D. 融资租赁市场

15. 关于经济周期中的经营理财策略，下列说法正确的有（ ）。

A. 在企业经济复苏期企业应当增加厂房设备

B. 在企业经济繁荣期企业应减少劳动力，以实现更多利润

C. 在经济衰退期企业应减少存货

D. 在经济萧条期企业应裁减雇员

16. 与资本性金融工具相比，下列各项中，属于货币性金融工具特点的有（ ）。

A. 期限较长　　B. 流动性强

C. 风险较小　　D. 价格平稳

17. 影响财务管理的主要金融环境因素有（ ）。

A. 企业组织形式　　B. 金融市场

C. 金融工具　　D. 金融机构

18. 通货膨胀对企业财务活动的影响表现的有（ ）。

A. 增加企业的资金需求

B. 引起企业利润虚增

C. 加大企业的权益资金成本

D. 增加企业的筹资困难

19. 财务决策的经验判断法包括（ ）。

A. 淘汰法　　B. 排队法

C. 对比法　　D. 归类法

20. 金融市场的作用包括（ ）。

A. 为企业融资和投资提供场所

B. 帮助企业通过金融市场获利

C. 提高资本效率

D. 帮助企业实现长短期资金转换

三、判断题

1. 企业财务管理的目标理论包括利润最大化、股东财富最大化、公司价值最大化和相关者利益最大化等理论，其中，公司价值最大化、股东财富最大化和相关者利益最大化都是以利润最大化为基础的。（ ）

2. 企业价值最大化财务管理目标是指企业财务管理以实现企业价值最大为目标。企业价值可以理解为所有者权益市场价值，或企业未来现金流量现值。（ ）

3. 协调相关者的利益冲突，要把握的原则是尽可能使企业相关者的利益分配在金额上达到协调平衡。（ ）

4. 企业的社会责任是指企业在谋求所有者、经营者以及债权人等相关者利益最大化之外所负有的维护和增进社会利益的义务。 (　　)
5. 在上市公司，股东财富是由其股票的市场价格来决定的。 (　　)
6. 一个企业一旦选择了某种类型的财务管理体制就应一贯执行，不能改变。 (　　)
7. 财务管理环境是指对企业财务活动和财务管理产生影响作用的企业外部各种条件的统称。 (　　)
8. 企业规模越大，管理能力就越强，就越有必要实行集权型的财务管理体制。 (　　)
9. 由于控股公司组织（H 型组织）的母、子公司均为独立的法人，是典型的分权组织，因而不能进行集权管理。 (　　)
10. 在经济衰退初期，公司一般应当出售多余设备，停止长期采购。 (　　)
11. 企业是微观经济单位，所以财务管理只能适应经济发展水平，而不能影响经济发展水平。 (　　)
12. 短期金融市场由于交易对象易于变为货币，所以也称为资本市场。 (　　)
13. 在通货膨胀条件下采用固定利率，可使债权人减少损失。 (　　)
14. 为了防范通货膨胀风险，公司应当签订固定价格的和长期销售合同。 (　　)
15. 企业财务管理总是在特定环境下进行的，如果企业的财务活动面临多变的市场环境，各所属单位距离分散，所处行业不同，就应当实行集权的财务管理体制。 (　　)

本章考点巩固练习题参考答案及解析

一、单项选择题

1. 【答案】D
【解析】有限合伙企业由普通合伙人和有限合伙人组成。普通合伙人对合伙企业债务承担无限连带责任，有限合伙人以其认缴的出资额为限对合伙企业债务承担有限责任。
2. 【答案】C
【解析】国有独资公司的公司章程由国有资产监督管理机构制定，或者由董事会制定报国有资产监督管理机构批准。
3. 【答案】C
【解析】股份有限公司的所有者权益被划分为若干股权份额，每个份额可以单独转让，因而股份有限公司所有权转让最容易。
4. 【答案】B
【解析】公司董事长提出创新计划的目的是为了维护公司股票价格，从而实现股东财富最大化。
5. 【答案】A
【解析】每股收益最大化与利润最大化目标都没有考虑风险因素。
6. 【答案】B
【解析】对上市公司而言，股东财富最大化目标比较容易量化，便于考核和奖惩。所以本题的答案为选项 B。
7. 【答案】A
【解析】股东作为企业所有者，在企业中承担着最大的权利、义务、风险和报酬。所以本题正确答案为 A。
8. 【答案】D
【解析】企业的经营者和所有者之间会发生冲突的主要原因是经营者是企业的代理人，两者之间是委托—代理关系，经营者要求创造财富的同时获得更多的报酬和更多的享受，而所有者要求以较小的代价获得较多的财富，两者之间的目标不同导致了冲突，所以选项 D 正确。
9. 【答案】C
【解析】在集权与分权结合型下，企业对各所属单位在所有重大问题的决策与处理上高度集权，各所属单位则对日常经营活动具有较大自主权。

10.【答案】B

【解析】确定财务计划指标的方法一般有平衡法、因素法、比例法和定额法。比较分析法属于财务分析的方法。

11.【答案】D

【解析】回购本公司股票会减少公司资产，提高资产负债率，降低对债权人的保护程度。而选项 ABC 的投放对象的流动性都高于将资金投入房地产开发，不会侵害债权人利益。

12.【答案】B

【解析】分权型财务管理体制指将财务决策权和管理权完全下放到所属单位，所属单位只需将决策结果报请企业总部备案即可。其优点是：由于所属单位负责人有权对影响经营成果的因素进行控制，加之身在基层，了解情况，有利于针对本单位存在的问题及时作出有效决策，因地制宜搞好各项业务，也有利于分散经营风险，促进所属单位管理人员和财务人员的成长。其缺点是：各所属单位大多从本位利益出发安排财务活动，缺乏全局观念和整体意识，从而可能导致资金管理分散、资金成本增大、费用失控、利润分配无序。

13.【答案】B

【解析】企业财务管理体制的设计原则包括：与现代企业制度的要求相适应的原则；明确企业对各所属单位管理中的决策权、执行权与监督权相互制衡原则；明确财务管理的综合管理与分层管理思想的原则；与企业组织体制相对应的原则。

14.【答案】B

【解析】U 型组织的特点包括：仅存在于产品简单、规模较小的企业，实行管理层级的集中控制、高度集权，最高决策层直接从事各所属单位的日常管理。

15.【答案】B

【解析】与客户签订价格浮动的销售合同，产品销售价格会随通货膨胀而提高，属于正确的应对方法。

16.【答案】B

【解析】本题考核经济周期相关概念。当企业处于经济周期的繁荣阶段时，应该扩充厂房设备，继续建立存货，提高产品价格，开展营销规划，增加劳动力。

17.【答案】C

【解析】在不同的经济周期，企业应采用不同的财务管理战略。在萧条时期，企业应采取的财务管理战略包括：建立投资标准、保持市场份额、压缩管理费用、放弃次要利益、削减存货、裁减雇员。开展营销规划属于繁荣时期的财务管理战略。

18.【答案】B

【解析】金融市场以期限为标准分为货币市场和资本市场，以功能为标准分为发行市场和流通市场，以融资对象为标准分为资本市场、外汇市场和黄金市场，以所交易金融工具的属性标准分为基础性金融市场和金融衍生品市场，以地理范围为标准分为地方性金融市场、全国性金融市场和国际性金融市场。所以选项 B 正确。

19.【答案】C

【解析】常见的基本金融工具有企业持有的现金、从其他方收取现金或其他金融资产的合同权利、向其他方交付或其他金融资产的合同义务等。所以选项 C 正确。

20.【答案】B

【解析】金融市场按功能分为发行市场和流通市场；按照金融工具的属性将金融市场分为基础性金融市场和金融衍生品市场；按期限分为短期金融市场和长期金融市场，所以本题正确答案是 B。

二、多项选择题

1.【答案】AC

【解析】商品期货是期货交易的起源种类，选项 B 错误；国际商品期货交易的品种包括传统的农产品期货和经济作物、畜产品、有色金属、贵金属和能源等大宗初级产品，选项 D 错误。

2.【答案】BD

【解析】对固定资产更新改造活动作出资金安排涉及筹资管理；对固定资产更新改造活动进行成本效益分析涉及广义的成本管理。

3.【答案】ABD

【解析】人类从事生产经营活动的目的是为了创造更多剩余产品，在市场经济条件下，剩余产品的多少可以用利润这个价值指标来衡量（符合人类从事生产经营活动的目的）；在自由竞争的资本市场中，资本的使用权最终属于获利最多的企业（有利于取得资金）；只有每个企业都最大限度地创造利润，整个社会的财富才可能实现最大化，从而带来社会的进步和发展（有利于社会财富的增加）。

4.【答案】AB

【解析】利润最大化和股东财富最大化目标都是只考虑了股东的利益；企业价值最大化考虑了股东和债权人的利益；相关者利益最大化考虑了所有利益相关者的利益关系。

5.【答案】CD

【解析】制定年度利润指标如果不与奖惩相联系就不具有激励效果；安排高管带薪休假如果不与绩效相联系也不具有激励效果。

6.【答案】ACD

【解析】张经理的观点体现的是相关者利益最大化；李经理的观点体现的是利润最大化；王经理的观点体现的是企业价值最大化。所以本题选项 ACD 正确。

7.【答案】AB

【解析】一般而言，企业规模小，财务管理工作量小，为财务管理服务的财务组织制度也相应简单、集中，偏重于集权模式。所以选项 A 正确；包括财务管理人员在内的管理层如果素质高、能力强，可以采用集权型财务管理体制。选项 B 正确；如果企业所处的市场环境复杂多变，有较大的不确定性，就要求在财务管理划分权力给中下层财务管理人员较多的随机处理权，以增强企业对市场环境变动的适应能力。选项 C 错误；实施多元化战略的企业，比较适合于采用相对分散的体制模式，选项 D 错误。所以正确答案为 AB。

8.【答案】ACD

【解析】相关者利益最大化目标，强调股东的首要地位，并强调其企业与股东之间的协调关系。所以选项 B 的说法不正确。

9.【答案】ABC

【解析】集权与分权相结合型财务管理体制的核心内容：企业总部应做到制度统一，资金集中，信息集成和人员委派，在所有重大问题的决策与处理上实行高度集权；各所属单位则对日常经营活动具有较大的自主权。所以选项 ABC 正确。

10.【答案】ACD

【解析】本题考查财务管理环境中的法律环境。影响企业筹资的法规主要有《公司法》《证券法》《金融法》《证券交易法》《合同法》等。《税法》是影响企业收益分配的法规。所以正确答案为 ACD。

11.【答案】AC

【解析】各所属单位之间的业务联系越密切，就越有必要采用相对集中的财务管理体制，实施纵向一体化战略的企业，宜采用相对集中的财务管理体制；管理者的管理水平较高，就可以采用相对集中的财务管理体制。

12.【答案】BCD

【解析】在经济衰退时期，企业应采取的财务管理战略包括停止扩张、出售多余设备、停产不利产品、停止长期采购、削减存货、停止扩招雇员。提高产品价格是繁荣时期应采取的财务管理战略，所以选项 A 不正确。

13.【答案】ABD

【解析】金融工具分为基本金融工具和衍生金融工具两大类。常见的基本金融工具如货币、票据、债券、股票等；衍生金融工具又称派生金融工具，是在基本金融工具的基础上通过特定技术设计形成新的融资工具，如各种远期合同、期货合同、互换合同和期权合同等。

14.【答案】BCD

【解析】货币市场包括同业拆借市场、票据市场、大额定期存单市场和短期债券市场；资本市场包括股票市场、债券市场、期货市场和融资租赁市场。

15.【答案】ACD

【解析】本题考核经济周期相关知识。在企业经济繁荣期应增加劳动力，所以选项B错误。

16.【答案】BCD

【解析】货币市场上的主要特点是：(1) 期限短；(2) 交易目的是解决短期资金周转；(3) 货币市场上的金融工具具有较强的“货币性”，所谓具有较强的“货币性”是指具有流动性强、价格平稳、风险较小等特性。

17.【答案】BCD

【解析】影响财务管理的主要金融环境因素有金融机构、金融市场、金融工具等因素。

18.【答案】ABCD

【解析】通货膨胀对企业财务活动的影响表现：引起资金占用的大量增加，从而增加企业的资金需求；引起企业利润虚增，造成企业资金流失；引起利润上升，加大企业的权益资金成本；引起有价证券价格下降，增加企业的筹资难度；引起资金供应紧张，增加企业的筹资困难。

19.【答案】ABD

【解析】财务决策的经验判断法包括淘汰法、排队法、归类法。

20.【答案】ACD

【解析】金融市场的作用包括为企业融资和投资提供了场所，帮助企业实现长短期资金转换，提高资本效率，所以选项B不正确。

三、判断题

1.【答案】×

【解析】利润最大化、股东财富最大化、企业价值最大化以及相关者利益最大化等各种财务管理目标，都以股东财富最大化为基础。

2.【答案】×

【解析】企业价值最大化财务管理目标是指企业财务管理以实现企业价值最大化为目标。企业价值可以理解为所有者权益和债权人权益的市场价值，或企业未来现金流量现值。

3.【答案】×

【解析】协调相关者的利益冲突，要把握的原则是尽可能使企业相关者的利益分配在数量上和时间上达到动态的协调平衡。

4.【答案】×

【解析】企业的社会责任是指企业在谋求所有者或股东权益最大化之外所负有的维护和增进社会利益的义务。

5.【答案】×

【解析】在上市公司，股东财富是由其所拥有的股票数量和股票市场价格两方面来决定。

6.【答案】×

【解析】企业应根据不同类型，发展的不同阶段以及不同阶段的战略目标取向等因素，对不同财务管理体制及其权利的层次结构作出相应的选择与安排，因此，企业的财务管理体制并不是一成不变的。

7.【答案】×

【解析】财务管理环境是指对企业财务活动和财务管理产生影响作用的企业内部各种条件的统称。

8.【答案】×

【解析】企业规模越大信息源距企业总部传递信息所经过的环节越多，传递信息的耗时就越长，越难以保证信息的质量，就很难实行集权的财务管理体制。

9.【答案】×

【解析】随着企业管理实践的深入，H型组织的财务管理体制也在不断演化。总部作为子公司的出资人对子公司的重大事项拥有最后的决定权，因此，也就拥有了对子公司“集权”的法律基础。现代意义上的H型组织既可以分权管理，也可以集权管理。

10.【答案】√

【解析】在经济衰退期，财务战略一般为停止扩张、出售多余设备、停产不利产品、停止长期采购、削减存货、停止扩招雇员。所以本题说法正确。

11.【答案】×

【解析】财务管理水平是和经济发展水平密切相关的，经济发展水平越高，财务管理水平也越高。财务管理水平的提高，将推动企业降低成本，改进效率，提高效益，从而促进经济发展水平的提高；而经济发展水平的提高，将改变企业的财务战略、财务理念、财务管理模式和财务管理的方法手段，从而促进企业财务管理水平的提高。

12.【答案】×

【解析】资本市场是长期金融市场，货币市场是短期金融市场。

13.【答案】×

【解析】在通货膨胀条件下采用浮动利率，可使债权人减少损失。

14.【答案】×

【解析】为了减轻通货膨胀对企业造成的不利影响，企业应当采取措施予以防范。在通货膨胀初期，货币面临着贬值的风险，这时企业进行投资可以避免风险，实现资本保值；与客户应签订长期购货合同，以减少物价上涨造成的损失；取得长期负债，保持资本成本的稳定；签订长期销货合同，会降低在通货膨胀时期的现金流入，所以本题的说法不正确。

15.【答案】×

【解析】企业财务管理总是在特定环境下进行的，如果企业的财务活动面临多变的市场环境，各所属单位距离分散，所处行业不同，就很难实行集权的财务管理体制。

第二章　财务管理基础

考情分析

本章主要讲述财务管理的价值观念，包括复利终值与复利现值的计算、年金终值与年金现值的计算、折现率与期间的推算、利率的计算、资产的收益和收益率、资产的风险及其衡量、证券资产组合的风险与收益、资本资产定价模型、成本按性态分类以及混合成本的分解等内容。本章既可以出客观题，也可以出主观题。

教材变化

2020 年教材本章内容较上年无实质变化。

考点提示

本章是财务管理的基础章节，对于财务管理这一科目的学习比较重要。只有掌握了基础概念，之后章节的学习才能得心应手。本章需要掌握的考点有：（1）货币的时间价值的相关计算；（2）插值法的运用；（3）实际利率和名义利率的转换；（4）资产收益率的类型；（5）衡量风险的指标；（6）风险矩阵和风险管理原则；（7）应对风险的对策；（8）证券组合的风险及衡量；（9）资产定价模型的运用；（10）成本性态分析。

本章考点框架

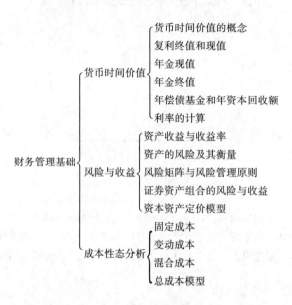

- 财务管理基础
  - 货币时间价值
    - 货币时间价值的概念
    - 复利终值和现值
    - 年金现值
    - 年金终值
    - 年偿债基金和年资本回收额
    - 利率的计算
  - 风险与收益
    - 资产收益与收益率
    - 资产的风险及其衡量
    - 风险矩阵与风险管理原则
    - 证券资产组合的风险与收益
    - 资本资产定价模型
  - 成本性态分析
    - 固定成本
    - 变动成本
    - 混合成本
    - 总成本模型

考点解读及例题点津

第一单元　货币时间价值

1 货币时间价值的概念

一、考点解读

货币时间价值，是指在没有风险和没有通货膨胀的情况下，货币经历一定时间的投资和再投资所增加的价值，也称为资金的时间价值。

纯利率，是指在没有通货膨胀、无风险情况下资金市场的平均利率。

由于货币随时间的延续而增值，不同时间单位货币的价值不相等，所以，不同时间的货币资金不宜直接进行比较，需要把它们换算到相同的时点进行比较才有意义。因此，在换算时广泛使用复利计算方法。

二、例题点津

【例题1·判断题】没有通货膨胀时，短期国债利率可以视为纯利率。(　　)

【答案】√

2 复利终值和现值

一、考点解读

复利计算方法是指每经过一个计息期，要将该期的利息加入本金再计算利息，逐期滚动计算，俗称“利滚利”。这里所说的一个计息期，是指相邻两次计息的间隔，如一年、半年等。除非特别说明，一个计息期一般为一年。

1. 复利终值

复利终值指现在的某笔资金按复利计算方法，折算到将来某一定时点的价值。

复利终值的计算公式如下：

$F = P \times (1+i)^n$

其中，P：现值（或初始值）；i：计息期利率；F：终值（或本利和）；n：计息期数。

$(1+i)^n$ 被称为复利终值系数，用符号（F/P，i，n）表示，即：$F = P \times (F/P, i, n)$。

2. 复利现值

复利现值是指未来某一时点固定资金按复利计算方法，折现到现在的价值。

将复利终值计算公式 $F = P \times (1+i)^n$ 移项，可得：

$P = F \times (1+i)^{-n}$

$(1+i)^{-n}$ 称为复利现值系数，用符号（P/F，i，n）来表示，即：$P = F \times (P/F, i, n)$。

提示 复利终值、复利现值的计算中，现值可以泛指资金在某个特定时间段的“前一时点”（而不一定真的是“现在”）的价值，终值可以泛指资金在该时间段的“后一时点”的价值；可以按照要求将该时间段划分为若干个计息期，使用相应的利息率和复利计息方法，将某个时点的资金计算得出该笔资金相当于其他时点的价值是多少。

二、例题点津

【例题1·单选题】某公司目前向银行存入200万元，银行存款年利率为5%，在复利计算的方式下，该公司5年后可以获得本利和（　　）万元。(F/P，5%，5 = 1.2763)

A. 230　　　　B. 220.82

C. 255.26　　　D. 1 061.82

【答案】C

【解析】根据复利终值计算公式，$F = P(1+i)^n = 200(1+5\%)^5 = 200 \times 1.2763 = 255.26$（万元）。

【例题2·单选题】某企业于年初存入银行10 000元，假定年利息率为12%，每年复利两次。已知（F/P，6%，5）= 1.3382，（F/P，6%，10）= 1.7908，（F/P，12%，5）= 1.7623，（F/P，12%，10）= 3.1058，则第5年末的本利和为（　　）元。

A. 13 382　　　B. 17 623

C. 17 908　　　D. 31 058

【答案】C

【解析】第5年末的本利和 = 10 000 ×（F/P，6%，10）= 17 908（元）。

通过上述计算可知：①复利终值和复利现值互为逆运算；②复利终值系数和复利现值系数互为倒数（$(1+i)^{-n} \times (1+i)^n = 1$）。

【例题3·判断题】在终值和计息期一定的情况下，贴现率越低，则复利现值越高。（　　）

【答案】√

【解析】因为复利现值与期限、利率都是反向变动的，所以在终值和计息期一定的情况下，贴现率越低，则复利现值越高。

3 年金现值

一、考点解读

在计算货币时间价值时，年金是指间隔期相等的系列等额收付款项。例如，间隔期固定、金额相等的分期付款赊购、分期偿还贷款、发放养老金、分期支付工程款以及每年相同的销售收入等，都属于年金。年金包括普通年金、预付年金、递延年金、永续年金等形式。在年金中，间隔期间可以不是1年，例如每季末等额支付的债务利息也是年金。

1. 普通年金现值（后付年金现值）

普通年金是年金的最基本形式，它是指从第一期起，在一定时期内每期期末等额收付的系列款项。等额收付3次的普通年金如图2－1所示。图2－1中的序号代表的时间点是期末，例如“2”代表的时点是第二期期末，需要说明的是，上期期末和下期期初是同一个时点，所以，“2”代表的时点也可以表述为第三期期初，通常称“0”代表的时点是第一期期初。竖线下端数字A表示每次等额收付的金额。

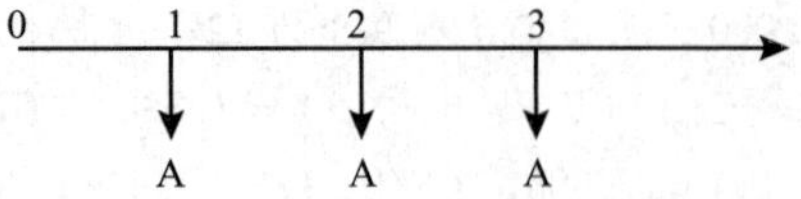

图 2-1　普通年金的收付形式

普通年金现值的计算公式如下：

$$P=A(1+i)^{-1}+A(1+i)^{-2}+\cdots+A(1+i)^{-n}$$

等式两边同乘（1+i）：

$$P(1+i)=A+A(1+i)^{-1}+\cdots+A(1+i)^{-(n-1)}$$

后式减前式：

$$P(1+i)-P=A-A(1+i)^{-n}$$

$$P\times i=A\times[1-(1+i)^{-n}]$$

$$P=A\times\frac{1-(1+i)^{-n}}{i}$$

式中，$\frac{1-(1+i)^{-n}}{i}$称为“年金现值系数”，记作（P/A，i，n），即：普通年金现值 $P=A\times(P/A,\ i,\ n)$，其中的“n”指的是等额收付的次数（即 A 的个数）。

2. 预付年金现值（即付/先付年金）

预付年金是指从第一期起，在一定时期内每期期初等额收付的系列款项。预付年金与普通年金的区别仅在于收付款时点，普通年金发生在期末，而预付年金发生在期初。等额收付 3 次的预付年金如图 2-2 所示。对于等额收付 3 次的预付年金而言，等额收付发生的时点为第一期期初（0 时点）、第二期期初（1 时点）、第三期期初（2 时点）。

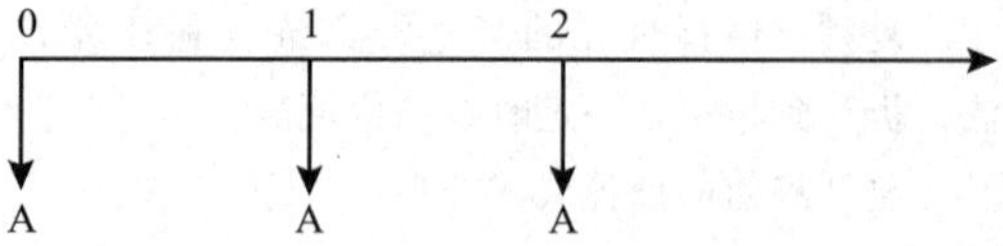

图 2-2　预付年金的收付形式

预付年金现值的计算公式如下：

$$P=A+A(1+i)^{-1}+A(1+i)^{-2}+\cdots+A(1+i)^{-(n-1)}$$

等式两边同时乘以 $(1+i)^{-1}$：

$$P\times(1+i)^{-1}=A(1+i)^{-1}+A(1+i)^{-2}+\cdots+A(1+i)^{-n}$$

即：

$$P\times(1+i)^{-1}=A\times(P/A,\ i,\ n)$$

等式两边同时乘以（1+i）得到：

$$P=A\times(P/A,\ i,\ n)\times(1+i)$$

其中的“n”指的是等额收付的次数（即 A 的个数）。

3. 递延年金现值

递延年金由普通年金递延形成，递延的期数称为递延期，一般用 m 表示递延期。递延年金的第一次收付发生在第（m+1）期期末（m 为大于 0 的整数）。递延年金的收付形式如图 2-3 所示。

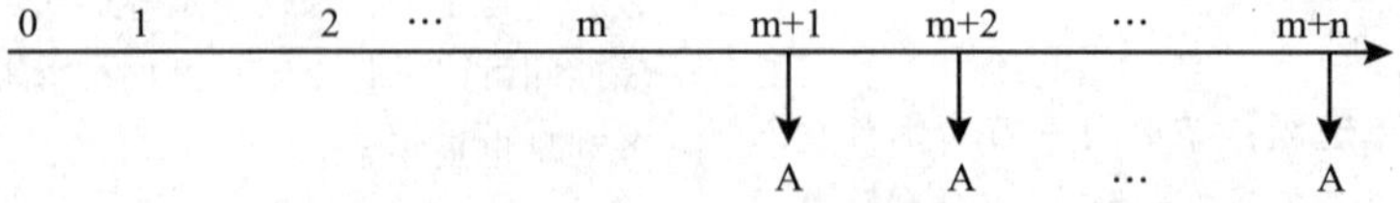

图 2-3　递延年金现值收付形式

递延年金现值的公式如下：

$$P=A\times(P/A,\ i,\ n)\times(P/F,\ i,\ m)$$

式中，n 表示等额收付的次数（即 A 的个数），$A\times(P/A,\ i,\ n)$ 表示第 m 期期末的复利现值之和，由于从第 m 期期末复利折现到第一期期初需要复利折现 m 期，所以，递延年金现值 $P=A\times(P/A,\ i,\ n)\times(P/F,\ i,\ m)$。

提示 如何确认递延期 m？

递延年金的第一次收付发生在第（m+1）期期末，若某递延年金为从第 4 期开始，每期期末支付 A 元，即 m+1=4，因此递延期 m=3；若某递延年金为从第 4 期开始，每期期初支付 A 元，由于第 4 期期末与第 3 期期初是同一时点，所以 m+1=3，递延期 m=2。一定要看清支付时间是期初还是期末，这会影响到递延期 m 的确认。

4. 永续年金现值

永续年金是普通年金的极限形式，当普通年金的收付次数为无穷大时即为永续年金。永续年金的第一次等额收付发生在第一期期末。永续年金的现值可以看成是一个 n 无穷大时普通年金的现值，永续年金的现值可以通过对普通年金现值的计算公式导出：

$$P = A\frac{1-(1+i)^{-n}}{i}$$

当 $n\to\infty$ 时，由于 $(1+i)$ 大于 1，所以，$(1+i)^n$ 为无穷大。

由于 $(1+i)^{-n}=1/(1+i)^n$

所以，当 $n\to\infty$ 时，$(1+i)^{-n}=0$，

$$\frac{1-(1+i)^{-n}}{i}=\frac{1}{i}$$

永续年金现值计算如下：

$$P(n\to\infty)=A\frac{1-(1+i)^{-n}}{i}=\frac{A}{i}$$

二、例题点津

【例题 1 · 单选题】某人出国 3 年，请你代付房租，每年租金 10 万元，年末支付。假设银行存款利率为 10%，他现在应当替你在银行存入（　　）万元。（P/A，10%，3 = 2.487，P/A，10%，4 = 3.17）

A. 24.87　　B. 31.7

C. 4.02　　D. 23.15

【答案】A

【解析】此题相当于问每年末支付 10 万元，存款利率为 10% 的 3 年期普通年金现值是多少？根据公式 $P = A\times\frac{1-(1+i)^{-n}}{i} = 10\times(P/A, 10\%, 3) = 24.87$（万元），故选 A。

【例题 2 · 单选题】某企业向银行借入一笔借款，银行贷款的年利率为 10%，每年复利一次。银行规定前 10 年不用还本付息，但从第 11 年至第 20 年每年末偿还本息 5 000 元。这笔款项的现值是（　　）元。（P/A，10%，10 = 6.1446，P/A，10%，9 = 5.759，P/F，10%，10 = 0.3855，P/F，10%，9 = 0.4241 结果四舍五入保留整数）

A. 11 745　　B. 11 844

C. 12 212　　D. 11 212

【答案】B

【解析】本题中，由于第 1 期支付发生在第 11 年末，即 $m+1=11$，所以递延期 $m=10$，由于从第 11 年到第 20 年，共支付 10 次，所以 $n=10$。先将递延年金视为 n 期普通年金，求出在递延期末的普通年金现值，然后再折现到现在，即第 0 期现值。$P = A\times(P/A, 10\%, 10)\times(P/F, 10\%, 10) = 5\ 000\times6.1446\times0.3855\approx11\ 844$（元）。

【例题 3 · 单选题】某企业向银行借入一笔借款，银行贷款的年利率为 10%，每年复利一次。银行规定前 10 年不用还本付息，但从第 11 年至第 20 年每年初偿还本息 5 000 元。这笔款项的现值是（　　）元。（P/A，10%，10 = 6.1446，P/A，10%，9 = 5.759，P/F，10%，10 = 0.3855，P/F，10%，9 = 0.4241 结果四舍五入保留整数）

A. 12 212　　B. 11 212

C. 13 030　　D. 10 330

【答案】C

【解析】第 11 年初即第 10 年末，所以 $m+1=10$，递延期 $m=9$，支付次数 $n=10$。

$P = 5\ 000\times(P/A, 10\%, 10)\times(P/F, 10\%, 9)\approx13\ 030$（元）

4 年金终值

一、考点解读

对于永续年金而言，没有终点，所以只有普通年金终值、预付年金终值和递延年金终值三种情况。

1. 普通年金终值

普通年金终值是指普通年金最后一次收付时的本利和，它是每次收付款项的复利终值之和。根据复利终值的方法，计算年金终值的公式为：

$$F = A + A(1+i) + A(1+i)^2 + A(1+i)^3 + \cdots + A(1+i)^{n-1}$$

等式两边同时乘以（1+i）：

$$(1+i)F = A(1+i) + A(1+i)^2 + A(1+i)^3 + \cdots + A(1+i)^n$$

上述两式相减：

$$(1+i)F - F = A(1+i)^n - A$$

$$i \times F = A[(1+i)^n - 1]$$

$$F = A \times \frac{(1+i)^n - 1}{i}$$

式中，$\frac{(1+i)^n-1}{i}$称为“年金终值系数”，记作（F/A，i，n），即：普通年金终值 F = A ×（F/A，i，n）。（F/A，i，n）中的“n”指的是等额收付的次数（即A的个数）。

2. 预付年金终值

对于等额收付n次的预付年金而言，其终值指的是各期等额收付金额在第n期期末的复利终值之和。计算预付年金终值的一般公式：

$$F = A(1+i) + A(1+i)^2 + \cdots + A(1+i)^n$$

等式两边同时乘以 $(1+i)^{-1}$ 得到：

$$F \times (1+i)^{-1} = A + A(1+i) + A(1+i)^2 + \cdots + A(1+i)^{n-1}$$

即：$F \times (1+i)^{-1} = A \times (F/A, i, n)$

两边同时乘以（1+i）得到：

预付年金终值 $F = A \times (F/A, i, n) \times (1+i)$

3. 递延年金终值

递延年金终值与递延年金期数无关，只需考虑递延年金发生的期数n，计算公式与普通年金的终值计算一样，计算公式如下：

$$F = A \times (F/A, i, n)$$

提示 公式中“n”表示的是A的个数，与递延期数无关。年金终值的计算在实务中很少使用，实务中对于不同的方案进行选择时，一般习惯于比较现值。

二、例题点津

【例题1·单选题】甲企业计划每年12月底向银行存入10万元慈善基金，年利率为8%，按复利计算，则第3年末年金终值为（　　）万元。（F/A，8%，3=3.246，P/F，8%，3=0.794，F/P，8%，3=1.260）

A. 32.46　　B. 7.94

C. 12.6　　D. 7.94

【答案】A

【解析】

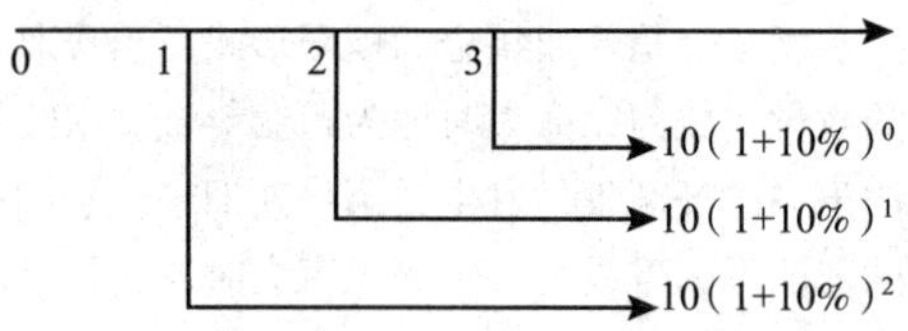

根据普通年金终值的计算公式，F = A ×（F/A，8%，3）= 10 × 3.246 = 32.46（万元）。

【例题2·单选题】每年初存入银行200万元，设存款利率为8%，6年后的预付年金终值是（　　）万元（结果保留一位小数）（（F/A，8%，7）= 8.923，（F/A，8%，6）= 7.336）。

A. 1 784.6　　B. 1 467.2

C. 1 584.6　　D. 1 927.4

【答案】C

【解析】根据公式，F = A（F/A，i，n）（1+i）= 200 ×（F/A，8%，6）×（1+i）= 1 584.6（万元）。

5 年偿债基金和年资本回收额

一、考点解读

年偿债基金，是指为了在约定的未来某一时点清偿某笔债务或积聚一定数额的资金而必须分次等额形成的存款准备金。也就是为使年金终值达到既定金额的年金数额（即已知终值F，求年金A）。

年资本回收额是指在约定年限内等额回收初始投入资本的金额。年资本回收额的计算实际上是已知普通年金现值P，求年金A。

提示 1. 普通年金终值的计算与年偿债基金计算互为逆运算。

2. 普通年金现值的计算与年资本回收额计算互为逆运算。

3. 互为倒数的四组系数关系：

（1）单利终值系数与单利现值系数；

（2）复利终值系数与复利现值系数；

（3）偿债基金系数与年金终值系数；

（4）资本回收系数与年金现值系数。

二、例题点津

【例题1·单选题】某公司拟于5年后一次还清所欠债务100 000元，假定银行利息率为10%，5年10%的年金终值系数为6.1051，5年10%的年金现值系数为3.7908，则应从现在期每年末等额存入银行的偿债基金为（　　）元。

A. 12 258.37　　B. 14 236.58

C. 15 967.62　　D. 16 379.75

【答案】D

【解析】本题属于已知普通年金终值倒求年金的问题，即计算年偿债基金。A = 100 000/6.1051 = 16 379.75（元），所以选择D。

6 利率的计算

一、考点解读

1. 现值或终值系数已知的利率计算

①查阅相应的系数表，如果能在表中查到相应的数值，则对应的利率就是所求的利率。

②如果在系数表中无法查到相应的数值，则可以使用内插法（也叫插值法）计算，假设所求利率为i，i对应的现值（或者终值）系数为B，B_1、B_2为现值（或者终值）系数表中与B相邻的系数，i_1、i_2为B_1、B_2对应的利率。可以按照下面的方程计算：

$(i_2 - i)/(i_2 - i_1) = (B_2 - B)/(B_2 - B_1)$

解得：$i = i_2 - [(B_2 - B)/(B_2 - B_1)] \times (i_2 - i_1)$

也可以按照下面的方程计算：

$(i - i_1)/(i_2 - i_1) = (B - B_1)/(B_2 - B_1)$

解得：$i = i_1 + [(B - B_1)/(B_2 - B_1)] \times (i_2 - i_1)$

提示　运用内插法的假设是：假定利率与终值（现值）系数之间存在线性关系。

2. 现值或终值系数未知的利率计算

有些时候会出现一个表达式中含有两种系数，在这种情况下，现值或终值系数是未知的，无法通过查表直接确定相邻的利率，需要借助系数表，经过多次测试才能确定相邻的利率。测试时注意：现值系数与利率反向变动，终值系数与利率同向变动。

3. 实际利率的计算

（1）一年多次计息时的实际利率。

例如：本金为1 000元，名义年利率为15%，每年计算一次利息，一年后本利和为1 000×（1＋15%），如果每月计算一次利息，一年后本利和为$1\,000 \times (1 + 15\%/12)^{12} = 1\,160.75$（元），相当于按年利率为16.075%计息一次，即实际利率为16.075%。

因此：$实际利率\ i = \dfrac{实际利息}{本金} = [P(1 + r/m)^m - p]/p = (1 + r/m)^m - 1$

$i = (1 + r/m)^m - 1$

式中：i为实际利率，r为名义利率，m为每年复利计息的次数。

从公式中可以看出，在一年多次计息时，实际利率高于名义利率，并且在名义利率相同的情况下，一年计息次数越多，实际利率越大。

（2）通货膨胀情况下的实际利率。

名义利率，是央行或其他提供资金借贷的机构所公布的未调整通货膨胀因素的利率，即利息（报酬）的货币额与本金的货币额的比率，其包括补偿通货膨胀（包括通货紧缩）风险的利率。实际利率是指剔除通货膨胀率后储户或投资者得到利息回报的真实利率。

名义利率与实际利率之间的关系为：1＋名义利率＝（1＋实际利率）×（1＋通货膨胀率），所以，实际利率的计算公式为：

$$实际利率 = \frac{1 + 名义利率}{1 + 通货膨胀率} - 1$$

二、例题点津

【例题1·单选题】某人向银行借入20 000元，借款期为9年，每年末还本付息额为4 000元，则借款利率为（　　）。

A. 13.06%　　B. 13.72%

C. 15.36%　　D. 16.5%

【答案】B

【解析】本题是利用内插法求利息率。根据题意：20 000＝4 000×（P/A，i，9）

（P/A，i，9）＝5，根据内插法可得：

利率	系数
12%	5.3282
i	5
14%	4.9464

$$\frac{i-12\%}{14\%-12\%}=\frac{5-5.3282}{4.9464-5.3282}$$

解得：i = 13.72%

【例题2·单选题】一项1 000万元的借款，借款期3年，年利率为5%，若半年计息一次，年实际利率会高出名义利率（　　）。

A. 0.16%　　B. 0.25%

C. 0.06%　　D. 0.05%

【答案】C

【解析】已知 m = 2，r = 5%，根据实际利率与名义利率之间的关系，$i=(1+5\%/2)^2-1=5.06\%$。

第二单元　风险与收益

1 资产收益与收益率

一、考点解读

1. 资产收益的含义与计算

一般情况下，有两种表示资产收益的方式，一种是以金额表示的；以金额表示的收益与期初资产的价值（价格）相关，是绝对数，不利于不同规模资产之间收益的比较，另一种方式是以百分比表示的，而以百分数表示的收益则是一个相对指标，便于不同规模下资产收益的比较和分析。所以，通常情况下，我们都是用收益率的方式来表示资产的收益。

提示 一般来说，资产的收益率指的是资产的年收益率，又称资产的报酬率。

2. 资产收益率的类型

表2-1

<table>
<tr><th>类型</th><th colspan="2">含义</th></tr>
<tr><td>实际收益率</td><td colspan="2">已实现或确定可以实现的利息（股息）率与资本利得收益率之和
提示 当存在通货膨胀时，还应当扣除通货膨胀率的影响，剩余的才是真实的收益率</td></tr>
<tr><td>预期收益率</td><td colspan="2">在不确定的条件下，预测的某资产未来可能实现的收益率。
预期收益率 = $\sum_{i=1}^{n}(P_i \cdot R_i)$
式中，P_i 表示情况 i 可能出现的概率；R_i 表示情况 i 出现时的收益率</td></tr>
<tr><td rowspan="3">必要收益率</td><td colspan="2">必要收益率也称最低报酬率或最低要求的收益率，表示投资者对某资产合理要求的最低收益率。必要收益率 = 无风险收益率 + 风险收益率</td></tr>
<tr><td>无风险收益率</td><td>风险收益率</td></tr>
<tr><td>无风险收益率 = 纯粹利率（资金的时间价值）+ 通货膨胀补偿率
通常用短期国债的利率近似地代替无风险收益率</td><td>风险收益率是指某资产持有者因承担该资产的风险而要求的超过无风险收益率的额外收益。它的大小取决于以下两个因素：一是风险的大小；二是投资者对风险的偏好</td></tr>
</table>

提示 必要收益率 = 无风险收益率 + 风险收益率 = 纯粹利率（资金的时间价值）+ 通货膨胀补偿率 + 风险收益率

二、例题点津

【例题 1·单选题】 投资者对某项资产合理要求的最低收益率，称为（　　）。

A. 实际收益率　　B. 必要收益率

C. 预期收益率　　D. 无风险收益率

【答案】B

【解析】必要收益率也称最低必要报酬率或最低要求的收益率，表示投资者对某资产合理要求的最低收益率。

【例题 2·单选题】 某投资项目预计未来收益前景为“很好”“一般”“较差”的概率分别为 30%、50% 和 20%，相应的投资收益率分别为 30%、12% 和 6%，则该项投资的预期收益率为（　　）。

A. 12%　　B. 16%

C. 16.2%　　D. 30%

【答案】C

【解析】该项投资的预期收益率 = 30% × 30% + 50% × 12% + 20% × 6% = 16.2%。选项 C 正确。

2 资产的风险及其衡量

一、考点解读

1. 风险的概念

风险是指资产收益的不确定性。由于人们更多考虑损失的可能性，所以，从财务的角度看，风险是指企业在各项财务活动过程中，由于各种难以预料或无法控制的因素作用，使企业实际收益与预计收益发生背离，从而蒙受经济损失的可能性。

2. 风险衡量

资产风险的大小可以用资产收益率的离散程度来衡量。反映随机变量离散程度的指标主要有方差、标准差、标准差率等。

（1）概率分布。

概率是用来表示随机事件发生可能性大小的数值。通常，把必然发生的事件的概率定为 1，把不可能发生的事件的概率定为 0，而一般随机事件的概率是介于 0 与 1 之间的一个数。概率越大就表示该事件发生的可能性越大。

（2）期望值。

期望值是一个概率分布中的所有可能结果，以各自相应的概率为权数计算的加权平均值。期望值通常用符号 $\overline{E}$ 表示。计算公式如下：

$$\overline{E} = \sum_{i=1}^{n}(X_i \cdot P_i)$$

X_i 表示的是第 i 种情况可能出现的结果，P_i 表示的是第 i 种情况可能出现的概率。

（3）方差。

在概率已知的情况下，方差的计算公式为：

$$\sigma^2 = \sum_{i=1}^{n}(X_i - \overline{E})^2 \cdot P_i$$

$(X_i - \overline{E})$ 表示的是第 i 种情况可能出现的结果与期望值的离差，P_i 表示的是第 i 种情况可能出现的概率。方差的计算公式可以表述为：离差的平方的加权平均数。

（4）标准差。

标准差也叫标准离差，是方差的平方根。在概率已知的情况下，其计算公式为：

$$\sigma = \sqrt{\sum_{i=1}^{n}(X_i - \overline{E})^2 \cdot P_i}$$

标准差以绝对数衡量决策方案的风险，在期望值相同的情况下，标准差越大，风险越大；反之，标准差越小，则风险越小。

提示 由于无风险资产没有风险，所以，无风险资产的标准差等于零。

（5）标准差率。

标准差率是标准差同期望值之比，通常用符号 V 表示，其计算公式为：

$$V = \frac{\sigma}{\overline{E}} \times 100\%$$

标准差率是一个相对指标，对于期望值不同的决策方案，评价和比较其各自的风险程度只能借助于标准差率这一相对数值。在期望值不同的情况下，标准差率越大，风险越大；反之，标准差率越小，风险越小。

3. 风险对策

（1）规避风险。

当资产风险所造成的损失不能由该资产可能获得的收益予以抵销时，应当放弃该资产，以规避风险。

提示 规避风险的措施：拒绝与不守信用的厂商业务往来；放弃可能明显导致亏损的投资项目；新产品在试制阶段发现诸多问题而果断停止试制。

（2）减少风险。

主要有两层意思，一是控制风险因素，减少风险发生；二是控制风险发生的频率和降低风险损害程度。

提示 减少风险的常用方法有：进行准确的预测，如对汇率预测、利率预测、债务人信用评估等；采用多领域、多地域、多项目、多品种的经营或投资以分散风险等。

（3）转移风险。

企业以一定代价，采取某种方式将风险损失转嫁给他人承担。

提示 转移风险的措施：向专业性保险公司投保；采取合资、联营、增发新股、发行债券、联合开发等措施实现风险共担；通过技术转让、特许经营、战略联盟、租赁经营和业务外包等实现风险转移。

（4）接受风险。

对于损失较小的风险，如果企业有足够的财力和能力承受风险损失时，可以采取风险自担或风险自保的方式自行消化风险损失。风险自担，是指风险损失发生时，直接将损失摊入成本或费用，或冲减利润；风险自保是指企业预留一笔风险金或随着生产经营的进行，有计划地计提资产减值准备等。

二、例题点津

【例题1·多选题】下列指标中，能够反映资产风险的有（　　）。

A. 方差　　B. 标准差

C. 期望值　　D. 标准差率

【答案】ABD

【解析】期望值反映期望收益，不能用来衡量风险。

【例题2·多选题】下列各项中，不属于风险自保的措施有（　　）。

A. 在开发新产品之前，进行充分的市场调研

B. 有计划地对资产计提减值准备

C. 向保险公司投保

D. 直接将损失摊入成本费用

【答案】ACD

【解析】选项A属于减少风险，选项B属于风险自保，选项C属于转移风险，选项D属于风险自担。

3 风险矩阵与风险管理原则

一、考点解读

1. 风险矩阵

是指按照风险发生的可能性和风险发生后果的严重程度，将风险绘制在矩阵图中，展示风险及其重要性等级的风险管理工具方法。风险矩阵适用于表示企业各类风险重要性等级，也适用于各类风险的分析评价和沟通报告。

风险矩阵图，是以风险后果严重程度为纵坐标、以风险发生可能性为横坐标的矩阵坐标图。企业可根据风险管理精度的需要，确定定性、半定量或定量指标来描述风险后果严重程度和风险发生可能性。

风险矩阵的主要优点：为企业确定各项风险重要性等级提供了可视化的工具。风险矩阵的主要缺点：一是需要对风险重要性等级标准、风险发生可能性、后果严重程度等作出主观判断，可能影响使用的准确性；二是应用风险矩阵所确定的风险重要性等级是通过相互比较确定的，因而无法将列示的个别风险重要性等级通过数学运算得到总体风险的重要性等级。

2. 风险管理原则

（1）融合性原则。企业风险管理应与企业的战略设定、经营管理与业务流程相结合。

（2）全面性原则。企业风险管理应覆盖企业所有的风险类型、业务流程、操作环节和管理层级与环节。

(3) 重要性原则。企业应对风险进行评价，确定需要进行重点管理的风险，并有针对性地实施重点风险监测，及时识别、应对。

(4) 平衡性原则。企业应权衡风险与回报、成本与收益之间的关系。

二、例题点津

【例题 1 · 多选题】 下列关于风险矩阵的说法，正确的有（　　）。

A. 风险矩阵坐标以风险后果严重程度为横坐标

B. 风险矩阵为企业确定各项风险重要性等级提供了可视化工具

C. 风险矩阵为风险发生的可能性及后果严重程度作出了客观判断

D. 企业可选择定性、半定量或定量指标来绘制风险矩阵图

【答案】BD

【解析】风险矩阵坐标是以风险后果严重程度为纵坐标、以风险发生可能性为横坐标的矩阵坐标图，选项 A 错误；风险矩阵的主要缺点之一是需要对风险重要性等级标准、风险发生可能性、后果严重程度等作出主观判断，可能影响使用的准确性，选项 C 错误。

4 证券资产组合的风险与收益

一、考点解读

1. 证券资产组合的预期收益率

证券资产组合的预期收益率就是组成证券资产组合的各种资产收益率的加权平均数，其权数为各种资产在组合中的价值比例。

2. 证券资产组合风险及其衡量

(1) 证券资产组合的风险分散功能。

两项投资组合的方差

$$\sigma_p^2 = w_1^2\sigma_1^2 + w_2^2\sigma_2^2 + 2w_1w_2\rho_{1,2}\sigma_1\sigma_2$$

式中，σ_p 表示证券资产组合的标准差，它衡量的是证券资产组合的风险；σ_1 和 σ_2 分别表示组合中两项资产收益率的标准差；w_1 和 w_2 分别表示组合中两项资产所占的价值比例；$\rho_{1,2}$ 反映两项资产收益率的相关程度，即两项资产收益率之间的相对运动状态，称为相关系数。理论上，相关系数介于区间［-1，1］内。相关系数与组合风险的关系见表 2-2。

表 2-2

相关系数 $\rho_{1,2}$	组合的标准离差 σ_p	风险分散情况
$\rho_{1,2}=+1$（完全正相关） 表明两项资产的收益率变化方向和变化幅度完全相同	$\sigma_p=\mid(w_1\sigma_1+w_2\sigma_2)\mid$，$\sigma_p$ 达到最大	组合不能抵销任何风险
$\rho_{1,2}=-1$（完全负相关） 表明两项资产的收益率变化方向相反，变化幅度完全相同	$\sigma_p=\mid(w_1\sigma_1-w_2\sigma_2)\mid$，$\sigma_p$ 达到最小，甚至可能是零，即完全分散	组合可以最大限度地分散风险
$-1<\rho_{1,2}<1$	$0<\sigma_p<(w_1\sigma_1+w_2\sigma_2)$	资产组合可以分散部分风险

在证券资产组合中，能够随着资产种类增加而降低直至消除的风险，被称为非系统性风险；不能随着资产种类增加而分散的风险，被称为系统性风险。下面对这两类风险进行详细论述。

(2) 非系统风险（可分散风险/特殊风险/特有风险）。

非系统风险，是指发生于个别公司的特有事件造成的风险。例如，一家公司的工人罢工、新产品开发失败、失去重要的销售合同、诉讼失败，或者宣告发现新矿藏、取得一个重要合同等。这类事件是非预期的、随机发生的，它只影响一个或少数公司，不会对整个市场产生太大影响。这种风险可以通过资产组合来分散，即发生

于一家公司的不利事件可以被其他公司的有利事件所抵销。

提示 1. 不应当过分夸大资产多样性和资产个数的作用。当资产数目增加到一定程度时，风险分散的效应就会逐渐减弱。组合中不同行业的资产个数达到20个时，绝大多数非系统风险均已被消除掉。此时，如果继续增加资产数目，对分散风险已经没有多大的实际意义。

2. 不要指望通过资产多样化达到完全消除风险的目的，因为系统风险是不能够通过风险的分散来消除的。

（3）系统风险（市场风险/不可分散风险）。

这部分风险是由那些影响整个市场的风险因素所引起的。这些因素包括宏观经济形势的变动、国家经济政策的变化、税制改革、企业会计准则改革、世界能源状况、政治因素等。为了对系统风险进行量化，用β系数衡量系统风险的大小，某资产的β系数表达的含义是该资产的系统风险相当于市场组合系统风险的倍数。

提示 1. 当β=1时，表示该资产的收益率与市场平均收益率呈同方向同比例的变化，即该资产所含的系统风险与市场组合的风险一致；如果0<β<1，说明该资产所含的系统风险小于市场组合的风险，如果β>1，说明该资产所含的系统风险大于市场组合的风险。

2. 个别资产的β系数可以为负，表明这类资产的收益率与市场平均收益率的变化方向相反。市场组合的β为1，无风险资产的β为0。

3. β系数的正负表示与市场收益率相比的变化方向，数字表示相对于市场平均收益率的变化幅度。

对于证券资产组合来说，其所含的系统风险的大小可以用组合β系数来衡量。证券资产组合的β系数是所有单项资产β系数的加权平均数，权数为各种资产在证券资产组合中所占的价值比例。计算公式为：

$$\beta_p = \sum_{i=1}^{n}(W_i \cdot \beta_i)$$

其中，β_p是证券资产组合的β系数；W_i为第i项资产在组合中所占的价值比例；β_i表示第i项资产的β系数。

二、例题点津

【例题1·判断题】投资组合的期望收益率就是组合中各种资产期望收益率的加权平均数，其权数等于各种资产在整个投资组合总额中所占的比重。（　　）

【答案】√

【解析】由投资组合期望收益率的计算方法可知。

【例题2·多选题】下列表述中正确的有（　　）。

A. 投资组合的总风险由投资组合收益率的方差和标准差来衡量

B. 投资组合的总风险由系统性风险和非系统性风险组成

C. 系统性风险影响所有资产，非系统性风险只影响单个资产

D. 若两种资产的投资比例不变，单项资产的期望收益率不变，则不论两种资产之间的相关系数如何，其投资组合的总风险都不变

【答案】ABC

【解析】影响组合风险的因素是投资比重、个别资产收益率和相关系数。投资比例不变，各项资产的期望收益率不变，投资组合中两项资产之间的相关系数改变，则投资组合的总风险就会改变。

【例题3·单选题】下列各项中，不能通过投资组合分散掉的风险是（　　）。

A. 企业发生安全事故

B. 企业面临通货膨胀压力

C. 企业未获得重要合同

D. 企业在竞争中技术落后

【答案】B

【解析】B是系统性风险，无法通过投资组合分散掉。其他三项是非系统风险，可以通过投资组合分散。

【例题4·单选题】当某上市公司的β系数大于0时，下列关于该公司风险与收益表述中，正确的是（　　）。

A. 系统风险高于市场组合风险

B. 资产收益率与市场平均收益率呈同向变化

C. 资产收益率变动幅度小于市场平均收益率变动幅度

D. 资产收益率变动幅度大于市场平均收益率变动幅度

【答案】B

【解析】根据β系数的定义可知，当某资产的β系数大于0时，说明该资产的收益率与市场平均收益率呈同方向的变化；当某资产的β系数大于0且小于1时，说明该资产收益率的变动幅度小于市场组合收益率的变动幅度，因此其所含的系统风险小于市场组合的风险；当某资产的β系数大于1时，说明该资产收益率的变动幅度大于市场组合收益率的变动幅度，因此其所含的系统风险大于市场组合的风险。

【例题5·判断题】两项资产之间的正相关程度越低，其投资组合可分散投资风险的效果就越小；两项资产之间的负相关程度越高，其投资组合可分散投资风险的效果就越大。(　　)

【答案】×

【解析】两项资产之间的正相关程度越低，其投资组合可分散投资风险的效果就越大。

【例题6·多选题】下列关于β系数的说法中，正确的有（　　）。

A. β值恒大于0

B. 市场组合的β值恒等于1

C. β系数为零表示无系统风险

D. β系数既能衡量系统风险也能衡量非系统风险

【答案】BC

【解析】个别资产的β系数可能为负，表明这类资产的收益率与市场平均收益率的变化方向相反。所以选项A不正确；市场组合的β系数为1，所以B正确，无风险资产的β系数为0，所以C正确；β系数只能衡量系统风险，所以选项D错误。

5 资本资产定价模型

一、考点解读

1. 资本资产定价模型的基本原理

解释资本市场如何决定股票收益率，进而决定股票价格。

资本资产定价模型是“必要收益率 = 无风险收益率 + 风险收益率”的具体化，资本资产定价模型的一个主要贡献是解释了风险收益率的决定因素和度量方法，资本资产定价模型中，风险收益率 $=\beta\times(R_m-R_f)$，资本资产定价模型的完整表达式为：

$R=R_f+\beta\times(R_m-R_f)$，R表示某资产的必要收益率；β表示该资产的系统风险系数；R_f表示无风险收益率；R_m表示市场组合收益率。(R_m-R_f)称为市场风险溢酬。它是附加在无风险收益率之上的，由于承担了市场平均风险所要求获得的补偿，它反映的是市场作为整体对风险的平均“容忍”程度。

2. 资本资产定价模型的有效性和局限性

该模型的最大贡献在于它提供了风险和收益之间的一种实质性表述。

尽管资本资产定价模型已经得到了广泛的认可，但在实际运用中，仍存在着一些明显的局限，主要表现在：(1) 某些资产或企业的β值难以估计，特别是对一些缺乏历史数据的新兴行业。(2) 经济环境的不确定性和不断变化，使得依据历史数据估算出来的β值对未来的指导作用必然要打折扣。(3) 资本资产定价模型是建立在一系列假设之上的，其中一些假设与实际情况有较大偏差，使得资本资产定价模型的有效性受到质疑。这些假设包括：市场是均衡的，市场不存在摩擦，市场参与者都是理性的、不存在交易费用、税收不影响资产的选择和交易等。

二、例题点津

【例题1·多选题】资本资产定价模型的局限性包括（　　）。

A. 没有解决非系统性风险的定价问题

B. 某些资产或企业的β值难以估计

C. 依据历史数据估算出来的β值对未来的指导作用要打折扣

D. 资本资产定价模型是建立在一系列假设之上的

【答案】BCD

【解析】资本资产定价模型的局限性包括：

(1) 某些资产或企业的β值难以估计，特别是对一些缺乏历史数据的新兴行业；(2) 由于经济的不确定性和不断变化，使得依据历史数据估算出来的β值对未来的指导作用必然要打折扣；(3) 资本资产定价模型是建立在一系列假设之上的，其中一些假设与实际情况有较大偏差。

第三单元　成本性态分析

成本性态又称成本习性，指成本与业务量之间的依存关系。按照成本形态不同，通常可以分为固定成本、变动成本和混合成本三类。

1 固定成本

一、考点解读

1. 固定成本的基本特征

在一定范围内固定成本总额能保持相对的稳定，例如，固定折旧费用、房屋租金、行政管理人员工资、财产保险费、广告费、职工培训费、科研开发费、广告费等；单位产品所分担的固定成本随业务量的增减呈反向变动。

提示 一定期间固定成本的稳定性是有条件的，一定期间固定成本的稳定性是相对的。

固定成本习性模型如图2-4所示。

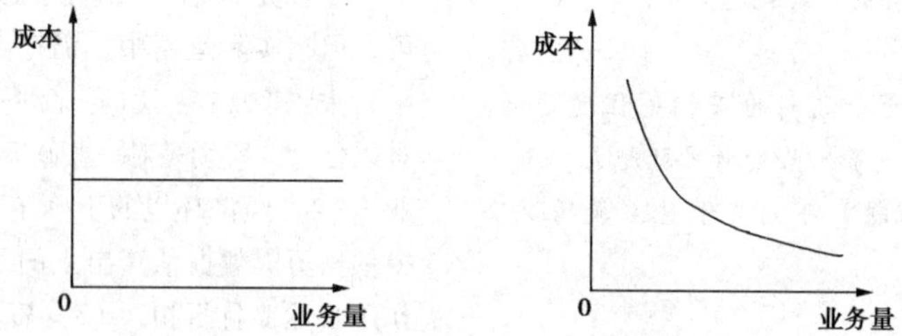

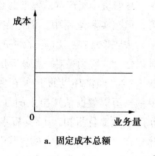

a. 固定成本总额　　b. 单位固定成本

图2-4

2. 固定成本的分类

固定成本按其支出额是否可以在一定期间内改变而分为约束性固定成本和酌量性固定成本。约束性固定成本是指管理当局的短期经营决策行动不能改变其具体数额的固定成本。约束性固定成本是企业的生产能力一经形成就必然要发生的最低支出，即使生产中断也仍然要发生。由于约束性固定成本一般是由既定的生产能力所决定的，是维护企业正常生产经营必不可少的成本，所以也称为“经营能力成本”，它最能反映固定成本的特性。降低约束性固定成本的基本途径，只能是合理利用企业现有的生产能力，提高生产效率，以取得更大的经济效益。

提示 保险费、房屋租金、固定的设备折旧、管理人员的基本工资属于约束性固定成本。

酌量性固定成本是指管理当局的短期经营决策行动能改变其数额的固定成本。这些费用发生额的大小取决于管理当局的决策行动。一般是由管理当局在会计年度开始前，斟酌计划期间企业的具体情况和财务负担能力，对这类固定成本项目的开支情况分别作出决策。酌量性成本并非可有可无，它关系到企业的竞争能力，因此，要想降低酌量性固定成本，只有厉行节约、精打细算，编制出积极可行的费用预算并严格执行，防止浪费和过度投资等。

提示 广告费、职工培训费、新产品研究开发费用（如研发活动中支出的技术图书资料费、资料翻译费、会议费、差旅费、办公费、外事费、研发人员培训费、培养费、专家咨询费、高新科技研发保险费）等属于酌量性固定成本。

二、例题点津

【例题1·单选题】根据成本性态，在一定时期一定业务量范围之内，新产品研发人员培训费一般属于（　　）。

A. 半固定成本　　B. 半变动成本

C. 约束性固定成本　D. 酌量性固定成本

【答案】D

【解析】酌量性固定成本是指管理当局的短期经营决策行动能改变其数额的固定成本。

2 变动成本

一、考点解读

1. 变动成本的基本特征

一定范围内变动总额随业务量的变动而成正比例变动，如直接材料、直接人工、按销售量支付的推销员佣金、装运费、包装费，以及按业务量计提的固定设备折旧等；单位变动成本不变。变动成本习性模型如图2－5所示。

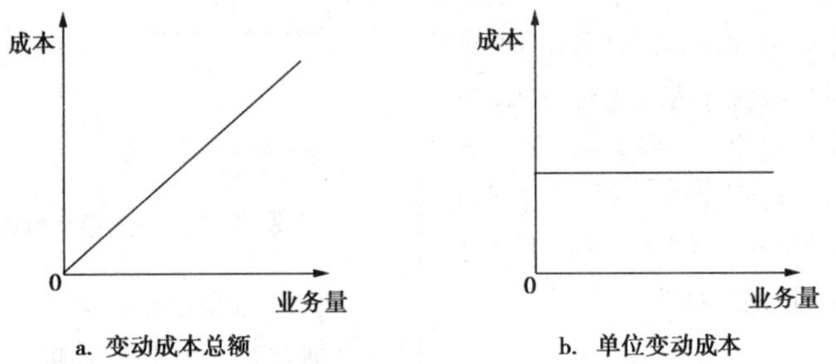

图2－5

提示 单位成本的稳定性是有适用范围的，在相关范围之外就可能表现为非线性的。

2. 变动成本的分类

技术性变动成本，是指由技术或设计关系所决定的变动成本，这种成本只要生产就必然会发生。

酌量性变动成本是指通过管理当局的决策行动可以改变的变动成本。如按销售收入的一定百分比支付的销售佣金、新产品研制费（如研发活动直接消耗的材料、燃料和动力费用等）、技术转让费等。这类成本的特点是其单位变动成本的发生额可由企业最高管理层决定。

二、例题点津

【例题1·单选题】汽车企业生产汽车所耗用的引擎和底盘属于（　　）。

A. 技术性变动成本　B. 酌量性变动成本

C. 酌量性固定成本　D. 约束性固定成本

【答案】A

【解析】技术性变动成本是指由技术或设计关系所决定的变动成本。生产汽车耗用引擎和底盘，只要生产必定会发生，属于技术性变动成本，故选项A正确。

3 混合成本

一、考点解读

1. 混合成本的基本特征

混合成本是“混合”了固定成本和变动成本两种不同性质的成本。一方面，它们要随业务量的变化而变化；另一方面，它们的变化又不能与业务量的变化保持着纯粹的正比例关系。

2. 混合成本的分类

（1）半变动成本。

有一个初始量，不随业务量的变化而变化，类似于固定成本，在此初始量之上则随着业务量的变化成正比例变化。半变动成本习性模型如图2－6所示。

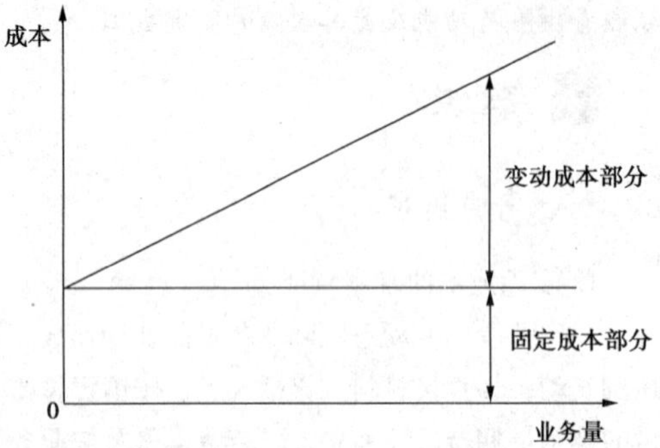

图 2－6　半变动成本习性模型

(2) 半固定成本。

半固定成本也称阶梯式变动成本，指在一定业务量范围内的发生额是固定的，但当业务量增长到一定限度，其发生额就突然跳跃到一个新的水平，然后在业务量增长的一定限度内，发生额又保持不变，直到另一个新的跳跃。例如，企业的管理员、运货员、检验员的工资等成本项目就属于这一类。半固定成本习性模型如图 2－7 所示。

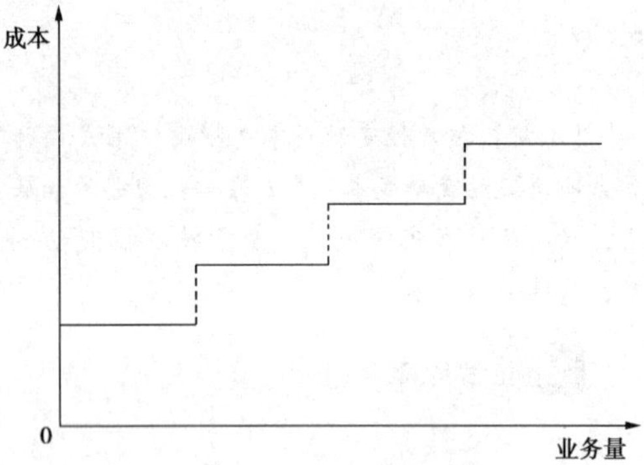

图 2－7　半固定成本习性模型

(3) 延期变动成本。

在一定的业务量范围内有一个固定不变的基数，当业务量增长超出了这个范围，就与业务量的增长成正比例变动。例如，职工的基本工资、手机流量费。

延期变动成本的成本习性如图 2－8 所示。

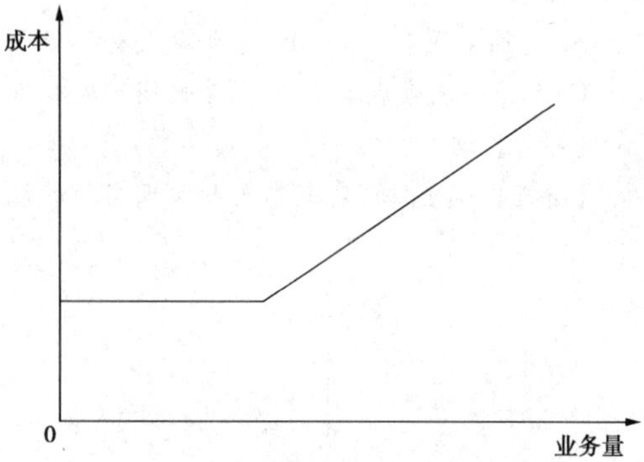

图 2－8　延期变动成本习性模型

(4) 曲线变动成本。

通常有一个不变的初始量，相当于固定成本，在这个初始量的基础上，随着业务量的增加，成本也逐步变化，但它与业务量的关系是非线性的。分为两种类型：①递增曲线成本。如累进计件工资、违约金等，随着业务量的增加，成本逐步增加，并且增加幅度是递增的；②递减曲线成本。如有价格折扣或优惠条件下的水、电消费成本，“费用封顶”的通信服务费等，其曲线达到高峰后就会下降或持平。递增曲线成本和递减曲线成本的成本习性模型如图 2－9 所示。

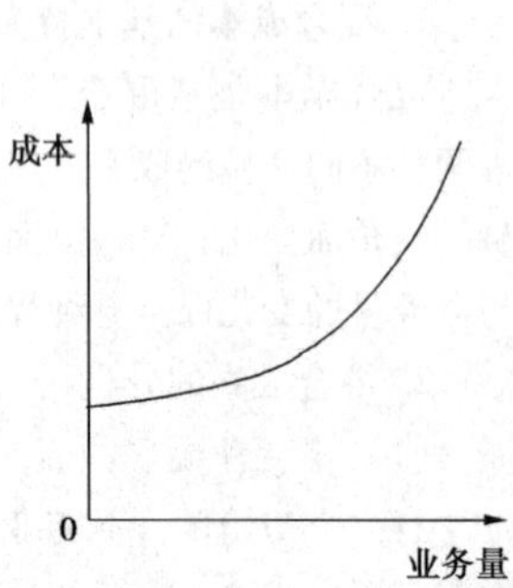

a. 递增曲线成本

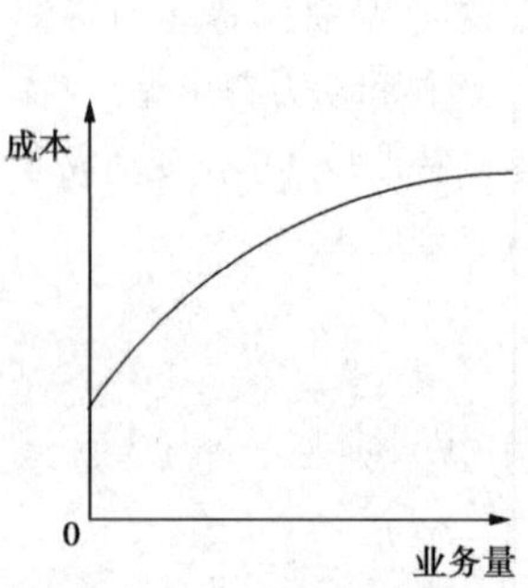

b. 递减曲线成本

图 2－9　曲线变动成本习性模型

3. 混合成本的分解

（1）高低点法。

高低点法是以过去某一会计期间的总成本和业务量资料为依据，从中选取业务量最高点和业务量最低点，将总成本进行分解，得出成本性态的模型。其计算公式为：

单位变动成本 =（最高点业务量成本 − 最低点业务量成本）/（最高点业务量 − 最低点业务量）

固定成本总额 = 最高点业务量成本 − 单位变动成本 × 最高点业务量

或 = 最低点业务量成本 − 单位变动成本 × 最低点业务量

提示 使用高低点法分解混合成本时，分子不是（最高成本 − 最低成本），而是（最高点业务量成本 − 最低点业务量成本）。采用高低点法计算较简单，但它只采用了历史成本资料中的高点和低点两组数据，故代表性较差。

（2）回归分析法。

它根据过去的历史资料，应用最小二乘法原理，算出最能代表业务量与混合成本关系的回归直线，确定混合成本中固定成本和变动成本的方法。该法是一种较为精确的方法。

（3）账户分析法（会计分析法）。

根据有关成本账户及其明细账的内容，结合其与业务量的依存关系，判断其比较接近哪一类成本，就视其为哪一类成本。这种方法简便易行，但比较粗糙且带有主观判断。

（4）技术测定法（工业工程法）。

根据生产过程中各种材料和人工成本消耗量的技术测定来划分固定成本和变动成本的方法。该方法可能是最完备的办法，但通常只适用于投入成本与产出数量之间有规律性联系的成本分解。

（5）合同确认法。

它是根据企业订立的经济合同或协议中关于支付费用的规定，来确认并估算哪些项目属于变动成本，哪些项目属于固定成本的方法。合同确认法要配合账户分析法使用。

上述各种混合成本分解的方法，往往需要互相补充和印证；技术测定法可能是最完备的方法，但它也不是完全独立的，在进入细节之后要使用其他技术方法作为工具；账户分析法是一种比较粗略的分析方法，在判定某项成本的性态时还要借助技术测定法或回归分析法等。

高低点法和回归分析法，都属于历史成本分析的方法，它们仅限于有历史成本资料数据的情况，而新产品并不具有足够的历史数据；应当把这些方法看成一个总体，根据不同对象选择适用的方法，并尽可能用其他方法进行印证。

二、例题点津

【例题1·判断题】有一个初始量，不随业务量的变化而变化，类似于固定成本，在此初始量之上则随着业务量的变化而变化的成本是半变动成本。（　　）

【答案】×

【解析】半变动成本和曲线变动成本都有这样的特征。只不过前者是在初始量基础上随着业务量的变化成正比例变化，后者是在初始量基础上随着业务量的增加，成本也逐步变化，但它与业务量的关系是非线性的。

【例题2·多选题】下列关于混合成本性态分析的说法中，正确的有（　　）。

A. 半变动成本可分解为固定成本和变动成本

B. 延期变动成本在一定业务量范围内为固定成本，超过该业务量可分解为固定成本和变动成本

C. 阶梯式成本在一定业务量范围内为固定成本，当业务量超过一定限度，成本跳跃到新的水平时，以新的成本作为固定成本

D. 为简化数据处理，在相关范围内曲线成本可以近似看成变动成本或半变动成本

【答案】ACD

【解析】延期变动成本在一定业务量范围内为固定成本，超过特定业务量则成为变动成本，所以选项B不正确。

4 总成本模型

一、考点解读

总成本＝固定成本总额＋变动成本总额

＝固定成本总额＋单位变动成本×业务量

二、例题点津

【例题1·判断题】合同确认法通常只适用于投入成本与产出数量之间有规律性联系的成本分解。（　　）

【答案】×

【解析】合同确认法是根据企业订立的经济合同或协议中关于支付费用的规定，来确认并估算哪些项目属于变动成本，哪些项目属于固定成本的方法。技术测定法是根据生产过程中各种材料和人工成本消耗量的技术测定来划分固定成本和变动成本的方法，该方法通常只适用于投入成本与产出数量之间有规律性联系的成本分解。

本章考点巩固练习题

一、单项选择题

1. 某公司从本年度起每年末存入银行一笔固定金额的款项，若按复利制用最简便算法计算第n年末可以从银行取出的本利和，则应选用的时间价值系数是（　　）。
A. 复利终值系数
B. 复利现值系数
C. 普通年金终值系数
D. 普通年金现值系数

2. 有一项年金，前3年无现金流入，后5年每年初等额流入现金500万元，假设年利率为10%，其现值为（　　）万元。（P/A，10%，5＝3.791，P/F，10%，2＝0.826，P/F，10%，3＝0.751）。
A. 1 235.68　　B. 1 391.68
C. 1 423.52　　D. 1 565.68

3. 甲公司投资一项证券资产，每年末都能按照6%的名义利率获取相应的现金收益，假设通货膨胀率为2%，则该证券资产的实际利率为（　　）。
A. 3.88%　　B. 3.92%
C. 4.00%　　D. 5.88%

4. 假设以10%的利率借入30 000元，投资于某个寿命为10年的项目。为使该投资项目成为可行项目，每年至少应回收的现金数额为（　　）元。已知（P/A，10%，10）＝6.1446，（F/A，10%，10）＝15.937。
A. 6 000　　B. 3 000
C. 5 374　　D. 4 882

5. 某公司拟于5年后一次还清所欠债务100 000元，假定银行利息率为10%，5年10%的年金终值系数为6.1051，5年10%的年金现值系数为3.7908，则应从现在起每年末等额存入银行的偿债基金为（　　）元。
A. 16 379.75　　B. 26 379.66
C. 379 080　　D. 610 510

6. 下列风险控制对策中，属于规避风险的是（　　）。
A. 拒绝与不守信用的厂商业务往来
B. 在开发新产品以前，进行市场调研
C. 对决策进行多方案优选
D. 采取合资、联营、联合开发等措施实现风险共担

7. 某上市公司2019年的β系数为1.24，短期国债利率为3.5%。市场组合的收益率为8%，对投资者投资该公司股票的必要收益率是（　　）。
A. 5.58%　　B. 9.08%
C. 13.42%　　D. 17.76%

8. 某家庭打算购置一辆轿车，购置成本 25 万元，预计轿车的使用寿命为 10 年，不考虑残值。若轿车的年运行成本为 2 万元，i=5%，已知 (P/A，5%，10) =7.7217，(F/A，5%，10) = 12.578，而该家庭乘坐公共交通出行的年交通费用为 4.8 万元。则是否购置轿车的决策是（　　）。

A. 购置　　B. 不购置

C. 没有差别　　D. 无法确定

9. 当两项资产收益率之间的相关系数为 0 时，下列表述中不正确的是（　　）。

A. 两项资产收益率之间没有相关性

B. 投资组合的风险最小

C. 投资组合可分散风险的效果比正相关的效果要大

D. 投资组合可分散风险的效果比负相关的效果要小

10. 当股票投资期望收益率等于无风险收益率时，β 系数应（　　）。

A. >1　B. =1　C. <1　D. =0

11. 某人退休时有现金 10 万元，拟选择一项回报比较稳定的投资，希望每个季度能收入 2 000 元补贴生活。那么，该项投资的有效年利率应为（　　）。

A. 7.86%　　B. 8.24%

C. 8.68%　　D. 9.60%

12. 在一个由两项资产构成的投资组合中，A 占 30%，B 占 70%，A 的方差为 0.35，B 的方差为 0.26，A、B 收益率的相关系数为 0.67。则该资产组合的方差为（　　）。

A. 0.2355　　B. 0.2432

C. 0.224　　D. 0.2438

13. 如果 A、B 两只股票的收益率变化方向和变化幅度完全相同，则由其组成的投资组合（　　）。

A. 不能降低任何风险

B. 可以分散部分风险

C. 可以最大限度地抵消风险

D. 风险等于两只股票风险之和

14. 投资风险中，非系统风险的特征是（　　）。

A. 不能被投资多样化所稀释

B. 不能消除而只能回避

C. 通过投资组合可以分散

D. 对各个投资者的影响程度相同

15. 当两种资产的相关系数小于 1 时，下列表述中正确的是（　　）。

A. 不能分散掉全部非系统性风险

B. 不能分散任何风险

C. 能分散掉部分风险

D. 能分散掉部分系统性风险

16. 下列表述中不正确的是（　　）。

A. 只要投资比例不变，投资组合中各项资产的期望收益率不变，则投资组合的期望收益率就不变

B. 投资组合的风险不会高于所有单个资产中的最高风险

C. 投资组合的收益率不会低于所有单个资产中的最低收益率

D. 当两项资产之间构成的投资组合能分散风险时，其相关系数一定是负值

17. 下列关于投资组合理论的表述中，正确的是（　　）。

A. 投资组合能消除大部分系统性风险

B. 投资组合的总规模越大，承担的风险就越大

C. 财务风险是无法通过投资组合分散掉的

D. 一般情况下随着更多的资产加入到投资组合之中，整体风险降低的速度越来越慢

18. 下列属于半固定成本的是（　　）。

A. 固定电话座机费

B. 企业检验员工资

C. 职工基本工资

D. “费用封顶”的通信服务费

19. 关于混合成本的分解方法中，通常只适用于投入成本与产出数量之间有规律性联系的成本分解方法是（　　）。

A. 高低点法　　B. 账户分析法

C. 工业工程法　　D. 合同确认法

20. 某手机运营商推出一种新款手机套餐，每月套餐费 30 元，流量限额 5G，每月流量超过 5G 之后，按照 0.5 元/兆收费。这种成本属于（　　）。

A. 半变动成本　　B. 半固定成本
C. 延期变动成本　　D. 递减曲线成本

二、多项选择题

1. 关于递延年金，下列说法正确的有（　　）。
A. 递延年金是指隔若干期以后才开始发生的系列等额收付款项
B. 递延年金终值的大小与递延期无关
C. 递延年金现值的大小与递延期有关
D. 递延期越长，递延年金的现值越小
2. 下列关于资本资产定价模型表述正确的有（　　）。
A. 市场风险溢价提高，所有资产的必要收益率都提高
B. 如果某项资产的β=1，则该资产的必要收益率等于市场平均收益率
C. 市场上所有资产的β系数不可能为负数
D. 如果市场对风险的平均容忍程度越高，市场风险溢酬越小
3. 证券投资的风险分为可分散风险和不可分散风险两大类，下列各项中，属于可分散风险的有（　　）。
A. 研发失败风险　　B. 生产事故变动
C. 能源价格调整　　D. 通货膨胀风险
4. 下列各种风险应对措施中，能够减少风险的有（　　）。
A. 租赁经营
B. 联合开发
C. 在开发新产品以前，充分进行市场调研
D. 采用多品种投资
5. 根据货币时间价值理论，下列说法中正确的有（　　）。
A. 复利终值与复利现值互为逆运算
B. 年偿债基金与普通年金终值互为逆运算
C. 年资本回收额与普通年金现值互为逆运算
D. 普通年金终值与普通年金现值互为逆运算
6. 某年金的收付形式为从第1期期初开始，每年初发生额为90万元，i=10%。则该现金流量现值的表达式正确的有（　　）。
A. 90/10%
B. 90+90/10%
C. 90/10%×(1+10%)
D. 90×(90/10%)
7. 下列表述中正确的有（　　）。
A. 永续年金因为没有终结期，所以没有终值
B. 永续年金就是没有终结期，永远趋于无穷的预付年金
C. 计息期为1年时，名义利率和实际利率是相同的
D. 名义利率和实际利率有可能是不同的
8. 甲公司业务量以直接人工工时为单位。过去5年直接人工工时分别为11万小时、12万小时、13万小时、15万小时、16万小时；过去5年的维修费用分别为100万元、105万元、120万元、125万元、120万元。采用高低点法分解维修费用所得到的固定成本总额和单位变动成本分别为（　　）。
A. 4万元/万小时　　B. 6.25万元/万小时
C. 56万元　　D. 31.25万元
9. 下列风险对策中，属于减少风险的对策有（　　）。
A. 采用合资、联营方式进行新产品开发
B. 采用多领域投资的方法
C. 采用特许权经营的方法
D. 及时与政府部门沟通获取政策信息
10. 下列项目中，属于转移风险对策的有（　　）。
A. 进行准确的预测　　B. 向保险公司投保
C. 租赁经营　　D. 业务外包
11. 下列各项中，能够影响特定投资组合β系数的有（　　）。
A. 该组合中所有单项资产在组合中所占比重
B. 该组合中所有单项资产各自的β系数
C. 市场投资组合的无风险收益率
D. 该组合的无风险收益率
12. 下列各项中，属于财务管理风险对策的有（　　）。
A. 规避风险　　B. 减少风险
C. 转移风险　　D. 接受风险
13. 下列说法不正确的有（　　）。
A. 风险越大，投资人获得的投资收益就越高
B. 风险越大，意味着损失越大

C. 风险是客观存在的，投资人无法选择是否承受风险

D. 无风险收益率也称无风险利率，即纯粹利率

14. 下列表述中正确的有（　　）。

A. 改变投资组合中每一种投资的比重，可能降低其投资风险

B. 改变投资组合中每一种投资的比重，可能提高其投资风险

C. 如果投资组合与市场组合相同，则只承担系统性风险

D. 市场组合不承担系统性风险

15. 关于资本资产定价模型，下列说法正确的有（　　）。

A. 该模型反映资产的必要收益率而不是实际收益率

B. 该模型中的资本资产主要指的是债券资产

C. 该模型解释了风险收益率的决定因素和度量方法

D. 该模型反映了系统性风险对资产必要收益率的影响

16. 根据投资组合理论，下列说法正确的有（　　）。

A. 在证券的市场组合中，所有证券的β系数加权平均数等于1

B. 某股票的β值反映了该股票收益率变动与整个股票市场收益率变动之间的相关程度

C. 资产组合的系统风险大小，等于组合中各资产系统风险的加权平均数

D. 单纯改变相关系数，既影响资产组合的预期收益率，也影响资产组合预期收益率的方差

17. 下列关于无风险收益率的计算公式中，正确的有（　　）。

A. 纯粹利率 + 通货膨胀补偿率

B. 必要收益率 - 风险收益率

C. 货币时间价值 + 风险收益率

D. 预期收益率 - 实际收益率

18. 下列属于递增曲线成本的有（　　）。

A. 有价格折扣或优惠条件下的水、电消费成本

B. 累进计件工资

C. 违约金

D. “费用封顶”的通信服务费

19. 提供和维持生产经营所需设施、机构而支出的固定成本属于（　　）。

A. 酌量性固定成本

B. 约束性固定成本

C. 经营方针成本

D. 生产经营能力成本

20. 下列属于酌量性变动成本的有（　　）。

A. 研发活动直接消耗的材料

B. 直接人工

C. 销售佣金

D. 技术转让费

三、判断题

1. 在约定的年限内等额回收初始投入资本或清偿所欠债务的价值指标叫作年偿债基金。（　　）

2. 预付年金现值系数是在普通年金现值系数的基础上，乘以（1 + i）所得的结果。（　　）

3. 要想降低约束性固定成本，只有通过精打细算，编制出积极可行的费用预算并严格执行。（　　）

4. 管理当局的短期经营决策行动不能改变其具体数额的固定成本称为“经营能力成本”。（　　）

5. 当一年内多次复利时，名义利率等于每个计息周期的利率与年内复利次数的乘积。（　　）

6. 风险自保是指当风险损失发生时，直接将损失摊入成本或费用，或冲减利润。风险自担是企业有计划地计提风险基金。（　　）

7. 企业风险管理原则为融合性原则、重要性原则、平衡性原则、成本效益原则。（　　）

8. 两种完全正相关的股票组成的投资组合不能抵销任何风险。（　　）

9. 人们在进行财务决策时，之所以选择低风险的方案，是因为低风险会带来高收益，而高风险的方案往往收益偏低。（　　）

10. 市场风险溢酬反映了市场整体对风险的厌恶程度，投资者越喜欢冒险，市场风险溢酬的数值就越小。 ( )
11. 股票投资的β风险是无法避免的，不能用投资组合来回避，只能靠更高的报酬率来补偿。 ( )
12. 某商品现价全款购买价格为1 350元，采用3年分期付款购物，每年初付500元，i=10%，已知（P/A，10%，3）=2.4869，（F/A，10%，3）=3.31，则应选择3年分期付款购物。 ( )
13. 在资产组合中，单项资产β系数不尽相同，通过替换资产组合中的资产或改变资产组合中不同资产的价值比例，可能改变该组合的风险大小。 ( )
14. 分解混合成本时，根据过去一定期间的业务量和混合成本的历史资料，应用最小二乘法原理得出的方法叫回归分析法。 ( )
15. 企业计提资产减值准备既可以规避风险还可以在一定程度上转移风险。 ( )
16. 风险收益率是指某资产持有者因承担该资产的风险而要求的超过无风险利率的额外收益，它等于必要收益率与无风险收益率之差。( )
17. 对于多个投资方案而言，无论各方案的期望值是否相同，标准离差率最大的方案一定是风险最大的方案。 ( )
18. 若存在通货膨胀，名义利率会高于实际利率。 ( )
19. 市场风险溢酬反映市场整体风险的偏好，如果风险厌恶程度高，市场风险溢酬的值就会变大。 ( )
20. 技术变动成本是指通过管理当局的决策行动可以改变的变动成本，其特点是其单位变动成本的发生额可由企业最高管理层决定。 ( )

四、计算分析题

1. 某人在2015年1月1日存入银行1 000元，年利率为12%。

要求：

(1) 每年复利一次，2019年1月1日存款账户余额是多少？

(2) 每季度复利一次，2019年1月1日存款账户余额是多少？

(3) 若分别在2015年、2016年、2017年和2018年1月1日存入250元，仍按12%利率，每年复利一次，求2019年1月1日余额是多少？

(4) 假定分3年存入相等金额，为了在2019年1月1日达到第（1）问所得到的账户余额，2015年、2016年和2017年1月1日应存入多少金额？

2. 甲种存款给出的年利率为12%，每半年计息一次，乙种存款每年计息四次。

要求：

(1) 计算甲种存款的实际利率是多少？

(2) 乙种存款的实际利率若想与甲种存款相同，其名义利率应为多少？

3. 甲公司于2018年1月1日购置一条生产线，有四种付款方案可供选择。

方案一：2020年初支付100万元。

方案二：2018年至2020年每年初支付30万元。

方案三：2019年至2022年每年初支付24万元。

方案四：2020年至2024年每年初支付21万元。

公司选定的折现率为10%，部分货币时间价值系数如表2-3所示。

表2-3　部分货币时间价值系数

期数（n）	1	2	3	4	5	6
（P/F，10%，n）	0.9091	0.8264	0.7531	0.6830	0.6209	0.5645
（P/A，10%，n）	0.9091	1.7355	2.4869	3.1699	3.7908	4.3553

要求：

(1) 计算方案一的现值。

(2) 计算方案二的现值。

(3) 计算方案三的现值。

(4) 计算方案四的现值。

(5) 判断甲公司应选择哪种付款方案。

4. 某企业在股票市场上一次性购买了甲、乙两只股票，有关数据如表 2-4 所示。

表 2-4

市场状况	甲股票		乙股票	
	概率	预期投资收益率	概率	预期投资收益率
繁荣	0.3	40%	0.2	30%
一般	0.5	20%	0.6	20%
衰退	0.2	5%	0.2	10%
投资额（万元）	60		40	
两者之间的相关系数	0.2			

续表

要求：

(1) 分别计算甲、乙股票各自的期望收益率和投资比重。

(2) 计算由甲、乙股票组成的投资组合的期望收益率。

本章考点巩固练习题参考答案及解析

一、单项选择题

1.【答案】C

【解析】因为本题中是每年末存入银行一笔固定金额的款项，所以符合普通年金的形式，计算第 n 年末可以从银行取出的本利和，实际上就是计算普通年金的终值，所以答案选择普通年金终值系数。

2.【答案】D

【解析】此题考查递延年金的计算，前 3 年无现金流入，第 4 年初（即第 3 年末）流入第 1 期现金，所以递延期 $m=3-1=2$，连续收支期 $n=5$，则有 $P=500\times(P/A, 10\%, 5)\times(P/F, 10\%, 2)=500\times3.791\times0.826=1\ 565.68$（万元）。

3.【答案】B

【解析】实际利率 =（1 + 名义利率）/（1 + 通货膨胀率）- 1 = $(1+6\%)/(1+2\%)-1=3.92\%$，所以本题的答案为 B。

4.【答案】D

【解析】本题的考点是已知普通年金现值，求年资本回收额。$30\ 000=A\times(P/A, 10\%, 10)$，$A=30\ 000/(P/A, 10\%, 10)=30\ 000/6.1446=4\ 882.34$（元）。

5.【答案】A

【解析】本题属于已知普通年金终值倒求年金，求年偿债基金，$A=100\ 000/6.1051=16\ 379.75$（元）。

6.【答案】A

【解析】规避风险的对策有，拒绝与不守信用的厂商业务往来，放弃可能明显导致亏损的投资项目等。选项 BC 属于减少风险的控制对策，选项 D 属于转移风险的控制对策。

7.【答案】B

【解析】必要收益率 $=3.5\%+1.24\times(8\%-3.5\%)=9.08\%$。

8.【答案】B

【解析】$25=A\times(P/A, 5\%, 10)$，$A=25/7.7217=3.238$（万元）；轿车年运行总成本 $=3.238+2=5.238$（万元），大于该家庭乘坐公共交通出行的年交通费用 4.8 万元，所以不应购置。

9.【答案】B

【解析】当两项资产之间的相关系数为0时，表明两项资产收益率之间无关。其投资组合可分散的投资风险的效果比正相关时的效果要大，比负相关时的效果要小。

10.【答案】D

【解析】根据资产定价模型 $R=R_f+\beta\times(R_m-R_f)$，因为 $R=R_f$，$R_m-R_f\neq0$，所以系统风险系数β应等于0。

11.【答案】B

【解析】每个季度的利率 =2 000/100 000 = 2%，名义年利率 =2% ×4 =8%，有效年利率 $=(1+8\%/4)^4-1=8.24\%$。

12.【答案】D

【解析】该投资组合的方差为 $=30\%^2\times0.35+70\%^2\times0.26+2\times0.67\times30\%\times70\%\times\sqrt{0.35}\times\sqrt{0.26}=0.0315+0.1274+0.08489=0.2438$。

13.【答案】A

【解析】如果A、B两只股票的收益率变化方向和变化幅度完全相同，则两只股票的相关系数为1，相关系数为1时投资组合不能降低任何风险，组合的风险等于两只股票风险的加权平均数。

14.【答案】C

【解析】非系统风险可以通过证券资产持有的多样化来抵销，组合中包括的证券资产越多，风险分散越充分，当组合中证券资产种类足够多时，几乎能把所有的非系统风险分散掉，但非系统风险对不同的投资者来说影响程度是不同的。

15.【答案】C

【解析】相关系数为 -1 时，能分散掉全部可分散风险，所以选项A错误；相关系数只要小于1，就能分散风险，所以选项B错误；系统性风险无法分散，是企业必须要承担的风险，所以选项D错误。

16.【答案】D

【解析】当两项资产之间的相关系数为大于0，但小于1时，两项资产之间构成的投资组合也能分散一部分风险。

17.【答案】D

【解析】在风险分散化的过程中，不应当过分夸大投资多样性和增加投资项目的作用。在投资实践中，经常出现以下情况：在投资组合中，投资项目增加的初期，风险分散的效应比较明显，但增加到一定程度，风险分散的效应就会减弱。有经验数据显示，当投资组合中的资产数量达到20个左右时，绝大多数非系统风险均已被消除，此时，如果继续增加投资项目对分散风险已没有多大实际意义。

18.【答案】B

【解析】选项A属于半变动成本；选项B属于半固定成本；选项C属于延期变动成本；选项D属于曲线变动成本。

19.【答案】C

【解析】工业工程法又称技术测定法，它是根据生产过程中各种材料和人工成本消耗量的技术测定来划分固定成本和变动成本的方法。该方法通常只适用于投入成本与产出数量之间有规律性联系的成本分解。

20.【答案】C

【解析】延期变动成本是指在一定的业务量范围内有一个固定不变的基数，当业务量增长超出了这个范围，就与业务量的增长成正比例变动。

二、多项选择题

1.【答案】ABCD

【解析】递延年金是指第一次收付款发生时间与第一期无关，而是隔若干期后才开始发生的系列等额收付款项，因此，终值的大小与递延期无关；它只是普通年金的特殊形式，同样遵守普通年金折现的规律，即递延期越长，递延年金的现值越小。

2.【答案】BD

【解析】β=1 时，资产的必要收益率 = 无风险收益率 +β×(市场平均收益率 - 无风险收益率) = 无风险收益率 +1 ×(市场平均收益率 - 无风险收益率) = 市场平均收益率，选项

B 正确。β 系数也可以是负数或者 0，不一定是正数，如果 β 系数为负数的话，市场风险溢酬提高，资产的必要收益率是降低的，选项 AC 不正确。市场风险溢酬，它反映的是市场作为整体对风险的平均“容忍”程度，如果市场对风险的平均容忍程度越高，则市场风险溢酬越小，选项 D 正确。

3.【答案】AB

【解析】可分散风险是特定企业或特定行业所特有的，与政治、经济和其他影响所有资产的市场因素无关。

4.【答案】CD

【解析】减少风险的对策有：进行准确的预测；对决策进行多方案优选和替代；及时与政府部门沟通获取政策信息；在开发新产品前，充分进行市场调研；实行设备预防检修制度以减少设备事故；选择有弹性的、抗风险能力强的技术方案，进行预先的技术模拟试验，采用可靠的保护和安全措施；采用多领域、多地域、多项目、多品种的经营或投资以分散风险。选项 AB 属于转移风险的方法。

5.【答案】ABC

【解析】普通年金现值与普通年金终值不是互为逆运算的关系。普通年金终值相当于等额零存整取的整取额，普通年金现值相当于整存等额零取的整存额。

6.【答案】BC

【解析】第一次支付发生在第 1 期期初，所以不是永续年金。从第 2 期期初开始永续支付是永续年金。所以现值 = 90 + 90/10%，或者现值 = 90/10% ×（1 + 10%）。选项 BC 正确。

7.【答案】ACD

【解析】永续年金是没有终结期的普通年金，没有终值，所以 A 正确；永续年金是特殊形式的普通年金，所以 B 错误；在计息期为一年时，名义利率与实际利率相等，若计息期短于一年，实际利率高于名义利率，所以选项 CD 正确。

8.【答案】AC

【解析】单位变动成本 =（120 - 100）/（16 - 11）= 4（万元/万小时）；固定成本总额 = 100 - 4 × 11 = 56（万元）。

9.【答案】BD

【解析】选项 AC 是转移风险。

10.【答案】BCD

【解析】除了选项 BCD 外，转移风险的对策还包括：采取合资、联营、增发新股、发行债券、联合开发等措施实现风险共担；通过技术转让、特许经营、战略联盟等实现风险转移。选项 A 是减少风险的方法。

11.【答案】AB

【解析】投资组合的 β 系数是投资组合里所有单项资产 β 系数的加权平均数，其权数为各种资产在投资组合中所占的比重。

12.【答案】ABCD

【解析】财务管理中风险对策的方法主要有规避风险、减少风险、转移风险和接受风险。

13.【答案】ABCD

【解析】风险越大，投资人期望的投资收益越高，但期望并不一定都能实现，所以实际获得的收益不一定就越高，所以选项 A 错误；风险的不确定性，可能给投资人带来超出预期的损失，也可能给投资人带来超出预期的收益，所以选项 B 错误；风险是客观存在的，但投资人是否冒风险是可以选择的，比如股票投资有风险，我们可以选择投资国债来回避风险，所以选项 C 错误；无风险收益率也称无风险利率，它的大小由纯粹利率（资金的时间价值）和通货膨胀补偿率两部分组成，即：无风险收益率 = 纯粹利率（资金的时间价值）+ 通货膨胀补偿率，所以选项 D 错误。

14.【答案】ABC

【解析】市场组合只承担系统性风险，不承担非系统性风险。

15.【答案】ACD

【解析】资本资产定价模型中，所谓资本资产主要指的是股票资产，选项 B 错误。

16.【答案】ABC

【解析】市场组合的 β 系数为 1，而证券市场组合可以理解为市场上所有证券所构成的投资组合，因此在证券的市场组合中，所有证券的β系数加权平均数等于1，所以选项A的说法正确。某一股票的β值的大小反映了这种股票收益率与整个股票市场收益率变动之间的相关性，计算β值就是确定这种股票与整个股票市场收益率变动的影响的相关程度，所以选项B正确；资产组合的β系数是单个资产β系数的加权平均值，所以资产组合的系统风险等于组合中各资产系统风险的加权平均数，所以选项C的说法正确；单纯改变相关系数，只影响资产组合的方差，不影响资产组合的预期收益率，所以选项D错误。

17.【答案】AB

【解析】无风险收益率＝纯粹利率（货币时间价值）＋通货膨胀补偿率；必要收益率＝无风险收益率＋风险收益率，所以无风险收益率＝必要报酬率－风险收益率。

18.【答案】BC

【解析】递增曲线成本随着业务量的增加，成本逐步增加，并且增加幅度是递增的，如累进计件工资、违约金等；递减曲线成本其曲线达到高峰后就会下降或持平，如有价格折扣或优惠条件下的水、电消费成本，“费用封顶”的通信服务费等。所以选项BC属于递增曲线成本，选项AD属于递减曲线成本。

19.【答案】BD

【解析】约束性固定成本是不能通过当前的管理决策行动加以改变的固定成本；约束性固定成本给企业带来的是持续一定时间的生产经营能力，而不是产品。因此，它实质上是生产经营能力成本，而不是产品成本。

20.【答案】ACD

【解析】酌量性变动成本是指通过管理当局的决策行动可以改变的变动成本。如按销售收入的一定百分比支付的销售佣金、新产品研制费（如研发活动直接消耗的材料、燃料和动力费用等）、技术转让费等。这类成本的特点是其单位变动成本的发生额可由企业最高管理层决定。

三、判断题

1.【答案】×

【解析】在给定的年限内等额回收初始投入资本或清偿所欠债务的价值指标叫年资本回收额。

2.【答案】√

3.【答案】×

【解析】要想降低约束性固定成本，只能从合理利用企业的生产能力入手，提高生产效率，以取得更大的经济效益；要想降低酌量性固定成本，只有通过精打细算，编制出积极可行的费用预算并严格执行。

4.【答案】√

【解析】约束性固定成本是管理当局的短期经营决策行动不能改变其具体数额的固定成本。如保险费、房屋租金、管理人员的基本工资等，也称为“经营能力成本”。

5.【答案】√

【解析】设名义利率为r，每年复利次数为m。则一年内多次复利时，每期的利率为r/m。则每期利率与年内复利次数的乘积为r（r＝r/m×m），即为名义利率。例如年利率为8%，每年复利4次，则每期利率为2%（8%/4），乘以年内复利次数（4次），其乘积为8%（2%×4）即名义利率。

6.【答案】×

【解析】该表述将风险自担和风险自保的含义说反了。风险自担是指当风险损失发生时，直接将损失摊入成本或费用，或冲减利润；风险自保是企业有计划地计提风险基金。

7.【答案】×

【解析】企业风险管理原则有以下四点：①融合性原则。企业风险管理应与企业的战略设定、经营管理与业务流程相结合。②全面性原则。企业风险管理应覆盖企业所有的风险类型、业务流程、操作环节和管理层级与环节。③重要性原则。企业应对风险进行评价，确定需要进行重点管理的风险，并有针对性地实施重点风险监测，及时识别、应对。④平衡性原则。企业应权衡风险与回报、成本与收益之间的关系。

8.【答案】√

【解析】两种完全正相关的股票的收益将以相同的方向和相同的幅度变动，不能抵销任何风险。

9.【答案】×

【解析】高收益往往伴有高风险，低收益方案其风险程度往往也较低，究竟选择何种方案，不仅要权衡期望收益与风险，而且要视决策者对风险的态度而定。对风险比较反感的人可能会选择期望收益较低同时风险也较低的方案，喜欢冒风险的人则可能选择风险虽高同时收益可能也比较高的方案。

10.【答案】√

【解析】（R_m-R_f）称为市场风险溢酬，它反映的是市场作为整体对风险的平均“容忍”程度，也就是市场整体对风险的厌恶程度，市场整体对风险越是厌恶和回避，要求的补偿就越高，因此，市场风险溢酬的数值就越大。反之，如果市场的抗风险能力强，则对风险的厌恶和回避就不是很强烈，因此，要求的补偿越低，所以市场风险溢酬的数值就越小。

11.【答案】√

【解析】β风险是系统性风险，不能用投资组合来回避，只能靠更高的报酬率来补偿。

12.【答案】×

【解析】3年分期付款购物的现值 $=500\times(P/A,10\%,3)\times(1+10\%)=1\ 367.8$（元），所以应该选择现价全款购买。

13.【答案】√

【解析】资产组合的β系数，等于各单项资产β系数的加权平均数，因此替换资产组合中的资产或改变组合中不同资产的价值比例，可能会改变组合β系数的大小，从而改变组合风险的大小。

14.【答案】√

【解析】回归分析法是根据过去一定期间的业务量和混合成本的历史资料，应用最小二乘法原理，算出最能代表业务量与混合成本关系的回归直线，借以确定混合成本中固定成本和变动成本的方法。该法是一种较为精确的方法。

15.【答案】×

【解析】企业计提资产减值准备属于接受风险中的风险自保。

16.【答案】√

【解析】风险收益率是指某资产持有者因承担该资产的风险而要求的超过无风险利率的额外收益。必要收益率由两部分构成：（1）无风险收益率；（2）风险收益率。

17.【答案】√

【解析】标准离差率是一个相对数指标，可直接比较投资方案的风险大小。

18.【答案】√

【解析】实际利率是指剔除通货膨胀率后储户或投资者得到利息回报的真实利率，因此若存在通货膨胀，实际利率会低于名义利率。

19.【答案】√

【解析】市场风险溢酬（R_m-R_f）反映市场整体风险的偏好，如果风险厌恶程度高，（R_m-R_f）的值就大，β系数的很小变化，就会引起必要收益率R的很大变化。反之则相反。

20.【答案】×

【解析】技术变动成本是指与产量有明确的技术或实物关系的变动成本，其特点是只要生产就必然会发生；酌量性变动成本是指通过管理当局的决策行动可以改变的变动成本，其特点是其单位变动成本的发生额可由企业最高管理层决定。

四、计算分析题

1.【答案】

（1）2015年1月1日存入金额1 000元为现值，2019年1月1日账户余额为4年后终值。计算过程如下：

$F=1\ 000\times(F/P,12\%,4)=1\ 000\times1.5735=1\ 573.5$（元）

（2）每季度复利一次，一年复利四次，属于计息期短于一年的时间价值计算问题。

$i=12\%/4=3\%$

$n=4\times4=16$

$F=1\ 000\times(F/P,\ 3\%,\ 16)=1\ 000\times1.6047=1\ 604.7$（元）

（3）分别在2015年、2016年、2017年和2018年1月1日存入250元，求2019年1月1日余额，是预付年金终值问题。

计算过程如下：

$F=250\times(F/A,\ 12\%,\ 4)\times(1+12\%)=250\times4.7793\times1.12=1\ 338.2$（元）

（4）$A\times(F/A,\ 12\%,\ 3)=1\ 573.5\times(P/F,\ 12\%,\ 2)$

$A\times3.3744=1\ 573.5\times0.7972$

$A\approx372$（元）

2.【答案】

（1）甲种存款的实际利率 $i=(1+12\%/2)^2-1=12.36\%$

（2）乙种存款的名义利率为r，则有：$12.36\%=(1+r/4)^4-1$

$r\approx11.83\%$

3.【答案】

（1）方案一的现值 $=100\times(P/F,\ 10\%,\ 2)=100\times0.8264=82.64$（万元）

（2）方案二的现值 $=30\times(P/A,\ 10\%,\ 3)\times(1+10\%)=30\times2.4869\times(1+10\%)=82.07$（万元）

（3）方案三的现值 $=24\times(P/A,\ 10\%,\ 4)=24\times3.1699=76.08$（万元）

（4）方案四的现值 $=21\times(P/A,\ 10\%,\ 5)\times(P/F,\ 10\%,\ 1)=21\times3.7908\times0.9091=72.37$（万元）

（5）因为方案四的现值最小，所以甲公司应选择方案四的付款方案。

4.【答案】

（1）甲股票的期望收益率 $=0.3\times0.4+0.5\times0.2+0.2\times0.05=23\%$

甲股票的投资比重 $=60/(60+40)=60\%$

乙股票的期望收益率 $=0.2\times0.3+0.6\times0.2+0.2\times0.1=20\%$

乙股票的投资比重 $=40/(60+40)=40\%$

（2）由甲、乙股票组成的投资组合的期望收益率 $=60\%\times23\%+40\%\times20\%=21.8\%$

第三章　预 算 管 理

考情分析

本章主要讲述财务管理的财务预算环节，包括预算的特征与作用、预算的分类、预算体系、预算管理工作的组织、预算的编制方法与编制程序、经营预算的编制、专门决策预算的编制、财务预算的编制、预算的执行、预算的调整、预算的分析与考核等内容。本章既可以出客观题，也可以出主观题。

教材变化

2020年本章内容根据《管理会计应用指引》的内容做了相应的修订，较上年教材内容无实质性变化。

考点提示

本章难度适中，主要注意的考点有：(1) 预算的编制方法的定义及特点对比；(2) 经营预算的编制；(3) 各种经营预算之间的关系（如销售预算是整个预算的编制起点）；(4) 资金预算的编制（哪些经营预算为资金预算提供了哪些数据?）；(5) 财务报表预算编制的依据；(6) 预算的执行与考核。

本章考点框架

- 预算管理
  - 预算管理的概述
    - 预算的特征与作用
    - 预算的分类及体系
    - 预算管理的原则
    - 预算管理工作的组织
  - 预算的编制方法
    - 增量预算法与零基预算法
    - 固定预算法与弹性预算法
    - 定期预算法与滚动预算法
  - 预算编制
    - 经营预算的编制
    - 专门决策预算的编制及财务预算的编制
    - 预算的执行与考核

考点解读及例题点津

第一单元　预算管理的概述

1 预算的特征与作用

一、考点解读

1. 概念

预算是企业在预测、决策的基础上，用数量和金额以表格的形式反映的企业一定时期内经营、投资、筹资等活动的具体计划，是为实现企业目标而对各种资源和企业活动的详细安排。

2. 特征

预算必须与企业的战略目标保持一致；

数量化和可执行性是预算最主要的特征。

3. 作用

（1）目标：规划、控制和引导经济活动，使企业经营达到预期目标；（2）协调：实现企业内部各个部门之间的协调；（3）依据：作为业绩考核的重要依据。

二、例题点津

【例题1·多选题】预算的作用包括（　　）。

A. 作为业绩考核的重要依据

B. 规划、控制和引导经济活动，使企业经营达到预期目标

C. 根据预算目标进行财务决策

D. 实现企业内部各个部门之间的协调

【答案】ABD

【解析】预算的作用包括：（1）规划、控制和引导经济活动，使企业经营达到预期目标；（2）实现企业内部各个部门之间的协调；（3）作为业绩考核的重要依据。

2 预算的分类及体系

一、考点解读

（1）根据预算的内容不同，分为经营预算、

专门决策预算和财务预算。

经营预算：是指与企业日常业务直接相关的一系列预算，包括销售预算、生产预算、采购预算、费用预算、人力资源预算等。

专门决策预算：是指企业重大的或不经常发生的、需要根据特定决策编制的预算，包括投融资决策预算等。专门决策预算直接反映相关决策的结果，是实际中已选方案的进一步规划。如资本支出预算。

财务预算：是指与企业资金收支、财务状况或经营成果等有关的预算，包括资金预算、预计资产负债表、预计利润表等。财务预算作为全面预算体系的最后环节，它是从价值方面总括地反映企业经营预算与专门决策预算的结果，故亦称为总预算，其他预算则相应称为辅助预算或分预算。财务预算在全面预算中占有举足轻重的地位。

（2）根据预算指标覆盖的时间长短，企业预算分为长期预算（1 年以上）和短期预算（1 年以内，含 1 年）。企业的经营预算和财务预算多为 1 年期的短期预算。

（3）预算体系（见图 3－1）。

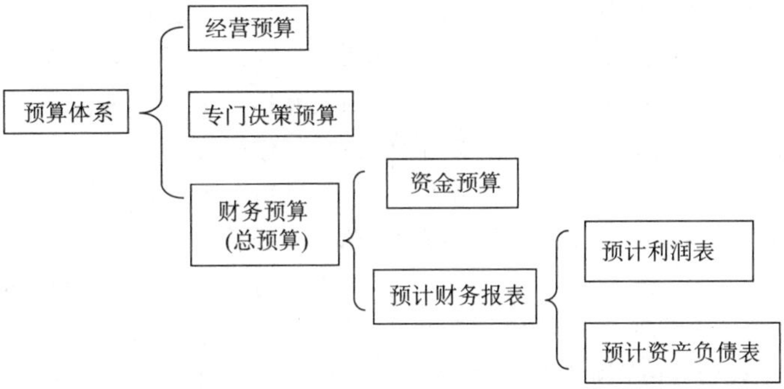

图 3－1　全面预算体系

二、例题点津

【例题 1 · 单选题】 下列一般不属于短期预算的是（　　）。

A. 销售预算

B. 生产预算

C. 专门决策预算

D. 财务预算

【答案】C

【解析】从预算指标覆盖的时间长短分，企业预算分为长期预算（1 年以上）和短期预算（1 年以内，含 1 年）。企业的经营预算和财务预算多为 1 年期的短期预算。选项 AB 是经营预算。

【例题 2 · 多选题】 企业全面预算体系包括（　　）。

A. 专门决策预算

B. 财务预算

C. 经营预算

D. 资本支出预算

【答案】ABC

【解析】根据预算内容不同，预算可以分为经营预算、专门决策预算和财务预算。其中，专门决策预算是指企业重大的或不经常发生的、需要根据特定决策编制的预算，如资本支出预算。因此，选项 D 只能作为专门决策预算的一个具体项目。

【例题 3 · 多选题】 下列各项中属于财务预算的有（　　）。

A. 资金预算

B. 销售及管理费用预算

C. 预计资产负债表

D. 预计利润表

【答案】ACD

【解析】财务预算包括资金预算和预计财务报表预算，预计财务报表预算又分为预计利润表预算和预计资产负债表预算，所以选项 B 不正确。

3 预算管理的原则

一、考点解读

企业进行预算管理，一般应遵循以下原则：

（1）战略导向原则。预算管理应围绕企业的战略目标和业务计划有序开展，引导各预算责任主体聚焦战略、专注执行、达成绩效。

（2）过程控制原则。预算管理应通过及时监控、分析等把握预算目标的实现进度并实施有效评价，对企业经营决策提供有效支撑。

（3）融合性原则。预算管理应以业务为先导、以财务为协同，将预算管理嵌入企业经营管理活动的各个领域、层次、环节。

（4）平衡管理原则。预算管理应平衡长期目标与短期目标、整体利益与局部利益、收入与支出、结果与动因等关系，促进企业可持续发展。

（5）权变性原则。预算管理应刚性与柔性相结合，强调预算对经营管理的刚性约束，又可根据内外环境的重大变化调整预算，并针对例外事项进行特殊处理。

二、例题点津

【例题1·多选题】下列各项属于预算管理应遵循的原则有（　　）。

A. 融合性原则

B. 平衡管理原则

C. 重要性原则

D. 战略导向原则

【答案】ABD

【解析】企业进行预算管理，一般应遵循战略导向原则、过程控制原则、融合性原则、平衡管理原则、权变性原则。所以选项ABD正确。

4 预算管理工作的组织

一、考点解读

我国《公司法》规定：公司的年度财务预算方案、决算方案由公司董事会制订、经股东会审议批准后方可执行。预算工作的组织包括决策层、管理层、执行层和考核层。

（1）董事会或类似机构，对企业预算工作负总责，属于决策层。可以根据情况设立预算管理委员会或指定财务管理部门负责预算管理事宜，并对企业法定代表负责。

（2）预算管理委员会审批公司预算管理制度、政策，审议年度预算草案或预算调整草案并报董事会等机构审批，监控、考核本单位的预算执行情况并向董事会报告，协调预算编制、预算调整及预算执行中的有关问题等。企业财务管理部门具体负责企业预算的跟踪管理，监督预算的执行情况，分析预算与实际执行的差异及原因，提出改进管理的意见与建议。

（3）企业内部生产、投资、物资、人力资源、市场营销等职能部门，属于执行层。负责本部门业务涉及的预算编制、执行、分析等工作，并配合预算管理委员会或财务管理部门做好企业总预算的综合平衡、协调、分析、控制与考核等工作。其主要负责人参与企业预算管理委员会的工作，并对本部门预算执行结果承担责任。

（4）企业所属基层单位，属于执行层。在企业财务管理部门的指导下，负责本单位现金流量、经营成果和各项成本费用预算的编制、控制、分析工作，接受企业的检查、考核。其主要负责人对本单位财务预算的执行结果承担责任。

二、例题点津

【例题1·判断题】企业预算管理委员会具体负责企业预算的跟踪管理，监督预算的执行情况，分析预算与实际执行的差异及原因，提出改进管理的意见与建议。（　　）

【答案】×

【解析】企业财务管理部门具体负责企业预算的跟踪管理，监督预算的执行情况，分析预算与实际执行的差异及原因，提出改进管理的意见与建议。

第二单元 预算的编制方法

常见的预算方法主要包括增量预算法与零基预算法、固定预算法与弹性预算法、定期预算法与滚动预算法，这些方法广泛应用于营业活动有关预算的编制。

1 增量预算法与零基预算法

一、考点解读

1. 增量预算法

（1）含义。

增量预算法，是指以历史期实际经济活动及其预算为基础，结合预算期经济活动及相关影响因素的变动情况，通过调整历史期经济活动项目及金额形成预算的预算编制方法。

（2）假设条件。

企业现有业务活动是合理的，不需要调整；企业现有各项业务的开支水平是合理的，在预算期予以保持；以现有业务活动和开支水平，确定预算期各项活动的预算数。

（3）增量预算编制方法的缺点。

可能导致无效费用开支无法得到有效控制，造成预算上的浪费。

2. 零基预算法

（1）含义。

零基预算法，是指企业不以历史期经济活动及其预算为基础，以零为起点，从实际需要出发分析预算期经济活动的合理性，经综合平衡，形成预算的预算编制方法。

（2）应用程序。

零基预算法的应用程序有四个步骤。①明确预算编制标准；②制订业务计划；③编制预算草案；④审定预算方案，预算管理责任部门应逐项评价各预算项目的目标、作用、标准和金额等，按战略相关性、资源限额和效益性等进行综合分析和平衡，汇总形成企业预算草案，上报企业预算管理委员会等专门机构审议后，报董事会等机构审批。

（3）优点。

①以零为起点编制预算，不受历史期经济活动中的不合理因素影响，能够灵活应对内外环境的变化，预算编制更贴近预算期企业经济活动需要；②有助于增加预算编制透明度，有利于进行预算控制。

（4）缺点。

①预算编制工作量较大、成本较高；②预算编制的准确性受企业管理水平和相关数据标准准确性影响较大。

二、例题点津

【例题1·单选题】下列预算编制方法中，不受历史期经济活动中的不合理因素影响的预算方法是（　　）。

A. 零基预算法　　B. 滚动预算法

C. 弹性预算法　　D. 增量预算法

【答案】A

【解析】零基预算法，是指企业不以历史期经济活动及其预算为基础，以零为起点，从实际需要出发分析预算期经济活动的合理性，经综合平衡，形成预算的预算编制方法。

【例题2·单选题】下列各项中，不属于零基预算法优点的是（　　）。

A. 编制工作量小、成本低

B. 有利于进行预算控制

C. 能够灵活应对环境变化

D. 增加预算编制透明度

【答案】A

【解析】零基预算的优点表现在：一是以零为起点编制预算，不受历史期经济活动中的不合理因素影响，能够灵活应对内外环境的变化，预算编制更贴近预算期企业经济活动需要；二是有助于增加预算编制透明度，有利于进行预算控制。其缺点主要体现在：一是预算编制工作量较大、成本较高；二是预算编制的准确性受企业管理水平和相关数据标准准确性影响较大。

2 固定预算法与弹性预算法

一、考点解读

1. 固定预算法

（1）含义。

固定预算法又称静态预算，是指以预算期内正常的、最可实现的某一业务量（是指企业产量、销售量、作业量等与预算项目相关的弹性变量）水平为固定基础，不考虑可能发生的变动的预算编制方法。

（2）缺点。

①适应性差，由于固定预算法事先假定的某个业务量，不论预算期内业务量水平实际可能发生哪些变动，都只按事先确定的某业务量水平作为编制预算的基础；②可比性差，当实际业务量与编制预算所依据的业务量发生较大差异时，预算与实际情况就会失去可比性。

2. 弹性预算法

（1）含义。

弹性预算法又称动态预算法，是指企业在分析业务量与预算项目之间数量依存关系的基础上，分别确定不同业务量及其相应预算项目所消耗资源的预算编制方法。

（2）适用范围。

适用于编制全面预算中所有与业务量有关的各种预算。在实务中，主要用于编制成本费用预算和利润预算，尤其是成本费用预算。

（3）业务量的计量单位。

要选用最能代表生产经营活动水平的业务量计量单位。手工操作为主的可用人工工时，制造单一产品部门可选用实物量，修理部门可选用修理工时。

（4）业务量的变动范围。

一般来说，可定在正常生产能力的70%～110%，或以历史上最高业务量和最低业务量为其上下限。

（5）优缺点。

与固定预算法相比，弹性预算法的主要优点为考虑了预算期可能的不同业务量水平，更贴近企业经营管理实际情况。

主要缺点：①编制工作量大；②市场及其变动趋势预测的准确性、预算项目与业务量之间依存关系的判断水平等会对弹性预算的合理性造成较大影响。

（6）应用程序。

企业应用弹性预算法，一般按照以下四个程序进行：①确定弹性预算适用项目，识别相关的业务量并预测业务量在预算期内可能存在的不同水平和弹性幅度；②分析预算项目与业务量之间的数量依存关系，确定弹性定额；③构建弹性预算模型，形成预算方案；④审定预算方案并上报企业预算管理委员会等专门机构审议后，报董事会等机构审批。

（7）弹性预算法的编制。

表3－1

方法	编制依据	优点	缺点
公式法	$y = a + bx$ y表示某项预算成本总额，a表示该项成本中的固定基数，b表示与业务量相关的弹性定额，x表示预计业务量	在一定的范围内可以随业务量的变动而变动，可比性和适应性强；编制预算的工作量较小	按公式分解成本比较麻烦；非线性成本无法用线性方程来表述
列表法	在业务量范围内依据已划分出的若干个不同等级，分别计算并列示该预算项目与业务量相关的不同可能预算方案的方法	直观，不管实际业务量多少，都可以在表格里找到相似的业务量对应的预算成本；非线性成本不必转换为线性成本	往往需要插值法来计算“实际业务量的预算成本”

二、例题点津

【例题1·单选题】运用弹性预算编制成本费用预算包括以下步骤：①分析预算项目与业务量之间的数量依存关系，确定弹性定额；②构建弹性预算模型，形成预算方案；③确定弹性预算适用项目，识别相关的业务量并预测业务量在预算期内可能存在的不同水平和弹性幅度；④审定预算方案并上报企业预算管理委员会等专门机构审议后，报董事会等机构审批。这四个步骤的正确顺序是（　　）。

A. ①②③④

B. ③②①④

C. ③①②④

D. ①③②④

【答案】C

【解析】企业应用弹性预算法，一般按照以下程序进行：

第一步：确定弹性预算适用项目，识别相关的业务量并预测业务量在预算期内可能存在的不同水平和弹性幅度；第二步：分析预算项目与业务量之间的数量依存关系，确定弹性定额；第三步：构建弹性预算模型，形成预算方案；第四步：审定预算方案并上报企业预算管理委员会等专门机构审议后，报董事会等机构审批。所以本题的正确顺序是③①②④。

【例题2·判断题】固定预算法的优点是能够使预算期间与会计年度相配合。（　　）

【答案】×

【解析】定期预算法的优点是能够使预算期间与会计年度相配合。

【例题3·判断题】弹性预算的公式法在一定范围内预算可以随业务量变动而变动，可比性和适应性强，编制预算的工作量相对较小。（　　）

【答案】√

【解析】弹性预算的公式法的优点是在一定范围内预算可以随业务量变动而变动，可比性和适应性强，编制预算的工作量相对较小；其缺点是按公式进行成本分解比较麻烦，对每个费用子项目甚至细目逐一进行成本分解，工作量很大。

3 定期预算法与滚动预算法

一、考点解读

1. 定期预算法

（1）含义。

定期预算法是指在编制预算时以固定会计期间（如日历年度）作为预算期的一种预算编制方法。

（2）优缺点。

优点是使预算期间与会计期间相对应，便于将实际数与预算数进行对比，也有利于对预算执行情况进行分析和评价。缺点是会使管理人员只考虑预算期之内的事情，缺乏长远打算，导致短期行为的出现。

2. 滚动预算法

（1）含义。

滚动预算法是指企业根据上一期预算执行情况和新的预测结果，按既定的预算编制周期和滚动频率，对原有的预算方案进行调整和补充，逐期滚动，持续推进的预算编制方法。

（2）分类。

按照预算编制周期，可以将滚动预算分为中期滚动预算和短期滚动预算（见图3－2）。中期滚动预算的预算编制周期通常为3年或5年，以年度作为预算滚动频率。短期滚动预算通常以1年为预算编制周期，以月度、季度作为预算滚动频率。

图3－2　滚动预算按编制周期分类

表 3－2

逐月滚动	逐月滚动是指在预算编制过程中，以月份为预算的编制和滚动单位，每个月调整一次预算的方法	按照逐月滚动方式编制的预算比较精确，但工作量较大
逐季滚动	逐季滚动是指在预算编制过程中，以季度为预算的编制和滚动单位，每个季度调整一次预算的方法	逐季滚动编制的预算比逐月滚动的工作量小，但精确度较差
混合滚动	混合滚动是指在预算编制过程中，同时以月份和季度作为预算的编制和滚动单位的方法 提示 这种预算方法的理论依据是：人们对未来的了解程度具有对近期的预计把握较大，对远期的预计把握较小的特征	能够保持预算的持续性，有利于结合企业短期目标和长期目标，考虑未来业务活动；使预算随时间的推进不断加以调整和修订，使预算与实际情况更加适应，充分发挥预算的指导和控制作用

（3）优缺点。

主要优点：通过持续滚动预算编制、逐期滚动管理，实现动态反映市场、建立跨期综合平衡，从而有效指导企业营运，强化预算的决策与控制职能。

主要缺点：一是预算滚动的频率越高，对预算沟通的要求越高，预算编制的工作量越大；二是过高的滚动频率容易增加管理层的不稳定感，导致预算执行者无所适从。

二、例题点津

【例题1·判断题】滚动预算中的混合滚动是指在编制预算的头一个季度按季度滚动，后三个季度按月份滚动。（　　）

【答案】×

【解析】混合滚动是指在预算编制过程中，对预算的头三个月（即第一季度）逐月编制详细预算，其余月份（即后3个季度）分别按季度编制粗略预算。

【例题2·计算题】丁公司采用逐季滚动预算和零基预算相结合的方法编制制造费用预算，相关资料如下：

资料一：2018年分季度的制造费用预算如表3－3所示。

表 3－3　　**2018年制造费用预算**　　单位：元

项目	第一季度	第二季度	第三季度	第四季度	合计
直接人工预算总工时（小时）	11 400	12 060	12 360	12 600	48 420
变动制造费用	91 200	*	*	*	387 360
其中：间接人工费用	50 160	53 064	54 384	55 440	213 048
固定制造费用	56 000	56 000	56 000	56 000	224 000
其中：设备租金	48 500	48 500	48 500	48 500	194 000
生产准备费与车间管理费	*	*	*	*	*

注：表中“*”表示省略的数据。

资料二：2018年第二季度至2019年第一季度滚动预算期间。将发生如下变动：

（1）直接人工预算总工时为50 000小时；

（2）间接人工费用预算工时分配率将提高10%；

（3）2018年第一季度末重新签订设备租赁合同，新租赁合同中设备年租金将降低20%。

资料三：2018年第二季度至2019年第一季度，公司管理层决定将固定制造费用总额控制在185 200元以内，固定制造费用由设备租金、生产准备费与车间管理费组成，其中设备租金属于约束性固定成本，生产准备费与车间管理费属于酌量性固定成本，根据历史资料分析，生产准备费的成本效益远高于车间管理费。为满足生产经营需要，车间管理费总预算额的控制区间为12 000～15 000元。

要求：

（1）根据资料一和资料二，计算2018年第二季度至2019年第一季度滚动期间的下列指标：

①间接人工费用预算工时分配率；

②间接人工费用总预算额；

③设备租金总预算额。

（2）根据资料二和资料三，在综合平衡基础上根据成本效益分析原则，完成2018年第二季度至2019年第一季度滚动期间的下列事项：

①确定车间管理费总预算额；

②计算生产准备费总预算额。

【答案】

（1）①间接人工费用预算工时分配率＝（213 048/48 420）×（1＋10%）＝4.84（元/小时）

②间接人工费用总预算额＝50 000×4.84＝242 000（元）

③设备租金总预算额＝194 000×（1－20%）＝155 200（元）

（2）设备租金是约束性固定成本，是必须支付的。生产准备费与车间管理费属于酌量性固定成本，发生额的大小取决于管理当局的决策行动，由于生产准备费的成本效益远高于车间管理费，根据成本效益分析原则，应该尽量减少车间管理费。

①确定车间管理费总预算额＝12 000元

②计算生产准备费总预算额＝185 200－155 200－12 000＝18 000（元）

第三单元　预算编制

1 经营预算的编制

一、考点解读

1. 销售预算

销售预算是全面预算的起点，企业其他预算的编制都必须以销售预算为基础。销售预算内容主要包括销量、单价、销售收入和预计现金收入。在资金预算表中为“现金收入”提供相应数据，在资产负债表中为货币资金、应收账款等提供数据。

2. 生产预算

生产预算是全面预算中唯一只与实物量有关的预算，其编制基础是销售预算。主要内容包括销售量、期初和期末产成品存货、生产量。由于企业产销很难做到同步同量，所以需要设置一定的期末存货，通常按照下期销量的一定百分比确定。

提示 预计期末产成品存货＝下季度销售量×下期销量的一定百分比

预计期初产成品存货＝上季度期末产成品存货

预计生产量＝预计销售量＋预计期末产成品存货－预计期初产成品存货

3. 直接材料预算

编制基础是生产预算。主要内容包括预计生产量、单位材料定额、生产需要量、预计期末结存量、预计期初结存量、预计材料采购量、材料计划单价、预计购料金额和预计现金支出。直接材料预算为资金预算表中的“现金支出——材料采购支出”提供相应数据。

提示 预计采购量＝生产需用量＋期末存量－期初存量

4. 直接人工预算

编制基础是生产预算。主要内容包括预计产量、单位产品工时、人工总工时、每小时人工成本和人工总成本。“预计产量”数据来自生产预算，单位产品人工工时和每小时人工成本的数据来自标准成本资料，人工总工时和人工总成本是在直接人工预算中计算出来的。直接人工预算为资金预算表中的“现金支出——人工支出”提供相应数据。

5. 制造费用预算

制造费用分为变动制造费用和固定制造费用两部分；变动制造费用与企业的产量存在一定的函数关系，如果企业有比较完备的消耗标准，直接用消耗标准乘以预计产量即可得出变动制造费用的预算数，如果企业没有消耗标准，就只能一项一项地预计。

固定制造费用与企业的产量无关，一般是以上年数额为基础，考虑来年变化安排；制造费用预算剔除了非付现成本后为资金预算表中的“制造费用支出”提供相应数据。为了将制造费用计入产品成本，还需要计算制造费用的预算分配率。

提示 1. 制造费用预算分配率＝制造费用预算总额/业务量预算总数。

2. 制造费用中的折旧等属于非付现费用，在预计现金支出时要予以剔除。

6. 产品成本预算

单位生产成本预算的编制基础是销售预算、生产预算、直接材料预算、直接人工预算和制造费用预算，反映产品的单位成本和总成本。

提示 产品成本预算不会给资金预算直接提供数据。

7. 销售及管理费用预算

销售费用预算，以销售预算为基础，分析销售收入、销售利润和销售费用的关系，销售费用预算应和销售预算相配合，应有按品种、按地区、按用途的具体预算数额。管理费用多属于固定成本，所以，一般是以过去的实际开支为基础，按预算期的可预见变化来调整。

提示 该部分预算中的折旧与摊销属于非付现费用，在预计现金支出时要予以剔除。

二、例题点津

【例题1·计算题】 乙公司编制销售预算的相关资料如下：

资料一：乙公司预计每季度销售收入中，有70%在本季度收到现金，30%于下一季度收到现金，不存在坏账。2018年末应收账款余额为6 000万元。假设不考虑增值税及其影响。

资料二：乙公司2019年的销售预算如表3－4所示。

表3－4 **乙公司2019年销售预算** 金额单位：万元

项目	第一季度	第二季度	第三季度	第四季度	全年
预计销售量（万件）	500	600	650	700	2 450
预计单价（元/件）	30	30	30	30	30
预计销售收入	15 000	18 000	19 500	21 000	73 500
预计现金收入					
上年应收账款	*				*
第一季度	*	*			*
第二季度		（B）	*		*
第三季度			*	（D）	*
第四季度				*	*
预计现金收入合计	（A）	17 100	（C）	20 550	*

要求：

（1）确定表格中字母所代表的数值（不需要列示计算过程）。

（2）计算2019年末预计应收账款余额。

【答案】（1）

表3-5　乙公司2019年销售预算　金额单位：万元

项目	第一季度	第二季度	第三季度	第四季度	全年
预计销售量（万件）	500	600	650	700	2 450
预计单价（元/件）	30	30	30	30	30
预计销售收入	15 000	18 000	19 500	21 000	73 500
预计现金收入					
上年应收账款	6 000				*
第一季度	10 500	4 500			*
第二季度		12 600	5 400		*
第三季度			13 650	5 850	*
第四季度				*	*
预计现金收入合计	16 500	17 100	19 050	20 550	*

（2）2019年末预计应收账款余额＝21 000×30%＝6 300（万元）

2 专门决策预算的编制及财务预算的编制

一、考点解读

1. 专门决策预算的编制

专门决策预算主要是长期投资预算，它往往涉及长期建设项目的投资投放与筹措，并经常跨年度。专门决策预算也是编制资金预算（为资金预算中的“资本性支出”提供相应数据）和预计资产负债表的依据。

2. 财务预算的编制

（1）资金预算。

资金预算的编制依据是经营预算和专门决策预算，其主要内容由可供使用现金、现金支出、现金余缺、现金筹措与运用四部分构成。示例如表3-6所示。

表3-6　资金预算

项目	第一季度	第二季度	第三季度	第四季度	全年
期初现金余额					
加：现金收入（销售预算）					
可供使用现金					
减：现金支出					
直接材料（直接材料预算）					
直接人工（直接人工预算）					
制造费用（制造费用预算）					

续表

项目	第一季度	第二季度	第三季度	第四季度	全年
销售及管理费用（销售及管理费用预算）					
所得税费用（预计数）					
购买设备（资本支出预算）					
股利					
现金支出合计					
现金余缺					
现金筹措与运用					
借入长期借款（资本支出预算）					
取得短期借款					
归还短期借款					
短期借款利息					
长期借款利息					
期末现金余额					

“期初现金余额”是在编制预算时预计的，下一季度的期初现金余额等于上一季度的期末现金余额，全年的期初现金余额指的是年初的现金余额，所以等于第一季度的期初现金余额；“现金收入”的主要来源是销货取得的现金收入，销货取得的现金收入数据来自销售预算。“现金支出”部分包括预算期的各项现金支出。“直接材料”“直接人工”“制造费用”“销售及管理费用”“购买设备”的数据分别来自前述有关预算。此外，还包括所得税费用、股利分配等现金支出，有关的数据分别来自另行编制的专门预算。现金余缺与理想期末现金余额的比较，并结合固定的利息支出数额以及其他的因素，来确定预算期现金运用或筹措的数额。

（2）利润表预算。

编制预计利润表的依据是各经营预算、专门决策预算和资金预算，用来综合反映企业在计划期的预计经营成果，是企业最主要的财务预算表之一。其中，“销售收入”项目的数据来自销售收入预算；“销售成本”项目的数据来自产品成本预算；“毛利”项目的数据是前两项的差额；“销售及管理费用”项目的数据来自销售费用及管理费用预算；“利息”项目的数据来自资金预算。“所得税费用”项目是在利润规划时估计的，并已列入资金预算。它通常不是根据“利润总额”和所得税税率计算出来的。

（3）资产负债表预算的编制。

预计资产负债表用来反映企业在计划期末预计的财务状况。编制预计资产负债表的目的，在于判断预算反映的财务状况的稳定性和流动性。预算需以计划期开始日的资产负债表为基础，结合计划期间经营预算、专门决策预算、资金预算和利润表预算进行编制。它是编制全面预算的终点。

二、例题点津

【例题1·单选题】丙公司预计2019年各季度的销售量分别为100件、120件、180件、200件，预计每季度末产成品存货为下一季度销售量的20%。丙公司第二季度预计生产量为（　　）件。

A. 120　　B. 132

C. 136　　D. 156

【答案】B

【解析】生产量 = 本期销售量 + 期末存货量 − 期初存货量 = 120 + 180 × 20% − 120 × 20% = 132（件）。

【例题2·单选题】下列预算中，不直接涉及现金收支的是（　　）。

A. 销售预算

B. 产品成本预算

C. 直接材料预算

D. 销售与管理费用预算

【答案】B

【解析】产品成本预算的主要内容是产品的单位成本和总成本，不直接涉及现金收支。

【例题3·多选题】某公司某年1～3月预计的销售收入分别为220万元、350万元和380万元，当月销售当月收现70%，下月收现20%，再下月收现10%。则该年3月31日资产负债表“应收账款”项目金额和该年3月的销售现金流入分别为（　　）万元。

A. 149　　　B. 358

C. 162　　　D. 390

【答案】AB

【解析】该年3月31日资产负债表应收账款项目金额 = 350 × 10% + 380 × 30% = 149（万元）；该年3月的销售现金流入 = 220 × 10% + 350 × 20% + 380 × 70% = 358（万元）。

【例题4·判断题】在产品成本预算中，产品成本总预算金额是将直接材料、直接人工、制造费用以及销售与管理费用的预算金额汇总相加而得到的。（　　）

【答案】×

【解析】产品成本预算，是销售预算、生产预算、直接材料预算、直接人工预算、制造费用预算的汇总。不考虑销售与管理费用的预算。

【例题5·判断题】在编制预计资产负债表时，对表中的年初项目和年末项目均需根据各种经营预算和专门决策预算的预计数据分析填列。（　　）

【答案】×

【解析】表中的年初项目就是上年的年末数，无须分析填列。

【例题6·计算题】A公司是一家小型玩具制造商，2018年11月的销售额为40万元，12月销售额为45万元。根据公司市场部的销售预测，预计2019年第一季度1～3月的月销售额分别为50万元、75万元和90万元。根据公司财务部一贯执行的收款政策，销售额的收款进度为销售当月收款60%，次月收款30%，第三个月收款10%。公司预计2019年3月有30万元的资金缺口，为筹措所需资金，公司决定将3月全部应收账款进行保理，保理资金回收比率为80%。

要求：

（1）测算2019年2月的现金收入合计。

（2）测算2019年3月应收账款保理资金回收额。

（3）测算2019年3月应收账款保理收到的资金能否满足当月资金需求。

【答案】本月的现金流入 = 上上月的销售额 × 10% + 上月的销售额 × 30% + 本月的销售额 × 60%。

本月末的应收账款 = 上月的销售额 × 10% + 本月的销售额 × 40%。

（1）2月的现金收入 = 45 × 10% + 50 × 30% + 75 × 60% = 64.5（万元）

（2）3月应收账款保理资金回收额 =（90 × 40% + 75 × 10%）× 80% = 34.8（万元）

（3）3月应收账款保理资金回收额34.8万元大于3月的资金缺口30万元，所以3月应收账款保理收到的资金能满足当月的资金需求。

3 预算的执行与考核

一、考点解读

预算审批包括预算内审批、超预算审批、预算外审批等。预算内审批事项，应简化流程，提高效率；超预算审批事项，应执行额外的审批流程；预算外审批事项，应严格控制，防范风险。

（一）预算的执行

企业预算一经批复下达，各预算执行单位就必须认真组织实施，将预算指标层层分解，从横向到纵向落实到内部各部门、各单位、各环节和各岗位，形成全方位的预算执行责任体系。

1. 预算控制

预算控制，是指企业以预算为标准，通过预算分解、过程监督、差异分析等促使日常经营不偏离预算标准的管理活动。

2. 预算调整

年度预算经批准后，原则上不作调整。企业应在制度中严格明确预算调整的条件、主体、权限和程序等事宜，当内外战略环境发生重大变化或突发重大事件等，导致预算编制的基本假设发生重大变化时，可进行预算调整。

提示 预算调整的要求共有三点：

（1）预算调整事项不能偏离企业发展战略；

（2）预算调整方案应当在经济上能够实现最优化；

（3）预算调整重点应当放在预算执行中出现的重要的、非正常的、不符合常规的关键性差异方面。

（二）预算的分析与考核

企业应当建立预算分析制度，由预算管理委员会定期召开预算执行分析会议，全面掌握预算的执行情况，研究、解决预算执行中存在的问题，纠正预算的执行偏差。

预算考核主要针对定量指标进行考核，是企业绩效考核的重要组成部分。企业应建立健全预算考核制度，并将预算考核结果纳入绩效考核体系，切实做到有奖有惩、奖惩分明。

二、例题点津

【例题1·判断题】年度预算经批准后，原则上不作调整。企业应在制度中严格明确预算调整的条件、主体、权限和程序等事宜，当内外战略环境发生重大变化或突发重大事件等，导致预算编制的基本假设发生重大变化时，可进行预算调整。（　　）

【答案】√

本章考点巩固练习题

一、单项选择题

1. 下列各项中，综合性较强的预算是（　　）。

A. 销售预算　　B. 材料采购预算

C. 资金预算　　D. 资本支出预算

2. 下列关于定期预算方法的表述中，不正确的是（　　）。

A. 定期预算是在编制预算时以固定会计期间作为预算期的一种编制预算的方法

B. 定期预算使预算期间与会计期间相对应，便于对预算执行情况进行分析和考核

C. 定期预算使管理人员只考虑预算期之内的事情，缺乏长远打算，导致短期行为出现

D. 编制预算的方法按业务量基础的不同可分为定期预算法与弹性预算法

3. 固定预算方法的缺点之一是（　　）。

A. 工作量大

B. 导致过于呆板

C. 不利于企业未来的发展

D. 可比性差

4. 下列各项预算编制方法中，不受历史期经济活动中的不合理因素影响的是（　　）。

A. 定期预算法　　B. 固定预算法

C. 弹性预算法　　D. 零基预算法

5. 下列各项中，不会对资产负债表预算中存货金额产生影响的是（　　）。

A. 生产预算

B. 材料采购预算

C. 销售费用预算

D. 单位产品成本预算

6. 某企业制造费中油料费用与机器工时密切相关，预计预算期固定油料费用为10 000元，单位工时的变动油料费用为10元，预算期机器总工时为3 000小时，则预算期油料费用预

算总额为（　　）元。

A. 10 000　　B. 20 000

C. 30 000　　D. 40 000

7. 用于反映与企业日常业务直接相关的预算是（　　）。

A. 财务预算　　B. 经营预算

C. 专门决策预算　　D. 责任预算

8. 下列各项中，不属于经营预算的是（　　）。

A. 资金预算　　B. 生产预算

C. 费用预算　　D. 采购预算

9. 某公司预计第一季度和第二季度产品销量分别为140万件和200万件，第一季度期初产品存货量为14万件，预计期末存货量为下季度预计销量的10%，则第一季度的预计生产量为（　　）万件。

A. 146　　B. 154

C. 134　　D. 160

10. 某企业2020年第一季度产品生产量预算为1 500件，单位产品材料用量5千克/件，季初材料库存量1 000千克，第一季度还要根据第二季度生产耗用材料的10%安排季末存量，预算第二季度生产耗用7 800千克材料。材料采购价格预计12元/千克，则该企业第一季度材料采购的金额为（　　）元。

A. 78 000　　B. 87 360

C. 92 640　　D. 99 360

11. 已知A公司在预算期间，销售当季度收回货款60%，下季度收回货款30%，下下季度收回货款10%，预算年度期初应收账款金额为28万元，其中包括上年第三季度销售的应收账款4万元，第四季度销售的应收账款24万元，则下列说法不正确的是（　　）。

A. 上年第四季度的销售额为60万元

B. 上年第三季度的销售额为40万元

C. 上年第三季度销售的应收账款4万元在预计年度第一季度可以全部收回

D. 当年第一季度收回的期初应收账款为24万元

12. 企业按弹性预算方法编制费用预算，预算直接人工工时为10万小时，变动成本为60万元，固定成本为30万元，总成本费用为90万元；如果预算直接人工工时达到12万小时，则总成本费用为（　　）万元。

A. 96　　B. 108

C. 102　　D. 90

13. 经营预算中唯一以实物量形式反映的是（　　）。

A. 销售预算　　B. 生产预算

C. 直接材料预算　　D. 制造费用预算

14. 不是以生产预算为基础直接编制的预算是（　　）。

A. 直接材料预算

B. 销售及管理费用预算

C. 直接人工预算

D. 变动制造费用预算

15. 某企业正编制8月份的“资金预算”。预计8月初短期借款为100万元，月利率为1%，该企业不存在长期负债，预计8月现金余缺为－50万元。现金不足时，通过银行借款解决，借款额为1万元的倍数，8月末现金余额要求不低于10万元。假设企业每月支付一次利息，借款在期初，还款在期末，则应向银行借款的最低金额为（　　）万元。

A. 60　　B. 61

C. 62　　D. 63

16. 下列各项中，不能在销售预算中找到的内容是（　　）。

A. 销售单价　　B. 生产数量

C. 销售数量　　D. 回收应收账款

17. 某企业编制直接材料预算，预计第四季度期初材料存量456千克，第四季度生产需用量2 120千克，预计期末材料存量为350千克，材料单价为10元，若材料采购货款有50%在本季度内付清，另外50%在下季度付清，则该企业预计资产负债表年末“应付账款”项目为（　　）元。

A. 11 130　　B. 14 630

C. 10 070　　D. 13 560

18. 某公司预计本年第三、第四季度销售产品分别为220万件、350万件，单价分别为2元、2.5元，各季度销售收现率为60%，其余部分下一季度收回，则该公司第四季度现金收入为（　　）万元。

A. 437　　B. 440

C. 875　　D. 701

19. 某企业正在编制第四季度的直接材料消耗与采购预算，预计直接材料的期初存量为1 000千克，本期生产消耗量为3 500千克，期末存量为800千克；材料采购单价为每千克25元，材料采购货款有30%当季付清，其余70%在下季付清。该企业第四季度采购材料形成的“应付账款”期末余额预计为（　　）元。

A. 3 300　　B. 24 750

C. 57 750　　D. 82 500

20. 甲公司正在编制下一年度的生产预算，期末产成品存货按照下季度销量的10%安排。预计第一季度和第二季度的销售量分别为150件和200件，第一季度的预计生产量是（　　）件。

A. 145　　B. 150

C. 155　　D. 170

二、多项选择题

1. 下列关于预算特征的表述中，正确的有（　　）。

A. 预算与企业的战略目标保持一致

B. 数量化和可执行性是预算最主要的特征

C. 预算可以实现部门间的协调

D. 预算是业绩考核的依据

2. 下列属于编制利润表预算的依据有（　　）。

A. 资产负债表预算

B. 专门决策预算

C. 经营预算

D. 资金预算

3. 下列关于零基预算法的说法中，正确的有（　　）。

A. 不利于进行预算控制

B. 能够灵活应对内外环境的变化

C. 预算编制工作量大

D. 重新编制预算准确性较高

4. 运用弹性预算法编制预算的基本步骤包括（　　）。

A. 确定弹性预算适用项目，识别相关的业务量并预测业务量在预算期内可能存在的不同水平和弹性幅度；

B. 分析预算项目与业务量之间的数量依存关系，确定弹性定额；

C. 构建弹性预算模型，形成预算方案

D. 审定预算方案并上报企业预算管理委员会等专门机构审议后，报董事会等机构审批

5. 编制资金预算时，如果现金余缺大于最佳现金持有量，则企业可采取的措施有（　　）。

A. 购入短期有价证券

B. 偿还部分借款本金

C. 偿还部分借款利息

D. 抛售短期有价证券

6. 下列关于财务预算的表述中，正确的有（　　）。

A. 财务预算多为长期预算

B. 财务预算又被称作总预算

C. 财务预算是全面预算体系的最后环节

D. 财务预算主要包括资金预算和预计财务报表

7. 下列关于混合滚动预算的说法中，错误的有（　　）。

A. 同时以月份和季度作为预算的编制和滚动单位

B. 预算前期按季滚动、后期按月滚动

C. 预算前期按月滚动、后期按季滚动

D. 可能弱化预算的决策与控制职能

8. 用列表法编制的弹性预算，主要特点包括（　　）。

A. 可以直接找到与业务量相近的预算成本

B. 混合成本中的阶梯成本和曲线成本可按总成本性态模型计算填列

C. 评价和考核实际成本时往往需要使用插值法计算实际业务量的预算成本

D. 便于计算任何业务量的预算成本

9. 甲公司销售收入中，预计销售当季度收回货款70%，次季度收款20%，第三季度收款10%，预算年度期初应收账款金额为11 000元，其中包括上年第三季度销售的应收账款5 000元，第四季度销售的应收账款6 000元。则甲公司上年第三季度和第四季度的销售收

入分别为（　　）元。

A. 50 000　　B. 43 000

C. 30 000　　D. 20 000

10. 在编制资金预算过程中，“现金支出”项目一般包括（　　）。

A. 经营性现金支出

B. 直接材料采购

C. 支付利息

D. 预缴所得税

11. 下列各项属于滚动预算法的特点的有（　　）。

A. 强化预算的决策与控制职能

B. 滚动频率越高，编制工作量越大

C. 增加管理层的不稳定感

D. 导致短期行为的出现

12. 甲公司正在编制第三季度的“资金预算”。甲公司不存在长短期负债，预计第三季度初短期债券投资余额（假设市场价值与面值相同）为500万元，年利率为10%，利息每季度末支付。预计第三季度现金余缺为－120万元。现金不足时，通过出售短期债券解决，短期债券的出售金额应当为5万元的倍数，第三季度末现金余额要求不低于27万元。则应当出售的短期债券金额和第三季度末现金余额分别为（　　）万元。

A. 145　　B. 135

C. 27.5　　D. 28.5

13. 下列关于预算分析与考核的表述中，正确的有（　　）。

A. 预算执行分析，可以从定量和定性两个层面进行

B. 预算执行偏差需要提出相应的解决措施和建议，提交董事会或经理办公会决定

C. 预算考核主要针对定量指标进行考核

D. 预算年度终了财务管理部门应当向董事会或经理办公会报告预算执行情况

14. 在编制生产预算时，计算某种产品预计生产量应考虑的因素包括（　　）。

A. 预计材料采购量

B. 预计产品销售量

C. 预计期初产品存货量

D. 预计期末产品存货量

15. 在编制资金预算时，计算某期现金余缺必须考虑的因素有（　　）。

A. 期初现金余额

B. 期末现金余额

C. 当期现金支出

D. 当期现金收入

16. 某企业本月支付当月货款的60%，支付上月货款的30%，支付上上月货款的10%，未支付的货款通过“应付账款”核算。已知7月份货款为20万元，8月份货款为25万元，9月份货款为30万元，10月份货款为50万元，则下列说法正确的有（　　）。

A. 9月份支付27.5万元

B. 10月初的应付账款为14.5万元

C. 10月末的应付账款为23万元

D. 10月初的应付账款为11.5万元

17. 某企业批发销售甲产品，某年7～10月各月预计的销售量分别为1 000件、1 200件、1 100件和1 500件，企业计划每月末商品存货为下月预计销售量的20%。下列各项计算中，正确的有（　　）。

A. 8月期初存货为240件

B. 8月采购量为1 180件

C. 第三季度采购量为3 300件

D. 8月期末存货为220件

18. 下列关于全面预算中的利润表预算编制的说法中，正确的有（　　）。

A. “销售收入”项目的数据，来自销售预算

B. “销售成本”项目的数据，来自生产预算

C. “销售及管理费用”项目的数据，来自销售及管理费用预算

D. “所得税费用”项目的数据，通常是根据利润表预算中的“利润”项目金额和本企业适用的法定所得税税率计算出来的

19. 下列各项预算中，与编制利润表预算直接相关的有（　　）。

A. 销售预算

B. 生产预算

C. 产品成本预算

D. 销售及管理费用预算

20. 预算调整的要求包括（　　）。

A. 预算调整目标不能低于管理层制定的企业发展规划

B. 预算调整事项不能偏离企业发展战略

C. 预算调整方案应当在经济上能够实现最优化

D. 预算调整重点应当放在财务预算执行中出现的重要的、非正常的、不符合常规的关键性差异方面

三、判断题

1. 财务预算能够综合反映各项经营预算和各项专门决策预算，因此称为总预算。（　）
2. 定期预算编制方法的理论依据是：人们对未来的了解程度具有对近期预计把握较小，对远期的预计把握较大的特征。（　）
3. 专门决策预算应当以经营预算为依据，准确反映项目资金投资支出与筹资计划。（　）
4. 通过持续滚动预算编制、逐期滚动管理，实现动态反映市场、建立跨期综合平衡，从而有效指导企业营运的是弹性预算法。（　）
5. 企业预算管理委员会应当对预算执行单位的预算调整报告进行审核分析，集中编制企业年度预算调整方案。（　）
6. 采用弹性预算法编制成本费用预算时，业务量计量单位的选择非常关键，自动化生产车间适合用机器工时作为业务量的计量单位。（　）
7. 制造费用预算分为变动制造费用和固定制造费用两部分，变动制造费用和固定制造费用均以生产预算为基础来编制。（　）
8. 采用列表法编制弹性成本费用预算，可按总成本性态模型计算填列阶梯成本和曲线成本，不必用数学方法修正为近似的直线成本。（　）
9. 弹性预算编制方法中列表法比公式法编制预算的工作量大。（　）
10. 经营预算是全面预算编制的起点，因此专门决策预算应当以经营预算为依据。（　）
11. 直接材料预算和直接人工预算均同时反映业务量消耗和成本消耗，但后一种预算的支出在计提的福利费用全部支用的情况下均属于现金支出。（　）
12. 零基预算法的缺点有：一是编制工作量大；二是以零为起点编制预算，可比性差。（　）
13. 产品生产成本预算通常反映各产品单位生产成本，有时还要反映年初年末存货水平。（　）
14. 在预算的执行中，要将年度预算细分为季度预算，以便分期实施预算控制，确保年度预算目标的实现。（　）
15. 专门决策预算的内容既要包括资金投资支出计划，也要包括相应的筹资计划，它同时也是编制资金预算和资产负债表预算的依据。（　）
16. 编制预算的方法按其业务量基础的数量特征不同，可分为增量预算法和零基预算法。（　）
17. 使用公式法时，还需备注说明适用不同业务量范围的固定费用和单位变动费用。（　）
18. 在财务预算的编制过程中，编制预计财务报表的正确程序是：先编制预计资产负债表，然后再编制预计利润表。（　）
19. 产品成本预算与资产负债表预算无关。（　）
20. 预算控制，是指企业以预算为标准，通过预算分解、过程监督、差异分析等促使日常经营不偏离预算标准的管理活动。（　）

四、计算分析题

1. 某公司20×8年末的长期借款余额为12 000万元，短期借款余额为0。该公司的最佳现金持有量为500万元，如果资金不足，可向银行借款。假设：银行要求借款的金额是100万元的倍数，而偿还本金的金额是10万元的倍数；新增借款发生在季度期初，偿还借款本金发生在季度期末，先偿还短期借款；借款利息按季度平均计提，并在季度期末偿还。某公司编制了20×9年分季度的资金预算，部分信息如表3－7所示。

表 3-7 丁公司 20×9 年资金预算的部分信息 单位：万元

季度	一	二	三	四
现金余缺	-7 500	(C)	×	-450
长期借款	6 000	0	5 000	0
短期借款	2 600	0	0	(E)
偿还短期借款	0	1 450	1 150	0
偿还短期借款利息（年利率 8%）	52	(B)	(D)	×
偿还长期借款利息（年利率 12%）	540	540	×	690
期末现金余额	(A)	503	×	×

注：表中“×”表示省略的数据。

要求：确定上表中英文字母代表的数值（不需要列示计算过程）。

2. 某企业月末现金余额最低为 6 000 万元，不足部分向银行借款，现金多余部分则归还银行借款。假定借款在期初，还款在期末，无论是借款还是还款都必须是 1 000 万元的倍数。借款的年利息率为 12%，对应借款的利息在归还本金时支付。

要求：完成下列第三季度（7 月、8 月、9 月）资金预算（见表 3-8）。

表 3-8 资金预算 单位：万元

月份	5	6	7	8	9	10
工作底稿						
销售收入	5 000	6 000	7 000	8 000	9 000	10 000
收账：						
销货当月（收回销售收入的 20%）						
销货次月（收回销售收入的 70%）						
销货再次月（收回销售收入的 10%）						
收账合计						
采购金额（下月销售收入的 70%）		4 900				
购货付款（延后 1 个月）						
现金预算：						
(1) 期初余额			8 000			
(2) 收账						
(3) 购货						
(4) 工资			750	100	1 250	
(5) 其他付现费用			100	200	700	
(6) 预交所得税					2 000	
(7) 购置固定资产			8 000			
(8) 现金多余或不足						
(9) 向银行借款						
(10) 偿还银行借款						
(11) 支付借款利息						
(12) 期末现金余额						

五、综合题

1. A 公司是一家零售商，正在编制 12 月份的预算，有关资料如下：

(1) 预计2019年11月30日资产负债表如表3-9所示：

表3-9　　资产负债表　　单位：万元

资产	金额	负债及所有者权益	金额
现金	22	应付账款	162
应收账款	76	应付利息	11
存货	132	银行借款	120
固定资产	770	实收资本	700
		未分配利润	7
资产总计	1 000	负债及所有者权益总计	1 000

(2) 销售收入预计：2019年11月为200万元，12月为220万元；2020年1月为230万元。

(3) 销售收现预计：销售当月收回60%，次月收回38%，其余2%无法收回（坏账）。

(4) 采购付现预计：销售商品的80%在前一个月购入，销售商品的20%在当月购入；所购商品的进货款项，在购买的次月支付。

(5) 预计12月购置固定资产需支付60万元；全年折旧费216万元；除折旧外的其他管理费用均须用现金支付，预计12月为26.5万元；12月末归还一年前借入的到期借款120万元。

(6) 预计销售成本率为75%。

(7) 预计银行借款年利率10%，还款时支付利息。

(8) 企业最低现金余额5万元；预计现金余额不足5万元时，在每月初从银行借入，借款金额是1万元的整数倍。

(9) 假设公司按月计提应计利息和坏账准备。

要求：计算下列各项的2019年12月预算金额：

(1) 销售回收的现金、进货支付的现金、本月新借入的银行借款；

(2) 现金、应收账款、应付账款、存货的期末余额；

(3) 税前利润。

2. 甲公司是一个生产番茄酱的公司。该公司每年都要在12月编制下一年度的分季度资金预算。有关资料如下：

(1) 该公司只生产一种50千克桶装番茄酱。由于原料采购的季节性，只在第二季度进行生产，而销售全年都会发生。

(2) 每季度的销售收入预计如下：第一季度750万元，第二季度1 800万元，第三季度750万元，第四季度750万元。

(3) 所有销售均为赊销。应收账款期初余额为250万元，预计可以在第一季度收回。每个季度的销售有2/3在本季度内收到现金，另外1/3于下一个季度收回。

(4) 采购番茄原料预计支出912万元，第一季度需要预付50%，第二季度支付剩余的款项。

(5) 直接人工费用预计发生880万元，于第二季度支付。

(6) 付现的制造费用第二季度发生850万元，其他季度均发生150万元。付现制造费用均在发生的季度支付。

(7) 每季度发生并支付销售和管理费用100万元。

(8) 全年预计所得税160万元，分4个季度预交，每季度支付40万元。

(9) 公司计划在下半年安装一条新的生产线，第三季度、第四季度各支付设备款200万元。

(10) 期初现金余额为15万元，没有银行借款和其他负债。公司需要保留的最低现金余额为10万元。现金不足最低现金余额时需向银行借款，超过最低现金余额时需偿还借款，借款和还款数额均为5万元的倍数。借款年利率为8%，每季度支付一次利息，计算借款利息时，假定借款均在季度初发生，还款均在季度末发生。

要求：

请根据上述资料，为甲公司编制资金预算。

表 3-10 **资金预算** 单位：万元

项目	第一季度	第二季度	第三季度	第四季度	合计
期初现金余额					
现金收入：					
本期销售本期收款					
上期销售本期收款					
现金收入合计					
现金支出：					
直接材料					
直接人工					
制造费用					
销售与管理费用					
所得税费用					
购买设备支出					
现金支出合计					
现金多余或不足					
向银行借款					
归还银行借款					
支付借款利息					
期末现金余额					

本章考点巩固练习题参考答案及解析

一、单项选择题

1. 【答案】C

【解析】财务预算是根据财务战略、财务计划和各种预测信息，确定预算期内各种预算指标的过程，财务预算包括资金预算和预计财务报表。所以从这四个选项来看，资金预算是综合性最强的预算。

2. 【答案】D

【解析】编制预算的方法按预算期的时间特征不同分为定期预算法与滚动预算法，所以选项D不正确。

3. 【答案】D

【解析】固定预算方法的缺点表现在两个方面，一是适应性差，二是可比性差。

4. 【答案】D

【解析】零基预算的优点表现在：①以零为起点编制预算，不受历史期经济活动中的不合理因素影响，能够灵活应对内外环境的变化，预算编制更贴近预算期企业经济活动需要；②有助于增加预算编制透明度，有利于进行预算控制。其缺点主要体现在：①预算编制工作量较大、成本较高；②预算编制的准确性受企业管理水平和相关数据标准准确性影响较大。

5.【答案】C

【解析】销售及管理费用预算只是影响利润表中数额，对存货项目没有影响。所以本题答案为C。

6.【答案】D

【解析】预算期油料费用预算总额 = 10 000 + 3 000 × 10 = 40 000（元）。

7.【答案】B

【解析】根据预算内容不同，可以分为经营预算（即业务预算）、专门决策预算和财务预算。经营预算是指与企业日常业务直接相关的一系列预算，包括销售预算、采购预算、费用预算、人力资源预算等。

8.【答案】A

【解析】资金预算是以经营预算和专门决策预算为依据编制的，专门反映预算期内预计现金收入与现金支出，以及为满足理想现金余额而进行筹资或归还借款等的财务预算，故选项A不属于经营预算。

9.【答案】A

【解析】第一季度的预计生产量 = 期末产品存货量 + 本期销售量 - 期初产品存货量 = 200 × 10% + 140 - 14 = 146（万件）。

10.【答案】B

【解析】预计采购量 = 生产需用量 + 期末存量 - 期初存量 = 1 500 × 5 + 7 800 × 10% - 1 000 = 7 280（千克），该企业第一季度材料采购的金额 = 预计采购量 × 采购单价 = 7 280 × 12 = 87 360（元）。

11.【答案】D

【解析】上年第四季度的销售额 = 24/40% = 60（万元）；上年第三季度的销售额为4/10% = 40（万元）；第一季度收回的期初应收账款 = 60 × 30% + 40 × 10% = 22（万元）。

12.【答案】C

【解析】y = a + bx，其中 a = 30，b = 60/10 = 6。总成本费用 = 30 + 12 × 6 = 102（万元）。

13.【答案】B

【解析】销售预算、直接材料预算、制造费用预算都涉及金额，只有生产预算仅以实物形式反映，不涉及价值量指标。

14.【答案】B

【解析】直接材料预算、直接人工预算、变动制造费用预算是直接根据生产预算编制的，销售及管理费用预算中的固定费用部分与生产预算没有联系，其变动部分也主要与销售预算有关。

15.【答案】C

【解析】假设借入X万元，则8月支付的利息 = (100 + X) × 1%，则 X - 50 - (100 + X) × 1% ≥ 10，X ≥ 61.62（万元），X为1万元的倍数，可得，X最小值为62，即应向银行借款的最低金额为62万元。

16.【答案】B

【解析】销售预算在编制过程中要根据预计的销量和单价确定销售收入，并根据各季现销收入与回收赊销货款的可能情况反映现金收入。

17.【答案】C

【解析】材料采购数量 = 350 + 2 120 - 456 = 2 014（千克），材料采购金额 = 2 014 × 10 = 20 140（元），付现金额 = 20 140 × 50% = 10 070（元），年末应付账款 = 20 140 - 10 070 = 10 070（元）。

18.【答案】D

【解析】该公司第四季度现金收入 = 350 × 2.5 × 60% + 220 × 2 × 40% = 701（万元）。

19.【答案】C

【解析】第四季度采购量 = 3 500 + 800 - 1 000 = 3 300（千克），货款总额 = 3 300 × 25 = 82 500（元），第四季度采购材料形成的“应付账款”期末余额预计为 82 500 × 70% = 57 750（元）。

20.【答案】C

【解析】预计生产量 = 预计销售量 + 期末产成品存货 - 期初产成品存货 = 150 + 200 × 10% - 150 × 10% = 155（件）。第一季度的期初就是上年第四季度的期末，上年第四季度期末的产成品存货为第一季度销售量的

10%，即 150×10%，所以第一季度的期初产成品存货也是 150×10%。

二、多项选择题

1.【答案】AB

【解析】预算的特征主要有两个：(1) 预算与企业的战略目标保持一致；(2) 数量化和可执行性是预算最主要的特征。选项 CD 是预算的作用。

2.【答案】BCD

【解析】编制利润表预算的依据是各经营预算、专门决策预算和资金预算。要先编制利润表预算，再编制资产负债表预算，选项 A 不属于利润表预算的编制基础。

3.【答案】BC

【解析】零基预算的优点表现在：①以零为起点编制预算，不受历史期经济活动中的不合理因素影响，能够灵活应对内外环境的变化，预算编制更贴近预算期企业经济活动需要；②有助于增加预算编制透明度，有利于进行预算控制。其缺点主要体现在：①预算编制工作量较大、成本较高；②预算编制的准确性受企业管理水平和相关数据标准准确性影响较大。

4.【答案】ABCD

【解析】运用弹性预算法编制预算的基本步骤包括以下四步：(1) 确定弹性预算适用项目，识别相关的业务量并预测业务量在预算期内可能存在的不同水平和弹性幅度；(2) 分析预算项目与业务量之间的数量依存关系，确定弹性定额；(3) 构建弹性预算模型，形成预算方案；(4) 审定预算方案并上报企业预算管理委员会等专门机构审议后，报董事会等机构审批。

5.【答案】ABC

【解析】抛售有价证券，是在现金余缺小于最佳现金持有量时做的。

6.【答案】BCD

【解析】一般情况下，企业的经营预算和财务预算多为 1 年期的短期预算，所以选项 A 错误；财务预算主要包括资金预算和预计财务报表，它是全面预算的最后环节，它是从价值方面总括地反映企业经营预算和专门决策预算的结果，所以也将其称为总预算。所以，选项 BCD 正确。

7.【答案】BD

【解析】编制混合滚动预算时，预算前期按月滚动、后期按季滚动，选项 B 错误；滚动预算的主要优点是：通过持续滚动预算编制、逐期滚动管理，实现动态反映市场、建立跨期综合平衡，从而有效指导企业营运，强化预算的决策与控制职能，选项 D 错误。

8.【答案】ABC

【解析】用列表法编制弹性预算的特点：不管实际业务量多少，不必经过计算即可找到与业务量相近的预算成本；混合成本中的阶梯成本和曲线成本，可按总成本性态模型计算填列，不必用数学方法修正为近似的直线成本；在评价和考核实际成本时，往往需要使用插值法来计算"实际业务量的预算成本"，比较麻烦。

9.【答案】AD

【解析】上年第三季度销售在上年末只有 10% 未收现，因此上年第三季度销售收入 = 5 000/10% = 50 000 (元)；上年第四季度销售在上年末有 30% 未收现，因此上年第四季度销售收入 = 6 000/30% = 20 000 (元)。

10.【答案】ABD

【解析】在编制资金预算过程中，"现金支出"项目一般包括经营性现金支出和资本性现金支出。直接材料采购、预缴所得税属于经营性现金支出。支付利息要在计算出现金余缺之后再考虑。所以选项 ABD 正确。

11.【答案】ABC

【解析】滚动预算的主要优点：通过持续滚动预算编制、逐期滚动管理，实现动态反映市场、建立跨期综合平衡，从而有效指导企业营运，强化预算的决策与控制职能，选项 A 正确。滚动预算的主要缺点：一是预算滚动的频率越高，对预算沟通的要求越高，预算编制的工作量越大；二是过高的滚动频率容易增加管理层的不稳定感，导致预算执行者无所适从，选项 BC 正确。导致短期行为出现是定期预算法的缺点。

12.【答案】BC

【解析】第三季度末短期债券利息 = 500 × 2.5% = 12.5（万元）；出售短期债券金额 + 12.5 - 120≥27；出售短期债券金额≥134.5 万元；因为短期债券的出售金额应当为 5 万元的倍数，所以应当出售短期债券 135 万元，则第三季度末现金余额 = 135 + 12.5 - 120 = 27.5（万元）。

13.【答案】ABC

【解析】预算年度终了，预算管理委员会应当向董事会或经理办公会报告预算执行情况，并依据预算完成情况和预算审计情况对预算执行单位进行考核。

14.【答案】BCD

【解析】预计生产量 = 预计产品销售量 + 预计期末产品存货量 - 预计期初产品存货量。

15.【答案】ACD

【解析】某期现金余缺 = 该期可运用现金合计 - 该期现金支出，而当期可运用现金合计 = 期初现金余额 + 当期现金收入，所以本题的答案是选项 ACD。

16.【答案】ABC

【解析】9 月份应支付 20 × 10% + 25 × 30% + 30 × 60% = 27.5（万元）

10 月初的应付账款 = 25 × 10% + 30 ×（1 - 60%）= 14.5（万元）

10 月末的应付账款 = 30 × 10% + 50 ×（1 - 60%）= 23（万元）

17.【答案】ABD

【解析】8 月期初存货量 = 7 月期末存货量 = 1 200 × 20% = 240（件）；8 月期末存货量 = 1 100 × 20% = 220（件）；8 月采购量 = 本月销售量 + 月末存货量 - 月初存货量 = 1 200 + 220 - 240 = 1 180（件）；所以选项 ABD 均正确；第三季度采购量 = 第三季度销售量 + 第三季度期末存货量 - 第三季度期初存货量 =（1 000 + 1 200 + 1 100）+ 1 500 × 20% - 1 000 × 20% = 3 300 + 300 - 200 = 3 400（件），所以选项 C 不正确。

18.【答案】AC

【解析】在编制利润表预算时，“销售成本”项目的数据，来自产品成本预算，故选项 B 的说法不正确；“所得税费用”项目的数据是在利润规划时估计的，并已列入现金预算。它通常不是根据“利润”和所得税税率计算出来的。因此选项 D 不正确。

19.【答案】ACD

【解析】利润表预算中“销售收入”项目数据来自销售预算；“销售成本”项目的数据来自产品成本预算；“销售及管理费用”项目的数据来自销售及管理费用预算。所以，选项 ACD 是正确的。生产预算只涉及实物量指标，不涉及价值量指标，所以生产预算与利润表预算的编制不直接相关。

20.【答案】BCD

【解析】预算调整的要求是：(1) 预算调整事项不能偏离企业发展战略；(2) 预算调整方案应当在经济上能够实现最优化；(3) 预算调整重点应当放在财务预算执行中出现的重要的、非正常的、不符合常规的关键性差异方面。

三、判断题

1.【答案】√

【解析】财务预算作为全面预算体系的最后环节，它是从价值方面总括地反映企业经营预算与专门决策预算的结果，也就是说，经营预算和专门决策预算中的资料都可以用货币金额反映在财务预算内，这样一来，财务预算就成为经营预算和专门决策预算的整体计划，故也称为总预算，其他预算则相应称为辅助预算或分预算。

2.【答案】×

【解析】滚动预算编制方法的理论依据是：人们对未来的了解程度具有对近期的预计把握较大，对远期的预计把握较小的特征。

3.【答案】×

【解析】专门决策预算的依据是项目财务可行性分析资料以及企业筹资决策资料。

4.【答案】×

【解析】滚动预算的主要优点是：通过持续滚动预算编制、逐期滚动管理，实现动态反映市场、建立跨期综合平衡，从而有效指导企业营运，强化预算的决策与控制职能。滚动预算的主要缺点是：一是预算滚动的频率越高，对预算沟通的要求越高，预算编制的工作量越大；二是过高的滚动频率容易增加管理层的不稳定感，导致预算执行者无所适从。

5.【答案】×

【解析】企业财务管理部门应当对预算执行单位的预算调整报告进行审核分析，集中编制企业年度预算调整方案，提交预算管理委员会以至企业董事会或经理办公会审议批准。

6.【答案】√

【解析】编制弹性预算，要选用一个最能代表生产经营活动水平的业务量计量单位。所以自动化生产车间以机器工时作为业务量的计量单位是较为合理的。

7.【答案】×

【解析】变动制造费用以生产预算为基础来编制，如果有完善的标准成本资料，则根据单位产品预算分配率乘以预计的生产量进行预计，固定制造费用可在上年的基础上根据预期变动加以适当修正进行预计。

8.【答案】√

【解析】采用公式法编制弹性成本费用预算时，混合成本中的阶梯成本和曲线成本，可按总成本性态模型计算填列，不必用数学方法修正为近似的直线成本。

9.【答案】√

【解析】公式法下，在一定范围内预算可以随业务量变动而变动，可比性和适应性强，编制预算的工作量相对较小。

10.【答案】×

【解析】销售预算是全面预算编制的起点；编制专门决策预算的依据，是项目财务可行性分析资料以及企业筹资决策资料。

11.【答案】√

【解析】材料采购有赊购、现购问题，但工资不应拖欠，如果计提的福利费用全部支用的话，就无须再预计现金支出。

12.【答案】×

【解析】零基预算法的缺点主要体现在：一是预算编制工作量较大、成本较高；二是预算编制的准确性受企业管理水平和相关数据标准准确性影响较大。可比性差是固定预算法的缺点。

13.【答案】√

【解析】产品生产成本预算是反映预算期内各种产品生产成本水平的一种业务预算。这种预算是在生产预算、直接材料消耗及采购预算、直接人工预算和制造费用预算的基础上编制的，通常反映各产品单位生产成本，有时还要反映年初年末存货水平。

14.【答案】×

【解析】在预算的执行中，要将年度预算细分为月份预算和季度预算，以便分期实施预算控制，确保年度预算目标的实现。

15.【答案】√

【解析】专门决策预算往往涉及长期建设项目的资金投放与筹措，并经常跨越多个年度，因此除个别项目外，一般不纳入经营预算，但应计入与此有关的资金预算与资产负债表预算。

16.【答案】×

【解析】编制成本费用预算的方法按其出发点的特征不同，可分为增量预算的方法和零基预算的方法；按其业务量基础的数量特征不同，可分为固定预算的方法和弹性预算的方法。

17.【答案】√

【解析】在使用公式法时，必要情况下，还需在“备注”中说明适用不同业务量范围的固定费用和单位变动费用。此外，应用公式法编制预算时，相关弹性定额可能仅适用于一定业务量范围内。当业务量变动超出该适用范围时，应及时修正、更新弹性定额，或改为列表法编制。

18.【答案】×

【解析】资产负债表的编制需要结合计划期间各项经营预算、专门决策预算、资金预算和预计利润表的预算数据作为基础，所以应先编制利润表后编制资产负债表。

19.【答案】×

【解析】产品成本预算中有期末产成品存货的成本，与资产负债表预算有关。

20.【答案】√

【解析】预算控制，是指企业以预算为标准，通过预算分解、过程监督、差异分析等促使日常经营不偏离预算标准的管理活动。

四、计算分析题

1.【答案】

A = −7 500 + 6 000 + 2 600 − 52 − 540 = 508（万元）；

B = 2 600 × 8% /4 = 52（万元）；

C − 1 450 − 52 − 540 = 503，得出 C = 503 + 540 + 52 + 1 450 = 2 545（万元）；

D = (2 600 − 1 450) × 8% /4 = 23（万元）［道理同 B 的计算，1 150 万元是季度末归还的，所以本季度还是要计算利息，即要计算本季度初短期借款 1 150 万元（2 600 − 1 450）一个季度的利息］

−450 + E − 690 − E × 8% /4 ≥ 500

得出 E ≥ 1 673.47

银行要求借款的金额是 100 万元的倍数，所以 E = 1 700（万元）。

2.【答案】

表 3－11　　资金预算　　单位：万元

项目	5月	6月	7月	8月	9月	10月
工作底稿						
销售收入	5 000	6 000	7 000	8 000	9 000	10 000
收账：						
销货当月（收回销售收入的 20%）			1 400	1 600	1 800	
销货次月（收回销售收入的 70%）			4 200	4 900	5 600	
销货再次月（收回销售收入的 10%）			500	600	700	
收账合计			6 100	7 100	8 100	
采购金额（下月销售收入的 70%）		4 900	5 600	6 300	7 000	
购货付款（延后 1 个月）			4 900	5 600	6 300	
现金预算：						
（1）期初余额			8 000	6 350	6 530	
（2）收账			6 100	7 100	8 100	
（3）购货			4 900	5 600	6 300	
（4）工资			750	100	1 250	
（5）其他付现费用			100	200	700	
（6）预交所得税					2 000	
（7）购置固定资产			8 000			
（8）现金多余或不足			350	7 550	4 380	
（9）向银行借款			6 000		2 000	
（10）偿还银行借款				1 000		
（11）支付借款利息				20		
（12）期末现金余额			6 350	6 530	6 380	

提示：7月现金余缺为350万元，期末现金余额最低6 000万元，判断为现金不足，需向银行借款6 000万元；8月现金余缺为7 550万元，判断为现金多余1 550万元，可以偿还债务的本金及利息，由于偿还银行借款为1 000万元的整数倍，借款利息在还款时支付，即还本金时才能偿还这部分本金的利息，所以8月还本1 000万元，偿还两个月的利息：1 000×2%=20（万元）；9月现金余缺为4 380万元，所以判断为现金不足，需向银行借款2 000万元。

五、综合题

1.【答案】

（1）①销售收回的现金=12月收入的60%+11月收入的38%

=220×60%+200×38%=132+76=208（万元）

②进货支付的现金=11月的采购金额=11月销售商品的20%+12月销售商品的80%

=(200×75%)×20%+(220×75%)×80%

=162（万元）

③假设本月新借入的银行借款为W万元，则：

期末现金余额=22（期初余额）+208－162－60（购置固定资产）－26.5（折旧外的管理费用）－120×(1+10%)(本利和)+W≥5

现金期末余额=－150.5+W≥5

解得：W≥155.5（万元）

由于借款金额是1万元的整数倍，因此本月新借入的银行借款为156万元。

（2）①现金期末余额=5+0.5=5.5（万元）

②应收账款期末余额=12月收入的38%=220×38%=83.6（万元）

③应付账款期末余额=12月的采购金额

=12月销售商品的20%+下年1月销售商品的80%

=(220×75%)×20%+(230×75%)×80%

=171（万元）

④12月进货成本=12月的采购金额=171（万元）

12月销货成本=220×75%=165（万元）

存货期末余额=132（期初存货）+171－165=138（万元）

（3）税前利润=220－220×75%－(216/12+26.5)(折旧和其他管理费用)－220×2%(坏账损失)－(120+156)×10%/12（借款利息）=3.8（万元）

2.【答案】

表3－12　　资金预算　　单位：万元

项目	第一季度	第二季度	第三季度	第四季度	合计
期初现金余额	15	19	10.3	12.6	15
现金收入：					
本期销售本期收款（当季收入的2/3）	500	1 200	500	500	
上期销售本期收款（上季收入的1/3）	250	250	600	250	
现金收入合计	750	1 450	1 100	750	4 050
现金支出：					
直接材料	912/2=456	456			
直接人工		880			
制造费用	150	850	150	150	
销售与管理费用	100	100	100	100	

续表

项目	第一季度	第二季度	第三季度	第四季度	合计
所得税费用	40	40	40	40	
购买设备支出			200	200	
现金支出合计	746	2 326	490	490	4 052
现金多余或不足	19	-857	620.3	272.6	13
向银行借款		885			
归还银行借款			590	255	
支付借款利息		17.7	17.7	5.9	
期末现金余额	19	10.3	12.6	11.7	

说明：

(1) 假设第二季度借款金额为A，则有：$-857 + A - A \times 2\% > 10$；

解得：$A > 884.69$

因为A必须是5万元的整数倍，所以A=885万元，即第二季度向银行借款885万元

第二季度支付借款利息 = 885×2% = 17.70（万元）

第二季度期末现金余额 = -857 + 885 - 17.7 = 10.30（万元）

(2) 假设第三季度还款金额为B，则：$620.3 - B - 17.7 > 10$

解得：$B < 592.6$

由于B必须是5万元的整数倍，所以B=590万元，所以第三季度归还银行借款590万元

第三季度支付借款利息 = 885×2% = 17.70（万元）

第三季度期末现金余额 = 620.3 - 590 - 17.7 = 12.60（万元）

(3) 第四季度支付借款利息 = (885 - 590)×2% = 5.9（万元）

假设第四季度还款为C，则：$272.6 - C - 5.9 > 10$

解得：$C < 256.7$

由于C必须是5万元的整数倍，所以C=255万元，所以第四季度归还银行借款255万元

第四季度支付借款利息5.90万元

第四季度期末现金余额 = 272.6 - 255 - 5.9 = 11.7（万元）

第四章　筹资管理（上）

考情分析

本章属于历年考试的重点章节。从历年试题分布来看，本章主要是出客观题题型，但也可以出主观题题型。历年考题分数在 6 分左右。考生在复习过程中要注意掌握银行借款、发行债券和融资租赁等债务筹资方式；掌握吸收直接投资、发行股票和利用留存收益等股权筹资方式；掌握企业筹资管理的内容和原则；了解企业筹资的动机、分类；了解企业资本金制度；熟悉可转换债券、认股权证、优先股；了解筹资实务创新。

教材变化

2020 年本章增加了“筹资实务创新”作为第五节，其他无实质变化。

考点提示

本章主要讲述企业筹资的理论问题以及筹资方式，考点包括企业筹资的动机、筹资的分类、筹资管理的原则、银行借款筹资、发行债券筹资、融资租赁筹资、吸收直接投资、发行股票、留存收益、可转换债券、认股权证、优先股等内容。

本章考点框架

- 筹资管理（上）
  - 筹资管理概述
    - 企业筹资的动机
    - 筹资的分类
    - 筹资管理的原则
  - 债务筹资
    - 银行借款
    - 发行公司债券
    - 融资租赁
    - 债务筹资的优缺点
  - 股权筹资
    - 吸收直接投资
    - 发行普通股股票
    - 留存收益
    - 股权筹资的优缺点
  - 衍生工具筹资
    - 可转换债券
    - 认股权证
    - 优先股
  - 筹资实务创新

考点解读及例题点津

第一单元　筹资管理概述

1 企业筹资的动机

一、考点解读

表 4－1

筹资动机	内容
创立性筹资动机	企业设立时，为取得资本金并形成开展经营活动的基本条件而产生的筹资动机
支付性筹资动机	为满足经营业务活动的正常波动所形成的支付需要而产生的筹资动机
扩张性筹资动机	企业因扩大经营规模或对外投资而产生的筹资动机
调整性筹资动机	企业因调整资本结构而产生的筹资动机
混合性筹资动机	在实务中，企业筹资的目的可能不是单纯或唯一的。通过追加筹资，可能既满足了经营活动、投资活动的资金需要，又达到了调整资本结构的目的，这种情况可以称之为混合性筹资动机

二、例题点津

【例题 1 · 单选题】企业为了优化资本结构而筹集资金，这种筹资的动机是（　　）。

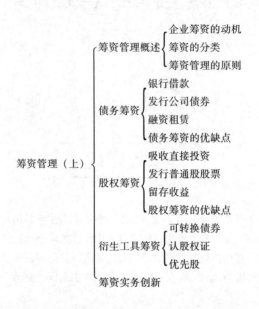

A. 创立性筹资动机　B. 支付性筹资动机

C. 扩张性筹资动机　D. 调整性筹资动机

【答案】D

【解析】调整性筹资动机是指企业因调整资本结构而产生的筹资动机。

【例题2·判断题】调整性筹资动机是指企业因调整公司业务所产生的筹资动机。（　　）

【答案】×

【解析】调整性筹资动机是指企业因调整资本结构而产生的筹资动机。

【例题3·单选题】企业因发放现金股利的需要而进行筹资的动机属于（　　）。

A. 扩张性筹资动机　B. 支付性筹资动机

C. 创立性筹资动机　D. 调整性筹资动机

【答案】B

【解析】支付性筹资动机，是指为了满足经营业务活动的正常波动所形成的支付需要而产生的筹资动机。在企业开展经营活动过程中，经常会出现超出维持正常经营活动资金需求的季节性、临时性的交易支付需要，如原材料购买的大额支付、员工工资的集中发放、银行借款的提前偿还、股东股利的发放等，因此本题选项B正确。

2 筹资的分类

一、考点解读

（一）按所取得资金的权益特性不同分类：股权筹资、债务筹资和衍生工具筹资

表4-2

项目	方式	特点
股权筹资	主要有吸收直接投资、发行股票、利用留存收益	股权资本财务风险小，但资本成本较高
债务筹资	主要有银行借款、发行债券、融资租赁、利用商业信用	债务资本具有较大的财务风险，但资本成本较低
衍生工具筹资	主要有发行可转换债券、发行认股权证	

（二）按是否以金融机构为媒介分类：直接筹资和间接筹资

表4-3

项目	方式	特点
直接筹资	主要有吸收直接投资、发行股票、发行债券等	既可以筹集股权资金，也可以筹集债务资金；手续比较复杂，筹资费用较高；但筹资领域广阔，能够直接利用社会资金，有利于提高企业的知名度和资信度
间接筹资	有银行借款和融资租赁等	形成的主要是债务资金，手续相对比较简便，筹资效率高，筹资费用较低，但容易受金融政策的制约和影响

（三）按资金的来源范围不同分类

1. 内部筹资

（1）内部筹资的数额取决于企业可分配利润的多少和利润分配政策；

（2）企业使用内部留存收益无须花费筹资费用，可以降低资本成本；

（3）企业筹资时应首先使用内部筹资，然后再考虑外部筹资。

2. 外部筹资

留存收益以外的筹资方式都属于外部筹资。

（四）按所筹集资金使用期限的不同分类：长期筹资和短期筹资

表4-4

项目	筹集方式	筹集目的
长期筹资	通常采用吸收直接投资、发行股票、发行债券、长期借款、融资租赁等方式	形成和更新企业的生产和经营能力，扩大企业的生产经营规模，或为对外投资筹集资金
短期筹资	经常利用商业信用、短期借款、保理业务等方式	主要是用于企业的流动资产和资金的日常周转

（五）永续债

1. 永续债与普通债券的主要区别

（1）不设定债券的到期日。

（2）票面利率较高。

据统计，永续债的利率主要分布在5%～9%，远远高于同期国债收益率。

（3）大多数永续债的附加条款中包括赎回条款以及利率调整条款。

2. 永续债的性质

永续债实质是一种介于债权和股权之间的融资工具。永续债是分类为权益工具还是金融负债，应把“是否能无条件避免交付现金或其他金融资产的合同义务”来作为判断永续债分类的关键，结合永续债募集说明书条款，按照经济实质重于法律形式原则判断。目前，国内已发行的永续债债券类型主要有可续期企业债、可续期定向融资工具、可续期公司债、永续中票等。

二、例题点津

【例题1·单选题】按资金的来源范围不同，可将筹资分为（　　）。

A. 股权筹资、债务筹资和衍生工具筹资

B. 直接筹资和间接筹资

C. 内部筹资和外部筹资

D. 短期筹资和长期筹资

【答案】C

【解析】按资金的来源范围不同分类，企业筹资分为内部筹资和外部筹资。选项A是按所取得资金的权益特性不同分类，选项B是按是否以金融机构为媒介分类，选项D是按所筹集资金使用期限的不同分类。

【例题2·单选题】下列筹资方式中，属于间接筹资的是（　　）。

A. 银行借款　　B. 发行债券

C. 发行股票　　D. 合资经营

【答案】A

【解析】间接筹资，是企业借助银行和非银行金融机构而筹集资金。在间接筹资方式下，银行等金融机构发挥中介作用，预先集聚资金，然后提供给企业。间接筹资的基本方式是银行借款，此外还有融资租赁等方式。间接筹资，形成的主要是债务资金，主要用于满足企业资金周转的需要，故选项A正确。

【例题3·单选题】下列筹资方式中，既可以筹集长期资金，也可以融通短期资金的是（　　）。

A. 发行股票　　B. 利用商业信用

C. 吸收直接投资　　D. 向金融机构借款

【答案】D

【解析】银行借款包括偿还期限超过1年的长期借款和不足1年的短期借款。

【例题4·单选题】下列关于永续债的说法中不正确的是（　　）。

A. 利率远远高于同期国债收益率

B. 是一种债权性的融资工具

C. 应把“是否能无条件避免交付现金或其他金融资产的合同义务”来作为判断永续债分类的关键

D. 大多数永续债的附加条款中包括赎回条款以及利率调整条款。

【答案】B

【解析】永续债实质是一种介于债权和股权之间的融资工具。永续债是分类为权益工具还是金融负债，应把“是否能无条件避免交付现金或其他金融资产的合同义务”来作为判断永续债分类的关键，结合永续债募集说明书条款，按照经济实质重于法律形式原则判断。

【例题5·判断题】直接筹资是企业直接从社会取得资金的一种筹资方式，一般只能用来筹资股权资金。（　　）

【答案】×

【解析】直接筹资，是企业直接与资金供应者协商融通资本的一种筹资活动。直接筹资不需要通过金融机构来筹措资金，是企业直接从社会取得资金的方式。直接筹资方式主要有发行股票、发行债券、吸收直接投资等。

3 筹资管理的原则

一、考点解读

表4－5

筹资管理的原则	具体含义
筹措合法	遵循国家法律法规，合法筹措资金
规模适当	分析生产经营情况，合理预测资金需要量

续表

筹资管理的原则	具体含义
取得及时	合理安排筹资时间，适时取得资金
来源经济	充分利用各种筹资渠道，选择资金来源
结构合理	研究各种筹资方式，优化资本结构

二、例题点津

【例题1·单选题】在筹资时要合理安排长期资金和短期资金、内部资金和外部资金、权益资金与债务资金的关系，遵循的是筹资管理的（　　）原则。

A. 规模适当　　B. 取得及时

C. 结构合理　　D. 来源经济

【答案】C

【解析】结构合理原则是指筹资管理要综合考虑各种筹资方式、优化资本结构，合理安排长期资金和短期资金、内部资金和外部资金、权益资金与债务资金的关系。

第二单元　债务筹资

1 银行借款

一、考点解读

（一）银行借款的种类

表4-6

<table>
<tr><th>分类标准</th><th colspan="2">分类</th></tr>
<tr><td>按提供贷款的机构分类</td><td colspan="2">分为政策性银行贷款、商业银行贷款和其他金融机构贷款</td></tr>
<tr><td rowspan="3">按机构对贷款有无担保要求分类</td><td rowspan="3">分为信用贷款和担保贷款。其中担保贷款又分为：保证贷款、抵押贷款和质押贷款</td><td>保证贷款：以第三人作为保证人，承诺在借款人不能偿还借款时，按约定承担一定保证责任或连带责任</td></tr>
<tr><td>抵押贷款：以借款人或第三人的财产作为抵押物而取得</td></tr>
<tr><td>质押贷款：以借款人或第三人的动产或财产权利作为质押物而取得</td></tr>
<tr><td>按取得贷款的用途分类</td><td colspan="2">基本建设贷款、专项贷款和流动资金贷款</td></tr>
</table>

（二）长期借款的保护性条款

1. 例行性保护条款

这类条款作为例行常规，在大多数借款合同中都会出现。

主要包括：定期向提供贷款的金融机构提交公司财务报表；保持存货储量，不准在正常情况下出售较多的非产成品存货；及时清偿债务；不准以资产作其他承诺的担保或抵押；不准贴现应收票据或出售应收账款。

2. 一般性保护条款

是对企业资产的流动性及偿债能力等方面的要求条款，这类条款应用于大多数借款合同。

主要包括：保持企业的资产流动性；限制企业非经营性支出；限制企业资本支出的规模；限制公司再举债规模；限制公司的长期投资。

表4-7

内容	具体举措
保持企业的资产流动性	规定最低营运资金数额和最低流动比率数值
限制企业非经营性支出	限制支付现金股利、购入股票和职工加薪的数额规模
限制企业资本支出的规模	控制企业资产结构中长期性资产的比例
限制公司再举债规模	
限制公司的长期投资	不准投资短期内不能收回的资金项目、不能未经银行等债权人同意而与其他公司合并

3. 特殊性保护条款

这类条款是针对某些特殊情况而出现在部分借款合同中的条款，只有在特殊情况下才能生效。

主要包括：要求公司的主要领导人购买人身保险；借款的用途不得改变；违约惩罚条款等。

（三）银行借款的特点

1. 优点

（1）筹资速度快；

（2）资本成本较低；

（3）筹资弹性较大。

2. 缺点

（1）限制条款多；

（2）筹资数额有限。

二、例题点津

【例题1·判断题】长期借款的例行性保护条款、一般性保护条款、特殊性保护条款可结合使用，有利于全面保护债权人的权益。（　　）

【答案】√

【解析】长期借款的保护性条款包括例行性保护条款、一般性保护条款和特殊性保护条款。上述各项条款结合使用，将有利于全面保护银行等债权人的权益。

【例题2·多选题】相对于股权融资而言，银行借款筹资的优点有（　　）。

A. 筹资风险小　　B. 筹资速度快

C. 资本成本低　　D. 筹资数额大

【答案】BC

【解析】相对于股权筹资来说，银行借款筹资的优点有：筹资速度快、筹资成本低、筹资弹性大。

【例题3·多选题】下列各项中，属于企业长期借款合同一般性保护条款的有（　　）。

A. 保持最低营运资金数额

B. 限制企业租入固定资产的规模

C. 贷款专款专用

D. 要求企业董事长购买人身保险

【答案】AB

【解析】一般性保护条款是对企业资产的流动性及偿债能力等方面的要求条款，这类条款应用于大多数借款合同。主要包括：（1）保持企业的资产流动性；（2）限制企业非经营性支出；（3）限制企业资本支出的规模；（4）限制公司再举债规模；（5）限制公司的长期投资。选项A属于“保持企业的资产流动性”要求，选项B属于“限制公司再举债规模”要求。

特殊性保护条款是针对某些特殊情况而出现在部分借款合同中的条款，只有在特殊情况下才能生效。主要包括：（1）要求公司的主要领导人购买人身保险；（2）借款的用途不得改变；（3）违约惩罚条款等。选项CD属于特殊性保护条款的内容。

【例题4·单选题】与发行公司债券相比，银行借款筹资的优点是（　　）。

A. 资本成本较低

B. 资金使用的限制条件少

C. 能提高公司的社会声誉

D. 单次筹资数额较大

【答案】A

【解析】与发行公司债券相比，银行借款的筹资优点有：（1）筹资速度快；（2）资本成本较低；（3）筹资弹性较大。所以选项A正确。

2 发行公司债券

一、考点解读

（一）发行债券的资格与条件

1. 发行资格

在我国，根据《公司法》的规定，股份有限公司和有限责任公司，具有发行债券的资格。

2. 发行条件

（1）股份有限公司的净资产不低于人民币3 000万元，有限责任公司的净资产不低于人民币6 000万元；

（2）累计债券余额不超过公司净资产的40%；

（3）最近3年平均可供分配的利润足以支付债券1年的利息；

（4）筹集资金的投向符合国家的产业政策；

（5）债券利率不得超过国务院限定的利率水平；

（6）国务院规定的其他条件。

公开发行公司债券筹集的资金，必须用于核准的用途，不得用于弥补亏损和非生产性支出。

（二）债券的分类

表4-8

分类标准	分类
按是否记名	记名债券和无记名债券
按能否转换成公司股权	可转换债券和不可转换债券
按有无特定财产担保	担保债券和信用债券
按是否公开发行	公开发行债券和非公开发行债券

提示 担保债券主要是指抵押债券，抵押债券按照抵押品的不同，又分为不动产抵押债券、动产抵押债券和证券信托抵押债券。

（三）债券的偿还

债券偿还时间按其实际发生与规定的到期日之间的关系，分为提前偿还与到期偿还两类，其中后者又包括分批偿还和一次偿还两种。

1. 提前偿还

指债券尚未到期之前就予以偿还。只有在企业发行债券的契约中明确了有关允许提前偿还的条款，企业才可以进行此项操作。提前偿还所支付的价格通常高于债券的面值，并随到期日的临近而逐渐下降。具有提前偿还条款的债券可以使企业融资有较大的弹性，当企业资金有结余时，可提前赎回债券；当预测利率下降时，也可以提前赎回债券，而后以较低的利率来发行新债券。

2. 到期分批偿还

如果一个公司在发行同一种债券的当时，就为不同编号或不同发行对象的债券规定了不同的到期日，这种债券就是分批偿还债券。

3. 到期一次偿还

到期一次偿还的债券是最为常见的。

（四）债券筹资的特点

1. 优点

（1）一次筹资数额大；

（2）募集资金的使用限制条件少；

（3）提高公司的社会声誉。

2. 缺点

资本成本较高。

二、例题点津

【例题1·多选题】下列关于债券提前偿还的说法中，正确的有（　　）。

A. 只有在企业发行债券的契约中明确了有关允许提前偿还的条款，企业才可以提前偿还

B. 提前偿还所支付的价格通常高于债券的面值，并随到期日的临近而逐渐下降

C. 当企业资金有结余时，可提前赎回债券

D. 当预测利率下降时，也可以提前赎回债券，而后以较低的利率来发行新债券

【答案】ABCD

【解析】提前偿还指债券尚未到期之前就予以偿还。只有在企业发行债券的契约中明确了有关允许提前偿还的条款，企业才可以进行此项操作。提前偿还所支付的价格通常高于债券的面值，并随到期日的临近而逐渐下降。具有提前偿还条款的债券可以使企业融资有较大的弹性，当企业资金有结余时，可提前赎回债券；当预测利率下降时，也可以提前赎回债券，而后以较低的利率来发行新债券。

【例题2·判断题】公司公开发行债券，债券的利率可以随意确定（　　）。

【答案】×

【解析】根据《证券法》规定，公开发行公司债券的利率不得超过国务院限定的利率水平。

3 融资租赁

一、考点解读

（一）租赁的特征与分类

1. 租赁的基本特征

（1）所有权与使用权相分离；

（2）融资与融物相结合；

（3）租金的分期支付。

2. 租赁的分类

表 4－9

分类	特点
经营租赁	(1) 出租的设备由租赁公司根据市场需要选定，然后再寻找承租企业； (2) 租赁期较短，短于资产的有效使用期限，承租企业可以中途解除租约； (3) 租赁设备的维修、保养由租赁公司负责； (4) 租赁期满出租资产由租赁公司收回； (5) 比较适用于技术过时较快的生产设备
融资租赁	(1) 出租的设备由承租企业提出要求购买，或者由承租企业直接从制造商或销售商处选定； (2) 租赁期较长、接近资产的有效使用期限，在租赁期内双方无权取消合同； (3) 由承租人负责设备的维修、保养； (4) 租赁期满，按事先约定的方法处理设备，包括退还、续租或留购。一般采用留购的方法，即以很少的名义价格（相当于设备残值）买下设备

（二）融资租赁的基本形式

表 4－10

基本形式	含义
直接租赁	是融资租赁的主要形式，承租方提出租赁申请时，出租方按照承租方的要求选购，然后再出租给承租方
售后回租	指承租方由于急需资金等各种原因，将自己资产售给出租方，然后以租赁的形式从出租方原封不动地租回资产的使用权
杠杆租赁	指涉及承租人、出租人和资金出借人三方的融资租赁业务。杠杆租赁和直接租赁对承租人而言没有差别，因为承租人与资金出借人不发生任何联系

（三）融资租赁租金的计算

1. 决定租金的因素

（1）设备原价及预计残值。

包括设备买价、运输费、安装调试费、保险费等，以及设备租赁期满后，出售可得的收入。

（2）利息。

指租赁公司为承租企业购置设备垫付资金所应支付的利息。

（3）租赁手续费。

指租赁公司承办租赁设备所发生的业务费用和必要的利润。

2. 租金的支付方式

表 4－11

分类标准	分类
按支付间隔期长短	年付、半年付、季付和月付等
按在期初和期末支付	先付和后付
按每次支付额	等额支付和不等额支付

3. 租金的计算

融资租赁的租金大多采用按年等额后付的方式，就相当于已知普通年金现值倒求年金。

（四）融资租赁的筹资特点

1. 优点

（1）无须大量资金就能迅速获得资产；

（2）财务风险小，财务优势明显；

（3）筹资的限制条件较少；

（4）租赁能延长资金融通的期限。

2. 缺点

资本成本高。

二、例题点津

【例题 1·单选题】 某公司从租赁公司融资租入一台设备，价格为 350 万元，租期为 8 年，租赁期满时预计净残值 15 万元归租赁公司所有，假设年利率为 8%，租赁手续费为每年 2%，每年末等额支付租金，则每年租金为（　　）万元。

A. [350 － 15 ×（P/A，8%，8）]/（P/F，8%，8）

B. [350 － 15 ×（P/F，10%，8）]/（P/A，10%，8）

C. [350 － 15 ×（P/F，8%，8）]/（P/A，8%，8）

D. [350 － 15 ×（P/A，10%，8）]/（P/F，10%，8）

【答案】B

【解析】租赁折现率 = 8% + 2% = 10%，残值归租赁公司所有，承租人支付的租金总额中应扣除残值现值，所以选项 B 正确。

【例题 2·单选题】 下列各项中，不计入融资租赁租金的是（　　）。

A. 租赁手续费

B. 承租公司的财产保险费

C. 租赁公司垫付资金的利息

D. 设备的买价

【答案】B

【解析】融资租赁每期租金的多少，取决于以下几项因素：(1) 设备原价及预计残值。包括设备买价、运输费、安装调试费、保险费等，以及指设备租赁期满后出售可得的收入；(2) 利息。指租赁公司为承租企业购置设备垫付资金所应支付的利息；(3) 租赁手续费。指租赁公司承办租赁设备所发生的业务费用和必要的利润，因此本题选项 B 正确。

【例题3·判断题】杠杆租赁中，出租人既是债权人也是债务人（　　）。

【答案】√

【解析】在杠杆租赁中，出租人只出购买资产所需的部分资金作为自己的投资，另外以租赁资产作为担保向资金出借者借入其余资金。出租人既是债权人也是债务人，既要收取资金又要支付债务。

【例题4·多选题】与发行股票筹资相比，融资租赁筹资的特点有（　　）。

A. 财务风险较小　　B. 筹资限制条件较小

C. 资本成本负担较低 D. 形成生产能力较快

【答案】BCD

【解析】由于融资租赁属于负债筹资，需要定期支付租金，所以财务风险大于发行股票筹资，选项 A 不正确。

【例题5·单选题】下列各种筹资方式中，筹资限制条件相对最少的是（　　）。

A. 融资租赁　　B. 发行股票

C. 发行债券　　D. 发行短期融资券

【答案】A

【解析】企业运用股票、债券、长期付款等筹资方式，都受到相当多的资格条件的限制，如足够的抵押品、银行贷款的信用标准、发行债券的政府管制等。相比之下，融资租赁筹资的限制条件很少。所以选项 A 正确。

【例题6·计算题】某企业拟采用融资租赁方式于 2019 年 1 月 1 日从租赁公司租入一台设备，设备价款为 50 000 元，租期为 5 年，到期后设备归企业所有。双方商定，如果采用后付等额租金方式付款，则折现率为 16%；如果采用先付等额租金方式付款，则折现率为 14%。企业的资本成本率为 10%。

要求：

（1）计算等额后付租金方式下的每年等额租金额；

（2）计算等额后付租金方式下的 5 年租金终值；

（3）计算等额先付租金方式下的每年等额租金额；

（4）计算等额先付租金方式下的 5 年租金终值；

（5）比较上述两种租金支付方式下的终值大小，说明哪种租金支付方式对企业更为有利（以上计算结果均保留整数）。

【答案】

（1）后付等额租金方式下的每年等额租金额 = 50 000/(P/A，16%，5) = 15 270（元）

（2）后付等额租金方式下的 5 年租金终值 = 15 270 × (F/A，10%，5) = 93 225（元）

（3）先付等额租金方式下的每年等额租金额 = 50 000/[(P/A，14%，5) × (1 + 14%)] = 12 776（元）

（4）先付等额租金方式下的 5 年租金终值 = 12 776 × (F/A，10%，5) × (1 + 10%) = 85 799（元）

（5）因为先付租金终值小于后付租金终值，所以先付租金对企业更为有利。

4 债务筹资的优缺点

一、考点解读

（一）优点

1. 筹资速度较快
2. 筹资弹性大
3. 资本成本负担较轻
4. 可以利用财务杠杆
5. 稳定公司的控制权

（二）缺点

1. 不能形成企业稳定的资本基础

2. 财务风险较大

3. 筹资数额有限

二、例题点津

【例题1·单选题】与股票筹资相比，下列各项中，属于债务筹资缺点的是（　　）。

A. 财务风险较大　　B. 资本成本较高

C. 稀释股东控制权　D. 筹资灵活性小

【答案】A

【解析】债务筹资的缺点有：不能形成企业稳定的资本基础、财务风险较大、筹资数额有限。

第三单元　股权筹资

1 吸收直接投资

一、考点解读

吸收直接投资是指企业按照“共同投资、共同经营、共担风险、共享收益”的原则，直接吸收国家、法人、个人和外商投入资金的一种筹资方式。

（一）吸收直接投资种类

1. 吸收国家投资

特点：产权归国家；资金的运用和处置受国家约束较大；在国有公司中采用比较广泛。

2. 吸收法人投资

特点：发生在法人单位之间；以参与公司利润分配或控制为目的；出资方式灵活多样。

3. 合资经营

指采用中外合资经营或合作经营的方式吸收外商直接投资。

4. 吸收社会公众投资

特点：参加投资人员较多；每人投资数额较少；以参与利润分配为基本目的。

（二）吸收直接投资的出资方式

表4-12

出资方式	说明
货币资产出资	是吸收直接投资中最重要的出资方式
实物资产出资	应满足以下条件： （1）适合企业生产、经营、研发等活动需要； （2）技术性能良好； （3）作价公平合理
土地使用权出资	应满足以下条件： （1）适合企业生产、经营、研发等活动需要； （2）地理、交通条件适宜； （3）作价公平合理
工业产权出资	应满足以下条件： （1）有助于研究、开发和生产出新的高科技产品； （2）有助于提高生产效率、改进产品质量； （3）有利于降低生产、能源等各种消耗； （4）作价公平合理
特定债权出资	指企业依法发行的可转换债券和可以按照国家有关规定转作股权的债权

提示 1. 上述出资方式中，工业产权出资风险比较大。

2. 对无形资产出资方式的限制，《公司法》规定，股东或者发起人不得以劳务、信用、自然人姓名、商誉、特许经营权或者设定担保的财产等作价出资。

3. 对于非货币资产出资，需要满足三个条件：可以用货币估价、可以依法转让、法律不禁止。

（三）吸收直接投资的特点

1. 优点

（1）能够尽快形成生产能力；

（2）容易进行信息沟通；

（3）手续相对比较简单，筹资费用较低。

2. 缺点

（1）资本成本较高；

（2）公司控制权集中，不利于公司治理；

（3）不利于产权交易。

二、例题点津

【例题1·多选题】根据规定，下列各项中，可以用作非货币资产作价出资的有（　　）。

A. 商誉　　B. 工业产权

C. 特许经营权　　D. 土地使用权

【答案】BD

【解析】投资者可以用货币资产、实物资产、土地使用权、工业产权、特定债权出资，不包括劳务、信用、自然人姓名、商誉、特许经营权或者设定担保的财产。

【例题2·单选题】与发行股票筹资相比，吸收直接投资的优点是（　　）。

A. 筹资费用较低

B. 资本成本较低

C. 易于进行产权交易

D. 有利于最高公司声誉

【答案】A

【解析】吸收直接投资不像发行股票要支付大量的发行费用给发行机构，故筹资费用较低，选项A正确。相对于股票筹资来说，吸收直接投资的资本成本较高，所以选项B不正确；吸收直接投资不利于进行产权交易，所以选项C不正确；发行股票筹资的优点是能增强公司的社会声誉，所以选项D不正确。

【例题3·单选题】下列各项中，与留存筹资相比，属于吸收直接投资特点的是（　　）。

A. 资本成本较低

B. 筹资速度较快

C. 筹资规模有限

D. 形成生产能力较快

【答案】D

【解析】吸收直接投资的筹资特点包括：(1) 能够尽快形成生产能力；(2) 容易进行信息沟通；(3) 资本成本较高；(4) 公司控制权集中，不利于公司治理；(5) 不易进行产权交易。留存的筹资特点包括：(1) 不用发生筹资费用；(2) 维持公司控制权分布；(3) 筹资数额有限。所以选项D正确。

2 发行普通股股票

一、考点解读

（一）股票的特征与分类

1. 股票的特点

永久性；流通性；风险性；参与性。

2. 股东的权利

公司管理权；收益分享权；股份转让权；优先认股权；剩余财产要求权。

3. 股票的种类

表4-13

分类标准	分类
按股东的权利和义务	普通股和优先股
按股票票面是否记名	记名股票和无记名股票；我国《公司法》规定，公司向发起人、国家授权投资机构、法人发行的股票，为记名股票；向社会公众发行的股票，可以为记名股票，也可以为无记名股票
按发行对象和上市地点	A股、B股、H股、N股、S股等

（二）股份有限公司的设立、股票的发行与上市

1. 股份有限公司的设立

（1）发起设立。

指由发起人认购公司应发行的全部股份而设立公司。

（2）募集设立。

指由发起人认购公司应发行股份的一部分，其余股份向社会公开募集或者向特定对象募集而设立公司。

（3）发起人责任。

①公司不能成立时，对设立行为所产生的债务和费用负连带责任；

②公司不能成立时，对认股人已缴纳的股款，负返还股款并加算银行同期存款利息的连带责任；

③在公司设立过程中，由于发起人的过失致使公司利益受到损害的，应当对公司承担赔偿责任。

2. 股票的发行方式

表 4－14

分类	含义	优点	缺点
公开间接发行	通过中介机构，公开向社会公众发行	发行范围广，对象多，易足额筹集资本；股票变现性强，流通性好；提高发行公司的知名度和扩大影响力	手续复杂严格；发行成本高
不公开直接发行	非公开，只向少数特定的对象直接发行	弹性较大；发行成本低	发行范围小；股票变现性差

3. 股票上市的目的

表 4－15

优点	（1）便于筹措新资金； （2）促进股权流通和转让； （3）便于确定公司价值
缺点	（1）上市成本较高，手续复杂严格； （2）公司将负担较高的信息披露成本； （3）暴露公司商业秘密； （4）股价有时会歪曲公司实际情况，影响公司声誉； （5）可能会分散公司的控制权，造成管理上的困难

4. 股票上市条件

股份有限公司申请上市，应当满足下列条件：

（1）股票经证监会核准已公开发行；

（2）公司股本总额不少于人民币 3 000 万元；

（3）公开发行的股份达公司股份总数的 25% 以上；公司股本总额超过人民币 4 亿元的，公开发行股份的比例为 10% 以上；

（4）公司最近 3 年无重大违法行为，财务会计报告无虚假记载。

5. 股票上市的暂停与终止

当上市公司出现经营状况恶化，存在重大违法违规行为或其他原因导致不符合上市条件时，就可能被暂停或终止上市。

表 4－16

暂停上市的情形	（1）公司股本总额、股权分布发生变化，不再具备上市条件； （2）公司不按规定公开其财务状况，或对财务会计报告作虚假记载； （3）公司有重大违法行为； （4）公司最近 3 年连续亏损
终止上市的情形	（1）未能在法定期限内披露其暂停上市后第一个半年度报告的； （2）在法定期限内披露了恢复上市后的第一个年度报告，但仍然出现亏损； （3）未能在法定期限内披露恢复上市后的第一个年度报告的； （4）恢复上市申请未被受理或申请未被批准的

6. 股票上市的特别处理

当上市公司出现财务状况或其他状况异常时，其股票交易将被特别处理（ST）：

表 4－17

股票交易将被特别处理（ST）的情形	具体内容
财务状况异常	（1）最近 2 个会计年度的审计结果显示的净利润为负值； （2）最近 1 个会计年度的审计结果显示其股东权益低于注册资本； （3）最近 1 个会计年度经审计的股东权益扣除注册会计师、有关部门不予确认的部分，低于注册资本； （4）注册会计师对最近 1 个会计年度的财产报告出具无法表示意见或否定意见的审计报告； （5）最近 1 份经审计的财务报告对上年度利润进行调整，导致连续 2 个会计年度亏损的； （6）经证监会或交易所认定为财务状况异常的

续表

股票交易将被特别处理（ST）的情形	具体内容
其他状况异常	（1）自然灾害、重大事故等导致生产经营活动基本中止的； （2）公司涉及可能赔偿金额超过公司净资产的诉讼等情况

提示 股票被ST期间，交易遵循规则：

（1）日涨跌幅限制为5%；

（2）股票名称前加ST；

（3）半年报须经审计。

（三）上市公司的股票发行

表4－18

分类		内容
公开发行	首次上市公开发行股票（IPO）	股份有限公司对社会公开发行股票并上市流通和交易
	上市公开发行股票	股份有限公司已经上市后，通过证券交易所在证券市场上对社会公开发行股票
		包括上市公司向社会公众发售股票（增发），向原股东配售股票（配股）两种方式。增发和配股，都是上市公司再融资手段
非公开发行	非公开发行股票	上市公司采用非公开方式向特定对象发行股票的行为，又叫定向募集增发
		优点： （1）有利于引入战略投资者和机构投资者； （2）有利于利用上市公司的市场化估值溢价，将母公司资产通过资本市场放大，从而提升母公司的资产价值； （3）定向增发是一种主要的并购手段，特别是资产并购型定向增发，有利于集团企业整体上市，并同时减轻并购的现金流压力

（四）引入战略投资者

表4－19

概念	战略投资者是指与发行人具有合作关系或合作意向和潜力，与发行公司业务联系紧密且欲长期持有发行公司股票的法人
对战略投资者的要求	（1）要与公司经营业务联系紧密； （2）要出于长期投资目的而较长时期地持有股票； （3）要具有相当的资金实力，且持股数量较多
引入战略投资者的作用	（1）提升公司形象，提高资本市场认同度； （2）优化股权结构，健全公司法人治理； （3）提高公司资源整合能力，增强公司的核心竞争力； （4）达到阶段性的融资目标，加快实现公司上市融资的进程

（五）发行普通股的筹资特点

1. 优点

（1）两权分离，有利于公司自主经营管理；

（2）能增强公司的声誉，促进股权流通和转让。

2. 缺点

（1）筹资费用较高，手续复杂；

（2）资本成本较高；

（3）不易尽快形成生产能力；

（4）公司控制权分散，容易被经理人控制；

（5）股票流通性强，容易在资本市场上被恶意收购。

二、例题点津

【例题1·单选题】与公开间接发行股票相比，非公开直接发行股票的优点是（ ）。

A. 有利于筹集足额的资本

B. 有利于引入战略投资者

C. 有利于降低财务风险

D. 有利于提升公司知名度

【答案】B

【解析】公开间接发行，这种发行方式的发

行范围广，有利于提升公司的知名度，发行对象多，易于足额筹集资本，所以财务风险较低，所以选项ACD是公开间接发行股票的优点。

【例题2·多选题】股票上市对公司可能的不利影响有（　　）。

A. 商业机密容易泄露 B. 公司价值不易确定

C. 资本结构容易恶化 D. 信息披露成本较高

【答案】AD

【解析】股票上市交易便于确定公司价值。股票上市后，公司股价有市价可循，便于确定公司的价值。对于上市公司来说，即时的股票交易行情，就是对公司价值的市场评价。同时，市场行情也能够为公司收购兼并等资本运作提供询价基础。因此选项B的表述不正确。但股票上市也有对公司不利影响的一面，主要有：上市成本较高，手续复杂严格；公司将负担较高的信息披露成本；信息公开的要求可能会暴露公司商业机密；股价有时会歪曲公司的实际情况，影响公司声誉；可能会分散公司的控制权，造成管理上的困难。因此选项AD正确。

【例题3·单选题】下列各项优先权中，属于普通股股东所享有的一项权利是（　　）。

A. 优先剩余财产分配权

B. 优先股利分配权

C. 优先股份转让权

D. 优先认股权

【答案】D

【解析】股东最基本的权利是按投入公司的股份额，依法享有公司收益获取权、公司重大决策参与权和选择公司管理者的权利，并以其所持股份为限对公司承担责任。其中包括：（1）公司管理权；（2）收益分享权；（3）股份转让权；（4）优先认股权；（5）剩余财产要求权。故选项D正确。

【例题4·多选题】作为战略投资者的基本要求包括（　　）。

A. 持股数量较多

B. 要出于长期投资目的而较长时期地持有股票

C. 要具有相当的资金实力

D. 要与公司经营业务联系紧密

【答案】ABCD

【解析】一般来说，作为战略投资者的基本要求是：（1）要与公司经营业务联系紧密；（2）要出于长期投资目的而较长时期地持有股票；（3）要具有相当的资金实力，且持股数量较多。

【例题5·单选题】与发行债务筹资相比，发行普通股股票筹资的优点是（　　）。

A. 可以稳定公司的控制权

B. 可以降低资本成本

C. 可以利用财务杠杆

D. 可以形成稳定的资本基础

【答案】D

【解析】公司发行股票所筹集的资金属于公司的长期自有资金，没有期限，无须归还。换言之，股东在购买股票之后，一般情况下不能要求发行企业退还股金，选项D正确。

【例题6·单选题】与配股相比，定向增发的优势是（　　）。

A. 有利于社会公众参与

B. 有利于保持原有的股权结构

C. 有利于促进股权的流通转让

D. 有利于引入战略投资者和机构投资者

【答案】D

【解析】上市公司定向增发优势在于：（1）有利于引入战略投资者和机构投资者；（2）有利于利用上市公司的市场化估值溢价，将母公司资产通过资本市场放大，从而提升母公司的资产价值；（3）定向增发是一种主要的并购手段，特别是资产并购型定向增发，有利于集团企业整体上市，并同时减轻并购的现金流压力。

【例题7·单选题】下列各种筹资方式中，最有利于降低公司财务风险的是（　　）。

A. 发行普通股 B. 发行优先股

C. 发行公司债券 D. 发行可转换债券

【答案】A

【解析】股权筹资企业的财务风险较小。股权资本不用在企业正常营运期内偿还，没有还本付息的财务压力。优先股是介于债务和权益之间的，所以选项A正确。

【例题8·多选题】当上市公司出现经营状况恶化，存在重大违法违规行为或其他原因导致不符合上市条件时，就可能被暂停或终止上市。其中，暂停上市的情形包括（　　）。

A. 公司股本总额、股权分布发生变化，不再具备上市条件

B. 公司不按规定公开其财务状况

C. 公司对财务会计报告作虚假记载

D. 公司最近三年连续亏损

【答案】ABCD

【解析】暂停上市的情形包括：公司股本总额、股权分布发生变化，不再具备上市条件；公司不按规定公开其财务状况，或对财务会计报告作虚假记载；公司有重大违法行为；公司最近三年连续亏损。

3 留存收益

一、考点解读

表 4 – 20

性质	留存收益属于所有者权益
筹资途径	（1）提取盈余公积； （2）未分配利润
筹资特点	（1）无筹资费用； （2）维持公司控制权分布； （3）筹资数额有限

二、例题点津

【例题 1 · 多选题】留存收益是企业内源性股权筹资的主要方式，下列各项中，属于该种筹资方式特点的有（　　）。

A. 筹资数额有限　　B. 存在资本成本

C. 不发生筹资费用　D. 改变控制权结构

【答案】AC

【解析】利用留存收益筹资的特点有：（1）不用发生筹资费用；（2）维持公司的控制权分布；（3）筹资数额有限。所以本题正确答案为选项 AC。

4 股权筹资的优缺点

一、考点解读

1. 优点

（1）是企业稳定的资本基础；

（2）是企业良好的信誉基础；

（3）财务风险小。

2. 缺点

（1）资本成本负担较重；

（2）容易分散公司的控制权；

（3）信息沟通与披露成本较大。

二、例题点津

【例题 1 · 多选题】下列各项中，属于“吸收直接投资”与“发行普通股”筹资方式所共有特点的有（　　）。

A. 限制条件多　　B. 财务风险大

C. 控制权分散　　D. 财务风险小

【答案】CD

【解析】吸收直接投资和发行普通股同属于权益筹资，其共同的特点是使用资金的限制条件较少，有利于增强企业信誉；财务风险小，会分散企业控制权。所以选项 CD 正确。

第四单元　衍生工具筹资

1 可转换债券

一、考点解读

（一）可转换债券的种类

表 4 – 21

分类	内容
不可分离的可转换债券	其股权与债券不可分离，持有者直接按照债券面额和约定的转换价格，在约定的期限内自愿将其转换成股票

续表

分类	内容
可分离交易的可转换债券	这类债券在发行时附有认股权证，是认股权证和公司债券的组合。发行上市后各自流通、交易。认股权证的持有者在认购股票时，要按照认购价出资认购股票

（二）可转换债券的基本性质

表 4－22

基本性质	内容
证券期权性	可转换债券持有人具有在未来按一定的价格购买股票的权利，因此可转换债券实质上是一种未来的买入期权
资本转换性	可转换债券在正常持有期，属于债权性质；转换成股票后，属于股权性质
赎回与回售	可转换债券一般都附有赎回条款和回售条款

（三）可转换债券的基本要素

表 4－23

基本要素	内容
标的股票	一般是发行公司自己的普通股票，不过也可以是其他公司的股票，如该公司的上市子公司的股票
票面利率	一般会低于普通债券的票面利率，有时甚至还低于同期银行存款利率
转换价格	指可转换债券在转换期间内据以转换为普通股的折算价格，即将可转换债券转换为普通股的每股普通股的价格
转换比率	指每一份可转换债券在既定的转换价格下能转换为普通股股票的数量。转换比率＝债券面值/转换价格
转换期	转换期间的设定通常有四种情形：债券发行日至到期日；发行日至到期前；发行后某日至到期日；发行后某日至到期前

续表

基本要素	内容
赎回条款	指发债公司按事先约定的价格买回未转股债券的条件规定，赎回一般发生在公司股票价格在一段时期内连续高于转股价格达到某一幅度时。设置赎回条款最主要的功能是强制债券持有者积极行使转股权，因此又被称为加速条款。另外，也可以避免市场利率下降后继续向债券持有人支付较高的利息所蒙受的损失
回售条款	指债券持有人有权按照事前约定的价格将债券卖回给发债公司的条件规定。回售一般发生在公司股票价格在一段时期内连续低于转股价格达到某一幅度时。回售对于投资者而言实际上是一种卖权，有利于降低投资者的持券风险
强制性转换条款	指在某些条件具备之后，债券持有人必须将可转换债券转换为股票，无权要求偿还债权本金的条件规定

（四）可转换债券筹资的特点

1. 优点

（1）筹资灵活性；

（2）资本成本较低；

（3）筹资效率高。

2. 缺点

（1）存在不转换的财务压力；

（2）存在回售的财务压力。

二、例题点津

【例题 1 · 多选题】下列可转换债券筹款中，有利于保护债券发行者利益的有（　　）。

A. 回售条款　　　　B. 赎回条款

C. 转换比率条款　　D. 强制性转换条款

【答案】BD

【解析】有利于保护债券发行者利益的条款是赎回条款和强制性转换条款。

【例题 2 · 多选题】以下关于可转换债券的说法中，正确的有（　　）。

A. 转换价格越低，表明在既定的转换价格下能转换为普通股股票的数量越少

B. 设置赎回条款最主要的功能是强制债券持有者积极行使转股权

C. 设置赎回条款可以保护发行企业的利益

D. 设置回售条款可能会加大公司的财务风险

【答案】BCD

【解析】设置赎回条款最主要的功能是强制债券持有者积极行使转股权，因此又被称为加速条款。同时也能使发债公司避免在市场利率下降后，继续向债券持有人支付较高的债券利率所蒙受的损失，所以选项BC正确；若公司股价长期低迷，在设计有回售条款的情况下，投资者将债券回售给发行公司，加大了公司的财务支付压力，所以选项D正确；转换比率＝债券面值/转换价格，所以转换价格与转换比率呈反向变动关系，所以选项A不正确。

【例题3·判断题】可转换债券的持有人具有在未来按一定的价格购买普通股股票的权利，因为可转换债券具有买入期权的性质。（　　）

【答案】√

【解析】可转换债券的持有人具有在未来按一定的价格购买普通股股票的权利，因为可转换债券具有买入期权的性质。

【例题4·计算题】B公司是一家上市公司，2018年末公司总股份为10亿股，当年实现净利润为4亿元，公司计划投资一条新生产线，总投资额为8亿元，经过论证，该项目具有可行性。为了筹集新生产线的投资资金，财务部制订了两个筹资方案供董事会选择：

方案一：发行可转换公司债券8亿元，每张面值100元，规定的转换价格为每股10元，债券期限为5年，年利率为2.5%，可转换日为自该可转换公司债券发行结束之日（2019年1月25日）起满1年后的第一个交易日（2020年1月25日）。

方案二：发行一般公司债券8亿元，每张面值100元，债券期限为5年，年利率为5.5%。

要求：

（1）计算自该可转换公司债券发行结束之日起至可转换日止，方案一与方案二相比，B公司发行可转换公司债券节约的利息。

（2）预计在转换期公司市盈率将维持在20倍的水平（以2019年的每股收益计算）。如果B公司希望可转换公司债券进入转换期后能够实现转股，那么B公司2019年的净利润及其增长率至少应达到多少？

（3）如果转换期内公司股价在8～9元之间波动，说明B公司将面临何种风险？

【答案】

（1）发行可转换公司债券节约的利息＝80 000×（5.5%－2.5%）＝0.24（亿元）。

（2）要想实现转股，转换期的股价至少应该达到转换价格10元，由于市盈率＝每股市价/每股收益，所以，2019年的每股收益至少应该达到10/20＝0.5（元），净利润至少应该达到0.5×10＝5（亿元），增长率至少应该达到（5－4）/4×100%＝25%。

（3）如果公司的股价在8～9元之间波动，由于股价小于转换价格，此时，可转换债券的持有人将不会转换，所以公司存在不转换股票的风险，并且会造成公司集中兑付债券本金的财务压力，加大财务风险。

2 认股权证

一、考点解读

（一）含义

认股权证是一种由上市公司发行的证明文件，持有人有权在一定时间内以约定价格认购该公司发行的一定数量的股票。广义的权证，是一种持有人有权于某一特定期间或到期日，按约定的价格，认购或沽出一定数量的标的资产的期权。按买或卖的不同权利，可分为认购权证和认沽权证，又称为看涨权证和看跌权证。

（二）基本性质

表4－24

性质	内容
证券期权性	认股权证本质上是一种股票期权，具有实现融资和股票期权激励的双重功能，它没有普通股的红利收入，也没有普通股相应的投票权
是一种投资工具	投资者可以通过购买认股权证获得市场价与认购价之间的差价收益，因此它是一种具有内在价值的投资工具

（三）筹资特点

（1）是一种融资促进工具；

（2）有助于改善上市公司的治理结构；

（3）作为激励机制的认股权证有利于推进上市公司的股权激励机制。

二、例题点津

【例题1·多选题】 下列各项中，属于认股权证筹资特点的有（　　）。

A. 认股权证是一种融资促进工具

B. 认股权证是一种高风险融资工具

C. 有助于改善上市公司的治理结构

D. 有利于推进上市公司的股权激励机制

【答案】ACD

【解析】认股权证筹资的特点：（1）认股权证是一种融资促进工具；（2）有助于改善上市公司的治理结构；（3）有利于推进上市公司的股权激励机制。所以，选项ACD正确。

【例题2·判断题】 可转换债券是常用的员工激励工具，可以把管理者和员工的利益与企业价值成长紧密联系在一起。（　　）

【答案】×

【解析】认股权证是常用的员工激励工具，通过给予管理者和重要员工一定的认股权证，可以把管理者和员工的利益与企业价值成长紧密联系在一起，建立一个管理者与员工通过提升企业价值实现自身财富增值的利益驱动机制。

3 优先股

一、考点解读

（一）优先股的基本性质

表4-25

基本性质	内容
约定股息	由于优先股股息率是事先已作规定的，因此优先股股息一般不会根据公司经营情况而变化，优先股一般也不再参与公司普通股的利润分红。但优先股的固定股息率各年可以不同，优先股也可以采用浮动股息率分配利润
权利优先	在利润分配和剩余财产分配方面，具有比普通股股东优先的权利
权利范围小	优先股股东一般没有选举权和被选举权，对股份公司重大事项无表决权

（二）优先股的种类

表4-26

分类标准	分类
按股息率在股权存续期内是否作调整	固定股息率优先股和浮动股息率优先股
按在有可分配税后利润时是否必须向优先股股东分配利润	强制分红优先股和非强制分红优先股
根据公司因当年可分配利润不足而未向优先股股东足额派发股息，差额部分是否累积到下一会计年度	累积优先股和非累积优先股
根据优先股股东按照确定的股息率分配股息后，是否有权同普通股股东一起参加剩余税后利润分配	参与优先股和非参与优先股
根据优先股是否可以转换成普通股	可转换优先股和不可转换优先股
根据发行人或优先股股东是否享有要求公司回购优先股的权利	可回购优先股和不可回购优先股

（三）优先股的特点

（1）有利于丰富资本市场的投资结构；

（2）有利于股份公司股权资本结构的调整；

（3）有利于保障普通股收益和控制权；

（4）有利于降低公司财务风险；

（5）可能给股份公司带来一定的财务压力。

二、例题点津

【例题1·多选题】 下列关于优先股的表述中，正确的有（　　）。

A. 强制分红优先股就是当公司有可供分配

税后利润的时候必须向优先股股东分配利润

B. 非累积优先股就是优先股股东对公司以前年度所欠股息不能要求在以后年度补发

C. 参与优先股就是优先股股东按照确定股息率分配股息后，还有权和普通股股东一起参与剩余税后利润的分配

D. 可转换优先股就是按照优先股股东的意愿将其调换成债券的优先股

【答案】ABC

【解析】可转换优先股是指在规定时间内，优先股股东可以按照一定的转换比率将其调换成普通股的优先股。

【例题2·单选题】下列关于优先股筹资的表述中，不正确的是（　　）。

A. 优先股筹资有利于调整股权资本的内部结构

B. 优先股筹资兼有债务筹资和股权筹资的某些性质

C. 优先股筹资不利于保障普通股的控制权

D. 优先股筹资会给公司带来一定的财务压力

【答案】C

【解析】优先股的每股收益是固定的，只要净利润增加并且高于优先股股息，普通股的每股收益就会上升。另外，优先股股东无特殊情况没有表决权，因此不影响普通股股东对企业的控制权，所以优先股有利于保障普通股的控制权，所以选项C的表述不正确。

【例题3·多选题】一般而言，与发行普通股相比，发行优先股的特点有（　　）。

A. 可以降低公司的资本成本

B. 可以增加公司的财务杠杆效应

C. 可以保障普通股股东的控制权

D. 可以降低公司的财务风险

【答案】ABC

【解析】相对于普通股而言，优先股的股利收益是事先约定的，也是相对固定的。由于优先股的股息率事先已经作规定，因此优先股的股息一般不会根据公司经营情况而变化，并且在上市公司有可分配税后利润的情况下必须向优先股股东分配股息。因此财务风险比较高，选项D的说法不正确。

第五单元　筹资实务创新

1 筹资方式及筹资渠道

一、考点解读

表4-27

类型	含义	具体内容
商业票据融资	指通过商业票据进行融通资金	是一种商业信用工具，是由债务人向债权人开出的、承诺在一定时期内支付一定款项的支付保证书，即由无担保、可转让的短期期票组成
		特点：融资成本较低、灵活方便
中期票据融资	指具有法人资格的非金融类企业在银行间债券市场按计划分期发行的，约定在一定期限还本付息的债务融资工具	要求：（1）具有稳定的偿债资金来源；（2）拥有连续3年的经审计的会计报表，且最近一个会计年度盈利；（3）主体信用评级达到AAA；（4）待偿还债券余额不超过企业净资产的40%；（5）募集资金投向为应用于企业生产经营活动，并要求在发行文件中明确披露资金用途；（6）发行利率、发行价格和相关费用以市场化方式确定

续表

<table>
<tr><th>类型</th><th>含义</th><th colspan="3">具体内容</th></tr>
<tr><td rowspan="6">中期票据融资</td><td rowspan="6">指具有法人资格的非金融类企业在银行间债券市场按计划分期发行的，约定在一定期限还本付息的债务融资工具</td><td rowspan="6">特点</td><td>发行机制灵活</td><td>发行采用注册制，一次注册通过后两年内可分次发行。可选择固定利率或浮动利率，到期还本付息（可选择按年或季等）</td></tr>
<tr><td>用款方式灵活</td><td>可用于中长期流动资金、置换银行借款、项目建设等</td></tr>
<tr><td>融资额度大</td><td>发行额度最多可达企业净资产的40%</td></tr>
<tr><td>使用期限长</td><td>发行期限在1年以上，一般3~5年，最长可达10年</td></tr>
<tr><td>成本较低</td><td>较中长期贷款等融资方式往往低20%~30%</td></tr>
<tr><td>无须担保抵押</td><td>主要依靠企业自身信用</td></tr>
<tr><td>股权众筹融资</td><td>指通过互联网形式进行公开小额股权融资的活动</td><td colspan="3">（1）必须通过股权众筹融资中介机构平台进行。（2）融资方应为小微企业，应通过股权众筹融资中介机构向投资人如实披露企业的商业模式、经营管理、财务、资金使用等关键信息，不得误导或欺诈投资者。（3）股权众筹融资业务由证监会负责监管</td></tr>
<tr><td rowspan="2">企业应收账款证券化</td><td rowspan="2">指证券公司、基金管理公司子公司作为管理人，通过设立资产支持专项计划开展资产证券化业务，以企业应收账款债权为基础资产或基础资产现金流来源所发行的资产支持证券</td><td colspan="3">应收账款包括的权利：（1）销售、出租产生的债权；（2）提供医疗、教育、旅游等服务或劳务产生的债权；（3）能源、交通运输、水利、环境保护、市政工程等基础设施和公用事业项目收益权；（4）提供贷款或其他信用活动产生的债权；（5）其他以合同为基础的具有金钱给付内容的债权</td></tr>
<tr><td colspan="3">应收账款不包括的权利：因票据或其他有价证券而产生的付款请求权，以及法律、行政法规禁止转让的付款请求权</td></tr>
<tr><td rowspan="2">融资租赁债权资产证券化</td><td colspan="4">融资租赁债权资产支持证券是指证券公司、基金管理公司子公司作为管理人，通过设立资产支持专项计划开展资产证券化业务，以融资租赁债权为基础资产或基础资产现金流来源所发行的资产支持证券</td></tr>
<tr><td colspan="4">融资租赁债权是指融资租赁公司依据融资租赁合同对债务人（承租人）享有的租金债权、附属担保权益（如有）及其他权利（如有）</td></tr>
<tr><td>商圈融资</td><td>模式包括商圈担保融资、供应链融资、商铺经营权、租赁权质押、仓单质押、存货质押、动产质押、企业集合债券等</td><td colspan="3">（1）有助于增强中小商贸经营主体的融资能力，缓解融资困难，促进中小商贸企业健康发展；（2）有助于促进商圈发展，增强经营主体集聚力，提升产业关联度，整合产业价值链，推进商贸服务业结构调整和升级，从而带动税收、就业增长和区域经济发展，实现搞活流通、扩大消费的战略目标；（3）有助于银行业金融机构和融资性担保机构等培养长期稳定的优质客户群体，扩大授信规模，降低融资风险</td></tr>
<tr><td>供应链融资</td><td>是将供应链核心企业及其上下游配套企业作为一个整体，根据供应链中相关企业的交易关系和行业特点制定基于货权和现金流控制的“一揽子”金融解决方案的一种融资模式</td><td colspan="3">（1）解决了上下游企业融资难、担保难的问题；（2）通过打通上下游融资瓶颈，还可以降低供应链条融资成本，提高核心企业及配套企业的竞争力</td></tr>
</table>

续表

类型	含义	具体内容
绿色信贷	指银行业金融机构为支持环保产业、倡导绿色文明、发展绿色经济而提供的信贷融资	重点支持节能环保、清洁生产、清洁能源、生态环境、基础设施绿色升级和绿色服务六大类产业
能效信贷	是指银行业金融机构为支持用能单位提高能源利用效率，降低能源消耗而提供的信贷融资	重点服务领域包括：工业节能，建筑节能，交通运输节能，与节能项目、服务、技术和设备有关的其他重要领域。能效信贷包括用能单位能效项目信贷和节能服务公司合同能源管理信贷两种方式

二、例题点津

【例题1·多选题】下列关于我国企业筹资方式和筹资渠道的说法中正确的有（　　）。

A. 中期票据融资要求主体信用评级达到AA，待偿还债券余额不超过企业净资产的40%

B. 能效信贷包括用能单位能效项目信贷和节能服务公司合同能源管理信贷

C. 股权众筹融资方一般为各类中小型企业

D. 商业票据融资成本较低、灵活方便

【答案】BD

【解析】中期票据融资一般要求：（1）具有稳定的偿债资金来源；（2）拥有连续3年的经审计的会计报表，且最近一个会计年度盈利；（3）主体信用评级达到AAA；（4）待偿还债券余额不超过企业净资产的40%；（5）募集资金投向为应用于企业生产经营活动，并要求在发行文件中明确披露资金用途；（6）发行利率、发行价格和相关费用的市场化方式确定，选项A错误。股权众筹融资的融资方应为小微企业，应通过股权众筹融资中介机构向投资人如实披露企业的商业模式、经营管理、财务、资金使用等关键信息，不得误导或欺诈投资者，选项C错误。

【例题2·多选题】根据《应收账款质押登记办法》，应收账款包括的权利有（　　）。

A. 出租房屋产生的债权

B. 因股票而产生的付款请求权

C. 地铁建设项目收益权

D. 提供贷款活动产生的债权

【答案】ACD

【解析】根据《应收账款质押登记办法》，应收账款包括以下权利：（1）销售、出租产生的债权，包括销售货物，供应水、电、气、暖，知识产权的许可使用，出租动产或不动产等；（2）提供医疗、教育、旅游等服务或劳务产生的债权；（3）能源、交通运输、水利、环境保护、市政工程等基础设施和公用事业项目收益权；（4）提供贷款或其他信用活动产生的债权；（5）其他以合同为基础的具有金钱给付内容的债权，所以，选项ACD正确。不包括因票据或其他有价证券而产生的付款请求权，以及法律、行政法规禁止转让的付款请求权，选项B错误。

本章考点巩固练习题

一、单项选择题

1. 下列各项中，不属于企业利用商业信用进行筹资的形式是（　　）。

A. 应付票据　　B. 应付账款

C. 融资租赁　　D. 预收账款

2. 下列属于间接筹资方式的是（　　）。
A. 吸收法人投资　　B. 发行股票
C. 融资租赁　　D. 发行债券
3. 下列选项中，（　　）常用来筹措短期资金。
A. 吸收投资　　B. 融资租赁
C. 内部积累　　D. 商业信用
4. 甲船舶公司为开通国际远洋运输服务，需增加两艘大型船舶，为尽快形成运输能力，下列筹资方式中，该公司通常会优先考虑（　　）。
A. 普通股筹资　　B. 债券筹资
C. 优先股筹资　　D. 融资租赁筹资
5. 下列各项中，不能够作为吸收直接投资出资方式的是（　　）。
A. 特许经营权　　B. 土地使用权
C. 商标权　　D. 非专利技术
6. 下列各项中，属于外部股权筹资的是（　　）。
A. 利用商业信用　　B. 吸收直接投资
C. 利用留存收益　　D. 发行债券
7. 公司在创立时首先选择的筹资方式是（　　）。
A. 融资租赁　　B. 向银行借款
C. 吸收直接投资　　D. 发行企业债券
8. 如果企业筹资的目的是形成和更新企业的生产和经营能力，扩大企业的生产经营规模，或为对外投资筹集资金，通常不应采用的筹资方式是（　　）。
A. 发行股票　　B. 发行债券
C. 短期借款　　D. 融资租赁
9. 在（　　）合同中，除资产所有者的名义改变之外，其余情况均无变化。
A. 经营租赁　　B. 杠杆租赁
C. 售后租回　　D. 直接租赁
10. 下列既属于直接筹资，又属于长期债务筹资的是（　　）。
A. 发行债券　　B. 银行借款
C. 利用商业信用　　D. 吸收直接投资
11. 与银行借款相比，下列各项中不属于融资租赁筹资特点的是（　　）。
A. 资本成本低　　B. 融资风险小
C. 融资期限长　　D. 融资限制少
12. 下列关于不公开直接发行股票的表述中，不正确的是（　　）。
A. 只向少数特定的对象直接发行
B. 弹性较大
C. 股票变现性强
D. 发行成本低
13. 股份有限公司的设立过程中，股份有限公司的发起人应当承担的责任不包括（　　）。
A. 在公司设立过程中，所有发行费用应由发起人承担
B. 公司不能成立时，对设立行为所产生的债务和费用负连带责任
C. 公司不能成立时，对认股人已缴纳的股款，负返还股款并加算银行同期存款利息的连带责任
D. 在公司设立过程中，由于发起人的过失致使公司利益受到损害的，应当对公司承担赔偿责任
14. 吸收直接投资的出资方式中，风险较大的是（　　）。
A. 货币资产出资　　B. 实物资产出资
C. 土地使用权出资　　D. 工业产权出资
15. 股票发行中引入战略投资者，对于战略投资者的要求不包括（　　）。
A. 要与公司经营业务联系紧密
B. 要具有相当的技术实力和经营管理水平
C. 要出于长期投资目的而较长时期地持有股票
D. 要具有相当的资金实力，且持股数量较多
16. 下列关于各种融资方式的说法中错误的是（　　）。
A. 发展商圈融资有助于增强制造企业的融资能力
B. 商业票据融资具有融资成本较低
C. 中期票据融资成本较低
D. 供应链融资解决了上下游企业融资难、担保难的问题
17. 下列各项中，属于占用费用的是（　　）。
A. 公证费　　B. 律师费
C. 股利支出　　D. 股票发行费
18. 在公司设立后再融资时，上市公司定向增发和非上市公司定向增发相比较，上市公司定

向增发的优点不包括（　　）。

A. 有利于保持公司的控制权分布

B. 有利于引入战略投资者和机构投资者

C. 有利于利用上市公司的市场化估值溢价，将母公司资产通过资本市场放大，从而提升母公司的资产价值

D. 定向增发是一种主要的并购手段，特别是资产并购型定向增发，有利于集团企业整体上市，并同时减轻并购的现金流压力

19. 一般而言，企业资金成本最低的筹资方式是（　　）。

A. 发行债券　　B. 长期借款

C. 发行普通股　　D. 发行优先股

20. 关于股票终止上市的相关规定的表述中，不正确的是（　　）。

A. 未能在法定期限内披露其暂停上市后第一个年度报告的

B. 在法定期限内披露了恢复上市后的第一个年度报告，但仍然出现亏损的

C. 未能在发行期限内披露恢复上市后的第一个年度报告的

D. 恢复上市申请未被受理或申请未被批准的

21. 下列各项中，不属于普通股股东拥有的权利是（　　）。

A. 优先认股权　　B. 优先分配收益权

C. 股份转让权　　D. 剩余财产要求权

22. 下列关于留存收益筹资的表述中，错误的是（　　）。

A. 留存收益筹资可以维持公司的控制权结构

B. 留存收益筹资不会发生筹资费用，因此没有资本成本

C. 留存收益来源于提取的盈余公积金和留存于企业的利润

D. 留存收益筹资有企业的主动选择，也有法律的强制要求

23. 与股票筹资相比，下列各项中，属于留存收益筹资特点的是（　　）。

A. 资本成本较高

B. 筹资费用较高

C. 稀释原有股东控制权

D. 筹资数额有限

24. 可转换债券筹资的优点不包括（　　）。

A. 节约利息支出

B. 筹资具有灵活性

C. 减少对管理层的压力

D. 筹资效率高

25. 如果用认股权证购买普通股，则股票的购买价格一般（　　）。

A. 高于普通股市价　　B. 低于普通股市价

C. 等于普通股市价　　D. 等于普通股价值

26. 下列关于优先股股息说法不正确的是（　　）。

A. 优先股的股息一般不会根据公司经营情况而变化

B. 优先股的固定股息率各年可以不同

C. 优先股可以采用浮动股息率分配利润

D. 优先股的固定股息率各年必须保持一致

27. 下列各项中，能够作为吸收直接投资出资方式的是（　　）。

A. 特许经营权　　B. 商标权

C. 商誉　　D. 信用

二、多项选择题

1. 如果企业筹资的目的是形成和更新企业的生产和经营能力，扩大企业的生产经营规模，或为对外投资筹集资金，通常采用的筹资方式有（　　）。

A. 发行股票　　B. 发行债券

C. 短期借款　　D. 融资租赁

2. 下列关于资金筹集的表述中，正确的有（　　）。

A. 短期筹资的目的主要是用于企业的流动资产和资金的日常周转

B. 长期筹资的目的是形成和更新企业的生产和经营能力，扩大生产经营规模，或为对外投资筹集资金

C. 企业筹资时应首先使用内部筹资，然后再考虑外部筹资

D. 融资租赁属于长期筹资，保理业务属于短期筹资

3. 下列租赁形式中，可以作为长期融资手段的有（　　）。

A. 经营租赁　　B. 直接租赁

C. 杠杆租赁　　D. 售后回租

4. 下列关于永续债的说法中正确的有（　）。

A. 应把“是否能无条件避免交付现金或其他金融资产的合同义务”来作为判断永续债分类的关键

B. 是一种债权性的融资工具

C. 利率远远高于同期国债收益率

D. 永续债不包括附加条款

5. 与银行借款相比，下列各项中，属于发行债券筹资特点的有（　）。

A. 资本成本较高

B. 一次筹资数额较大

C. 扩大公司的社会影响

D. 募集资金使用限制较多

6. 银行借款筹资的特点包括（　）。

A. 筹资弹性较大　　B. 资本成本较低

C. 限制条款少　　D. 筹资速度快

7. 下列属于债务筹资优点的有（　）。

A. 筹资速度较快　　B. 可以利用财务杠杆

C. 财务风险较小　　D. 资本成本负担较重

8. 租赁的基本特征包括（　）。

A. 租赁标的应为专用设备

B. 所有权与使用权相分离

C. 租金的分期支付

D. 融资与融物相结合

9. 经营租赁与融资租赁相比较，其不同点有（　）。

A. 经营租赁先有租赁标的，后有租赁需求；而融资租赁是先有租赁需求，后有租赁标的

B. 经营租赁租期较短；而融资租赁的租期接近资产的有效使用年限

C. 经营租赁可以中途解除租约；而融资租赁非经双方同意不得中途解除租约

D. 经营租赁由出租人负责维修；而融资租赁一般由承租人负责维修

10. 决定租金的因素包括（　）。

A. 设备原价　　B. 利息

C. 租赁手续费　　D. 预计残值

11. 下列各项中，属于企业长期借款合同一般性保护条款的有（　）。

A. 限制职工加薪的数额

B. 限制企业租入固定资产的规模

C. 贷款专款专用

D. 保持最低流动比率数额

12. 对无形资产出资方式的限制，《公司法》规定，股东或者发起人不得以（　）作价出资。

A. 劳务　　B. 自然人姓名

C. 特许经营权　　D. 设定担保的财产

13. 普通股筹资与留存收益筹资所共同具有的特点有（　）。

A. 资本成本较高

B. 容易分散公司的控制权

C. 会降低公司的财务风险

D. 筹资费用较高

14. 股票上市的缺点有（　）。

A. 上市成本较高，手续复杂严格

B. 股价有时会歪曲公司实际情况，影响公司声誉

C. 公司将负担较高的信息披露成本

D. 可能会分散公司的控制权，造成管理上的困难

15. 下列属于中期票据特点的有（　）。

A. 发行机制灵活，采用备案制

B. 融资额度大，最多可达企业净资产的50%

C. 使用期限长，最长可达10年

D. 无须担保抵押

16. 吸收直接投资的优点包括（　）。

A. 资本成本较低

B. 能够尽快形成生产能力

C. 容易进行信息沟通

D. 手续相对比较简单，筹资费用较低

17. 股票被ST期间，股票交易应遵循的规则包括（　）。

A. 日涨跌幅限制为5%

B. 股票名称前加ST

C. 半年报须经审计

D. 公司董事长要购买人寿保险

18. 根据规定，下列各项中，不可以用作非货币资产作价出资的有（　）。

A. 商誉　　B. 劳务

C. 特许经营权　　　D. 土地使用权

19. 股份有限公司申请上市，应当满足的条件包括（　　）。

A. 股票经证监会核准已公开发行

B. 公司股本总额不少于人民币 3 000 万元

C. 公开发行的股份达公司股份总数的 25% 以上；公司股本总额超过人民币 4 亿元的，公开发行股份的比例为 10% 以上

D. 公司最近三年无重大违法行为，财务会计报告无虚假记载

20. 下列关于公开间接发行股票的表述中，正确的有（　　）。

A. 通过中介机构，公开向社会公众发行

B. 易足额筹集资本

C. 发行成本低

D. 提高发行公司的知名度和扩大影响力

21. 与债务筹资相比，股权筹资的缺点包括（　　）。

A. 资本成本负担较重

B. 容易分散公司的控制权

C. 信息沟通与披露成本较大

D. 财务风险大

22. 我国企业筹资方式和筹资渠道逐步呈现多元化趋势，下列属于其中之一的有（　　）。

A. 股权众筹融资

B. 商业票据融资

C. 能效信贷

D. 融资租赁债权资产证券化

23. 在发行股票过程中可以引入战略投资者，对战略投资者的要求有（　　）。

A. 要与公司经营业务联系紧密

B. 要有健全的法人治理机制

C. 要出于长期投资目的而较长时期地持有股票

D. 要具有相当的资金实力，且持股数量较多

24. 下列关于不公开直接发行股票的表述中，正确的有（　　）。

A. 指非公开，只向少数特定的对象直接发行

B. 股票发行成本较低

C. 股票发行范围小

D. 股票变现性差

25. 当注册会计师对公司最近一个会计年度的财产报告出具（　　）时，其股票交易将被交易所“特别处理”。

A. 注册会计师对最近一个会计年度的财产报告出具无保留意见的审计报告

B. 注册会计师对最近一个会计年度的财产报告出具保留意见的审计报告

C. 注册会计师对最近一个会计年度的财产报告出具无法表示意见的审计报告

D. 注册会计师对最近一个会计年度的财产报告出具否定意见的审计报告

26. 认股权证的筹资特点包括（　　）。

A. 存在股价大幅度上扬危险

B. 是一种融资促进工具

C. 有助于改善上市公司的治理结构

D. 有利于推进上市公司的股权激励机制

27. 可转换债券设置赎回条款，可以（　　）。

A. 强制债券持有者积极行使转股权

B. 降低投资者的持券风险

C. 使投资者有权按照事先约定的价格将债券卖回给发债公司

D. 使发行公司避免市场利率下降后，继续向债券持有人按照较高的票面利率支付利息所蒙受的损失

三、判断题

1. 相对于企业长期债券筹资，短期融资券的筹资成本较高。（　　）

2. 企业在初创期通常采用外部筹资，而在成长期通常采用内部筹资。（　　）

3. 筹资渠道解决的是资金来源问题，筹资方式解决的是通过何种方式取得资金的问题，它们之间不存在对应关系。（　　）

4. 与流动负债融资相比，长期负债融资的期限长、成本高，其偿债风险也相对较大。（　　）

5. 若某公司当年可分配利润不足以支付优先股的全部股息时，所欠股息在以后年度不予补发，则该优先股属于非累积优先股。（　　）

6. 对企业资产的流动性及偿债能力等方面提出要求，并且应用于大多数借款合同的保护性条款是例行性保护条款。（　　）

7. 根据风险与收益均衡的原则，信用贷款利率通常比抵押贷款利率低。 ( )
8. 融资租赁的资本成本与银行借款资本成本的计算相同，既可以采用一般模式计算也可以采用贴现模式计算。 ( )
9. 如果企业在发行债券的契约中规定了允许提前偿还的条款，则当预测年利息率下降时，一般应提前赎回债券。 ( )
10. 如果银行在借款合同中规定了企业“不准贴现应收票据或出售应收账款”，这就属于例行性保护条款。 ( )
11. 股权众筹融资业务由中国银保监会负责监管。 ( )
12. 到期分批偿还债券是在发行同一种债券的当时，就为不同编号或不同发行对象的债券规定了不同的到期日。 ( )
13. 按证监会规则解释，作为战略投资者应该是与发行人具有合作关系或有合作意向和潜力，与发行公司业务联系紧密且欲长期持有发行公司股票的法人或非法人机构。( )
14. 售后回租是指出租人既出租某项资产，又以该资产为担保借入资金的租赁方式。( )
15. 可转换债券持有人具有在未来按一定的价格购买股票的权利，因此可转换债券实质上是一种未来的买入期权。 ( )
16. 企业采用吸收直接投资方式筹集资金时，最重要的出资形式是现金出资。 ( )
17. 决定租金的因素包括设备原价及预计净残值，此处的设备原价及预计净残值包括设备买价、运输费、安装调试费、保险费、租赁公司为承租企业购置设备垫付资金所应支付的利息等，以及指设备租赁期满后，出售可得的市价。 ( )
18. 普通股的优先认股权主要是作为增发普通股时的一种促销手段。 ( )
19. 上市股票在法定期限内披露了恢复上市后的第一个年度报告，但仍然出现亏损的，将被终止上市。 ( )
20. 股权资本由于一般不用还本，形成了企业的永久性资本，因而财务风险小，但付出的资本成本相对较高。 ( )
21. 上市公司定向增发股票是一种主要的并购手段，特别是资产并购型定向增发，有利于集团企业整体上市，并同时减轻并购的现金流压力。 ( )
22. 绿色信贷重点支持节能环保、生态环境两大类产业。 ( )
23. 上市公司再融资包括上市公开发行股票和非公开发行股票，前者是指上市公司向社会公众发售股票，后者是指配股和定向募集增发。 ( )
24. 可转换债券的票面利率一般会低于普通债券的票面利率，但会高于同期银行存款利率。 ( )
25. 上市公开发行股票指股份有限公司已经上市后，通过证券交易所在证券市场上向原股东配售股票，是一种上市公司再融资手段。 ( )
26. 对附有回售条款的可转换公司债券持有人而言，当标的公司股票价格在一段时间内连续低于转股价格达到一定幅度时，把债券卖回给债券发行人，将有利于保护自身的利益。 ( )
27. 由于人们往往是高卖低买，所以认购权证也叫作看跌权证，认沽权证也叫作看涨权证。 ( )

四、计算分析题

1. 甲钢铁企业采用融资租赁方式于2019年1月1日从A租赁公司租入一台设备，设备价款为50 000元，租期为6年，双方商定的折现率为16%。

要求：回答以下互不相关的问题：

(1) 若采用等额后付租金的方式，期满设备归企业所有，每期应支付多少租金?

(2) 若采用等额后付租金的方式，期满设备有残值5 000元，归出租人所有，每期应支付多少租金?

(3) 若采用等额后付租金的方式，期满设备有残值5 000元，归承租人所有，每期应支付多少租金?

(4) 若采用等额先付租金的方式，期满设备归企业所有，每期应支付多少租金？

(5) 若采用等额先付租金的方式，期满设备有残值5 000元，归出租人所有，每期应支付多少租金？

2. 乙企业于2019年1月1日从租赁公司租入一套机床设备，价值60万元，租期6年，租赁期满时预计残值5万元，归租赁公司。年利率8%，租赁手续费率每年2%，租金每年初支付一次。

要求：计算每年租金并编制租金摊销计算表。

本章考点巩固练习题参考答案及解析

一、单项选择题

1.【答案】C

【解析】商业信用的形式包括应付账款、应付票据、预收货款和应计未付款。

2.【答案】C

【解析】融资租赁和银行借款属于间接筹资方式。

3.【答案】D

【解析】选项ABC均为长期资金的筹措方式。

4.【答案】D

【解析】在资金缺乏的情况下，融资租赁能迅速获得所需资产。大型企业的大型设备、工具等固定资产，也经常通过融资租赁方式解决巨额资金的需要，如商业航空公司的飞机，大多是通过融资租赁取得的。

5.【答案】A

【解析】吸收直接投资的出资方式包括：(1) 以货币资产出资。(2) 以实物资产出资。(3) 以土地使用权出资。(4) 以工业产权出资。其中工业产权通常是指专有技术、商标权、专利权、非专利技术等无形资产。此外，国家相关法律法规对无形资产出资方式另有限制，股东或者发起人不得以劳务、信用、自然人姓名、商誉、特许经营权或者设定担保的财产等作价出资。(5) 以特定债权出资。因此选项A不能够作为吸收直接投资的出资方式。

6.【答案】B

【解析】选项AD属于债务筹资，选项B吸收直接投资既是外部筹资又是股权筹资，所以是正确答案；选项C利用留存收益属于内部筹资。

7.【答案】C

【解析】一般来说，在企业初创阶段，产品市场占有率低，产销业务量小，经营杠杆系数大，此时企业筹资主要依靠权益资本，在较低程度上使用财务杠杆。所以本题正确答案为C。

8.【答案】C

【解析】长期筹资的目的是形成和更新企业的生产和经营能力，扩大企业的生产经营规模，或为对外投资筹集资金。通常采用吸收直接筹资、发行股票、发行债券、长期借款、融资租赁等方式取得。

9.【答案】C

【解析】售后回租是指承租方由于急需资金等各种原因，将自己的资产售给出租方，然后以租赁的形式从出租方原封不动地租回资产的使用权。在这种租赁合同中，除资产所有者的名义改变之外，其余情况均无变化。

10.【答案】A

【解析】发行债券既属于直接筹资，又属于长期债务筹资，所以选项A正确。

11.【答案】A

【解析】融资租赁的筹资特点：(1) 无须大量资金就能迅速获得资产；(2) 财务风险小，财务优势明显；(3) 融资租赁筹资的限制条件较少；(4) 租赁能延长资金融通的期限；(5) 资本成本高。所以本题正确答案为A。

12.【答案】C

【解析】不公开直接发行股票的缺点是股票发行范围小，股票变现性差。

13.【答案】A

【解析】股份有限公司的设立过程中，股份有限公司的发起人应当承担下列责任：(1) 公司不能成立时，对设立行为所产生的债务和费用负连带责任；(2) 公司不能成立时，对认股人已缴纳的股款，负返还股款并加算银行同期存款利息的连带责任；(3) 在公司设立过程中，由于发起人的过失致使公司利益受到损害的，应当对公司承担赔偿责任。

14.【答案】D

【解析】吸收直接投资的四种出资方式中，工业产权出资风险比较大。

15.【答案】B

【解析】股票发行中引入战略投资者，对于战略投资者的要求包括：(1) 要与公司经营业务联系紧密；(2) 要出于长期投资目的而较长时期持有股票；(3) 要具有相当的资金实力，且持股数量较多。所以选项 B 不正确。

16.【答案】A

【解析】发展商圈融资是缓解中小商贸企业融资困难的重大举措。有助于增强中小商贸经营主体的融资能力，缓解融资困难，促进中小商贸企业健康发展。选项 A 错误。

17.【答案】C

【解析】资本成本是企业筹集和使用资金所付出的代价，包括筹资费用和占用费用。在资金筹集过程中，要发生股票发行费、借款手续费、证券印刷费、公证费、律师费等费用，这些属于筹资费用。在企业生产经营和对外投资活动中，要发生利息支出、股利支出、融资租赁的资金利息等费用，这些属于占用费用。所以选项 C 正确。

18.【答案】A

【解析】定向增发会改变公司的控制权分布，所以选项 A 不正确。

19.【答案】B

【解析】一般而言，企业资金成本从高到低排序依次为发行普通股，发行优先股，发行债券，长期借款。

20.【答案】A

【解析】股票终止上市的情形包括：(1) 未能在法定期限内披露其暂停上市后第一个半年度报告的；(2) 在法定期限内披露了恢复上市后的第一个年度报告，但仍然出现亏损的；(3) 未能在发行期限内披露恢复上市后的第一个年度报告的；(4) 恢复上市申请未被受理或申请未被批准的。

21.【答案】B

【解析】优先股的优先权利主要表现在股利分配优先权和分配剩余财产优先权上，因此，优先分配收益权属于优先股的权利。

22.【答案】B

【解析】留存收益筹资不会发生筹资费用，但是留存收益的资本成本率，表现为股东追加投资要求的报酬率，所以是有资本成本的，选项 B 错误。

23.【答案】D

【解析】留存收益的筹资特点包括：(1) 不发生筹资费用；(2) 维持公司的控制权分布；(3) 筹资数额有限。

24.【答案】C

【解析】发行可转换债券增强了对管理层的压力，因为如果股价低迷，投资者不会转换，企业必须要还本付息。

25.【答案】B

【解析】用认股权证购买普通股票，其价格一般低于市价，因此股份公司发行认股权证可增加其所发行股票对投资者的吸引力。

26.【答案】D

【解析】由于优先股的股息率事先已作规定，因此优先股的股息一般不会根据公司经营情况而变化，而且优先股一般也不再参与公司普通股的利润分红。但优先股的固定股息率各年可以不同，另外，优先股也可以采用浮动股息率分配利润。公司章程中规定优先股采用固定股息率的，可以在优先股存续期内采取相同的固定股息率，或明确每年的固定股息率，各年度的股息率可以不同；公司章程中规定优先股采用浮动股息率的，应当明确优先股存续期内票面股息率的计算方法。

27.【答案】B

【解析】吸收直接投资的出资方式包括：(1) 以货币资产出资。(2) 以实物资产出资。(3) 以土地使用权出资。(4) 以工业产权出资。其中工业产权通常是指专有技术、商标权、专利权、非专利技术等无形资产。此外，国家相关法律法规对无形资产出资方式另有限制，股东或者发起人不得以劳务、信用、自然人姓名、商誉、特许经营权或者设定担保的财产等作价出资。(5) 以特定债权出资。因此选项 B 正确。

二、多项选择题

1.【答案】ABD

【解析】长期筹资的目的是形成和更新企业的生产和经营能力，扩大企业的生产经营规模，或为对外投资筹集资金。通常采用吸收直接筹资、发行股票、发行债券、长期借款、融资租赁等方式取得。

2.【答案】ABCD

【解析】长期筹资的目的是形成和更新企业的生产和经营能力，扩大企业的生产经营规模，或为对外投资筹集资金，通常采用吸收直接筹资、发行股票、发行债券、长期借款、融资租赁等方式取得；短期筹资的目的主要是用于企业的流动资产和资金的日常周转，经常利用商业信用、短期借款、保理业务等方式筹集。

3.【答案】BCD

【解析】租赁可分为融资租赁和经营租赁。融资租赁主要满足企业对资产的长期需要，其形式分为售后租回、直接租赁和杠杆租赁。经营租赁主要是为了取得资产的短期使用权。

4.【答案】AC

【解析】永续债与普通债券的主要区别：(1) 不设定债券的到期日。(2) 票面利率较高。据统计，永续债的利率主要分布在 5% ~ 9%，远远高于同期国债收益率。(3) 大多数永续债的附加条款中包括赎回条款以及利率调整条款。

永续债实质是一种介于债权和股权之间的融资工具。永续债是分类为权益工具还是金融负债，应把“是否能无条件避免交付现金或其他金融资产的合同义务”来作为判断永续债分类的关键，结合永续债募集说明书条款，按照经济实质重于法律形式原则判断。因此，选项 AC 正确。

5.【答案】ABC

【解析】发行公司债券筹资的特点包括：(1) 一次筹资数额大；(2) 募集资金的使用限制条件少；(3) 资本成本负担较高；(4) 提高公司的社会声誉。选项 D 说明资金使用的限制较多，所以是不正确的。

6.【答案】ABD

【解析】银行借款筹资的特点包括筹资速度快；资本成本较低；筹资弹性较大；限制条款多；筹资数额有限。所以选项 C 不正确。

7.【答案】AB

【解析】债务筹资的优点是：(1) 筹资速度较快；(2) 筹资弹性大；(3) 资本成本负担较轻；(4) 可以利用财务杠杆；(5) 稳定公司的控制权。缺点是：(1) 不能形成企业稳定的资本基础；(2) 财务风险较大；(3) 筹资数额有限。

8.【答案】BCD

【解析】租赁的基本特征包括：(1) 所有权与使用权相分离；(2) 融资与融物相结合；(3) 租金的分期支付。

9.【答案】ABCD

【解析】经营租赁的特点是：(1) 出租的设备由租赁公司根据市场需要选定，然后再寻找承租企业；(2) 租赁期较短，短于资产的有效使用期限，承租企业可以中途解除租约；(3) 租赁设备的维修、保养由租赁公司负责；(4) 租赁期满出租资产由租赁公司收回；(5) 比较适用于技术过时较快的生产设备。而融资租赁的特点是：(1) 出租的设备由承租企业提出要求购买，或者由承租企业直接从制造商或销售商处选定；(2) 租赁期较长、接近资产的有效使用期限，在租赁期内双方无权取消合同；(3) 由承租人负责设备的维修、保养；(4) 租赁期满，按事先约定的方法处理设备，包括退还、续租或留购。一般采用留购的方法，即以很少的名义价格（相当于设备残值）买下设备。

10.【答案】ABCD

【解析】决定租金的因素包括：(1) 设备原价及预计残值。包括设备买价、运输费、安装调试费、保险费等，以及设备租赁期满后，出售可得的市价。(2) 利息。指租赁公司为承租企业购置设备垫付资金所应支付的利息。(3) 租赁手续费。指租赁公司承办租赁设备所发生的业务费用和必要的利润。

11.【答案】ABD

【解析】一般性保护条款是对企业资产的流动性及偿债能力等方面的要求条款，这类条款应用于大多数借款合同。主要包括：(1) 保持企业的资产流动性；(2) 限制企业非经营性支出；(3) 限制企业资本支出的规模；(4) 限制公司再举债规模；限制公司的长期投资。选项A属于“限制企业非经营性支出”要求，选项B属于“限制公司再举债规模”要求，选项D属于“保持企业的资产流动性”要求。

特殊性保护条款是针对某些特殊情况而出现在部分借款合同中的条款，只有在特殊情况下才能生效。主要包括：(1) 要求公司的主要领导人购买人身保险；(2) 借款的用途不得改变；(3) 违约惩罚条款等。选项C属于特殊性保护条款的内容。

12.【答案】ABCD

【解析】对无形资产出资方式的限制，《公司法》规定，股东或者发起人不得以劳务、信用、自然人姓名、商誉、特许经营权或者设定担保的财产等作价出资。

13.【答案】AC

【解析】留存收益筹资属于权益筹资，其资本成本与普通股成本基本相同，所以选项A正确；留存收益筹资并没有新股东增加，不会分散公司的控制权，所以选项B不正确；留存收益筹资属于权益筹资，会降低公司的负债水平，所以选项C正确；留存收益筹资没有筹资费用，所以选项D不正确。

14.【答案】ABCD

【解析】股票上市的缺点包括：(1) 上市成本较高，手续复杂严格；(2) 公司将负担较高的信息披露成本；(3) 暴露公司商业秘密；(4) 股价有时会歪曲公司实际情况，影响公司声誉；(5) 可能会分散公司的控制权，造成管理上的困难。

15.【答案】CD

【解析】中期票据发行机制灵活。中期票据发行采用注册制，一次注册通过后两年内可分次发行。选项A错误。融资额度大。企业申请发行中期票据，按规定发行额度最多可达企业净资产的40%。选项B错误。使用期限长。中期票据的发行期限在1年以上，一般3~5年，最长可达10年。选项C正确。无须担保抵押。发行中期票据，主要依靠企业自身信用，无须担保和抵押。选项D正确。

16.【答案】BCD

【解析】吸收直接投资的优点包括能够尽快形成生产能力，容易进行信息沟通，手续相对比较简单，筹资费用较低；吸收直接投资的资本成本较高。所以选项A不正确。

17.【答案】ABC

【解析】股票被ST期间，股票交易应遵循的规则包括：(1) 日涨跌幅限制为5%；(2) 股票名称前加ST；(3) 半年报须经审计。

18.【答案】ABC

【解析】投资者可以用货币资产、实物资产、土地使用权、工业产权、特定债权出资，不包括劳务、信用、自然人姓名、商誉、特许经营权或者设定担保的财产。

19.【答案】ABCD

【解析】股份有限公司申请上市，应当满足下列条件：(1) 股票经证监会核准已公开发行；(2) 公司股本总额不少于人民币3 000万元；(3) 公开发行的股份达公司股份总数的25%以上；公司股本总额超过人民币4亿元的，公开发行股份的比例为10%以上；

（4）公司最近三年无重大违法行为，财务会计报告无虚假记载。

20.【答案】ABD

【解析】公开间接发行股票的发行成本要高于不公开直接发行股票，所以选项 C 不正确。

21.【答案】ABC

【解析】股权筹资的优点是：（1）是企业稳定的资本基础；（2）是企业良好的信誉基础；（3）财务风险小。股权筹资的缺点是：（1）资本成本负担较重；（2）容易分散公司的控制权；（3）信息沟通与披露成本较大。

22.【答案】ABCD

【解析】随着经济的发展和金融政策的完善，我国企业筹资方式和筹资渠道逐步呈现多元化趋势。教材中列举的有：商业票据融资、中期票据融资、股权众筹融资、企业应收账款证券化、融资租赁债权资产证券化、商圈融资、供应链融资、绿色信贷、能效信贷。

23.【答案】ACD

【解析】对战略投资者的要求有：（1）要与公司经营业务联系紧密；（2）要出于长期投资目的而较长时期持有股票；（3）要具有相当的资金实力，且持股数量较多。

24.【答案】ABCD

【解析】股票不公开直接发行是指非公开，只向少数特定的对象直接发行。其优点是：弹性较大；发行成本低。其缺点是：发行范围小；股票变现性差。

25.【答案】CD

【解析】注册会计师对最近一个会计年度的财产报告出具无法表示意见或否定意见的审计报告时，其股票交易将被交易所“特别处理”。

26.【答案】BCD

【解析】认股权证的筹资特点包括：（1）是一种融资促进工具；（2）有助于改善上市公司的治理结构；（3）作为激励机制的认股权证有利于推进上市公司的股权激励机制。存在股价大幅度上扬危险是可转换债券筹资的特点，所以选项 A 不正确。

27.【答案】AD

【解析】选项 BC 是可转换债券设置回售条款的优点。

三、判断题

1.【答案】×

【解析】短期融资券在较短期间内就可以收回本息，投资风险小，所以融资成本低。

2.【答案】×

【解析】处于成长期的企业，内部筹资往往难以满足需要。这就需要企业广泛地开展外部筹资，如发行股票、债券，取得商业信用、银行借款等。

3.【答案】×

【解析】筹资渠道解决的是资金来源问题，筹资方式解决的是通过何种方式取得资金的问题，它们之间存在一定的对应关系。

4.【答案】×

【解析】与流动负债融资相比，长期负债融资的期限长，其还本付息的压力也较小，所以其偿债风险也相对较小。

5.【答案】√

【解析】非累积优先股是指公司不足以支付优先股的全部股息时，对所欠股息部分，优先股股东不能要求公司在以后年度补发。

6.【答案】×

【解析】一般性保护条款是对企业资产的流动性及偿债能力等方面的要求条款，这类条款应用于大多数借款合同。

7.【答案】×

【解析】信用贷款是指以借款人的信誉或保证人的信用为依据而获得的贷款。企业取得这种贷款无须以财产作抵押，对于这种贷款，由于风险较高，银行通常要收取较高的利息，往往还附加一定的限制条件。抵押贷款有利于降低银行贷款的风险，提高贷款的安全性。从风险与收益均衡的原则，应该是信用贷款利率比抵押贷款利率高，所以本题的说法不正确。

8.【答案】×

【解析】融资租赁的资本成本的计算只能采用

贴现模式计算。

9.【答案】√

【解析】当预测年利息率下降时，一般应提前赎回债券，需要资金时再按照较低的利率进行筹措。所以题目中的说法是正确的。

10.【答案】√

【解析】例行性保护条款作为例行常规，在大多数借款合同中都会出现。主要包括：(1) 要求定期向提供贷款的金融机构提交财务报表；(2) 不准在正常情况下出售较多的非产成品存货，以保持企业正常生产经营能力；(3) 如期清偿应缴纳税金和其他到期债务，以防被罚款而造成不必要的现金流失；(4) 不准以资产作其他承诺的担保或抵押；(5) 不准贴现应收票据或出售应收账款，以避免或有负债等。

11.【答案】×

【解析】股权众筹融资业务由证监会负责监管。

12.【答案】√

【解析】如果一个公司在发行同一种债券的当时，就为不同编号或不同发行对象的债券规定了不同的到期日，这种债券就是到期分批偿还债券。

13.【答案】×

【解析】按证监会规则解释，战略投资者是指与发行人具有合作关系或有合作意向和潜力，与发行公司业务联系紧密且欲长期持有发行公司股票的法人。

14.【答案】×

【解析】指承租方由于急需资金等各种原因，将自己的资产售给出租方，然后以租赁的形式从出租方原封不动地租回资产的使用权。

15.【答案】√

【解析】可转换债券属于混合筹资，可转换债券既具有债券的属性，又含有未来转换或不转换的买入期权。

16.【答案】√

【解析】吸收直接投资的出资方式有现金出资、实物出资、工业产权出资和土地使用权出资。其中，最主要的出资方式是现金出资。

17.【答案】×

【解析】决定租金的因素包括设备原价及预计净残值，此处的设备原价及预计净残值包括设备买价、运输费、安装调试费、保险费等，以及设备租赁期满后，出售可得的市价。

18.【答案】×

【解析】普通股的优先认股权主要是为了维持原有股东的持股比例，保障其对公司的控制权。

19.【答案】√

【解析】上市股票终止上市的情形包括：(1) 未能在法定期限内披露其暂停上市后第一个半年度报告的；(2) 在法定期限内披露了恢复上市后的第一个年度报告，但仍然出现亏损的；(3) 未能在发行期限内披露恢复上市后的第一个年度报告的；(4) 恢复上市申请未被受理或申请未被批准的。

20.【答案】√

【解析】股权筹资主要包括吸收直接投资、发行股票、利用留存收益。股权资本由于一般不用还本，形成了企业的永久性资本，因而财务风险小，但付出的资本成本相对较高。

21.【答案】√

【解析】上市公司定向增发股票的优点是：(1) 有利于引入战略投资者和机构投资者；(2) 有利于利用上市公司的市场化估值溢价，将母公司资产通过资本市场放大，从而提升母公司的资产价值；(3) 定向增发是一种主要的并购手段，特别是资产并购型定向增发，有利于集团企业整体上市，并同时减轻并购的现金流压力。

22.【答案】×

【解析】绿色信贷重点支持节能环保、清洁生产、清洁能源、生态环境、基础设施绿色升级和绿色服务六大类产业。

23.【答案】×

【解析】上市公开发行股票包括上市公司向社会公众发售股票（增发），向原股东配售股票（配股）两种方式；非公开发行股票指上市公司采用非公开方式向特定对象发行股票的行为，又叫定向募集增发。

24.【答案】×

【解析】可转换债券的票面利率一般会低于普通债券的票面利率，有时甚至还低于同期银行存款利率。

25.【答案】×

【解析】上市公开发行股票指股份有限公司已经上市后，通过证券交易所在证券市场上对社会公开发行股票。上市公司公开发行股票，包括上市公司向社会公众发售股票（增发）和向原股东配售股票（配股）两种方式。增发和配股，都是上市公司再融资手段。

26.【答案】√

【解析】回售条款是指债券持有人有权按照事前约定的价格将债券卖回给发债公司的条件规定。回售一般发生在公司股票价格在一段时间内连续低于转股价格达到某一幅度时。回售对于投资者而言实际上是一种卖权，有利于降低投资者的持券风险。所以本题说法正确。

27.【答案】×

【解析】广义的认股权证，是一种持有人有权于某一特定期间或到期日，按约定的价格，认购或沽出一定数量的标的资产的期权。按买或卖的不同权利，可分为认购权证和认沽权证，又称为看涨权证和看跌权证。

四、计算分析题

1.【答案】

(1) 50 000 = A×(P/A，16%，6)

A = 50 000/3.6847 = 13 569.68（元）

(2) 50 000 − 5 000×(P/F，16%，6) = A×(P/A，16%，6)

A = (50 000 − 2 052)/3.6847 = 13 012.73（元）

(3) 因为设备的残值归承租人所有，那么残值的多少与出租人无关，需要通过租金予以补偿的仍然是 50 000 元，所以每年支付的租金与第一问相同，仍然是 13 569.68 元。

(4) 50 000 = A×(P/A，16%，6)×(1+16%)

A = 50 000/4.2743 = 11 697.82（元）

(5) 50 000 − 5 000×(P/F，16%，6) = A×(P/A，16%，6)×(1+16%)

A = (50 000 − 2 052)/4.2743 = 11 217.87（元）

2.【答案】

600 000 − 50 000×(P/F，10%，6) = 每年租金×(P/A，10%，6)×(1+10%)

每年租金 = [600 000 − 50 000×(P/F，10%，6)]/(P/A，10%，6)×(1+10%) = 119 348（元）

编制租金摊销计划表如表 4−28 所示。

表 4−28 租金摊销计划表 单位：元

年份（年初）	期初本金①	支付租金②	应计租费③ = ①×10%	本金偿还额④ = ②−③	本金余额⑤ = ①−④
2018	600 000	119 348	0	119 348	480 652
2019	480 652	119 348	48 065	71 283	409 369
2020	409 369	119 348	40 937	78 411	330 958
2021	330 958	119 348	33 096	86 252	244 706
2022	244 706	119 348	24 471	94 877	149 829
2023	149 829	119 348	14 983	104 365	45 464
合计		716 088	161 552	554 536	

45 464 元为 2022 年初所欠金额，其年末终值 = 45 464×(1+10%) = 50 010.4（元），10.4 为计算误差。

第五章　筹资管理（下）

考情分析

从历年试题分布来看，本章既可以出客观题，也可以出主观题。历年考题分数在 13 分左右。考生在复习过程中要注意掌握资金需要量预测量的方法；掌握资本成本的计算；掌握财务杠杆、经营杠杆和总杠杆；了解资本结构管理；掌握资本结构理论。

教材变化

2020 年教材本章更新了部分例题，内容较上年无实质变化。

考点提示

本章考点主要有资金需要量预测的因素分析法、销售百分比法、资金习性预测法、个别资本成本和加权平均资本成本、杠杆效应和资本结构等内容。

本章考点框架

- 筹资管理（下）
  - 资金需要量预测
    - 因素分析法
    - 销售百分比法
    - 资金习性预测法
  - 资本成本
    - 资本成本概述
    - 个别资本成本
    - 平均资本成本、边际资本成本
  - 杠杆效应
    - 经营杠杆效应
    - 财务杠杆效应
    - 总杠杆效应
  - 资本结构
    - 资本结构概述
    - 影响资本结构的因素
    - 资本结构优化

考点解读及例题点津

第一单元　资金需要量预测

1 因素分析法

一、考点解读

（一）含义

因素分析法是以有关项目基期年度的平均资金需要量为基础，根据预测年度的生产经营任务和资金周转加速的要求，来预测资金需要量的一种方法。

（二）优缺点

优点是计算简便，容易掌握；缺点是预测结果不太精确。

（三）适用

通常用于品种繁多、规格复杂、资金用量较小的项目。

（四）计算公式

资金需要量 =（基期资金平均占用额 − 不合理资金占用额）×（1 + 预测期销售增长率）×（1 − 预测期资金周转速度增长率）

二、例题点津

【例题1·单选题】甲企业2019年度资金平均占用额为3 500万元，经分析，其中不合理部分为500万元。预计2020年度销售增长5%，资金周转加速2%，根据因素分析法预测2020年度资金需要量为（　　）万元。

A. 3 000　　B. 3 087

C. 3 150　　D. 3 213

【答案】B

【解析】资金需要量 =（基期资金平均占用额 − 不合理资金占用额）×（1 + 预测期销售增长率）×（1 − 预测期资金周转速度增长率）=（3 500 − 500）×（1 + 5%）×（1 − 2%）= 3 087（万元）。

【例题2·单选题】下列关于因素分析法的表述中，不正确的是（　　）。

A. 因素分析法要以有关项目基期年度的年末资金需要量为基础计算

B. 预测结果不太精确

C. 通常用于品种繁多、规格复杂、资金用量较小的项目

D. 计算简便，容易掌握

【答案】A

【解析】因素分析法是以有关项目基期年度的平均资金需要量为基础，根据预测年度的生产经营任务和资金周转加速的要求，进行分析调整，来预测资金需要量的一种方法。

2 销售百分比法

一、考点解读

（一）含义

销售百分比法是根据销售增长与资产增长之间的关系，预测未来资金需要量的方法。

（二）前提条件

某些资产和负债与销售收入之间存在稳定的百分比关系。

（三）基本步骤

（1）确定随销售额变动而变动的资产和负债项目；

（2）确定有关项目与销售额的稳定比例关系；

（3）确定需要增加的筹资数量；

（4）确定内部留存收益；

（5）确定外部融资需求。

（四）计算公式

$$外部融资需求量 = \frac{A}{S_1} \times \Delta S - \frac{B}{S_1} \times \Delta S - P \times E \times S_2$$

（五）优点

能为筹资管理提供短期预计的财务报表，以适应外部筹资的需要，且易于使用。

（六）缺点

有关因素发生变动的情况下，必须相应地调整原有的销售百分比。

提示 经营性资产与经营性负债的差额通常与销售额保持稳定的比例关系。经营性资产项目包括库存现金、应收账款、存货等项目；经营性负债项目包括应付票据、应付账款等项目，不包括短期借款、短期融资券、长期负债等筹资性负债。

二、例题点津

【例题1·多选题】根据资金需要量预测的销售百分比法，下列负债项目中，通常会随销售额变动而成正比例变动的有（　　）。

A. 应付票据　　B. 长期负债

C. 短期借款　　D. 应付账款

【答案】AD

【解析】经营性资产与经营性负债的差额通常与销售额保持稳定的比例关系。经营性负债项目包括应付票据、应付账款等项目，不包括短期借款、短期融资券、长期负债等筹资性负债，根据销售百分比法，经营性负债是随销售收入变动而变动的科目。

【例题2·计算题】某公司2019年的实际销售收入为1 500万元，利润总额为45万元，所得税税率为25%，留存收益为13.5万元。

2019年该企业资产负债表及其变动项目与销售额的比率见表5－1。

表5－1

资产	金额（万元）	销售百分比（%）	负债和权益	金额（万元）	销售百分比（%）
现金	15	1	应付票据	50	
应收账款	240	16.0	应付账款	255	17
存货	255	17	应付费用	19.5	1.3
预付费用	1		长期负债	5.5	
固定资产净值	27	1.8	负债合计	330	18.3
			实收资本	25	

续表

资产	金额（万元）	销售百分比（%）	负债和权益	金额（万元）	销售百分比（%）
			留存收益	183	
资产总额	538	35.8	负债和权益合计	538	

要求：

（1）若2020年预计销售收入为1 800万元，销售净利率和留存收益比率与上年保持一致，则2020年需要从外部追加多少资金？

（2）若2020年所需从外部追加的资金全部采用增加长期负债的方式来解决，要求编制2020年的预计资产负债表。

【答案】

（1）经营资产的销售百分比＝35.8%

经营负债的销售百分比＝18.3%

2020年销售收入增加额＝1 800－1 500＝300（万元）

2019年净利润＝45×（1－25%）＝33.75（万元）

2019年销售净利率＝33.75/1 500＝2.25%

2019年留存收益比率＝13.5/33.75＝40%

2020年外部融资需求量＝300×35.8%－300×18.3%－1 800×2.25%×40%＝36.3（万元）

（2）2020年预计资产负债表如表5－2所示。

表5－2 单位：万元

资产	金额	负债和权益	金额
现金	1 800×1%＝18	应付票据	50
应收账款	1 800×16%＝288	应付账款	1 800×17%＝306
存货	1 800×17%＝306	应付费用	1 800×1.3%＝23.4
预付费用	1	长期负债	5.5＋36.3＝41.8
固定资产净值	1 800×1.8%＝32.4	负债合计	421.2

续表

资产	金额	负债和权益	金额
		实收资本	25
		留存收益	183＋1 800×2.25%×40%＝199.2
资产总额	645.4	负债和权益合计	645.4

3 资金习性预测法

一、考点解读

（一）含义

资金习性预测法是指根据资金习性预测未来资金需要量的一种方法。所谓资金习性，是指资金的变动同产销量变动之间的依存关系。

（二）资金的分类

1. 不变资金

不变资金指在一定的产销量范围内，不受产销量变动的影响而保持固定不变的那部分资金。

2. 变动资金

变动资金指随产销量的变动而同比例变动的那部分资金。

3. 半变动资金

半变动资金指虽然受产销量变化的影响，但不成同比例变动的资金。半变动资金可采用一定的方法划分为不变资金和变动资金两部分。

表5－3

分类	含义	内容
不变资金	在一定的产销量范围内，不受产销量变动的影响而保持固定不变的那部分资金	为维持营业而占用的最低数额的现金，原材料的保险储备，必要的成品储备，厂房、机器设备等固定资产占用的资金

续表

分类	含义	内容
变动资金	随产销量的变动而同比例变动的那部分资金	直接构成产品实体的原材料、外购件等占用的资金，在最低储备以外的现金、存货、应收账款等也具有变动资金的性质
半变动资金	虽然受产销量变化的影响，但不成同比例变动的资金	辅助材料上占用的资金

（三）总资金直线方程

设产销量为自变量 X，资金占用为因变量 Y，它们之间关系可用下式表示：

$Y = a + bX$

式中：a 为不变资金；b 为单位产销量所需变动资金。

（四）估计参数 a 和 b 的方法

1. 回归直线分析法

可联立下面二元一次方程组求出 a 和 b：

$$\begin{cases} \sum y = na + b\sum x \\ \sum xy = a\sum x + b\sum x^2 \end{cases}$$

解上述二元一次方程组，可得：

$$a = \frac{\sum X^2 \cdot \sum Y - \sum X \cdot \sum XY}{n\sum X^2 - (\sum X)^2}$$

$$b = \frac{n\sum XY - \sum X \cdot \sum Y}{n\sum X^2 - (\sum X)^2}$$

运用线性回归法必须注意以下问题：

（1）资金需要量与营业业务量之间线性关系的假定应符合实际情况；

（2）确定 a、b 数值，应利用连续若干年的历史资料，一般要有三年以上的资料；

（3）应考虑价格等因素的变动情况。

2. 高低点法

b =（最高收入期资金占用量 − 最低收入期资金占用量）/（最高销售收入 − 最低销售收入）

a = 最高收入期资金占用量 − b × 最高销售收入

或 = 最低收入期资金占用量 − b × 最低销售收入

（五）资金习性预测法的具体方法

1. 根据资金占用总额与产销量的关系预测

根据历史上企业资金占用总额与产销量之间的关系，把资金分为不变和变动两部分，然后结合预计的销售量来预测资金需要量。

2. 采用逐项分析法预测

这种方法是根据各资金占用项目（如现金、存货、应收账款、固定资产）同产销量之间的关系，把各项目的资金都分成变动和不变两部分，然后汇总在一起，求出企业变动资金总额和不变资金总额，进而来预测资金需求量。

二、例题点津

【例题 1 · 多选题】 以下属于变动资金的有（　　）。

A. 原材料的保险储备

B. 辅助材料上占用的资金

C. 外购件占用的资金

D. 直接构成产品实体的原材料

【答案】CD

【解析】直接构成产品实体的原材料、外购件等占用的资金属于变动资金，在最低储备以外的现金、存货、应收账款等也具有变动资金的性质。选项 A 属于不变资金，选项 D 属于半变动资金。

【例题 2 · 单选题】 将资金划分为变动资金与不变资金两部分，并据以预测企业未来资金需要量的方法称为（　　）。

A. 销售百分比法　　B. 资金习性预测法

C. 成本习性预测法　D. 定性预测法

【答案】B

【解析】资金习性预测法是将资金划分为变动资金与不变资金两部分，并据以预测企业未来资金需要量的方法。

【例题 3 · 单选题】 某公司 2016 ~ 2019 年度销售收入和资金占用的历史数据（单位：万元）分别为（800，18）、（760，19）、（1 000，22）、（1 100，21），运用高低点法分离资金占用中的不变资金与变动资金时，应采用的两组数据是（　　）。

A. （760，19）和（1 000，22）

B. （760，19）和（1 100，21）

C. （800，18）和（1 000，22）

D. （800，18）和（1 100，21）

【答案】B

【解析】采用高低点法来计算现金占用项目中不变资金和变动资金的数额，应该采用销售收入的最大值和最小值作为最高点和最低点，故应该选择（760，19）和（1 100，21），选项B正确。

第二单元　资本成本

1 资本成本概述

一、考点解读

（一）资本成本的含义

资本成本是指企业为筹集和使用资本而付出的代价，包括筹资费用和占用费用。

表 5-4

项目	筹资费用	占用费用
概念	企业在资本筹措过程中为获取资本而付出的代价	企业在资本使用过程中因占用资本而付出的代价
特点	通常在资本筹集时一次性发生，在资本使用过程中不再发生，视为筹资数额的一项扣除	因占用他人资金而必须支付的，是资本成本的主要内容
包括的内容	向银行支付的借款手续费，因发行股票、公司债券而支付的发行费等	向银行等债权人支付的利息，向股东支付的股利等

提示 第四章也有关于资本成本含义的描述，为避免重复，相关内容一并在此叙述。

（二）资本成本的作用

（1）是比较筹资方式、选择筹资方案的依据；

（2）是衡量资本结构是否合理的依据；

（3）是评价投资项目可行性的主要标准；

（4）是评价企业整体业绩的重要依据。

（三）资本成本的影响因素

表 5-5

影响因素	影响方向
总体经济环境	如果国民经济保持健康、稳定、持续增长，整个社会经济的资金供给和需求相对均衡且通货膨胀水平低，资本成本相应较低；反之，则资本成本高
资本市场条件	如果资本市场缺乏效率，证券的市场流动性低，投资者投资风险大，资本成本就比较高
企业经营和融资状况	如果企业经营风险高，财务风险大，则企业总体风险水平高，投资者要求的预期报酬率大，企业筹资的资本成本相应就大
企业对筹资规模和时限的需求	企业一次性需要筹集的资金规模大、占用资金时限长，资本成本就高

二、例题点津

【例题1·单选题】下列各项中，通常不会导致企业资本成本增加的是（　　）。

A. 通货膨胀加剧

B. 投资风险上升

C. 经济持续过热

D. 证券市场流动性增强

【答案】D

【解析】如果国民经济不景气或者经济过热，通货膨胀持续居高不下，投资者投资风险大，预期报酬率高，筹资的资本成本就高。选项ABC均会导致企业资本成本增加，所以本题选D。

【例题2·判断题】如果资本市场缺乏效率，

证券的市场流动性低，资本成本也较低。（　　）

【答案】×

【解析】如果资本市场缺乏效率，证券的市场流动性低，投资者投资风险大，资本成本就比较高。

2 个别资本成本

一、考点解读

（一）资本成本计算的基本模式

表 5－6

基本模式	适用条件	计算公式
一般模式	资本成本的计算通常用该模式，不考虑时间价值	资本成本率 $=\frac{\text{年资金占用费}}{\text{筹资总额}-\text{筹资费用}}=\frac{\text{年资金占用费}}{\text{筹资总额}\times(1-\text{筹资费用率})}$
折现模式	对于金额大、时间超过一年的长期资本，更为准确的资本成本计算方式是采用折现模式	由：筹资净额现值－未来资本清偿额现金流量现值＝0 得：资本成本率＝所采用的折现率

（二）银行借款资本成本率

$$K_b=\frac{\text{年利率}\times(1-\text{所得税税率})}{1-\text{手续费率}}=\frac{i(1-T)}{1-f}$$

（三）公司债券资本成本率

$$K_b=\frac{\text{面值总额}\times\text{票面年利率}\times(1-\text{所得税税率})}{\text{债券筹资总额}\times(1-\text{筹资费率})}=\frac{\text{年利息}\times(1-\text{所得税税率})}{\text{债券筹资总额}\times(1-\text{筹资费率})}=\frac{I(1-T)}{L(1-f)}$$

提示 （1）债券面值总额和筹资总额不一定能消掉；

（2）可以将债券面值和债券发行价直接代入债券面值总额和筹资总额。

（四）优先股的资本成本率

$$K_s=\frac{\text{优先股年固定股息}}{\text{优先股发行价格}\times(1-\text{筹资费用率})}=\frac{D}{P_n(1-f)}$$

（五）普通股资本成本率

1. 股利增长模型法

假定资本市场有效，股票市场价格与价值相等。假定某股票本期支付的股利为 D_0，未来各期股利按 g 速度增长。目前股票市场价格为 P_0，则普通股资本成本率为：

$$K_s=\frac{D_0(1+g)}{P_0(1-f)}+g=\frac{D_1}{P_0(1-f)}+g$$

2. 资本资产定价模型法

假定资本市场有效，股票市场价格与价值相等。假定无风险报酬率为 R_f，市场平均报酬率为 R_m，某股票贝塔系数 β，则普通股资本成本率为：

$$K_s=R_s=R_f+\beta(R_m-R_f)$$

（六）留存收益资本成本率

留存收益的资本成本率，表现为股东追加投资要求的报酬率，其计算与普通股资本成本相同，也分为股利增长模型法和资本资产定价模型法，不同点在于它不考虑筹资费用。

二、例题点津

【例题1·单选题】 某公司普通股目前的股价为20元/股，筹资费率为2%，刚刚支付的每股股利为1元，股利固定增长率为4%，该公司适用的所得税税率为25%，则该普通股的资本成本率为（　　）。

A. 8.33%　　B. 8.68%

C. 9.31%　　D. 11.96%

【答案】C

【解析】$K_s=\frac{D_0(1+g)}{P_0(1-f)}+g=\frac{D_1}{P_0(1-f)}+g=\frac{1\times(1+4\%)}{20\times(1-2\%)}+4\%=9.31\%$

【例题2·单选题】 某公司向银行借款8 000万元，年利率为8%，筹资费率为0.5%，该公司适用的所得税税率为25%，则该笔借款的资本成本是（　　）。

A. 6.00%　　B. 6.03%

C. 8.00%　　D. 8.04%

【答案】B

【解析】$K_b = \frac{\text{年利率} \times (1 - \text{所得税税率})}{1 - \text{手续费率}}$

$= \frac{8\% \times (1 - 25\%)}{1 - 0.5\%} = 6.03\%$

【例题3·判断题】因为公司债务必须付息，而普通股不一定支付股利，所以普通股资本成本小于债务资本成本。（　　）

【答案】×

【解析】从企业成本开支的角度来看，由于支付债务的利息还可以抵税，所以普通股股票资本成本会高于债务的资本成本。

3 平均资本成本、边际资本成本

一、考点解读

（一）平均资本成本的含义和公式

1. 含义

平均资本成本指分别以各种资本成本为基础，以各种资本占全部资本的比重为权重计算出来的综合资本成本。

2. 公式

平均资本成本 $= \sum$（某种资本占总资本的比重 × 该种资本的成本）

（二）平均资本成本权数的选取

表5-7

权数种类	优点	缺点
账面价值权数	资料容易取得，且计算结果比较稳定	不能反映目前从资本市场上筹集资本的现时机会成本，不适合评价现时的资本结构
市场价值权数	能够反映现时的资本成本水平	现行市价处于经常变动之中，不容易取得；而且现行市价反映的只是现时的资本结构，不适用未来的筹资决策
目标价值权数	能体现期望的资本结构，据此计算的加权平均资本成本更适用于企业筹措新资金	很难客观合理地确定目标价值

（三）边际资本成本

边际资本成本是企业追加筹资的成本。计算边际资本成本的权数采用目标价值权数。

二、例题点津

【例题1·单选题】边际资本成本采用加权平均法计算，其权数为（　　）。

A. 账面价值权数

B. 公允价值权数

C. 目标价值权数

D. 市场价值权数

【答案】C

【解析】边际资本成本采用加权平均法计算，筹资方案组合时，边际资本成本的权数采用目标价值权数。

【例题2·计算题】甲公司2019年末长期资本为5 000万元，其中长期银行借款为1 000万元，年利率为6%；所有者权益（包括普通股股本和留存收益）为4 000万元。公司计划在2020年追加筹集资金5 000万元，其中按面值发行债券2 000万元，票面年利率为6.86%，期限5年，每年付息一次，到期一次还本，筹资费用率为2%；发行优先股筹资3 000万元，固定股息率为7.76%，筹集费用率为3%。公司普通股β系数为2，一年期国债利率为4%，市场平均报酬率为9%。公司适用的所得税税率为25%。假设不考虑筹资费用对资本结构的影响，发行债券和优先股不影响借款利率和普通股股价。

要求：

（1）计算甲公司长期银行借款的资本成本；

（2）假设不考虑货币时间价值，计算甲公司发行债券的资本成本；

（3）计算甲公司发行优先股的资本成本；

（4）利用资本资产定价模型计算甲公司留存收益的资本成本；

（5）计算甲公司2020年完成筹资计算后的平均资本成本。

【答案】

（1）长期银行借款资本成本 = 6% ×（1 −

25%)=4.5%

(2) 债券的资本成本 =2 000×6.86%×(1-25%)/[2 000×(1-2%)]=5.25%

(3) 优先股资本成本 =3 000×7.76%/[3 000×(1-3%)]=8%

(4) 留存收益资本成本 =4% +2×(9% -4%)=14%

(5) 平均资本成本 =1 000/10 000×4.5% +2 000/10 000×5.25% +3 000/10 000×8% +4 000/10 000×14% =9.5%

第三单元 杠杆效应

1 经营杠杆效应

一、考点解读

(一) 经营杠杆含义

由于固定成本的存在而导致的息税前利润变化率大于产销业务量变化率的杠杆效应，叫作经营杠杆。

(二) 经营杠杆系数

经营杠杆系数 (DOL)，是息税前利润变动率相当于产销业务量变动率的倍数。

(三) 与经营杠杆相关的概念

$M = S - V = PQ - V_c Q = (P - V_c)Q = mQ$

$EBIT = S - V - F = (P - V_c)Q - F = M - F$

式中：EBIT 为息税前利润；S 为销售额；V 为变动性经营成本；F 为固定性经营成本；Q 为产销业务量；P 为销售单价；V_c 为单位变动成本；m 为单位边际贡献；M 为边际贡献。

(四) 经营杠杆系数计算公式

$$DOL = \frac{\Delta EBIT/EBIT_0}{\Delta Q/Q_0}$$

上式整理，经营杠杆系数的计算也可以简化为：

$$DOL = \frac{(P - V_c)Q_0}{(P - V_c)Q_0 - F_0} = \frac{M_0}{EBIT_0} = \frac{M_0}{M_0 - F_0} = \frac{EBIT_0 + F_0}{EBIT_0} = 1 + \frac{F_0}{EBIT_0}$$

(五) 经营杠杆与经营风险

表 5-8

经营杠杆存在前提	(1) 只要企业存在固定性经营成本，就存在经营杠杆效应。 (2) 如果不存在固定经营成本时，所有成本都是变动性经营成本，边际贡献等于息税前利润，此时息税前利润变动率与产销业务量的变动率完全一致。也就是说，此时没有经营杠杆效应，但并不说明不存在经营风险
经营杠杆与经营风险的关系	(1) 经营杠杆系数越高，表明资产报酬等利润指标波动程度越大，经营风险也就越大。 (2) 经营杠杆本身并不是资产报酬不确定的根源。经营杠杆只是放大了市场和生产等因素变化对利润波动的影响
引起企业经营风险的主要原因	市场需求和生产成本等因素的不确定性
影响经营杠杆的因素	(1) 影响经营杠杆的因素包括：企业成本结构中的固定成本比重；息税前利润水平。其中息税前利润水平又受产品销售数量、销售价格、成本水平（单位变动成本和固定成本总额）高低的影响。 (2) 固定成本比重越高、成本水平越高、产品销售数量和销售价格水平越低，经营杠杆效应越大，反之则相反。 (3) 在其他因素不变的情况下，若单价上升、产销业务量上升，经营杠杆系数变小，经营风险变小；若单位变动成本上升、固定成本上升，经营杠杆系数变大，经营风险变大
经营杠杆系数大小	在企业不发生经营性亏损、息税前利润为正的前提下，经营杠杆系数最低为1，不会为负数；只要有固定性经营成本存在，经营杠杆系数总是大于1

二、例题点津

【例题1·多选题】 在其他条件不变时，会使经营杠杆系数变大的有（　　）。

A. 提高产品售价

B. 提高单位产品变动成本

C. 降低产品销量

D. 降低固定成本

【答案】BC

【解析】经营杠杆系数 =（销售收入 - 变动成本）/（销售收入 - 变动成本 - 固定成本）；从公式可知，选项AD会使经营杠杆系数变小，选项BC会使经营杠杆系数变大。

【例题2·多选题】 下列关于经营杠杆的表述中，正确的有（　　）。

A. 如果不存在固定成本，就没有经营杠杆效应，经营杠杆系数一定是1

B. 经营杠杆系数是产生经营风险的主要原因

C. 经营杠杆系数反映的是息税前利润变化率相当于产销业务量变化率的倍数

D. 在其他条件不变的情况下，经营杠杆系数越大，净利润变化幅度越大

【答案】AC

【解析】经营杠杆系数反映息税前利润变化率相当于产销业务量变化率的倍数，与净利润变化率无关，选项D错误。经营杠杆本身并不是资产报酬不确定的根源。经营杠杆只是放大了市场和生产等因素变化对利润波动的影响。引起企业经营风险的主要原因是市场需求和生产成本等因素的不确定性，因此选项B错误。

2 财务杠杆效应

一、考点解读

（一）财务杠杆含义

财务杠杆指由于固定性资本成本的存在，而使普通股收益（或每股收益）变动率大于息税前利润变动率的杠杆效应。

（二）财务杠杆系数

财务杠杆系数（DFL），是普通股每股收益变动率相当于息税前利润变动率的倍数。

（三）与财务杠杆相关的概念

$$TE = (EBIT - I)(1 - T) - D$$

$$EPS = [(EBIT - I)(1 - T) - D]/N$$

式中：TE为普通股盈余；EPS为每股盈余；I为债务资本利息；T为所得税税率；N为普通股股数。

（四）财务杠杆系数计算公式

$$DFL = \frac{\Delta EPS/EPS_0}{\Delta EBIT/EBIT_0}$$

在不存在优先股息的情况下，上式经整理，财务杠杆系数的计算也可以简化为：

$$DFL = \frac{EBIT_0}{EBIT_0 - I_0}$$

在存在优先股息的情况下，上式经整理，财务杠杆系数的计算也可以简化为：

$$DFL = \frac{EBIT_0}{EBIT_0 - I_0 - \frac{D_P}{1 - T}}$$

（五）财务杠杆与财务风险的关系

表5-9

财务杠杆的存在前提	只要企业融资方式中存在固定性资本成本，就存在财务杠杆效应
财务杠杆与财务风险的关系	财务杠杆系数越高，表明普通股收益的波动程度越大，财务风险也就越大
引起企业财务风险的主要原因	资产报酬的不利变化和资本成本的固定负担。由于财务杠杆的作用，当企业的息税前利润下降时，企业仍然需要支付固定的资本成本，导致普通股剩余收益以更快的速度下降
影响财务杠杆的因素	（1）企业资本结构中的债务资金比重；普通股盈余水平；所得税税率水平。其中，普通股收益水平又受息税前利润、固定性资本成本高低的影响。 （2）债务成本比重越高、固定的资本成本支付额越高、息税前利润水平越低，财务杠杆效应越大，反之则相反

续表

若企业没有固定性资本成本的存在	DFL 为 1，此时企业只面临经营风险，不面临财务风险
在全部资金的收益率超过负债资金的利息率时	加大负债的比重，会使 DFL 变大，财务风险变大，但期望的 EPS 也变大
在全部资金的收益率低于负债资金的利息率时	加大负债的比重，会使 DFL 变大，财务风险变大，但期望的 EPS 变小
在其他条件不变的情况下	如果提高负债的利息率，会使 DFL 变大，财务风险变大，但期望的 EPS 变小

二、例题点津

【例题 1 · 多选题】 下列各项中，影响财务杠杆系数的因素有（　　）。

A. 商业信用

B. 利息费用

C. 产品边际贡献总额

D. 固定经营成本

【答案】BCD

【解析】由 $DFL=\frac{EBIT_0}{EBIT_0-I_0}$ 可以看出，边际贡献总额、固定经营成本、利息费用均影响财务杠杆系数。商业信用属于无息负债，不影响财务杠杆系数。

【例题 2 · 单选题】 某公司资金总额为 1 000 万元，负债比率为 40%，负债利息率为 10%。2019 年公司实现息税前利润为 150 万元，所得税税率为 25%，则该公司的财务杠杆系数为（　　）。

A. 3.26　　B. 2.56

C. 1.36　　D. 0.56

【答案】C

【解析】负债利息 = 1 000 × 40% × 10% = 40（万元）；财务杠杆系数 = 150/(150 − 40) = 1.36。

3 总杠杆效应

一、考点解读

（一）总杠杆的含义

总杠杆指由于固定经营成本和固定资本成本的存在，导致普通股每股收益变动率大于产销业务量的变动率的现象。

（二）总杠杆系数

总杠杆系数是指普通股每股收益变动率相当于产销业务量变动率的倍数。

（三）总杠杆系数计算公式

$$DTL=\frac{\Delta EPS/EPS}{\Delta Q/Q}=DOL\times DFL$$

$$=\frac{M_0}{M_0-F_0-I_0-\frac{D_P}{1-T}}$$

（四）总杠杆与公司风险

1. 总杠杆效应的意义

（1）能够说明产销业务量变动对普通股收益的影响，据以预测未来的每股收益水平；

（2）揭示了财务管理的风险管理策略，即要保持一定的风险状况水平，需要维持一定的总杠杆系数，经营杠杆和财务杠杆可以有不同的组合。

2. 不同类型企业的杠杆系数特点

表 5 − 10

企业类型	杠杆系数特点
固定资产比重较大的资本密集型企业	经营杠杆系数高，经营风险大，企业筹资主要依靠权益资本，以保持较小的总杠杆系数和财务风险
变动成本比重较大的劳动密集型企业	经营杠杆系数低，经营风险小，企业筹资主要依靠债务资本，保持较大的总杠杆系数和财务风险

3. 企业处在不同发展阶段时的杠杆系数

表 5－11

发展阶段	杠杆系数特点	筹资特点
初创阶段	产品市场占有率低，产销业务量小，经营杠杆系数大	企业筹资主要依靠权益资本，在较低程度上使用财务杠杆
扩张成熟期	产品市场占有率高，产销业务量大，经营杠杆系数小	企业资本结构中可扩大债务资本，在较高程度上使用财务杠杆

二、例题点津

【例题 1 · 多选题】 某公司经营杠杆系数为 1.5，财务杠杆系数为 2，则下列说法正确的有（ ）。

A. 如果产销量变动 1%，则息税前利润将变动 1.5%

B. 如果息税前利润变动 1%，则每股收益将变动 2%

C. 如果产销量变动 1%，每股收益将变动 3%

D. 如果产销量变动 1%，每股收益将变动 2%

【答案】ABC

【解析】总杠杆系数 = 经营杠杆系数 × 财务杠杆系数 = 1.5 × 2 = 3，根据三个杠杆系数的定义公式可知，选项 ABC 正确。

【例题 2 · 多选题】 如果企业资本结构发生变化，下列表述正确的有（ ）。

A. 经营杠杆系数可能会随之变化

B. 财务杠杆系数可能会随之变化

C. 总杠杆系数可能会随之变化

D. 三个杠杆系数都会变化

【答案】BC

【解析】企业资本结构发生变化不会影响经营风险，所以经营杠杆系数不会发生变化。

【例题 3 · 判断题】 某企业资产总额 50 万元，负债的年平均利率为 8%，权益乘数为 2，全年固定成本为 8 万元，年税后净利润为 7.5 万元，所得税税率为 25%，则该企业的总杠杆系数为 2。（ ）

【答案】√

【解析】权益乘数 = 资产/所有者权益 = 2，所有者权益 = 资产/2 = 50/2 = 25（万元）；

负债 = 资产 − 所有者权益 = 50 − 25 = 25（万元）；

利息 = 负债 × 利息率 = 25 × 8% = 2（万元）；

税前利润 = 净利润/（1 − 所得税税率）= 7.5/（1 − 25%）= 10（万元）；

边际贡献 = 税前利润 + 利息费用 + 固定成本 = 10 + 2 + 8 = 20（万元）；

总杠杆系数 = 边际贡献/税前利润 = 20/10 = 2。

【例题 4 · 计算题】 甲公司是一家上市公司，该公司 2019 年末资产总计为 10 000 万元，其中负债合计为 2 000 万元。该公司适用的所得税税率为 25%。相关资料如下：

资料一：预计甲公司净利润持续增长，股利也随之相应增长。相关资料如表 5－12 所示。

表 5－12　甲公司相关资料

2019 年末股票每股市价	8.75 元
2019 年股票的 β 系数	1.25
2019 年无风险收益率	4%
2019 年市场组合的收益率	10%
预计股利年增长率	6.5%
预计 2020 年每股现金股利（D_1）	0.5 元

资料二：甲公司认为 2019 年的资本结构不合理，准备发行债券募集资金用于投资，并利用自有资金回购相应价值的股票，优化资本结构，降低资本成本。假设发行债券不考虑筹资费用，且债券的市场价值等于其面值，股票回购后该公司总资产账面价值不变，经测算，不同资本结构下的债务利率和运用资本资产定价模型确定的权益资本成本如表 5－13 所示。

表 5－13　　不同资本结构下的债务利率与权益资本成本

方案	负债（万元）	债务利率	税后债务资本成本	按资本资产定价模型确定的权益资本成本	以账面价值为权重确定的平均资本成本
原资本结构	2 000	（A）	4.5%	×	（C）
新资本结构	4 000	7%	（B）	13%	（D）

注：表中“×”表示省略的数据。

要求：

（1）根据资料一，利用资本资产定价模型计算甲公司股东要求的必要收益率；

（2）根据资料一，利用股票估价模型，计算甲公司2019年末股票的内在价值；

（3）根据上述计算结果，判断投资者2019年末是否应该以当时的市场价格买入甲公司股票，并说明理由；

（4）确定表5－13中英文字母代表的数值；

（5）根据（4）的计算结果，判断这两种资本结构中哪种资本结构较优，并说明理由；

（6）预计2020年甲公司的息税前利率为1 400万元，假设2020年该公司选择债务为4 000万元的资本结构，2021年的经营杠杆系数（DOL）为2，计算该公司2021年的财务杠杆系数（DFL）和总杠杆系数（DTL）。

【答案】

（1）必要收益率＝4%＋1.25×（10%－4%）＝11.5%

（2）股票内在价值＝0.5/（11.5%－6.5%）＝10（元）

（3）由于内在价值10元高于市价8.75元，所以投资者应该购入该股票。

（4）A＝4.5%/（1－25%）＝6%

B＝7%×（1－25%）＝5.25%

C＝4.5%×（2 000/10 000）＋11.5%×（8 000/10 000）＝10.1%

D＝5.25%×（4 000/10 000）＋13%×（6 000/10 000）＝9.9%

（5）新资本结构更优，因为新资本结构下的加权平均资本成本更低。

（6）2020年的税前利润＝1 400－4 000×7%＝1 120（万元）

2021年财务杠杆系数（DFL）＝2020年息税前利润/2020年税前利润＝1 400/1 120＝1.25

2021年总杠杆系数（DTL）＝经营杠杆系数×财务杠杆系数＝2×1.25＝2.5

第四单元　资本结构

1 资本结构概述

一、考点解读

（一）资本结构的含义

广义的资本结构是指全部债务与股东权益的构成比例；狭义的资本结构则是指长期负债与股东权益的构成比例。本书所指的资本结构，是指狭义的资本结构。

资本结构问题实际上也就是债务资本的比例问题。评价企业资本结构最佳状态的标准应该是既能够提高股权收益或降低资本成本，又能控制财务风险，最终目的是提升企业价值。

从理论上讲，最佳资本结构是存在的，但在实践中，目标资本结构通常是企业结合自身实际进行适度负债经营所确立的资本结构，是根据满意化原则确定的资本结构。

（二）资本结构理论

表 5－14

资本结构理论		内容
MM 理论	不考虑企业所得税	有无负债不改变企业的价值，企业价值不受资本结构的影响。而且，有负债企业的股权成本随着负债程度的增大而增大
	考虑所得税（修正的 MM 理论）	企业可利用财务杠杆增加企业价值，因负债利息避税利益，企业价值会随着资产负债率的增加而增加
权衡理论		有负债企业的价值等于无负债企业的价值加上税赋节约现值，再减去财务困境成本的现值
代理理论		债权筹资有很强的激励作用，并将债务视为一种担保机制。均衡的企业所有权结构是由股权代理成本和债权代理成本之间的平衡关系来决定的
优序融资理论		优序融资理论以非对称信息条件以及交易成本的存在为前提，认为企业外部融资要多支付各种成本，使得投资者从企业资本结构的选择来判断企业市场价值。当需要进行外部融资时，债务筹资优于股权筹资。从成熟的证券市场来看，企业的筹资优序模式首先是内部筹资，其次是借款、发行债券、可转换债券，最后是发行新股筹资

二、例题点津

【例题 1 · 单选题】下列关于资本结构理论的说法中不正确的是（　　）。

A. MM 理论认为，有负债企业的股权成本随着负债程度的增大而减小

B. 修正的 MM 理论认为企业可利用财务杠杆增加企业价值，因负债利息避税利益，企业价值会随着资产负债率的增加而增加

C. 权衡理论认为，有负债企业的价值等于无负债企业价值加上税赋节约现值，再减去财务困境成本的现值

D. 代理理论认为，债权筹资有很强的激励作用，并将债务视为一种担保机制

【答案】A

【解析】MM 理论认为，不考虑企业所得税，有无负债不改变企业的价值。因此企业价值不受资本结构的影响。而且，有负债企业的股权成本会随着负债程度的增大而增大。

【例题 2 · 单选题】根据优序融资理论，下列符合筹资优序模式的是（　　）。

A. 借款、发行债券、可转换债券、发行新股筹资

B. 发行新股筹资、发行债券、可转换债券、借款

C. 发行债券、借款、可转换债券、发行新股筹资

D. 发行新股筹资、借款、发行债券、可转换债券

【答案】A

【解析】根据优序融资理论，从成熟的证券市场来看，企业的筹资优序模式首先是内部筹资，其次是借款、发行债券、可转换债券，最后是发行新股筹资。

【例题 3 · 判断题】在最佳资本结构下，企业的每股收益也是最高的。（　　）

【答案】×

【解析】如果每股收益提高，但公司风险增加得更快，则企业价值不但不会提高，反而还会下降。

2 影响资本结构的因素

一、考点解读

表 5－15

企业经营状况的稳定性和成长率	（1）如果产销业务稳定，企业可较多地负担固定的财务费用，反之则相反
	（2）如果产销业务量能够以较高的水平增长，企业可以采用高负债的资本结构，以提升权益资本的报酬，反之则相反

续表

企业财务状况和信用等级	企业财务状况良好，企业容易获得债务资本，反之则相反
企业资产结构	（1）拥有大量固定资产的企业主要通过发行股票融通资金
	（2）拥有较多流动资产的企业更多地依赖流动负债融通资金
	（3）资产适用于抵押贷款的企业负债较多
	（4）以技术研发为主的企业则负债较少
企业投资人和管理当局的态度	（1）如果所有者害怕风险，可采用股权筹资；如果害怕分散控制权，可采用债务筹资
	（2）经营者对未来乐观，敢于冒险，则会多负债，反之则相反
行业特征和企业发展周期	（1）行业特征 产品市场稳定的成熟行业经营风险低，可多负债；高新技术企业经营风险高，可尽量少负债
	（2）企业发展周期 企业初创阶段经营风险高，可少用负债；企业发展成熟阶段经营风险低，可增加债务比重；企业收缩阶段，产品市场占有率下降，经营风险逐步加大，应降低债务资本比重，保证经营现金流量能够偿付到期债务
经济环境的税务政策和货币政策	（1）税务政策 当所得税税率较高时，债务资本的抵税作用大，企业应充分利用这种作用以提高企业价值
	（2）货币政策 当国家执行了紧缩的货币政策时，市场利率较高，企业债务资本成本增大

二、例题点津

【例题1·单选题】出于优化资本结构和控制风险的考虑，比较而言，下列企业中最不适宜采用高负债资本结构的是（　　）。

A. 电力企业　　B. 高新技术企业

C. 汽车制造企业　　D. 餐饮服务企业

【答案】B

【解析】不同行业资本结构差异很大。高新技术企业产品、技术、市场尚不成熟，经营风险高，因此可降低债务资本比重，控制财务杠杆风险。所以本题选择B。

【例题2·判断题】如果销售具有较强的周期性，则企业在筹集资金时不宜过多采用负债筹资。（　　）

【答案】√

【解析】销售具有较强的周期性，企业的经营风险就比较大，应该在较低的程度上运用财务杠杆，以控制企业的总风险。

3 资本结构优化

一、考点解读

资本结构优化，要求企业权衡负债的低资本成本和高财务风险的关系，确定合理的资本结构。

（一）每股收益分析法

表5－16

方法原理	是利用每股收益的无差别点进行的。所谓每股收益无差别点，是指每股收益不受融资方式影响的息税前利润水平或业务量水平。根据每股收益无差别点，可以分析判断在什么样的息税前利润水平下适于采用何种资本结构
每股收益无差别点计算公式	$\frac{(\overline{EBIT}-I_1)(1-T)-DP_1}{N_1}=\frac{(\overline{EBIT}-I_2)(1-T)-DP_2}{N_2}$
缺点	只考虑了资本结构对每股收益的影响，并假定每股收益越大股票价格也越高，把资本结构对风险的影响置之于视野之外，是不全面的

（二）平均资本成本比较法

平均资本成本比较法，是通过计算和比较各种可能的筹资组合方案的平均资本成本，选择平均资本成本率最低的方案。能够降低平均资本成本的资本结构，则是合理的资本结构。这种方法侧重于从资本投入的角度对筹资方案和资本结构进行优化分析。

（三）公司价值分析法

该种方法是在考虑市场风险基础上，以公司市场价值为标准，进行资本结构优化。即能够提升公司价值的资本结构，则是合理的资本结构。这种方法主要用于对现有资本结构进行调整，适用于资本规模较大的上市公司资本结构优化分析。同时，在公司价值最大的资本结构下，公司的平均资本成本率也是最低的。

设：V 表示公司价值，B 表示债务资本价值，S 表示权益资本价值。公司价值应该等于资本的市场价值，即：

$$V = S + B \quad ①$$

为简化分析，假设公司各期的 EBIT 保持不变，债务资本的市场价值等于其面值，权益资本的市场价值可通过下式计算：

$$S = \frac{(EBIT - I) \cdot (1 - T)}{K_s} \quad ②$$

且：$K_s = R_s = R_f + \beta(R_m - R_f)$　③

此时：$K_W = K_b \times \frac{B}{V} + K_S \times \frac{S}{V}$　④

二、例题点津

【例题 1 · 单选题】下列方法中，能够用于资本结构优化分析并考虑了市场风险的是（　　）。

A. 杠杆分析法　　B. 公司价值分析法

C. 每股收益分析法　D. 利润敏感性分析法

【答案】B

【解析】公司价值分析法，是在考虑市场风险的基础上，以公司市场价值为标准，进行资本结构优化。

【例题 2 · 计算题】乙公司是一家上市公司，适用的企业所得税税率为 25%，2018 年息税前利润为 900 万元，预计未来年度保持不变。为简化计算，假定净利润全部分配，债务资本的市场价值等于其账面价值，确定债务资本成本时不考虑筹资费用。证券市场平均收益率为 12%，无风险收益率为 4%，两种不同的债务水平下的税前利率和 β 系数如表 5－17 所示。公司价值和平均资本成本如表 5－18 所示。

表 5－17　不同债务水平下的税前利率和 β 系数

债务账面价值（万元）	税前利率	β 系数
1 000	6%	1.25
1 500	8%	1.50

表 5－18　公司价值和平均资本成本

债务市场价值（万元）	股票市场价值（万元）	公司总价值（万元）	税后债务资本成本	权益资本成本	平均资本成本
1 000	4 500	5 500	（A）	（B）	（C）
1 500	（D）	（E）	*	16%	13.09%

注：表中的“*”表示省略的数据。

要求：

（1）确定表 5－18 中英文字母代表的数值。

（2）依据公司价值分析法，确定上述两种债务水平的资本结构哪种更优，并说明理由。

【答案】（1）

表 5－19　公司价值和平均资本成本

债务市场价值（万元）	股票市场价值（万元）	公司总价值（万元）	税后债务资本成本	权益资本成本	平均资本成本
1 000	4 500	5 500	A＝4.5%	B＝14%	C＝12.27%
1 500	D＝3 656.25	E＝5 156.25	*	16%	13.09%

A＝6%×(1－25%)＝4.5%

B＝4%＋1.25×(12%－4%)＝14%

C＝4.5%×(1 000/5 500)＋14%×(4 500/5 500)＝12.27%

$D=(900-1\ 500\times8\%)\times(1-25\%)/16\%=3\ 656.25$（万元）

$E=1\ 500+3\ 656.25=5\ 156.25$（万元）

（2）债务市场价值为1 000万元时的资本结构更优。理由是债务市场价值为1 000万元时，公司总价值最大，平均资本成本最低。

本章考点巩固练习题

一、单项选择题

1. 采用销售百分比法预测资金需要量时，下列项目中被视为不随销售收入的变动而变动的是（　　）。
   A. 库存现金　　B. 存货
   C. 应付账款　　D. 短期融资券
2. 在其他因素不变的情况下，下列将会导致外部融资需求量增加的是（　　）。
   A. 经营资产销售百分比下降
   B. 经营负债销售百分比提高
   C. 销售净利率提高
   D. 收益留存率下降
3. 某公司2019年预计营业收入为50 000万元，预计销售净利率为10%，股利支付率为60%。据此可以测算出该公司2019年内部资金来源的金额为（　　）万元。
   A. 2 000　　B. 3 000
   C. 5 000　　D. 8 000
4. 某企业2019年资金平均占用额为1 000万元，经分析，其中不合理部分为50万元，预计2020年销售增长15%，资金周转加速3%。则2020年资金需要量是（　　）万元。
   A. 1 171.275　　B. 1 125.275
   C. 1 059.725　　D. 831.725
5. 下列各种筹资方式中，企业无须支付占用费用的是（　　）。
   A. 发行债券　　B. 发行优先股
   C. 发行短期票据　　D. 发行认股权证
6. 某企业发行了期限5年的长期债券10 000万元，年利率为8%，每年末付息一次，到期一次还本，债券发行费率为1.5%，企业所得税税率为25%，该债券的资本成本率为（　　）。
   A. 6%　　B. 6.09%
   C. 8%　　D. 8.12%
7. 某公司经营风险较大，准备采取系列措施降低杠杆程度，下列措施中，无法达到这一目的的是（　　）。
   A. 降低利息费用
   B. 降低固定成本水平
   C. 降低变动成本
   D. 提高产品销售单价
8. 某公司2019年发行优先股200万股，每股面值100元，发行价格为每股125元，筹资费率为4%，规定的年固定股息率为8%，适用的所得税税率为25%。则该优先股的资本成本率为（　　）。
   A. 5%　　B. 6.67%
   C. 6.25%　　D. 7.25%
9. 假定某企业的权益资金与负债资金的比例为60∶40，据此可断定该企业（　　）。
   A. 只存在经营风险
   B. 经营风险大于财务风险
   C. 经营风险小于财务风险
   D. 同时存在经营风险和财务风险
10. 如果甲企业经营杠杆系数为1.5，总杠杆系数为3，则下列说法不正确的是（　　）。
    A. 如果销售量增加12%，息税前利润将增加18%
    B. 如果息税前利润增加20%，每股收益将增加40%
    C. 如果销售量增加10%，每股收益将增加30%
    D. 如果每股收益增加30%，销售量需要增加5%

11. 下列各项中，将会导致经营杠杆效应最大的情况是（　　）。
A. 实际销售额等于目标销售额
B. 实际销售额大于目标销售额
C. 实际销售额等于盈亏临界点销售额
D. 实际销售额大于盈亏临界点销售额

12. 下列关于资本成本的表述中，不正确的是（　　）。
A. 筹资费用是一次性费用，占用费用是多次性费用
B. 资本成本是比较筹资方式、选择筹资方案的依据
C. 资本成本是评价投资项目可行性的主要标准
D. 对于负债筹资而言，其占用费用就是每期支付的利息费用

13. 调整企业资本结构并不能（　　）。
A. 增加融资弹性　　B. 降低经营风险
C. 降低资本成本　　D. 降低财务风险

14. 下列影响资本成本的因素中，会使资本成本上升的因素是（　　）。
A. 整个社会经济的资金供给和需求相对均衡且通货膨胀水平低
B. 企业资本结构中负债比重较低
C. 证券市场交易不活跃
D. 筹资规模较小，筹资时限较短

15. 某公司 2019 年向银行借款 1 000 万元，年利率 6%，期限 5 年。每年末付息一次，到期还本，适用的所得税税率为 25%，手续费率为 2%。则该借款的资本成本率为（　　）。
A. 4.59%　　B. 4.27%
C. 5.63%　　D. 5.80%

16. 下列影响资本成本的因素中，会对无风险报酬率产生影响的是（　　）。
A. 总体经济环境
B. 资本市场条件
C. 企业经营和融资状况
D. 企业对筹资规模和时限的需求

17. 某公司刚刚发放的每股股利为 0.53 元/股，股票市价目前为 16.2 元/股，若股东要求的报酬率为 10%，在其他因素不变的情况下，公司成长率至少要达到（　　）。
A. 6.321%　　B. 6.515%
C. 7.092%　　D. 7.433%

18. 下列因素中，会使企业考虑少使用负债的因素是（　　）。
A. 所得税税率提高
B. 投资者害怕分散公司的控制权
C. 企业产品销售具有较强的周期性
D. 企业产品销售增长很快

19. 下列因素中，会使企业降低负债比重的是（　　）。
A. 产销业务量能够以较高的水平增长
B. 企业处于初创阶段
C. 企业处于产品市场稳定的成熟行业
D. 企业所得税税率处于较高水平

20. 企业筹资决策的核心问题是（　　）。
A. 资本成本　　B. 资本结构
C. 资金数量　　D. 资金使用时间

21. 下列关于平均资本成本比较法的说法正确的是（　　）。
A. 该方法考虑了市场反应
B. 该方法考虑了风险因素
C. 该方法的决策目标是平均资本成本率最低
D. 该方法主要用于对现有资本结构进行调整

22. 下列关于最佳资本结构的表述中，错误的是（　　）。
A. 最佳资本结构在理论上是存在的
B. 资本结构优化的目标是提高企业价值
C. 企业平均资本成本最低时资本结构最佳
D. 企业的最佳资本结构应当长期固定不变

二、多项选择题

1. 采用销售百分比法预测资金需要量时，下列项目中被视为随销售收入的变动而变动的有（　　）。
A. 应付票据　　B. 应收账款
C. 应付账款　　D. 短期融资券

2. 在外部融资需求为正值的情况下，若其他条件不变，下列关于外部融资需求的销售额百

分比法的表述中，正确的有（　　）。

A. 销售额增加，必然引起外部融资需求增加

B. 销售净利率提高，必然引起外部融资需求减少

C. 股利支付率提高，必然引起外部融资需求增加

D. 在股利支付率为100%时，销售净利率与外部融资额呈反方向变化

3. 下列关于销售百分比法的表述中，正确的有（　　）。

A. 销售百分比法是根据销售增长与资产增长之间的关系预测未来资金需要量的方法

B. 销售百分比法假设经营资产、经营负债与销售收入之间存在稳定百分比关系

C. 只要销售收入增加，就存在外部融资需求量的增量

D. 销售百分比是根据基期资产负债表经营资产和经营负债的金额除以基期销售收入计算的

4. 下列各项因素中，影响经营杠杆系数计算结果的有（　　）。

A. 销售单价　　B. 销售数量

C. 资本成本　　D. 所得税税率

5. 下列关于经营杠杆的表述中，正确的有（　　）。

A. 如果企业是盈利的，经营杠杆系数一定是正值

B. 如果企业是亏损的，经营杠杆系数一定是负值

C. 如果经营杠杆系数是正值，企业一定是盈利的

D. 如果经营杠杆系数是负值，企业一定是亏损的

6. 下列关于资本结构的表述中，正确的有（　　）。

A. 如果产销业务稳定，企业可以较多地使用负债，反之则相反

B. 企业收缩阶段上，产品市场占有率下降，应提高负债的比重以抢占市场

C. 拥有较多流动资产的企业更多地依赖流动负债融通资金

D. 如果所有者害怕股权分散，可采用债务筹资

7. 下列关于公司价值分析法的说法正确的有（　　）。

A. 该方法适用于资本规模较大的上市公司资本结构优化分析

B. 该方法考虑了风险因素

C. 该方法的决策目标是公司价值最大化

D. 该方法主要用于对现有资本结构进行调整

8. 企业财务风险主要体现在（　　）。

A. 增加了企业产销量大幅度变动的机会

B. 增加了普通股利润大幅度变动的机会

C. 增加了企业资本结构大幅度变动的机会

D. 增加了企业的破产风险

9. 在边际贡献大于固定成本的情况下，下列措施中有利于降低企业总风险的有（　　）。

A. 增加产品销量

B. 提高产品单价

C. 提高资产负债率

D. 节约固定成本支出

10. 下列会导致普通股成本提高的因素有（　　）。

A. 无风险报酬率提高

B. 股票的系统性风险提高

C. 股利的成长率提高

D. 股票发行价提高

11. 下列关于资本成本的表述中，正确的有（　　）。

A. 占用费用是资本成本的主要内容

B. 筹资费用是一次性费用

C. 资本成本对出资者而言表现为让渡资本使用权所带来的投资报酬

D. 资本成本对筹资者而言表现为取得资本使用权所付出的代价

12. 下列关于每股收益分析法的说法正确的有（　　）。

A. 该方法没有考虑市场反应

B. 该方法决策目标是每股收益最大化

C. 该方法的决策目标是平均资本成本率最低

D. 该方法适用于资本规模较大的上市公司资本结构优化分析

13. 下列关于资本成本的说法中，正确的有（　　）。

A. 资本成本的本质是企业为筹集和使用资

本而付出的代价

B. 资本成本并不是企业筹资决策中所要考虑的唯一因素

C. 资本成本的计算主要以相对比率为计量单位

D. 资本成本可以视为项目投资或使用资金的机会成本

14. 下列关于资本成本计算权数的选取中，说法正确的有（　　）。

A. 市场价值权数能够反映现时的资本成本水平

B. 目标价值权数的选择存在一定的主观性

C. 账面价值权数是以各项个别资本的会计报表账面价值为基础计算资本权数

D. 账面价值权数与市场价值权数相比，其有关资料不容易取得

15. 下列关于资本成本的说法中，正确的有（　　）。

A. 边际资本成本是企业追加筹资的成本

B. 企业在追加筹资时只需考虑目前的资本成本

C. 边际资本成本计算时可以选择账面价值权数、市场价值权数、目标价值权数来确定比重

D. 边际资本成本是企业进行追加筹资的决策依据

16. 如果企业调整资本结构，则企业的资产和权益总额（　　）。

A. 可能同时增加

B. 可能同时减少

C. 可能同时保持不变

D. 一定会同时发生变动

17. 确定企业资本结构时，下列说法中正确的有（　　）。

A. 如果企业的销售不稳定，则要较多地筹措权益资金

B. 为了保证原有股东的绝对控制权，一般应尽量避免普通股筹资

C. 若预期市场利率会上升，企业应尽量利用短期负债

D. 所得税税率越高，举借负债利益越明显

18. 下列关于资本结构理论的表述中，正确的有（　　）。

A. 依据不考虑企业所得税的 MM 理论，企业价值会随着资产负债率的增加而增加

B. 修正的 MM 理论认为企业价值会随着资产负债率的增加而增加

C. 依据权衡理论，有负债企业的价值等于无负债企业的价值加上税赋节约，再减去财务困境成本

D. 依据优序融资理论，内部融资优于外部债务融资，债务筹资优于股权筹资

19. 下列各项因素中，能够影响公司资本成本水平的有（　　）。

A. 通货膨胀

B. 筹资规模

C. 经营风险

D. 资本市场效率

20. 下列各项因素中，影响企业资本结构决策的有（　　）。

A. 企业的经营状况

B. 企业的信用等级

C. 国家的货币供应量

D. 管理者的风险偏好

21. 普通股筹资的资本成本高的主要原因有（　　）。

A. 不能在税前支付股利

B. 筹资费用高

C. 对投资者而言风险高

D. 容易分散控制权

三、判断题

1. 如果企业的全部资本来源于普通股权益资本，则其总杠杆系数与经营杠杆系数相等。（　　）

2. 喜欢冒险的管理人员，在安排资金结构时倾向于多使用权益资金，少使用负债资金。（　　）

3. 资本结构有广义与狭义之分，狭义的资本结构是指企业各种长期资本价值的构成及其比例关系。（　　）

4. 增加负债比重，虽然会影响信用评级机构对

企业的评价，但却可以降低资本成本。 ( )

5. 在计算加权平均资本成本时，采用市场价值权数能够反映企业期望的资本结构，但不能反映筹资的现时资本成本。 ( )
6. 资本成本是企业筹集和使用资本所付出的代价，一般用相对数表示，即资本占用费加上资本筹集费之和除以筹资总额。 ( )
7. 在维持总杠杆系数一定的情况下，经营杠杆和财务杠杆可以有多种不同的组合。 ( )
8. 在各种资金来源中，凡是需要支付固定性资金成本的资金都能产生财务杠杆作用。 ( )
9. 在计算加权平均资本成本时，也可以按照债券、股票的市场价值确定其占全部资金的比重。 ( )
10. 以账面价值为权数计算的加权平均资本成本能反映企业目前的实际情况。 ( )
11. 若债券利息率、筹资费率和所得税税率均已确定，则企业的债券资本成本也就确定了。 ( )
12. 其他条件不变的情况下，企业财务风险大，投资者要求的预期报酬率就高，企业筹资的资本成本相应就大。 ( )
13. 经营杠杆是通过扩大销售来影响税前利润的，它可以用边际贡献除以税前利润来计算，它说明了销售额变动引起利润变化的幅度。 ( )
14. 如果不存在固定成本，息税前利润的变化率与产销业务量变化率就会完全一致。( )
15. 经营杠杆给企业带来的风险是指成本上升的风险。 ( )
16. 由于内部筹集一般不产生筹资费用，所以内部筹资的资本成本最低。 ( )
17. 在企业承担总风险能力一定且利率相同的情况下，对于经营杠杆水平较高的企业，应当保持较低的负债水平，而对于经营杠杆水平较低的企业，则可以保持较高的负债水平。 ( )

四、计算分析题

1. 某公司2020年计划筹集一批资金，所得税税率为25%。有关资料如下：

(1) 向银行借款1 000万元，借款年利率8%，手续费率2%。

(2) 按溢价发行债券，债券面值1 400万元，发行价格1 500万元，票面利率10%，期限为5年，每年支付一次利息，其筹资费率为3%。

(3) 发行普通股6 500万元，每股发行价格10元，筹资费率6%。预计第一年每股股利1.5元，以后每年按10%递增。

(4) 其余所需的资金1 000万元通过发行优先股取得，每股面值100元，平价发行，年固定股息率12%，筹资费率为6%。

要求：

(1) 计算上述各筹资方式的个别资本成本。

(2) 计算该企业平均资本成本。

2. F公司为一上市公司，有关资料如下：

资料一：

(1) 2019年度的营业收入（销售收入）为10 000万元，营业成本（销售成本）为7 000万元。2020年的目标营业收入增长率为100%，且销售净利率和股利支付率保持不变。适用的企业所得税税率为25%。

(2) 2019年度相关财务指标数据如表5-20所示。

(3) 2019年12月31日的比较资产负债表（简表）如表5-21所示。

表5-20　　2019年度相关财务指标

财务指标	应收账款周转率	存货周转率	固定资产周转率	销售净利率	资产负债率	股利支付率
实际数据	8	3.5	2.5	15%	50%	1/3

表 5－21

资产负债表（简表）

2019 年 12 月 31 日

单位：万元

资产	2019 年初数	2019 年末数	负债和股东权益	2019 年初数	2019 年末数
现金	500	1 000	短期借款	1 100	1 500
应收账款	1 000	（A）	应付账款	1 400	（D）
存货	2 000	（B）	长期借款	2 500	1 500
长期股权投资	1 000	1 000	股本	250	250
固定资产	4 000	（C）	资本公积	2 750	2 750
无形资产	500	500	留存收益	1 000	（E）
合计	9 000	10 000	合计	9 000	10 000

（4）根据销售百分比法计算的 2019 年末资产、负债各项目占销售收入的比重数据如表 5－22 所示（假定增加销售无须追加固定资产投资）。

表 5－22

资产	占销售收入的比重	负债和股东权益	占销售收入的比重
现金	10%	短期借款	—
应收账款	15%	应付账款	*
存货	（F）	长期借款	—
长期股权投资	—	股本	—
固定资产（净值）	—	资本公积	—
无形资产	—	留存收益	—
合计	（G）	合计	20%

注：表中用“*”表示省略的数据。

资料二：2020 年初该公司以 970 元/张的价格新发行每张面值 1 000 元、3 年期、票面利息率为 5%、每年末付息的公司债券。假定发行时的市场利息率为 6%，发行费率忽略不计。部分时间价值系数如下：

表 5－23

i	（P/F，i，3）	（P/A，i，3）
5%	0.8638	2.7232
6%	0.8396	2.6730

要求：

（1）根据资料一计算或确定以下指标：

①计算 2019 年的净利润；

②确定表 5－21 中用字母表示的数值（不需要列示计算过程）；

③确定表 5－22 中用字母表示的数值（不需要列示计算过程）；

④计算 2020 年预计留存收益；

⑤按销售百分比法预测该公司 2020 年需要增加的资金数额（不考虑折旧的影响）；

⑥计算该公司 2020 年需要增加的外部筹资数据。

（2）根据资料一及资料二计算下列指标；

①发行时每张公司债券的内在价值；

②新发行公司债券的资本成本。

3. 某公司 2015～2019 年各年产品销售收入分别为 2 000 万元、2 400 万元、2 600 万元、2 800 万元和 3 000 万元；各年末现金余额分别为 110 万元、130 万元、140 万元、150 万元和 160 万元。在年度销售收入不高于 5 000 万元的前提下，存货、应收账款、流动负债、固定资产等资金项目与销售收入的关系如表 5－24 所示。

表 5－24　资金需要量预测表

资金项目		年度不变资金（a）（万元）	每元销售收入所需要变动资金（b）
流动资产	现金		
	应收账款净额	60	0.14
	存货	100	0.22
	应付账款	60	0.10
	其他应付款	20	0.01
固定资产净额		510	0.00

已知该公司 2019 年资金完全来源于自有资金（其中，普通股 1 000 万股，共 1 000 万元）和流动负债。2019 年销售净利率为 10%，公司拟按每股 0.2 元的固定股利进行利润分配。公司 2020 年销售收入将在 2019 年的基础上增长 40%。2020 年所需对外筹资部分可通过面值发行 10 年期、票面利率为 10%、到期一次还本付息的公司债券予以解决，债券筹资费率为 2%，公司所得税税率为 33%。

要求：

（1）计算 2019 年净利润及应向投资者分配的利润。

（2）采用高低点法计算“现金”项目每万元销售收入的变动资金和不变资金。

（3）按 y = a + bx 的方程建立资金预测模型。

（4）预测该公司 2020 年资金需要总量及需新增资金量。

（5）计算债券发行总额和债券成本。

（6）计算填列该公司 2020 年预计资产负债表中用字母表示的项目。

表 5－25　预计资产负债表

（2020 年 12 月 31 日）

资产	年末数	年初数	负债与所有者权益	年末数	年初数
现金	A	160	应付账款	480	360
应收账款净额	648	480	其他应付款	62	50
存货	1 024	760	应付债券	D	0
固定资产净值	510	510	股本	1 000	1 000
			留存收益	C	500
资产合计	B	1 910	负债与所有者权益合计	B	1 910

4. 某公司目前拥有资金 20 000 万元。其中：长期借款 8 000 万元，年利率 8%，权益资金 12 000 万元，普通股 1 000 万股，上年支付的每股现金股利为 2 元，预计股利增长率为 5%，目前股价 20 元。该公司目前的销售收入为 10 000 万元，变动成本率为 50%，固定成本为 1 000 万元。该公司目前有一新的投资项目，需要筹集资金 2 000 万元，预计项目投产后该公司会增加 3 000 万元的销售收入，变动成本率仍为 50%，固定成本增加 200 万元。该公司适用的所得税税率为 25%。目前有两种筹资方案：

方案一：增加长期借款 2 000 万元，借款利率上升到 9.6%，普通股股价下降到 19 元，假设公司其他条件不变；

方案二：增发普通股 80 万股，普通股市价增加到每股 25 元，假设公司其他条件不变。

要求：

（1）计算该公司筹资前的加权平均资本成本（以账面价值为权重，下同）；

（2）计算该公司筹资前的经营杠杆系数、财务杠杆系数、总杠杆系数；

（3）分别计算采用方案一和方案二后的加权平均资本成本；

（4）分别计算采用方案一和方案二后的经营杠杆系数、财务杠杆系数、总杠杆系数；

（5）计算采用方案一和方案二的每股利润无

差别点；

(6) 分别采用平均资本成本比较法和每股收益分析法确定该公司最佳资本结构，并解释两者决策一致或不一致的原因是什么。

五、综合题

1. 某公司目前的资本来源包括每股面值1元的普通股800万股和平均利率为10%的3 000万元债务。该公司现在拟投产一个新产品，该项目需要投资4 000万元，预期投产后每年可增加营业利润（息税前盈余）400万元。该项目备选的筹资方案有三个：(1) 按11%的利率发行债券；(2) 按面值发行股利率为12%的优先股；(3) 按20元/股的价格增发普通股。

   该公司目前的息税前盈余为1 600万元，公司适用的所得税税率为40%，证券发行费可忽略不计。

   要求：

   (1) 计算按不同方案筹资后的普通股每股收益。

   (2) 计算增发普通股和债券筹资的每股（指普通股，下同）收益无差别点（用营业利润表示，下同），以及增发普通股和优先股筹资的每股收益无差别点。

   (3) 计算筹资前的财务杠杆和按三个方案筹资后的财务杠杆。

   (4) 根据以上计算结果分析，该公司应当选择哪一种筹资方式？理由是什么？

   (5) 如果新产品可提供1 000万元或4 000万元的新增营业利润，在不考虑财务风险的情况下，公司应选择哪一种筹资方式？

2. A公司是一个生产和销售通信器材的股份公司，公司适用的所得税税率为40%。对于明年的预算现在出现三种意见：

   第一方案：维持目前的生产和财务政策。预计销售45 000件，售价为240元/件，单位变动成本为200元，固定成本为120万元。公司的资本结构为，400万元负债（利息率5%），普通股20万股。

   第二方案：更新设备并用负债筹资。预计更新设备需投资600万元，生产量和销售量不会变化，但单位变动成本将降低至180元/件，固定成本将增加至150万元。借款筹资600万元，预计新增借款的利率为6.25%。

   第三方案：更新设备并用股权筹资。更新设备的情况与第二方案相同，不同的只是用发行新的普通股筹资。预计新股发行价为每股30元，需要发行20万股，以筹集600万元资金。

   要求：

   (1) 计算三个方案下的每股收益、经营杠杆、财务杠杆和总杠杆。

   (2) 计算第二方案和第三方案每股收益相等的销售量。

   (3) 计算三个方案下每股收益为零的销售量。

   (4) 根据上述结果分析：哪个方案的风险最大？哪个方案的报酬最高？如果公司销售量下降至30 000件，第二和第三方案哪一个更好些？请分别说明理由。

3. 某公司年销售额为100万元，变动成本率为70%，全部固定成本和费用20万元，总资产50万元，资产负债率为40%，负债的平均利率为8%，假定所得税税率为40%。

   该公司拟改变经营计划，追加投资40万元，每年固定成本增加5万元，可以使销售额增加20%，并使变动成本率下降至60%。

   该企业以提高权益净利率同时降低总杠杆系数作为改进经营计划的标准。

   要求：

   (1) 所需资金以追加实收资本取得，计算权益净利率、DOL、DFL、DCL，判断是否应改变经营计划。

   (2) 所需资金以10%的利率借入，计算权益净利率、DOL、DFL、DCL，判断是否应改变经营计划。

本章考点巩固练习题参考答案及解析

一、单项选择题

1.【答案】D

【解析】根据销售百分比法，经营性资产与经营性负债的差额通常与销售额保持稳定的比例关系。经营性资产项目包括库存现金、应收账款、存货等项目；经营性负债项目包括应付票据、应付账款等项目，不包括短期借款、短期融资券、长期负债等筹资性负债。所以答案选D。

2.【答案】D

【解析】收益留存率下降，意味着企业内部留存收益减少，外部融资需求量增加。

3.【答案】A

【解析】预测期内部资金来源＝预测期销售收入×预测期销售净利率×(1－股利支付率)，则本题2019年内部资金来源的金额＝50 000×10%×(1－60%)＝2 000（万元）。所以本题选A。

4.【答案】C

【解析】预测年度资金需要量＝(1 000－50)×(1＋15%)×(1－3%)＝1 059.725（万元）。

5.【答案】D

【解析】发行债券、发行短期票据需要支付利息费用，发行优先股需要支付优先股的股利，这些都会产生占用费用，发行认股权证不需要占用费用。所以选项D是正确的。

6.【答案】B

【解析】该债券的资本成本率＝8%×(1－25%)/(1－1.5%)＝6.09%，选项B正确。

7.【答案】A

【解析】影响经营杠杆的因素包括：企业成本结构中的固定成本比重；息税前利润水平。其中，息税前利润水平又受产品销售数量、销售价格、成本水平（单位变动成本和固定成本总额）高低的影响。固定成本比重越高，成本水平越高，产品销售数量和销售价格水平越低，经营杠杆效应越大，反之亦然。而利息费用属于影响财务杠杆系数的因素。

8.【答案】B

【解析】$K_s=\frac{\text{优先股年固定股息}}{\text{优先股发行价格}\times(1-\text{筹资费用率})}$

$$=\frac{D}{P_n(1-f)}=\frac{100\times8\%}{125\times(1-4\%)}=6.67\%$$

9.【答案】D

【解析】任何企业都存在经营风险，负债的企业既存在经营风险又存在财务风险。

10.【答案】D

【解析】因为经营杠杆系数为1.5，所以销售量增加12%，息税前利润将增加12%×1.5＝18%，所以不应选A；由于财务杠杆系数为3/1.5＝2，所以息税前利润增加20%，每股利润将增加20%×2＝40%，所以不应选B；由于总杠杆系数为3，所以如果销售量增加10%，每股收益将增加10%×3＝30%。所以不应选C；由于总杠杆系数为3，所以每股收益增加30%，销售量增加30%/3＝10%，因此选项D不正确，所以应选D。

11.【答案】C

【解析】经营杠杆系数的计算公式为DOL＝(EBIT＋F)/EBIT，当实际销售额等于盈亏临界点销售额时，企业的息税前利润为0，公式中分母为0，经营杠杆系数趋近于无穷大，这种情况下经营杠杆效应最大。所以本题的正确答案为C。

12.【答案】D

【解析】若资金来源为负债，还存在税前资本成本和税后资本成本的区别。计算税后资本成本需要从年资金占用费中减去资金占用费税前扣除导致的所得税节约额。

13.【答案】B

【解析】经营风险是由于生产经营上的不确定

性而带来的风险，每个企业都会面临，并不会因资本结构的调整而变化，资本结构的调整只会影响资本成本、财务风险和融资弹性。

14.【答案】C

【解析】证券市场交易不活跃，证券的市场流动性低，投资者投资风险大，资本成本就比较高。

15.【答案】A

【解析】$K_b = \frac{\text{年利率} \times (1-\text{所得税税率})}{1-\text{手续费率}} = \frac{6\% \times (1-25\%)}{(1-2\%)} = 4.59\%$

16.【答案】A

【解析】总体经济环境和状态决定企业所处的国民经济发展状况和水平，以及预期的通货膨胀。总体经济环境变化的影响，反映在无风险报酬率上。

17.【答案】B

【解析】$10\% = [0.53 \times (1+g)/16.2] + g$；$g = 6.515\%$。

18.【答案】C

【解析】企业销售具有较强的周期性，负担固定的财务费用将冒较大的财务风险，此时企业会考虑减少使用负债。

19.【答案】B

【解析】企业初创阶段经营风险高，可少用负债，所以选项B正确。

20.【答案】B

【解析】资本结构是指企业各种资金的构成及其比例关系，资本结构问题是企业筹资决策的核心问题。

21.【答案】C

【解析】平均资本成本比较法，是通过计算和比较各种可能的筹资组合方案的平均资本成本，选择平均资本成本率最低的方案。能够降低平均资本成本的资本结构，则是合理的资本结构。这种方法侧重于从资本投入的角度对筹资方案和资本结构进行优化分析。平均资本成本比较法和每股收益分析法都是从账面价值的角度进行资本结构优化分析，没有考虑市场反应，亦即没有考虑风险因素。选项A和选项B均错误，选项D是公司价值分析法的特点。

22.【答案】D

【解析】从理论上讲，最佳资本结构是存在的，但由于企业内部条件和外部环境的经常性变动，动态地保持最佳资本结构十分困难。选项D表述错误。

二、多项选择题

1.【答案】ABC

【解析】根据销售百分比法，经营性资产与经营性负债的差额通常与销售额保持稳定的比例关系。经营性资产项目包括库存现金、应收账款、存货等项目；经营性负债项目包括应付票据、应付账款等项目，不包括短期借款、短期融资券、长期负债等筹资性负债。所以答案选ABC。

2.【答案】ABC

【解析】从销售额百分比法的计算公式：外部融资需要量 $= (A/S_1) \times \Delta S - (B/S_1) \times \Delta S - P \times E \times S_2$，可知ABC是正确的；在股利支付率为100%时，实现的利润再多也被全部分掉，销售净利率与外部融资额无关，所以选项D不正确。

3.【答案】ABD

【解析】销售百分比法的计算公式中可以看出，如果减项大于被减项，即使销售收入增加，外部融资需求量也不一定增加，因此选项C表述错误。

4.【答案】AB

【解析】经营杠杆系数＝基期边际贡献/基期息税前利润，边际贡献＝销售量×（销售单价－单位变动成本），息税前利润＝边际贡献－固定性经营成本。所以选项AB是正确的。

5.【答案】AD

【解析】如果企业亏损额很大，销售收入连变动成本也弥补不了，则边际贡献是负值，息税前利润也是负值，此时经营杠杆系数反而是正值，所以选项BC不正确。

6.【答案】ACD

【解析】企业收缩阶段上，产品市场占有率下降，经营风险逐步加大，应降低债务资本比重，保证经营现金流量能够偿付到期债务，所以选项B不正确。

7.【答案】ABCD

【解析】公司价值分析法是在考虑市场风险基础上，以公司市场价值为标准，进行资本结构优化。即能够提升公司价值的资本结构，则是合理的资本结构。这种方法主要用于对现有资本结构进行调整，适用于资本规模较大的上市公司资本结构优化分析。同时，在公司价值最大的资本结构下，公司的平均资本成本率也是最低的。

8.【答案】BD

【解析】财务风险是指企业为取得财务杠杆利益而利用负债资金时，增加了破产机会或普通股利润大幅变动的机会所带来的风险。

9.【答案】ABD

【解析】衡量企业总风险的指标是总杠杆系数，总杠杆系数 = 经营杠杆系数 × 财务杠杆系数，在边际贡献大于固定成本的情况下，选项ABD均可以导致经营杠杆系数降低，总杠杆系数降低，从而降低企业总风险；选项C会导致财务杠杆系数增加，总杠杆系数变大，从而提高企业总风险。

10.【答案】ABC

【解析】从普通股成本的资本资产定价模型公式中可以看出选项AB正确；从股利增长模型中可以看出选项C正确，选项D不正确。

11.【答案】ABCD

【解析】占用费是指企业在资本使用过程中因占用资本而付出的代价，占用费用是因为占用了他人资金而必须支付的，是资本成本的主要内容，选项A正确；筹资费是指企业在资本筹措过程中为获得资本而付出的代价，筹资费用通常在资本筹集时一次性发生，在资本使用过程中不再发生，选项B正确；资本成本是资本所有权与资本使用权分离的结果。对出资者而言，由于让渡了资本使用权，必须要求取得一定的补偿，资本成本表现为让渡资本使用权所带来的投资报酬，选项C正确；对筹资者而言，由于取得了资本使用权，必须支付一定代价，资本成本表现为取得资本使用权所付出的代价，选项D正确。

12.【答案】AB

【解析】平均资本成本比较法和每股收益分析法都是从账面价值的角度进行资本结构优化分析，没有考虑市场反应，亦即没有考虑风险因素。该方法决策目标是每股收益最大化。选项D是公司价值分析法的特点。

13.【答案】ABCD

【解析】选项A是资本成本的含义；选项B表明企业筹资决策除了考虑资本成本外，还要考虑财务风险、偿还期限、偿还方式等限制条件；选项C是说资本成本有两种表示方法，但一般用相对数指标表示；选项D是资本成本在投资决策中的作用。

14.【答案】ABC

【解析】市场价值权数的优点是能够反映现时的资本成本水平，有利于进行资本结构决策。选项A正确；目标价值权数是主观愿望和预期的表现，依赖于财务经理的价值判断和职业经验，选项B正确；账面价值权数是以各项个别资本的会计报表账面价值为基础计算资本权数，确定各类资本占总资本的比重，选项C正确；账面价值的优点之一就是资料容易取得，可以直接从资产负债表中得到，而且计算结果比较稳定。但是市场价值权数由于现行市价经常变动，因此不容易取得，选项D不正确。

15.【答案】AD

【解析】企业在追加筹资时，不能仅仅考虑目前所使用的资本成本，还要考虑新筹集资金的成本，即边际资本成本，选项B不正确；平均资本成本计算时可以选择账面价值权数、市场价值权数、目标价值权数来确定比重，边际资本成本的权数采用目标价值权数，选项C不正确。

16.【答案】AB

【解析】资产 = 负债 + 所有者权益，若资产不变，权益不变，则负债也不变，资本结构也不变，所以选项C错误；若只是增加负债资金或增加权益资金，资产与权益不一定会同时发生变动，所以选项D错误。

17.【答案】ABD

【解析】本题的考点是影响资本结构的因素。如果预期市场利率会上升，企业便会大量发行长期债券，从而在若干年内把利率固定在较低水平。

18.【答案】BD

【解析】不考虑企业所得税的MM理论认为，有无负债不改变企业的价值，企业价值不受资本结构的影响。选项A错误。依据权衡理论，有负债企业的价值等于无负债企业的价值加上税赋节约现值，再减去财务困境成本现值。选项C错误。选项BD均正确。

19.【答案】ABCD

【解析】影响资本成本的因素：(1) 总体经济环境。总体经济环境和状态决定企业所处的国民经济发展状况和水平，以及预期的通货膨胀。所以选项A正确。(2) 资本市场条件。资本市场效率表现为资本市场上的资本商品的市场流动性。所以选项D的表述正确。(3) 企业经营状况和融资状况。企业内部经营风险是企业投资决策的结果，表现为资产报酬率的不确定性，所以选项C的表述正确。(4) 企业对筹资规模和时限的需求。所以选项B的说法正确。所以本题正确答案为ABCD。

20.【答案】ABCD

【解析】影响资本结构因素的有：(1) 企业经营状况的稳定性和成长性；(2) 企业的财务状况和信用等级；(3) 企业的资产结构；(4) 企业投资人和管理当局的态度；(5) 行业特征和企业发展周期；(6) 经济环境的税收政策和货币政策。

21.【答案】ABC

【解析】普通股股利是在税后分配的，不像负债利息那样可以在税前扣除，选项A正确；普通股筹资手续繁杂，筹资费用高于负债筹资，选项B正确；普通股对投资人而言风险大，故其要求的报酬就高，对于筹资方而言成本就高，选项C正确；普通股筹资容易分散控制权，但这并不是其成本高的原因，选项D不正确。

三、判断题

1.【答案】√

【解析】财务杠杆系数=息税前利润/(息税前利润－利息－税前优先股股利)，当企业的全部资产来源于普通股股权筹资，即不存在利息和优先股股利，所以财务杠杆系数等于1，总杠杆系数=经营杠杆系数×财务杠杆系数=经营杠杆系数×1=经营杠杆系数。

2.【答案】×

【解析】喜欢冒险的管理人员，一般倾向于安排较高的债务比重，以提高财务杠杆的运用程度。

3.【答案】√

【解析】资本结构是指长期负债与权益资本之间的构成及其比例关系。资本结构有广义与狭义之分，广义的资本结构是指全部资本价值的构成及其比例关系。狭义的资本结构是指企业各种长期资本价值的构成及其比例关系。在狭义的资本结构下，短期债务是作为营运资金来管理的。

4.【答案】×

【解析】如果负债比重过大，贷款人可能会拒绝贷款，信用评级机构可能会降低企业的信用等级，这样会影响企业的筹资能力，提高企业的资金成本。

5.【答案】×

【解析】市场价值权数以各项个别资本的现行市价为基础来计算资本权数，确定各类资本占总资本的比重。其优点是能够反映现时的资本成本水平，有利于进行资本结构决策。但现行市价处于经常变动之中，不容易取得，而且现行市价反映的只是现时的资本结构，不适用未来的筹资决策。

6.【答案】×

【解析】资本成本是企业筹集和使用资本所付出的代价，一般用相对数表示，即资本占用费除以筹资总额减去筹资费用的差。

7.【答案】√

【解析】反映公司风险大小的指标是总杠杆系数，总杠杆系数＝经营杠杆系数×财务杠杆系数，维持总杠杆系数一定的情况下，企业可以进行低经营杠杆系数与高财务杠杆系数的组合，以及高经营杠杆系数与低财务杠杆系数的组合。

8.【答案】√

【解析】在各种资金来源中，负债资金和优先股都有固定的用资费用，即固定的利息或优先股息负担，这样，当息税前利润变化时，每一元息税前利润所负担的固定费用就会因息税前利润的增加而减少，随息税前利润的减少而增加，从而使得普通股每股收益以更大的幅度变化，这样就产生了财务杠杆作用。

9.【答案】√

【解析】计算加权平均资本成本的权数有账面价值权数、市场价值权数、目标价值权数。

10.【答案】×

【解析】以账面价值为权数计算加权平均资本成本的优点是资料容易取得，缺点是当资金的账面价值与市场价值相差较大时，计算结果会与资本市场现行实际筹资成本有较大的差距，从而贻误筹资决策；以市场价值为权数计算加权平均资本成本的优点是计算的加权平均资本成本能反映目前的实际情况，缺点是市场价格变动频繁。

11.【答案】×

【解析】债券筹资成本＝年利息×(1－所得税税率)/[债券筹资额×(1－债券筹资费率)]，从上述公式中可以看出，年利息＝债券面值×票面利率×发行数量，债券筹资额＝债券发行价格×发行数量。因此还要考虑债券折价、溢价或平价发行的情况。

12.【答案】√

【解析】在其他条件不变的情况下，如果企业财务风险大，则企业总体风险水平就会提高，投资者要求的预期报酬率也会提高，那么企业筹资的资本成本相应就大。

13.【答案】×

【解析】经营杠杆是通过扩大销售来影响息税前利润的，而不是影响税前利润，它可以用边际贡献除以息税前利润来计算。

14.【答案】√

【解析】如果没有固定成本，边际贡献就是息税前利润，经营杠杆系数为1。

15.【答案】×

【解析】经营杠杆给企业带来的风险是指业务量变动导致息税前利润更大变动的风险。

16.【答案】×

【解析】留存收益属于股权筹资方式，一般而言，股权筹资的资本成本要高于债务筹资。具体来说，留存收益的资本成本率，表现为股东追加投资要求的报酬率，其计算与普通股成本相同，不同点在于不考虑筹资费用。

17.【答案】√

【解析】在总杠杆系数（总风险）一定的情况下，经营杠杆系数与财务杠杆系数此消彼长。

四、计算分析题

1.【答案】

（1）银行借款资本成本率＝8%×(1－25%)/(1－2%)＝6.12%

债券资本成本率＝[1 400×10%×(1－25%)]/[1 500×(1－3%)]＝7.22%

普通股资本成本率＝1.5/[10×(1－6%)]＋8%＝23.96%

优先股资本成本率＝12%/(1－6%)＝12.77%

（2）企业平均资本成本＝6.12%×[1 000/(1 000＋1 500＋6 500＋1 000)]＋7.22%×[1 500/(1 000＋1 500＋6 500＋1 000)]＋23.96%×[6 500/(1 000＋1 500＋6 500＋1 000)]＋12.77%×[1 000/(1 000＋1 500＋6 500＋1 000)]＝6.12%×10%＋7.22%×15%＋23.96%×65%＋12.77%×10%＝18.55%

2.【答案】

（1）

①2019年的净利润＝10 000×15%＝1 500(万元)

②A＝1 500万元，B＝2 000万元，C＝4 000万元，D＝2 000万元，E＝2 000万元

③F＝20%，G＝45%

④2020年预计留存收益＝10 000×（1＋100%）×15%×（1－1/3）＝2 000（万元）

⑤2020年需要增加的资金数额＝10 000×（45%－20%）＝2 500（万元）

⑥2020年需要增加的外部筹资数据＝2 500－2 000＝500（万元）

（2）

①发行时每张公司债券的内在价值＝1 000×5%×（P/A，6%，3）＋1 000×（P/F，6%，3）＝50×2.673＋1 000×0.8396＝973.25（元）

②新发行公司债券的资本成本＝1 000×5%×（1－25%）/970×100%＝3.87%

3.【答案】

（1）计算2019年净利润及应向投资者分配的利润。

净利润＝3 000×10%＝300（万元）

向投资者分配利润＝1 000×0.2＝200（万元）

（2）采用高低点法计算“现金”项目的不变资金和每万元销售收入的变动资金。

每万元销售收入的变动资金（b）＝（160－110）/（3 000－2 000）＝0.05（万元）

不变资金（a）＝160－0.05×3 000＝10（万元）

（3）按Y＝a＋bx的方程建立资金预测模型。

a＝10＋60＋100－（60＋20）＋510＝600（万元）

b＝0.05＋0.14＋0.22－（0.10＋0.01）＝0.30（万元）

Y＝600＋0.3X

（4）预测该公司2020年资金需要总量及需新增资金量。

2020年资金需要总量＝600＋0.3×3 000×（1＋40%）＝1 860（万元）

2020年需新增资金＝3 000×40%×0.3＝360（万元）

（5）计算债券发行总额和债券成本。

2020年净利润＝3 000×（1＋40%）×10%＝420（万元）

2020年向投资者分配利润＝1 000×0.2＝200（万元）

2020年留存收益＝420－200＝220（万元）

债券发行总额＝360－（420－200）＝140（万元）

债券成本＝140×10%×（1－33%）/140×（1－2%）×100%＝6.84%

（6）计算填列该公司2020年预计资产负债表中用字母表示的项目：

A＝10＋0.05×3 000×（1＋40%）＝220（万元）；

B＝220＋648＋1 024＋510＝2 402（万元）；

C＝500＋220＝720（万元）；

D＝360－220＝140（万元）。

表5－26　　预计资产负债表（2020年12月31日）

资产	年末数	年初数	负债与所有者权益	年末数	年初数
现金	A＝220	160	应付账款	480	360
应收账款净额	648	480	其他应付款	62	50
存货	1 024	760	应付债券	D＝140	0
固定资产净值	510	510	股本	1 000	1 000
			留存收益	C＝720	500
资产合计	B＝2 402	1 910	负债与所有者权益合计	B＝2 402	1 910

4.【答案】

(1) 该公司筹资前的加权平均资本成本。

目前的资本结构为：长期借款占40%，普通股占60%

长期借款成本 = 8% ×(1 - 25%) = 6%

普通股成本 = [2 ×(1 + 5%)/20] + 5% = 15.5%

加权平均资本成本 = 6% ×40% + 15.5% × 60% = 11.7%

(2) 筹资前的经营杠杆系数、财务杠杆系数、总杠杆系数。

经营杠杆系数 = (10 000 - 10 000 × 50%)/(10 000 - 10 000 × 50% - 1 000) = 1.25

财务杠杆系数 = (10 000 - 10 000 × 50% - 1 000)/(10 000 - 10 000 × 50% - 1 000 - 8 000 × 8%) = 1.1905

总杠杆系数 = 经营杠杆系数 × 财务杠杆系数 = 1.25 × 1.1905 = 1.488

(3) 采用方案一和方案二后的加权平均资本成本。

采用方案一：

原长期借款占比 = 8 000/22 000 = 36.36%

普通股占比 = 12 000/22 000 = 54.55%

新增借款占比 = 2 000/22 000 = 9.09%

原长期借款成本 = 8% ×(1 - 25%) = 6%

普通股成本 = [2 ×(1 + 5%)/19] + 5% = 16.05%

新增长期借款成本 = 9.6% ×(1 - 25%) = 7.2%

加权平均资本成本 = 6% ×36.36% + 16.05% × 54.55% + 7.2% ×9.09% = 11.59%

采用方案二：

长期借款占比 = 8 000/22 000 = 36.36%

普通股占比 = 14 000/22 000 = 63.64%

长期借款成本 = 8% ×(1 - 25%) = 6%

普通股成本 = [2 ×(1 + 5%)/25] + 5% = 13.4%

加权平均资本成本 = 6% ×36.36% + 13.4% × 63.64% = 10.71%

(4) 采用方案一和方案二后的经营杠杆系数、财务杠杆系数、总杠杆系数。

采用方案一：

经营杠杆系数 = (13 000 - 13 000 × 50%)/(13 000 - 13 000 × 50% - 1 000 - 200) = 1.23

财务杠杆系数 = (13 000 - 13 000 × 50% - 1 000 - 200)/(13 000 - 13 000 × 50% - 1 000 - 200 - 8 000 × 8% - 2 000 × 9.6%) = 1.1862

总杠杆系数 = 1.23 × 1.1862 = 1.459

采用方案二：

经营杠杆系数 = (13 000 - 13 000 × 50%)/(13 000 - 13 000 × 50% - 1 000 - 200) = 1.23

财务杠杆系数 = (13 000 - 13 000 × 50% - 1 000 - 200)/(13 000 - 13 000 × 50% - 1 000 - 200 - 8 000 × 8%) = 1.1373

总杠杆系数 = 1.23 × 1.1373 = 1.399

(5) 采用方案一和方案二后的每股利润无差别点。

[(EBIT - 8 000 × 8%) × (1 - 25%)/1 080] = [(EBIT - 8 000 × 8% - 2 000 × 9.6%) × (1 - 25%)/1 000]

EBIT = 3 232 万元

(6) 采用平均资本成本比较法确定最佳资金结构时应选用方案二，因为采用方案二的加权平均资本成本低。

追加筹资后的息税前利润 = 13 000 - 13 000 × 50% - 1 000 - 200 = 5 300（万元）> 3 232（万元），所以，采用每股收益分析法确定最佳资金结构时应选用方案一。

五、综合题

1.【答案】

(1)

表 5 - 27

筹资方案	发行债券	发行优先股	增发普通股
营业利润（万元）	2 000	2 000	2 000
现有债务利息	300	300	300
新增债务利息	440	0	0
税前利润	1 260	1 700	1 700

续表

筹资方案	发行债券	发行优先股	增发普通股
所得税	504	680	680
税后利润	756	1 020	1 020
优先股红利	0	480	0
普通股收益	756	540	1 020
股数（万股）	800	800	1 000
每股收益（元）	0.945	0.675	1.02

（2）债券筹资与普通股筹资的每股收益无差别点：

（EBIT－300－4 000×11%）×0.6/800＝（EBIT－300）×0.6/1 000

EBIT＝2 500 万元

优先股筹资与普通股筹资的每股收益无差别点：

［（EBIT－300）×0.6－4 000×12%］/800＝（EBIT－300）×0.6/1 000

EBIT＝4 300 万元

（3）筹资前的财务杠杆＝1 600/（1 600－300）＝1.23

发行债券筹资的财务杠杆＝2 000/（2 000－300－4 000×11%）＝1.59

优先股筹资的财务杠杆＝2 000/（2 000－300－4 000×12%/0.6）＝2.22

普通股筹资的财务杠杆＝2 000/（2 000－300）＝1.18

（4）该公司应当采用增发普通股筹资。该方式在新增营业利润400万元时，每股收益较高、风险（财务杠杆）较低，最符合财务目标。

（5）当项目新增营业利润为1 000万元时应选择债券筹资方案；当项目新增营业利润为4 000万元时应选择债券筹资方案。

2.【答案】

（1）

表 5－28

方案	方案一：维持目前政策	方案二：负债筹资	方案三：股权筹资
销量（件）	45 000	45 000	45 000
单价（元）	240	240	240
收入（万元）	1 080	1 080	1 080
单位变动成本（元）	200	180	180
变动成本（万元）	900	810	810
边际贡献（万元）	180	270	270
固定成本（万元）	120	150	150
息税前利润（万元）	60	120	120
原负债（万元）	400	400	400
原负债利率	5%	5%	5%
原负债利息（万元）（利率5%）	20	20	20
新增负债（万元）		600	
新增负债利率		6.25%	
新增负债利息（万元）		37.5	
利息合计（万元）	20	57.5	20
税前利润（万元）	40	62.5	100
所得税税率	40%	40%	40%
所得税（万元）	16	25	40
税后利润（万元）	24	37.5	60
股数（万股）	20	20	40
每股收益	1.2	1.88	1.50
经营杠杆	3.00	2.25	2.25
财务杠杆	1.50	1.92	1.20
总杠杆	4.50	4.32	2.70

（2）设每股收益无差别点的销售量为Q，则有：（Q×单位边际贡献60－固定成本150－利息费用57.5）×0.6/20＝（Q×60－150－20）×0.6/40

Q＝4.083333 万件

(3) 方案一的盈亏平衡点 = (120 + 20)/(240 - 200) = 3.5 (万件)

方案二的盈亏平衡点 = (150 + 57.5)/(240 - 180) = 3.458333 (万件)

方案三的盈亏平衡点 = (150 + 20)/(240 - 180) = 2.83333 (万件)

(4) 风险收益分析:

方案一的总杠杆最高，风险最大;

方案二的每股收益最高，即报酬最大;

如果销售量为三万件，则第三方案更好，因为企业此时仍可以盈利。

3.【答案】

目前情况:

权益净利率 = (100 × 30% - 20) × (1 - 40%)/50 × (1 - 40%) = 20%

DOL = 100 × 30%/[100 × 30% - (20 - 50 × 40% × 8%)] = 30/[30 - (20 - 1.6)] = 30/11.6 = 2.59

DFL = 11.6/(11.6 - 1.6) = 1.16

DTL = 2.59 × 1.16 = 3

(1) 增资方案。

权益净利率 = [120 × (1 - 60%) - (20 + 5)] × (1 - 40%)/[50 × (1 - 40%) + 40] = 19.71%

DOL = 120 × (1 - 60%)/[120 × (1 - 60%) - (20 + 5 - 1.6)] = 48/(48 - 23.4) = 1.95

DFL = (48 - 23.4)/(48 - 23.4 - 1.6) = 1.07

DTL = 1.95 × 1.07 = 2.09

总杠杆系数虽然降低，但权益净利率也降低了，所以不应改变经营计划。

(2) 借款方案。

权益净利率 = [120 × (1 - 60%) - (20 + 5) - 40 × 10%] × (1 - 40%)/50 × (1 - 40%) = 38%

DOL = 120 × (1 - 60%)/[120 × (1 - 60%) - (20 + 5 - 1.6)] = 48/(48 - 23.4) = 1.95

DFL = (48 - 23.4)/(48 - 23.4 - 1.6 - 4) = 1.29

DTL = 1.95 × 1.29 = 2.52

权益净利率提高的同时总杠杆系数降低，所以应改变经营计划。

第六章 投资管理

考情分析

本章题型既可以出客观题，也可以出主观题，从历年考试来看，一般是出题分值较多的一章，并且每年都会有计算题或综合题出现。历年考题分数在 17 分左右。

教材变化

2020 年本章内容较上年无大幅变化，增加基金投资的相关内容。

考点提示

本章主要讲述投资管理的主要内容、投资项目财务评价指标、独立投资方案的决策、互斥投资方案的决策、固定资产更新决策、证券资产的特点、证券投资的目的、证券资产投资的风险，以及债券投资、股票投资和基金投资。

本章考点框架

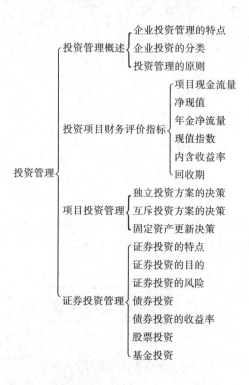

- 投资管理
  - 投资管理概述
    - 企业投资管理的特点
    - 企业投资的分类
    - 投资管理的原则
  - 投资项目财务评价指标
    - 项目现金流量
    - 净现值
    - 年金净流量
    - 现值指数
    - 内含收益率
    - 回收期
  - 项目投资管理
    - 独立投资方案的决策
    - 互斥投资方案的决策
    - 固定资产更新决策
  - 证券投资管理
    - 证券投资的特点
    - 证券投资的目的
    - 证券投资的风险
    - 债券投资
    - 债券投资的收益率
    - 股票投资
    - 基金投资

考点解读及例题点津

第一单元　投资管理概述

1 企业投资管理的特点

一、考点解读

（1）属于企业的战略性决策；

（2）属于企业的非程序化管理；

（3）投资价值的波动性大。

二、例题点津

【例题1·多选题】 项目投资管理的特点包括（　　）。

A. 属于企业的非程序化管理

B. 属于企业的程序化管理

C. 投资价值的波动性大

D. 属于企业的战略性决策

【答案】ACD

【解析】项目投资管理的特点包括属于企业的战略性决策；属于企业的非程序化管理；投资价值的波动性大。

2 企业投资的分类

一、考点解读

（一）按投资活动与企业本身生产经营活动的关系分

1. 直接投资

直接投资是将资金直接投放于形成生产经营能力的实体性资产，直接谋取经营利润的企业投资。

2. 间接投资

间接投资是将资金投放于股票、债券、基金等证券性资产上的企业投资。

（二）按投资对象的存在形态和性质分

1. 项目投资

项目投资指购买具有实质性内涵的经营资产，包括有形资产和无形资产。项目投资属于直接投资。

2. 证券投资

证券投资指购买属于综合性生产要素的权益性权利资产的企业投资。证券投资属于间接投资。

（三）按投资活动对企业未来生产经营前景的影响分

1. 发展性投资

属于战略性投资，是指对企业未来的生产经营发展全局有重大影响的投资。

2. 维持性投资

属于战术性投资，是为维持企业现有的生产经营正常进行，不会改变企业未来生产经营发展全局的企业投资。

（四）按投资活动资金的投出方向分

1. 对内投资

对内投资指在本企业范围内部的资金投放。

2. 对外投资

对外投资指通过联合投资、合作经营、换取股权、购买证券资产等投资方式，向企业外部投放资金。

（五）按投资项目之间的相互关联关系分

1. 独立投资

独立投资指相容性投资，各个投资项目之间可以同时并存。

2. 互斥投资

互斥投资指非相容性投资，各个投资项目之间不能同时并存。

提示

（1）直接投资与间接投资、项目投资与证券投资。两种投资分类的内涵和范围是一致的，只是分类的角度不同，前者强调的是投资的方式性，后者强调的是投资的对象性。

（2）对内投资都是直接投资，对外投资主要是间接投资，但也可能是直接投资，比如企业之间的横向经济联合中的联营投资。

二、例题点津

【例题1·多选题】按照企业投资的分类，下列各项中，属于发展性投资的有（　　）。

A. 开发新产品的投资

B. 更新替换旧设备的投资

C. 企业间兼并收购的投资

D. 大幅度扩大生产规模的投资

【答案】ACD

【解析】选项B属于维持性投资。

【例题2·多选题】按投资活动与企业本身的生产经营活动的关系可以将投资分为（　　）。

A. 直接投资　　B. 项目投资

C. 间接投资　　D. 证券投资

【答案】AC

【解析】按投资活动与企业本身的生产经营活动的关系可以将投资分为直接投资和间接投资。按投资对象的存在形态和性质可以将投资分为项目投资和证券投资。

3 投资管理的原则

一、考点解读

（一）可行性分析原则

包括环境可行性、技术可行性、市场可行性、财务可行性等。其中，财务可行性分析是投资项目可行性分析的主要内容。

（二）结构平衡原则

主要指合理配置资源，使有限的资金发挥最

大的效用。

（三）动态监控原则

指对投资项目实施过程中的进程控制。

二、例题点津

【例题 1 · 多选题】投资管理的原则包括（　　）。

A. 可行性分析原则

B. 结构平衡原则

C. 动态监控原则

D. 投资分散化原则

【答案】ABC

【解析】投资管理的原则包括：(1) 可行性分析原则；(2) 结构平衡原则；(3) 动态监控原则。

第二单元　投资项目财务评价指标

1 项目现金流量

一、考点解读

（一）现金流量的含义

由一项长期投资方案所引起的在未来一定期间所发生的现金收支，叫作现金流量。其中，现金收入称为现金流入量，现金支出称为现金流出量，现金流入量与现金流出量相抵后的余额，称为现金净流量（简称“NCF”）。

（二）投资项目的寿命周期

1. 投资期

主要是现金流出量，即在该投资项目上的原始投资。包括长期资产投资和垫支的营运资金。

2. 营业期

该阶段既有现金流入，也有现金流出。

(1) 如果不考虑所得税：

营业现金净流量 = 营业收入 − 付现成本 = 营业利润 + 非付现成本

(2) 如果考虑所得税：

营业现金净流量

= 营业收入 − 付现成本 − 所得税

= 税后营业利润 + 非付现成本

= 营业收入 ×(1 − 所得税税率) − 付现成本 ×(1 − 所得税税率) + 非付现成本 × 所得税税率

3. 终结期

终结期的现金流量有固定资产变价净收入和垫支营运资金的收回。

提示 当资产变现价值与税法规定不一致时，要考虑对所得税的影响。

二、例题点津

【例题 1 · 单选题】所谓现金流量，在投资决策中是指一个项目引起的企业（　　）。

A. 现金流出和现金流入的总量

B. 货币资金流出和货币资金流入增加的数量

C. 现金流出和现金流入增加的数量

D. 流动资金的增加和减少数量

【答案】C

【解析】现金流量是一个增量的概念，在投资决策中是指一个项目引起的企业现金流出和现金流入增加的数量。这里的现金是广义的现金，不仅包括各种货币资金，而且还包括项目需要投入企业拥有的非货币资源的变现价值（或重置成本）。

【例题 2 · 单选题】某公司拟新建一车间用以生产受市场欢迎的甲产品，据预测甲产品投产后每年可创造 220 万元的现金净流量；但公司原生产的 A 产品会因此受到影响，使其年收入由原来的 100 万元降低到 80 万元。假设所得税税率为 25%，则与新建车间生产甲产品项目相关的现金净流量为（　　）万元。

A. 200　　　B. 300

C. 205　　　D. 220

【答案】C

【解析】相关现金净流量 = 220 − (100 − 80) × (1 − 25%) = 205（万元）。

【例题 3 · 多选题】在考虑所有税影响的情况下，下列可用于计算营业现金净流量的算式中，正确的有（　　）。

A. 税后营业利润＋非付现成本

B. 营业收入－付现成本－所得税

C. （营业收入－付现成本）×（1－所得税税率）

D. 营业收入×（1－所得税税率）＋非付现成本×所得税税率

【答案】AB

【解析】营业现金净流量＝营业收入－付现成本－所得税＝税后营业利润＋非付现成本＝收入×（1－所得税税率）－付现成本×（1－所得税税率）＋非付现成本×所得税税率。所以，选项AB正确。

【例题4·单选题】某投资项目某年的营业收入为600 000元，付现成本为400 000元，折旧额为100 000元，所得税税率为25%，则该年营业现金净流量为（　　）元。

A. 250 000　　B. 175 000

C. 75 000　　D. 100 000

【答案】B

【解析】年营业现金净流量＝税后收入－税后付现成本＋非付现成本抵税＝600 000×（1－25%）－400 000×（1－25%）＋100 000×25%＝175 000（元），或者年营业现金净流量＝税后营业利润＋非付现成本＝（600 000－400 000－100 000）×（1－25%）＋100 000＝175 000（元），所以选项B正确。

2 净现值

一、考点解读

1. 净现值的含义

一个投资项目，其未来现金净流量现值与原始投资额现值之间的差额，称为净现值。

2. 计算方法

净现值（NPV）＝未来现金净流量现值－原始投资额现值

3. 决策标准

NPV≥0时，投资方案可行。

4. 贴现率的选取

（1）市场利率；

（2）投资者希望获得预期最低投资报酬率；

（3）企业平均资本成本率。

5. 优点

（1）适用性强，能基本满足年限相同的互斥项目的决策；

（2）能灵活地考虑投资风险。

6. 缺点

（1）所采用的贴现率不易确定；

（2）不便于对原始投资额不相等的独立投资方案的比较决策；

（3）不能对寿命不同的互斥方案进行直接决策。

二、例题点津

【例题1·计算题】甲公司拟投资100万元购置一台新设备，年初购入时支付20%的款项，剩余80%的款项下年初付清；新设备购入后可立即投入使用，使用年限为5年，预计净残值为5万元（与税法规定的净残值相同），按直线法计提折旧。新设备投产时需垫支营运资金10万元，设备使用期满时全额收回。新设备投入使用后，该公司每年新增净利润11万元。该项投资要求的必要报酬率为12%。

要求：

（1）计算新设备每年折旧额。

（2）计算新设备投入使用后第1～4年营业现金净流量（$NCF_{1\sim4}$）。

（3）计算新设备投入使用后第5年现金净流量（NCF_5）。

（4）计算原始投资额。

（5）计算新设备购置项目的净现值（NPV）。

【答案】

（1）年折旧额＝（100－5）/5＝19（万元）

（2）$NCF_{1\sim4}$＝11＋19＝30（万元）

（3）NCF_5＝30＋5＋10＝45（万元）

（4）原始投资额＝100＋10＝110（万元）

（5）净现值＝30×（P/A，12%，4）＋45×（P/F，12%，5）－100×20%－10－100×80%×（P/F，12%，1）＝30×3.0373＋45×0.5674－20－10－80×0.8929＝15.22（万元）

3 年金净流量

一、考点解读

1. 年金净流量的含义

项目期间内全部现金净流量总额的总现值或总终值折算为等额年金的平均现金净流量，称为年金净流量（ANCF）。

2. 计算方法

某方案的年金净流量 = 现金净流量总现值/年金现值系数

= 现金净流量总终值/年金终值系数

3. 决策标准

在大于零的前提下，年金净流量最大的投资方案为优。

4. 优点

适用于寿命不同的互斥方案比较决策。

5. 缺点

（1）贴现率不易确定；

（2）不便于对原始投资额不相等的独立投资方案的比较决策。

二、例题点津

【例题1·判断题】在互斥项目决策中，年金净流量越大的项目越优。（　　）

【答案】×

【解析】在互斥项目决策中，年金净流量越大的项目越优的结论只在项目年金净流量大于零的前提下才成立。

4 现值指数

一、考点解读

1. 现值指数的含义

投资项目的未来现金净流量现值与原始投资额现值之比，用PVI表示。

2. 计算方法

现值指数 = 未来现金净流量现值/原始投资额现值

3. 决策标准

现值指数≥1，项目可行；现值指数＜1，项目不可行。

4. 特点

（1）现值指数法也是净现值法的辅助方法，在各方案原始投资额现值相同时，实质上就是净现值法。

（2）现值指数是一个相对数指标，反映了投资效率，可用于投资额现值不同的独立方案比较。

二、例题点津

【例题1·单选题】下列关于现值指数的表述中，错误的是（　　）。

A. 现值指数大于1，项目可行；现值指数小于1，项目不可行

B. 现值指数是投资项目的未来现金净流量现值与原始投资额现值之比

C. 现值指数法是净现值法的辅助方法

D. 现值指数是一个相对数指标，反映了投资效率

【答案】A

【解析】现值指数等于1时，净现值等于0，项目也是可行的。

5 内含收益率

一、考点解读

（一）内含收益率的含义

内含收益率是指项目实际可望达到的报酬率，即能使项目投资的净现值等于零时的折现率，用IRR表示。

（二）计算方法

1. 年金法

如果项目的全部投资均于投资期内一次性投入，投资期为零，并且投产后每年的净现金流量相等。内含收益率指标可以用求系数、查表、使用插值法的步骤计算。

2. 逐步测试法

如果项目投资不同时满足上述计算内部收益率的特殊算法的条件，则只能采用试算法结合插值法的一般步骤计算内含收益率。

（三）决策标准

只有当内含收益率≥折现率时，投资项目才是可行的。

（四）优点

（1）内含收益率反映了投资项目实际可能达到的投资报酬率；

（2）反映各独立方案的获利水平。

（五）缺点

（1）计算复杂，不易直接考虑投资风险大小；

（2）在互斥方案决策时，如果各方案的原始投资额不相等，有时无法作出正确的决策。

二、例题点津

【例题1·单选题】某投资项目各年现金净流量按13%折现时，净现值大于零；按15%折现时，净现值小于零。则该项目的内含收益率一定是（　　）。

A. 大于14%　　B. 小于14%

C. 小于13%　　D. 小于15%

【答案】D

【解析】内含收益率是净现值为0时的折现率，根据题目条件说明内含收益率在13%～15%之间。所以选项D正确。

【例题2·单选题】某投资项目原始投资为12 000元，建设期为零，项目寿命3年，每年可获得现金净流量4 600元，则该项目内含收益率为（　　）。

A. 7.33%　　B. 7.68%

C. 8.32%　　D. 6.68%

【答案】A

【解析】原始投资 = $\sum$ 每年现金净流量×年金现值系数；则：12 000 = 4 600×（P/A，i，3）；（P/A，i，3）= 2.6087；查表与2.609接近的现值系数，2.6243和2.5771分别指向7%和8%，用插值法确定该项目内含收益率为7.33%。

【例题3·多选题】采用特殊方法计算内含收益率时，其要满足的条件包括（　　）。

A. 投资期内每年有等额现金流量

B. 投资期为零

C. 投资均于投资期内一次性投入

D. 投产后每年的净现金流量相等

【答案】BCD

【解析】采用特殊方法计算内含收益率时，其要满足的条件包括全部投资均于投资期内一次性投入，投资期为零，并且投产后每年的净现金流量相等。

6 回收期

一、考点解读

（一）回收期的含义

回收期是指投资项目未来现金净流量与原始投资额相等时所经历的时间，即原始投资额通过未来现金流量回收所需要的时间。

（二）静态回收期

1. 含义

静态回收期没有考虑货币时间价值，直接用未来现金净流量累计原始投资数额时所经历的时间作为静态回收期。

2. 计算方法

（1）未来每年现金净流量相等时，静态回收期 = 原始投资额/每年现金净流量。

（2）未来每年现金净流量不相等时，则只能通过计算"累计净现金流量"的方式，来确定静态回收期。该法的原理是：按照回收期的定义，静态回收期满足以下关系式：$\sum NCF_T = 0$。

（三）动态回收期

1. 含义

指考虑时间价值时，以项目未来现金净流量现值累计与原始投资额现值相等时所需要的时间。

2. 计算方法

（1）在原始投资一次支出，每年现金净流入量相等时：

（P/A，i，n）= 原始投资额现值/每年现金净流量现值

计算出年金现值系数后，使用查表、插值法可以计算出n。

（2）如果现金流入量每年不等时，计算使净现值为零时的n，即为动态回收期。

设M是收回原始投资额现值的前一年，

动态回收期 = M + 第 M 年的尚未收回额的现值 ÷ 第（M+1）年的现金净流量现值

（四）回收期指标的优缺点

1. 优点

（1）计算简便，易于理解；

（2）考虑了项目的流动性和风险。

2. 缺点

（1）静态回收期没有考虑时间价值；

（2）静态回收期和动态回收期没有考虑超过回收期的现金流量。

二、例题点津

【例题1·单选题】 某投资项目需在开始时一次性投资 50 000 元，其中固定资产投资 45 000 元，营运资金垫支 5 000 元，没有建设期。各年营业现金净流量分别为 10 000 元、12 000 元、16 000 元、20 000 元、21 600 元、14 500 元，则该项目的静态投资回收期是（　　）年。

A. 3.35　　B. 3.40

C. 3.60　　D. 4.00

【答案】C

【解析】截至第 3 年末还未补偿的原始投资额 = 50 000 − 10 000 − 12 000 − 16 000 = 12 000（元），所以静态回收期 = 3 + 12 000/20 000 = 3.6（年）。

第三单元　项目投资管理

1 独立投资方案的决策

一、考点解读

（一）独立投资方案的决策实质

决策实质是如何确定各种可行方案投资顺序，即独立方案之间的优先次序。

（二）决策方法

以各个方案的获利程度作为评价标准，一般采用内含收益率法进行比较决策。

提示

（1）反映获利程度的指标：内含收益率、现值指数。

（2）反映获利额的指标：净现值和年金净流量。

二、例题点津

【例题1·单选题】 对投资规模不同的两个独立方案的评价，应优先选择（　　）。

A. 净现值大的方案

B. 项目周期短的方案

C. 投资额小的方案

D. 内含收益率大的方案

【答案】D

【解析】对于独立方案评优，应当选用现值指数法或内含收益率法。

2 互斥投资方案的决策

一、考点解读

（一）互斥投资方案的决策实质

决策实质是如何选择最优方案。

（二）决策方法

（1）项目寿命相同时，选择净现值法，以净现值最大的方案为最优。

（2）项目寿命相同或不同时，选择年金净流量法，以年金净流量最大的方案为最优。

二、例题点津

【例题1·计算题】 某开发公司拥有一稀有矿藏，这种矿产品的价格预计将不断上升。根据预测，5 年后价格将上升 40%。因此，公司要研究现在开发还是 5 年后开发的问题。不论是现在开发还是 5 年后开发，原始总投资相同，建设期均为 1 年，从第二年开始投产，投产后 5 年就将矿藏全部开采完毕。有关资料如表 6－1 所示：

表 6-1

投资	数量	收入与成本	数量
固定资产投资	90 万元	年产销量	2 000 吨
流动资金投资	10 万元	现在投资开发每吨售价	0.1 万元
固定资产净残值	0	5 年后投资开发每吨售价	0.14 万元
资金成本率	20%	经营成本	50 万元
		所得税税率	25%

要求：

根据上述资料作出现在开发还是5年后开发的投资决策。

【答案】

(1) 现在开发各年净现金流量。

NCF(0) = -90（万元）

NCF(1) = -10（万元）

固定资产年折旧 =90/5 =18（万元）

NCF(2～5) =(2 000×0.1 -50 -18)×(1 -25%) +18 =117（万元）

NCF(6) =117 +10 =127（万元）

现在开发的 NPV = -90 -10×(P/F, 20%, 1) +117×(P/A, 20%, 4)×(P/F, 20%, 1) +127×(P/F, 20%, 6) = -90 -10×0.833 +117×2.589×0.833 +127×0.335 =196.55（万元）

(2) 5 年后开发各年净现金流量。

NCF(0) = -90（万元）

NCF(1) = -10（万元）

固定资产年折旧 =90/5 =18（万元）

NCF(2～5) =(2 000×0.14 -50 -18)×(1 -25%) +18 =177（万元）

NCF(6) =177 +10 =187（万元）

5 年后开发的 NPV = -90×(P/F, 20%, 5) -10×(P/F, 20%, 6) +177×(P/A, 20%, 4)×(P/F, 20%, 6) + 187 ×(P/F, 20%, 11) = -90×0.402 -10×0.335 +177×2.589×0.335 +187×0.135 =139.23（万元）

根据计算结果可知，现在开发的净现值大于5年后开发的净现值，所以应现在开发。

3 固定资产更新决策

一、考点解读

（一）项目寿命相同时

(1) 题目给定现金流入时，以净现值最大的方案为优。

(2) 题目没有给定现金流入时，以总现金流出现值最小的方案为优。

（二）项目寿命不同时

(1) 题目给定现金流入时，以年金净流量最大的方案为优。

(2) 题目没有给定现金流入时，以年金成本最小的方案为优。

二、例题点津

【例题1·计算题】乙公司是一家机械制造商，适用的所得税税率为25%。公司现有一套设备（以下简称“旧设备”）已经使用6年，为降低成本，公司管理层拟将该设备提前报废，另行构建一套新设备。新设备的投资与更新在起点一次性投入，并能立即投入运营。设备更新后不改变原有的生产能力，但运营成本有所降低。会计上对于新旧设备折旧年限、折旧方法以及净残值等的处理与税法保持一致，假定折现率为12%，要求考虑所得税费用的影响。相关资料如表6-2所示。

表 6-2　新旧设备相关资料　单位：万元

项目	旧设备	新设备
原价	5 000	6 000
预计使用年限	12 年	10 年
已使用年限	6 年	0 年
净残值	200	400
当前变现价值	2 600	6 000
年折旧费（直线法）	400	560
年运营成本（付现成本）	1 200	800

相关货币时间价值系数如表6-3所示。

表 6-3

期数（n）	6	7	8	9	10
（P/F，12%，n）	0.5066	0.4523	0.4039	0.3606	0.3220
（P/A，12%，n）	4.1114	4.5638	4.9676	5.3282	5.6502

经测算，旧设备在其现有可使用年限内形成的净现金流出量现值为 5 787.80 万元，年金成本（即年金净流出量）为 1 407.74 万元。

要求：

（1）计算新设备在其可使用年限内形成的现金净流出量的现值（不考虑设备运营所带来的运营收入，也不把旧设备的变现价值作为新设备投资的减项）；

（2）计算新设备的年金成本（即年金净流出量）；

（3）指出净现值法与年金净流量法中哪一个更适用于评价该设备更新方案的财务可行性，并说明理由；

（4）判断乙公司是否应该进行设备更新，并说明理由。

【答案】

（1）新设备的现金净流出量的现值 = 6 000 + 800 × (1 − 25%) × (P/A，12%，10) − 560 × 25% × (P/A，12%，10) − 400 × (P/F，12%，10) = 6 000 + 600 × 5.6502 − 140 × 5.6502 − 400 × 0.3220 = 8 470.29（万元）

（2）新设备的年金成本 = 8 470.29/(P/A，12%，10) = 8 470.29/5.6502 = 1 499.11（万元）

（3）因为新旧设备的尚可使用年限不同，所以应该使用年金净流量法。

（4）新设备的年金成本高于旧设备，不应该更新。

第四单元　证券投资管理

1 证券投资的特点

一、考点解读

（一）价值虚拟性

证券资产不能脱离实体资产而完全独立存在。但证券资产的价值不是完全由实体资本的现实生产经营活动决定的，而是取决于契约性权利所能带来的未来现金流量，是一种未来现金流量折现的资本化价值。

（二）可分割性

证券资产可以分割为一个最小的投资单位。

（三）持有目的多元性

既可能是为未来积累现金即为未来变现而持有，也可能是为谋取资本利得即为销售而持有，还有可能是为取得对其他企业的控制权而持有。

（四）强流动性

其流动性表现在：

（1）变现能力强；

（2）持有目的可以相互转换，当企业急需现金时，可以立即将为其他目的而持有的证券资产变现。

（五）高风险性

金融投资受公司风险和市场风险的双重影响。

二、例题点津

【例题 1 · 多选题】证券投资资产的强流动性主要表现在（　　）。

A. 可以分割成最小交易单位

B. 变现能力强

C. 持有目的可以相互转换

D. 有明确的到期期限

【答案】BC

【解析】证券投资资产的强流动性主要表现在：（1）变现能力强；（2）持有目的可以相互转换，当企业急需现金时，可以立即将为其他目的而持有的证券资产变现。

【例题2·判断题】证券资产不能脱离实体资产而独立存在，因此，证券资产的价值取决于实体资产的现实经营活动所带来的现金流量。(　　)

【答案】×

【解析】证券资产不能脱离实体资产而完全独立存在，但证券资产的价值不是完全由实体资产的现实生产经营活动决定的，而是取决于契约性权利所能带来的未来现金流量，是一种未来现金流量折现的资本化价值。

2 证券投资的目的

一、考点解读

（1）分散资金投向，降低投资风险；

（2）利用闲置资金，增加企业收益；

（3）确定客户关系，保证生产经营；

（4）提高资产流动性，增强偿债能力。

二、例题点津

【例题1·判断题】某企业在生产经营淡季将生产过程中游离出来的部分资金进行了短期债券投资，这样做符合分散资金投向、降低投资风险的目的。(　　)

【答案】×

【解析】这部分在生产过程中游离出来的资金属于暂时闲置资金，将其进行短期债券投资，符合利用闲置资金、增加企业收益的目的。

【例题2·单选题】一般认为，企业利用闲置资金进行债券投资的主要目的是（　　）。

A. 控制被投资企业

B. 谋取投资收益

C. 降低投资风险

D. 增强资产流动性

【答案】B

【解析】企业在生产经营过程中，由于各种原因有时会出现资金闲置、现金结余较多的情况。这些闲置的资金可以投资于股票、债券等有价证券上，谋取投资收益，这些投资收益主要表现在股利收入、债息收入、证券买卖差价等方面，本题选项B正确。

3 证券投资的风险

一、考点解读

（一）系统性风险

1. 价格风险

价格风险指由于市场利率上升，使证券价格普遍下降的风险。证券资产的期限越长，市场利率上升时其价格下跌越剧烈，价格风险越大。到期风险附加率是投资者承担市场利率上升导致证券价格下降的利率变动风险的一种补偿。期限越长的证券，要求的到期风险附加率越大。

2. 再投资风险

再投资风险指由于市场利率下降，再也找不到原来的高回报的投资机会，而造成的无法通过再投资实现预期收益的风险。

3. 购买力风险

购买力风险指由于通货膨胀而使货币购买力下降的风险。购买力风险对具有收款权利性质的资产影响很大，债券投资的购买力风险远大于股票投资。避免购买力风险的办法是将资本投向实体性资产。

（二）非系统性风险

1. 违约风险

违约风险指证券发行人无法按约定兑付证券利息和偿还本金的可能性。

2. 变现风险

变现风险指证券持有者无法将证券以正常价格平仓出货的可能性。

3. 破产风险

破产风险指证券资产发行者破产清算时投资者无法收回应得权益的可能性。

二、例题点津

【例题1·单选题】下列（　　）不属于证券投资的系统性风险。

A. 购买力风险　　B. 再投资风险

C. 价格风险　　D. 变现风险

【答案】D

【解析】系统性风险包括价格风险、再投资风险和购买力风险；非系统性风险包括违约风险、变现风险和破产风险。

【例题2·判断题】 价格风险指由于市场利率下降，再也找不到原来的高回报的投资机会，而造成的无法通过再投资实现预期收益的风险。(　　)

【答案】×

【解析】再投资风险指由于市场利率下降，再也找不到原来的高回报的投资机会，而造成的无法通过再投资实现预期收益的风险。

【例题3·单选题】 对债券持有人而言，债券发行人无法按期支付债券利息或偿付本金的风险是（　　）。

A. 流动性风险　　B. 系统风险

C. 违约风险　　D. 购买力风险

【答案】C

【解析】违约风险是指证券资产发行者无法按时兑付证券资产利息和偿还本金的可能性，所以选项C正确。

4 债券投资

一、考点解读

（一）债券的基本要素

债券的基本要素包括债券面值、票面利率（计息方式、付息方式）、到期日。

（二）债券的价值

1. 基本公式

（1）基本公式。

债券价值＝未来各期利息收入的现值合计＋未来到期本金或售价的现值

$V_b = I \times (P/A, i, n) + M \times (P/F, i, n)$

（2）决策标准。

价值高于价格可以购买，反之则相反。

债券的票面利率可能小于、等于或大于市场利率，因而债券价值就可能小于、等于或大于债券票面价值，因此在债券实际发行时就要折价、平价或溢价发行。折价发行是为了对投资者未来少获利息而给予的必要补偿；平价发行是因为票面利率与市场利率是相等的，此时票面价值和债券价值是一致的，所以不存在补偿问题；溢价发行是为了对债券发行者未来多付利息而给予的必要补偿。

2. 债券期限对债券价值的敏感性

（1）引起债券价值随债券期限变化而波动的原因，是债券票面利率与市场利率的不一致性。如果票面利率与市场利率一致，债券期限变化不会引起债券价值的变化。即只有溢价或折价的债券，才产生不同期限下债券价值有所不同的现象。

（2）债券期限越短，债券票面利率对债券价值的影响越小。不论是溢价债券还是折价债券，当债券期限较短时，票面利率与市场利率的差异不会使债券价值过于偏离债券的面值。

（3）债券期限越长，债券价值越偏离债券面值，并且，溢价债券的期限对债券价值的敏感性要大于折价债券。

（4）超长期债券的期限差异，对债券价值的影响不大。

3. 市场利率对债券价值的敏感性

（1）市场利率提高，债券价值变小，反之则相反。

（2）长期债券对市场利率的敏感性要大于短期债券。

（3）市场利率低于票面利率时，债券价值对市场利率的变化较为敏感，市场利率稍有变化债券价值就会发生剧烈波动；市场利率超过票面利率之后债券价值对市场利率的变化的敏感性减弱，市场利率的提高，不会使债券价值过分降低。

二、例题点津

【例题1·单选题】 市场利率和债券期限对债券价值都有较大的影响。下列相关表述中，不正确的是（　　）。

A. 市场利率上升会导致债券价值下降

B. 长期债券的价值对市场利率的敏感性小于短期债券

C. 债券期限越短，债券票面利率对债券价值的影响越小

D. 债券票面利率与市场利率不同时，债券面值与债券价值存在差异

【答案】B

【解析】长期债券对市场利率的敏感性会大于短期债券，在市场利率较低时，长期债券的价值远高于短期债券，在市场利率较高时，长期债券的价值远低于短期债券。所以选项 B 不正确。

【例题 2 · 多选题】下列关于债券的表述中，正确的有（　　）。

A. 对于到期一次还本付息债券，若债券的票面利率等于其市场利率，则债券的价值就是其面值

B. 对于分次付息债券，若债券的票面利率等于其市场利率，则债券的价值就是其面值

C. 零票面利率债券的发行价格一定低于其面值

D. 零票面利率债券在其整个存续期内其价值一定低于其面值

【答案】BCD

【解析】对于到期一次还本付息的债券来说，若债券的票面利率等于其市场利率，则债券的价值低于其面值。

5 债券投资的收益率

一、考点解读

（一）债券收益的来源

（1）名义利息收益；

（2）利息再投资收益；

（3）价差收益。

（二）债券的内部收益率

1. 含义

债券的内部收益率是指以当前市场价格购买债券并持有至到期日或转让日所能获得的收益率，即是使未来现金流入现值等于债券购入价格的贴现率。

2. 计算方法

（1）试算法（考虑时间价值）。使用债券价值的计算公式，将债券价值改为已知的买价，倒求折现率即可。

（2）简便算法（不考虑时间价值）。

$R = [I + (B - P)/N] / [(B + P)/2]$

式中，P 表示债券的当前购买价格，B 表示债券面值，N 表示债券持有期限，分母是平均资金占用，分子是平均收益。

（3）说明。

①平价发行债券，持有到期的内含收益率 = 票面利率；

②溢价发行债券，持有到期的内含收益率 < 票面利率；

③折价发行债券，持有到期的内含收益率 > 票面利率。

（4）决策标准。内含收益率大于投资人要求的报酬率，可以买入债券。

二、例题点津

【例题 1 · 单选题】债券内含收益率的计算公式中不包含的因素是（　　）。

A. 债券面值　　B. 债券期限

C. 市场利率　　D. 票面利率

【答案】C

【解析】在计算债券内含收益率时不涉及市场利率或给定的折现率。

【例题 2 · 判断题】在债券持有期间，当市场利率上升时，债券价格一般会随之下跌。（　　）

【答案】√

【解析】市场利率上升，折现率上升，现值则会降低，所以债券的价格会下跌。

6 股票投资

一、考点解读

（一）股票的价值

1. 股票估价的基本模型

$$V_S = \sum_{t=1}^{\infty} \frac{D_t}{(1 + R_S)^t}$$

2. 固定增长模式

$$V_S = \frac{D_0 \times (1 + g)}{R_S - g} = \frac{D_1}{R_S - g}$$

3. 零成长模式

$V_S = D/R_S$

4. 阶段性成长模式

对于阶段性增长的股票，需要分段计算，才能确定股票的价值。

（二）股票投资的收益率

1. 股票收益的来源

（1）股利收益；

（2）股利再投资收益；

（3）转让价差。

2. 股票的内部收益率

（1）零成长股票。

$R = D/P_0$

（2）固定成长股票。

$$R = \frac{D_1}{P_0} + g$$

（3）阶段性成长股票。

使用股票估值的公式，按某个特定价格买入股票后倒求折现率，这个折现率就是股票的内部收益率。

二、例题点津

【例题1·单选题】某上市公司预计未来5年股利高速增长，然后转为正常增长，则下列各项普通股评价模型中，最适宜计算该公司股票价值的是（　　）。

A. 股利固定模型　　B. 零成长股票模型

C. 阶段性成长模型　D. 股利固定增长模型

【答案】C

【解析】本题考点是股票评价模型的适用。

【例题2·计算题】某投资人持有ABC公司的股票，他的投资必要报酬率为15%。预计ABC公司未来3年股利将高速增长，增长率为20%。在此以后转为正常增长，增长率为12%。公司最近支付的股利是2元。

要求：计算该公司股票的价值。

【答案】

（1）计算非正常增长期的股利现值：

表6-4　非正常增长期的股利现值计算　　单位：元

年数	股利（D_t）	现值系数（15%）	现值
1	$2 \times 1.2 = 2.4$	0.870	2.088
2	$2.4 \times 1.2 = 2.88$	0.756	2.177
3	$2.88 \times 1.2 = 3.456$	0.658	2.274
合计（3年股利的现值）			6.539

（2）计算第3年底的普通股价值：

$$P_3 = \frac{D_4}{R_S - g} = \frac{D_3(1+g)}{R_S - g} = \frac{3.456 \times 1.12}{0.15 - 0.12} = 129.02\text{（元）}$$

计算其现值：

$PVP_3 = 129.02 \times (P/F, 15\%, 3) = 129.02 \times 0.658 = 84.90$（元）

（3）计算股票目前的内在价值：

$P_0 = 6.539 + 84.90 = 91.439$（元）

7 基金投资

一、考点解读

1. 基金投资的概念

投资基金是一种集合投资方式，投资者通过购买基金份额，将众多资金集中起来，由专业的投资者即基金管理人进行管理，通过投资组合的方式进行投资，实现利益共享、风险共担。

投资基金按照投资对象的不同可以分为证券投资基金和另类投资基金。证券投资基金主要投资于证券交易所或银行间市场上公开交易的有价证券，如股票、债券等；另类投资基金包括私募股权基金（private equity，PE）、风险投资基金（venture capital，VC）、对冲基金（hedge fund，HF）以及投资于实物资产如房地产、大宗商品、基础设施等的基金。

2. 证券投资基金的特点

（1）集合理财实现专业化管理。

（2）通过组合投资实现分散风险的目的。

（3）投资者利益共享且风险共担。

（4）权力隔离的运作机制。

（5）严格的监管制度。

3. 证券投资基金的分类

表 6－5

依据法律形式的分类	契约型基金	契约型基金依据基金管理人、基金托管人之间签署的基金合同设立，合同规定了参与基金运作各方的权利与义务。基金投资者通过购买基金份额成为基金合同当事人，享受合同规定的权利，也需承担相应义务
	公司型基金	公司型基金则为独立法人，依据基金公司章程设立，基金投资者是基金公司的股东，按持有股份比例承担有限责任，分享投资收益。与一般股份有限公司类似，也有董事会这种行使股东权力的机构，虽然公司型基金在形式上类似于一般股份公司，但不同于一般股份公司的是，它委托基金管理公司作为专业的投资顾问来经营与管理基金资产
依据运作方式分类	封闭式基金	封闭式基金的基金份额持有人不得在基金约定的运作期内赎回基金，即基金份额在合同期限内固定不变
	开放式基金	开放式基金则可以在合同约定的时间和场所对基金进行申购或赎回，即基金份额不固定。封闭式基金适合资金可进行长期投资的投资者，开放式基金则更适合强调流动资金管理的投资者
依据投资对象进行分类	股票基金	股票基金为基金资产 80% 以上投资于股票的基金
	债券基金	债券基金为基金资产 80% 以上投资于债券的基金
	货币市场基金	仅投资于货币市场工具的为货币市场基金
	混合基金	混合基金是指投资于股票、债券和货币市场工具，但股票投资和债券投资的比例不符合股票基金、债券基金规定的基金
依据投资目标分类	增长型基金	增长型基金主要投资于具有较好增长潜力的股票，投资目标为获得资本增值，较少考虑当期收入
	收入型基金	收入型基金则更加关注能否取得稳定的经常性收入，投资对象集中于风险较低的蓝筹股、公司及政府债券等
	平衡型基金	平衡型基金则集合了上述两种基金投资的目标，既关注是否能够获得资本增值，也关注收入问题
依据投资理念分类	主动型基金	主动型基金是指由基金经理主动操盘寻找超越基准组合表现的投资组合进行投资
	被动（指数）型基金	被动型基金则期望通过复制指数的表现，选取特定的指数成分股作为投资对象，不期望能够超越基准组合，只求能够与所复制的指数表现同步
依据募集方式分类	私募基金	私募基金采取非公开方式发售，面向特定的投资者，他们往往风险承受能力较高，单个投资者涉及的资金量较大
	公募基金	公募基金可以面向社会公众公开发售，募集对象不确定，投资金额较低，适合中小投资者，由于公募基金涉及的投资者数量较多，因此受到更加严格的监管并要求更高的信息透明度

注：增长型基金、平衡型基金和收入型基金三者的风险和收益的关系为：增长型基金风险 > 平衡型基金风险 > 收入型基金风险，增长型基金收益 > 平衡型基金收益 > 收入型基金收益。

4. 证券投资基金业绩评价

在投资时仅仅了解投资产品实现的回报率是不够的，只有通过完备的投资业绩评估，投资者才有足够的信息来了解自己的投资状况，进行基金投资决策。往往需要考虑以下因素：

（1）投资的目标和范围。

两种投资目标与范围不同的基金不具有可比性，不能作为基金投资决策的选择标准。

（2）风险水平。

风险增加时必然要求更高的收益进行补偿，所以单纯比较收益水平会导致业绩评价结果存在偏差，应当关注收益背后的风险水平。

（3）基金规模。

与产品生产的固定成本类似，基金也存在研究费用、信息获取费用等固定成本，随着基金规模的增加，基金的平均成本会下降。另外，非系统性风险也会随着基金规模的增加而降低。当然，这里不是一味肯定基金规模增大的好处，因为基金规模过大也会对投资对象选择以及被投资对象流动性产生不利影响。

（4）时间区间。

在比较不同的基金业绩时需要注意是否处在同样的业绩计算期，不同的业绩比较起止时间下基金业绩可能存在较大差异。为提高业绩比较结果的准确性，可以采用多个时间段的业绩进行比较，比如选择近一个月、近三个月或者近一年等。

5. 常用的基金业绩评估指标

（1）绝对收益。

基金绝对收益指标不关注与业绩基准之间的差异，测量的是证券或投资组合的增值或贬值，在一定时期内获得的回报情况，一般用百分比形式的收益率衡量。绝对收益的计算涉及持有期间收益率、现金流和时间加权收益率、平均收益率。其中平均收益率又分为算数平均收益率和几何平均收益率。

①持有期间收益率：

基金持有期间所获得的收益通常来源于所投资证券的资产回报和收入回报两部分。资产回报是指股票、债券等资产价格的增加，收入回报为股票或债券的分红、利息等。计算公式为：

$$\text{持有期间收益率}=\frac{\text{期末资产价格}-\text{期初资产价格}+\text{持有期间红利收入}}{\text{期初资产价格}}\times 100\%$$

②现金流和时间加权收益率：

该方法将收益率计算区间划分为若干个子区间，每个子区间以现金流发生时间划分，以各个子区间收益率为基础计算整个期间的绝对收益水平。

③平均收益率：

基金的平均收益率根据计算方法不同可分为算术平均收益率和几何平均收益率。其中算术平均收益率即计算各期收益率的算术平均值。算术平均收益率（R_A）的计算公式为：

$$R_A=\frac{\sum_{t=1}^{n}R_t}{n}\times 100\%$$

式中：R_t 表示 t 期收益率；n 表示期数。

几何平均收益率（R_G）的计算公式为：

$$R_G=\left(\sqrt[n]{\prod_{i=1}^{n}(1+R_i)}-1\right)\times 100\%$$

式中：R_i 表示 i 期收益率；n 表示期数。

几何平均收益率相比算术平均收益率考虑了货币时间价值。一般来说，收益率波动越明显，算术平均收益率相比几何平均收益率越大。

（2）相对收益。

基金的相对收益，是基金相对于一定业绩比较基准的收益。根据基金投资的目标选取对应的行业或市场指数，例如沪深 300 指数、上证 50 指数等，以此指数成分股股票收益率作为业绩比较基准，求解相对收益。

二、例题点津

【例题 1·单选题】以下关于基金投资的分类中，不属于依据投资目标分类的是（　　）。

A. 增长型基金　　B. 指数型基金

C. 平衡型基金　　D. 收入型基金

【答案】B

【解析】指数型基金又称被动型基金，是属于基金依照投资理念分类的，ACD 三个选项都是依据投资目标分类。

【例题2·计算题】某股票基金2019年6月公布的近四年收益率分别为12%、7%、14.8%、20%，分别计算这四年来的该股票基金的算术平均收益率和几何平均收益率。

算术平均收益率 = (12% + 7% + 14.8% + 20%)/4 × 100% = 13.45%

几何平均收益率 =

$$\left(\sqrt[4]{\begin{matrix}(1+12\%)(1+7\%)\\(1+14.8\%)(1+20\%)\end{matrix}}-1\right)\times 100\% = 13.35\%$$

本章考点巩固练习题

一、单项选择题

1. 投资管理原则的可行性分析原则包括环境可行性、技术可行性、市场可行性、财务可行性等。其中，(　　)是投资项目可行性分析的主要内容。

A. 环境可行性　　B. 技术可行性

C. 市场可行性　　D. 财务可行性

2. 与直接投资的范围与内涵一致的是(　　)。

A. 间接投资　　B. 发展性投资

C. 维持性投资　　D. 项目投资

3. 以下不属于互斥投资的特点的是(　　)。

A. 相互关联　　B. 相互替代

C. 可以同时存在　　D. 属于非相容性投资

4. 一个投资方案年销售收入300万元，年销售成本210万元，其中折旧85万元，所得税税率为25%，则该方案营业现金净流量为(　　)万元。

A. 90.5　　B. 152.5

C. 175.5　　D. 54.5

5. 某公司预计M设备报废时的净残值为3 500元，税法规定净残值为5 000元，该公司适用的所得税税率为25%，则该设备报废引起的预计现金净流量为(　　)元。

A. 3 125　　B. 3 875

C. 4 625　　D. 5 375

6. 下列各项因素，不会对投资项目内含收益率指标计算结果产生影响的是(　　)。

A. 原始投资额　　B. 资本成本

C. 项目计算期　　D. 现金净流量

7. 某公司新建一条生产线，预计投产后第一年、第二年流动资产需用额分别为40万元和50万元，流动负债需要额分别为15万元和20万元，则第二年新增的流动资金额是(　　)万元。

A. 5　　B. 15

C. 20　　D. 30

8. ABC公司对某投资项目的分析与评价资料如下：该投资项目适用的所得税税率为30%，年税后营业收入为500万元，税后付现成本为350万元，税后净利润80万元。那么，该项目年营业现金净流量为(　　)万元。

A. 100　　B. 180

C. 80　　D. 150

9. (　　)可以从动态的角度直接反映投资项目可能达到的报酬水平。

A. 动态回收期　　B. 净现值

C. 现值指数　　D. 内含收益率

10. A公司正在考虑年末卖掉现有的一台闲置设备，该设备8年前以40 000元购入，税法规定的折旧年限为10年，按直线法计提折旧，预计残值率为10%，已提折旧28 800元，目前可以按10 000元价格卖出，假设所得税税率为25%，卖出现有设备对本期现金流量的影响是(　　)。

A. 减少360元　　B. 减少1 200元

C. 增加9 640元　　D. 增加10 300元

11. 原始投资额不同，而且项目寿命期不同的互斥方案比较决策，最适合采用的评价方法是(　　)。

A. 现值指数法　　B. 净现值法
C. 动态回收期法　　D. 年金净流量法

12. 在设备更换不改变生产能力且新旧设备未来使用年限不同的情况下，固定资产更新决策应选择的方法是（　　）。
A. 动态回收期法　　B. 净现值法
C. 年金成本法　　D. 内含收益率法

13. 下列属于证券投资基金的特点的是（　　）。
A. 集合理财实现专业化管理
B. 通过组合投资实现分散风险的目的
C. 投资者利益共享且风险共担
D. 严格的监管制度

14. 已知某投资项目的原始投资额现值为100万元，净现值为25万元，则该项目的现值指数为（　　）。
A. 0.25　　B. 0.75
C. 1.05　　D. 1.25

15. 某公司计划投资建设一条新生产线，投资总额为60万元，预计新生产线投产后每年可为公司新增净利润4万元，生产线的年折旧额为6万元，则该投资的静态回收期为（　　）年。
A. 5　　B. 6
C. 10　　D. 15

16. 下列各项中，不属于静态投资回收期优点的是（　　）。
A. 计算简便
B. 便于理解
C. 直观反映返本期限
D. 正确反映项目总回报

17. A企业投资20万元购入一台设备，无其他投资，初始期可以忽略，预计使用年限为20年，无残值。项目的折现率是10%，设备投产后预计每年可获得净利22 549元，则该投资的动态回收期为（　　）年。
A. 5　　B. 7
C. 9　　D. 10

18. 已知某投资项目的项目计算期是10年，资金于建设起点一次性投入，当年完工并投产。若投产后每年的净现金流量相等，预计该项目包括建设期的静态回收期是7.5年，则按内含收益率确定的年金现值系数是（　　）。
A. 10.5　　B. 7.5
C. 4.5　　D. 2.5

19. 下列因素中，不会影响债券价值的是（　　）。
A. 票面价值与票面利率
B. 市场利率
C. 到期日与付息方式
D. 购买价格

20. 估算股票价值时的折现率，不能使用（　　）。
A. 股票市场的平均收益率
B. 债券收益率加适当的风险报酬率
C. 国债的利息率
D. 投资人要求的必要报酬率

21. 到期风险附加率是投资者承担（　　）的一种补偿。
A. 变现风险　　B. 资产风险
C. 购买力风险　　D. 利率变动风险

22. 某公司增发的普通股每股市价为12元/股，筹资费率为市价的6%，本年发放股利每股为0.6元，已知同类股票的预期收益率为11%，则维持此股价所需要的股利年增长率为（　　）。
A. 5%　　B. 5.39%
C. 5.68%　　D. 10.34%

23. 市场利率上升时，债券价值的变动方向是（　　）。
A. 上升　　B. 下降
C. 不变　　D. 随机变化

二、多项选择题

1. 某企业拟按15%的必要报酬率进行一项固定资产投资决策，所计算的净现值指标为100万元，则下列表述中不正确的有（　　）。
A. 该项目的现值指数大于1
B. 该项目的现值指数小于1
C. 该项目的内含收益率小于15%
D. 该项目的会计收益率大于15%

2. 下列关于现值指数的表述中，不正确的有

（　　）。

A. 现值指数未考虑资金时间价值

B. 现值指数无须事先设定折现率就可以计算

C. 现值指数可以从动态角度反映项目投资的资金投入与总产出的关系

D. 现值指数无须事先设定折现率就可以排定项目的优劣次序

3. 甲公司拟投资一条生产线，该项目投资期限5年，折现率为12%，净现值200万元。下列说法中，正确的有（　　）。

A. 项目现值指数大于1

B. 项目内含收益率小于12%

C. 项目动态回收期大于5年

D. 项目内含收益率大于12%

4. 下列各项中，与项目实现给定的折现率有关的评价指标有（　　）。

A. 内含收益率　　B. 净现值

C. 现值指数　　D. 静态回收期

5. 动态回收期是长期投资项目评价的一种辅助方法，该方法的缺点有（　　）。

A. 忽视了货币的时间价值

B. 忽视了折旧对现金流的影响

C. 没有考虑回收期满后的现金流

D. 促使放弃有战略意义的长期投资项目

6. 某公司正在开会讨论投产一种新产品，对以下收支发生争论：你认为不应列入该项目评价的现金流量有（　　）。

A. 新产品投产需要增加营运资金80万元

B. 新产品项目利用公司现有未充分利用的厂房，如将该厂房出租可获收益200万元，但公司规定不得将厂房出租

C. 新产品销售会使本公司同类产品减少受益100万元（如果本公司不经营此产品，竞争对手也会推出新产品）

D. 新产品项目需要购置设备的运输、安装、调试等支出15万元

7. 下列关于年金净流量的计算中，正确的有（　　）。

A. 某方案的年金净流量＝现金净流量总现值/年金现值系数

B. 某方案的年金净流量＝现金净流量总终值/年金终值系数

C. 某方案的年金净流量＝净现值/年金现值系数

D. 某方案的年金净流量＝现金净流量总现值/年金终值系数

8. 财务可行性评价指标中，可以选取作为净现值指标折现率的有（　　）。

A. 投资项目的内含收益率

B. 投资者希望获得预期最低投资报酬率

C. 市场利率

D. 企业平均资本成本率

9. 投资项目评估指标出现矛盾的原因有（　　）。

A. 投资额不同　　B. 项目寿命不同

C. 现金流量不同　　D. 折现率不同

10. 有甲、乙两个互斥投资项目，其原始投资额和项目计算期都不同。在此情况下，可以对甲、乙两方案进行优选的方法有（　　）。

A. 净现值法　　B. 内含收益率法

C. 年金净流量法　　D. 共同年限法

11. 如果考虑所得税，下列关于营业现金流量的计算公式中，正确的有（　　）。

A. 营业现金净流量＝营业收入－付现成本－所得税

B. 营业现金净流量＝税后营业利润＋非付现成本

C. 营业现金净流量＝营业利润＋非付现成本

D. 营业现金净流量＝营业收入×(1－所得税税率)－付现成本×(1－所得税税率)＋非付现成本×所得税税率

12. 对于同一投资方案，下列表述正确的有（　　）。

A. 资本成本越低，净现值越高

B. 资本成本等于内含收益率时，净现值为零

C. 资本成本高于内含收益率时，净现值为负数

D. 资本成本越高，净现值越高

13. 下列表述中正确的有（　　）。

A. 只有增量现金流量才是与项目相关的现金流量

B. 评价投资项目时要考虑机会成本

C. 评价投资项目时要考虑项目对企业其他部门的影响

D. 评价投资项目时要考虑已经发生的不能收回的成本

14. 下列各项中，属于证券资产特点的有（　　）。

A. 可分割性　　B. 高风险性

C. 强流动性　　D. 持有目的多元性

15. 影响债券发行价格的因素包括（　　）。

A. 债券面值　　B. 票面利率

C. 市场利率　　D. 债券期限

16. 下列说法中不正确的有（　　）。

A. 当市场利率高于票面利率时，债券价值高于债券面值

B. 在市场利率保持不变的情况下，对于连续支付利息的债券而言，随着到期日的临近，债券价值表现为一条直线，最终等于债券面值

C. 当市场利率等于票面利率时，随着到期时间的缩短，债券价值一直等于债券面值

D. 溢价出售的债券，利息支付频率越快，价值越高

17. 下列关于债券期限对债券价值的敏感性的表述中，正确的有（　　）。

A. 如果票面利率与市场利率一致，债券期限变化不会引起债券价值的变化

B. 引起债券价值随债券期限变化而波动的原因，是债券票面利率与市场利率的不一致

C. 债券期限越短，债券票面利率对债券价值的影响越小

D. 超长期债券的期限差异，对债券价值的影响不大

18. 下列关于市场利率对债券价值的敏感性的表述中，正确的有（　　）。

A. 长期债券对市场利率的敏感性要大于短期债券

B. 市场利率低于票面利率时，债券价值对市场利率的变化较为敏感

C. 市场利率超过票面利率之后债券价值对市场利率变化的敏感性减弱

D. 市场利率提高，债券价值变小

19. 甲企业2年前发行到期一次还本付息债券，该债券面值为1 000元，期限为5年，票面利率为10%（单利计息，复利折现），当前市场上无风险收益率为5%，市场平均风险收益率为3%，则下列说法中不正确的有（　　）。

A. 如果发行时市场利率与当前相同，则该债券是溢价发行的

B. 目前债券的价值为1 020.9元

C. 如果目前债券价格是1 080元，则不能购买

D. 如果现在购买该债券，则在到期日时前2年的利息不能获得

20. 与股票内在价值呈反方向变化的因素有（　　）。

A. 股利增长率　　B. 年股利

C. 预期的报酬率　　D. 贝塔系数

三、判断题

1. 对内投资都是直接投资，对外投资主要是间接投资。（　　）

2. 企业兼并合并的决策、转换新行业和开发新产品决策、大幅扩大生产规模的决策属于战略性投资。（　　）

3. 更新替换旧设备的决策、配套流动资金投资、生产技术革新的决策属于维持性投资。（　　）

4. 若假定在经营期不发生提前回收流动资金，则在终结点回收的流动资金应等于各年垫支的流动资金投资额的合计数。（　　）

5. 如果项目的全部投资均于建设时一次投入，且建设期为零，运营期每年净现金流量相等，则计算内含收益率所使用的年金现值系数等于该项目投资回收期期数。（　　）

6. 对于独立项目的投资决策，在进行排序分析时，以各个方案的获利程度作为评价标准，一般采用净现值法进行比较决策。（　　）

7. 动态投资回收期指标不能测度项目的盈利性。（　　）

8. 营业现金净流量等于税后收入减去税后付现成本加上非付现成本抵税。（　　）

9. 从投资企业的立场看，企业取得借款应视为项目相关现金流入量，而归还借款和支付利息则应视为项目相关现金流出量。（　　）

10. 在项目投资决策中，内含收益率的计算本身与项目设定的贴现率的高低无关。（ ）

11. 一般情况下，能使投资项目的净现值小于零的贴现率，一定小于该项目的内含收益率。（ ）

12. 利用内含收益率法评价投资项目时，计算出的内含收益率是方案本身的投资收益率，因此不需要再估计投资项目的资本成本或要求的最低投资回报率。（ ）

13. 某投资项目投产后预计第一年末流动资产为 90 万元，结算行流动负债为 70 万元，第二年末流动资产为 150 万元，结算行流动负债为 115 万元，则第二年末的营运资金垫支额为 15 万元。（ ）

14. 考虑所得税影响时，投资项目采用加速折旧法计提折旧，计算出来的方案净现值比采用直线折旧法大。（ ）

15. 内含收益率指标不用借助资金成本率就可排定项目的优劣次序。（ ）

16. 债券期限越长，债券价值越偏离债券面值，并且折价债券的价值对债券期限的敏感性要大于溢价债券。（ ）

17. 由于市场利率下降造成的风险是再投资风险，属于系统性风险。（ ）

18. 一种 10 年期的债券，票面利率为 10%，另一种 5 年期的债券，票面利率也是 10%，两种债券的其他方面没有差别。在市场利率急剧下降时，前一种债券价格上升得更多。（ ）

四、计算分析题

1. 某投资者 2019 年初准备投资购买股票，现有甲、乙、丙三家公司可供选择，相关资料如下：

（1）2019 年初甲公司发放的股票每股股利为 4 元，每股市价为 18 元；预期甲公司未来 2 年内股利固定增长率为 15%，在此以后转为零增长。

（2）2019 年初乙公司发放的股票每股股利为 1 元，每股市价为 6.8 元，预期乙公司股利将持续增长，年固定增长率为 6%。

（3）2019 年初丙公司发放的股票每股股利为 2 元，每股市价为 8.2 元，预期丙公司未来 2 年内股利固定增长率为 18%，在此以后转为固定增长，年固定增长率为 4%。

假定目前无风险收益率为 8%，市场上所有股票的平均收益率为 16%，甲、乙、丙三家公司股票的 β 系数分别为 2、1.5、2.5。

要求：

（1）根据资本资产定价模型，分别计算甲、乙、丙三家公司股票的必要收益率。

（2）分别计算甲、乙、丙三家公司股票的市场价值。

（3）通过计算股票价值并与股票市价相比较，判断甲、乙、丙三家公司股票是否应当购买。

（4）假设按照 40%、30% 和 30% 的比例投资购买甲、乙、丙三家公司股票构成投资组合，计算该投资组合的综合 β 系数和组合的必要收益率。

2. 资料：某公司正考虑用一台效率更高的新机器取代现有的旧机器。旧机器的账面折余价值为 12 万元，在二手市场上卖掉可以得到 7 万元；预计尚可使用 5 年，预计 5 年后清理的净残值为零；税法规定的折旧年限尚有 5 年，税法规定的残值可以忽略。

购买和安装新机器需要 48 万元，预计可以使用 5 年，预计清理净残值为 1.2 万元。新机器属于新型环保设备，按税法规定可分 4 年折旧并采用双倍余额递减法计算应纳税所得额，法定残值为原值的 1/12。由于该机器效率很高，可以节约付现成本每年 14 万元。公司的所得税税率 30%。如果该项目在任何一年出现亏损，公司将会得到按亏损额的 30% 计算的所得税额抵免。

要求：

假设公司投资本项目的必要报酬率为 10%，计算上述机器更新方案的净现值。

3. 甲公司在 2015 年 1 月 1 日平价发行甲债券，每张面值 1 000 元，票面利率为 10%，5 年到期，每年 6 月 30 日和 12 月 31 日付息。乙公司在 2015 年 1 月 1 日发行乙债券，每张面值 1 000 元，票面利率 8%，5 年到期，每年 6 月 30 日和 12 月 31 日付息。（计算过程中至

少保留小数点后4位，计算结果取整）

要求：

（1）计算2015年1月1日投资购买甲公司债券的年有效到期收益率是多少？

（2）若投资人要想获得和甲公司债券同样的年有效收益率水平，在2015年1月1日乙公司债券的价值应为多少？

（3）假定2019年1月1日的市场利率下降到8%，那么此时甲债券的价值是多少？

（4）假定2019年10月1日的市价为1 000元，此时购买甲债券的年有效到期收益率是多少？

（5）假定2019年4月1日的市场利率为12%，甲债券的价值是多少？

4. 某上市公司本年度净收益为20 000万元，每股支付股利2元，预计该公司未来3年进入成长期，净收益第1年增长14%，第2年增长14%，第3年增长8%，第4年及以后将保持其净收益水平。

该公司一直采用固定股利支付率的股利政策，并打算今后继续实行该政策，该公司没有增发普通股和发行优先股计划。

要求：

（1）假设投资人要求的报酬率为10%，并打算长期持有该股票，计算股票的价值。

（2）如果股票价格为24.89元，计算长期持有股票的投资收益率。

五、综合题

1. 乙公司是一家机械制作企业，适用的企业所得税税率为25%，该公司要求的最低收益率为12%，为了节约成本支出，提升运营效率和盈利水平，拟对正在使用的一台旧设备予以更新。有关资料如下：

资料一：折旧设备数据资料如表6－6所示。

表6－6　　乙公司折旧设备资料

金额单位：万元

项目	使用旧设备	购置新设备
原值	4 500	4 800
预计使用年限（年）	10	6
已用年限（年）	4	0
尚可使用年限（年）	6	6
税法残值	500	600
最终报废残值	400	600
目前变现价值	1 900	4 800
年折旧	400	700
年付现成本	2 000	1 500
年营业收入	2 800	2 800

资料二：相关货币时间价值系数如表6－7所示。

表6－7　　货币时间价值系数

期限（n）	5	6
（P/F，12%，n）	0.5674	0.5066
（P/A，12%，n）	3.6048	4.1114

要求：

（1）计算与购置新设备相关的以下指标：①税后年营业收入；②税后年付现成本；③每年折旧抵税；④残值变价收入；⑤残值净收益纳税；⑥第1～5年现金净流量（$NCF_{1\sim5}$）和第6年现金净流量（NCF_6）；⑦净现值（NPV）。

（2）计算与使用旧设备相关的以下指标：①目前账面价值；②目前资产报废损益；③资产报废损益对所得税的影响；④残值报废损失减税。

（3）已知使用旧设备的净现值（NPV）为943.29万元，根据上述计算结果，做出固定资产是否更新的决策，并说明理由。

2. 乙公司现有生产线已满负荷运转，鉴于其产品在市场上供不应求，公司准备购置一条生产线，公司及生产线的相关资料如下：

资料一：乙公司生产线的购置有两个方案可供选择；

A方案生产线的购买成本为7 200万元，预计使用6年，采用直线法计提折旧，预计净残值率为10%，生产线投产时需要投入营运资金1 200万元，以满足日常经营活动需要，生产线运营期满时垫支的营运资金全部收回，生产线投入使用后，预计每年新增销售收入11 880万元，每年新增付现成本8 800万元，假定生产线购入后可立即投入使用。

B方案生产线的购买成本为200万元，预计使用8年，当设定贴现率为12%时净现值为3 228.94万元。

资料二：乙公司适用的企业所得税税率为25%，不考虑其他相关税金，公司要求的最低投资报酬率为12%，部分时间价值系数如表6-8所示：

表6-8　　货币时间价值系数表

年度（n）	1	2	3	4	5	6	7	8
（P/F，12%，n）	0.8929	0.7972	0.7118	0.6355	0.5674	0.5066	0.4523	0.4039
（P/A，12%，n）	0.8929	1.6901	2.4018	3.0373	3.6048	4.1114	4.5638	4.9676

资料三：乙公司目前资本结构（按市场价值计算）为：总资本40 000万元，其中债务资本16 000万元（市场价值等于其账面价值，平均年利率为8%），普通股股本24 000万元（市价6元/股，4 000万股），公司今年的每股股利（D0）为0.3元，预计股利年增长率为10%，且未来股利政策保持不变。

资料四：乙公司投资所需资金7 200万元需要从外部筹措，有两种方案可供选择：方案一为全部增发普通股，增发价格为6元/股。方案二为全部发行债券，债券年利率为10%，按年支付利息，到期一次性归还本金。假设不考虑筹资过程中发生的筹资费用。乙公司预期的年息税前利润为4 500万元。

要求：

（1）根据资料一和资料二，计算A方案的下列指标：

①投资期现金净流量；②年折旧额；③生产线投入使用后第1~5年每年的营业现金净流量；④生产线投入使用后第6年的现金净流量；⑤净现值。

（2）分别计算A、B方案的年金净流量，据以判断乙公司应选择哪个方案，并说明理由。

（3）根据资料二、资料三和资料四：

①计算方案一和方案二的每股收益无差别点（以息税前利润表示）；②计算每股收益无差别点的每股收益；③运用每股收益分析法判断乙公司应选择哪一种筹资方案，并说明理由。

（4）假定乙公司按方案二进行筹资，根据资料二、资料三和资料四计算：

①乙公司普通股的资本成本；②筹资后乙公司的加权平均资本成本。

3. 某企业拟进行某项投资活动，现有甲、乙两个方案。相关资料如下：

（1）甲方案原始投资120万元，其中固定资产投资100万元，流动资金投资20万元，建设期为零，投资全部在建设起点一次性投入，经营期为5年，到期固定资产有残值收入10万元，预计投产后年营业收入82万元，年总成本（包括折旧）60万元。

（2）乙方案原始投资200万元，其中固定资产投资170万元，流动资金投资30万元，建设期为2年，经营期为5年，固定资产投资于建设起点一次性投入，流动资金投资于建设期期末投入，固定资产残值收入20万元。项目投产后，年营业收入170万元，付现成本为每年80万元。

（3）不考虑所得税影响。

（4）该企业要求的投资报酬率为10%。

要求：

（1）计算甲、乙方案各年的净现金流量。

表6-9　甲方案各年净现金流量 单位：万元

年限	0	1	2	3	4	5
净现金流量						

表6-10　乙方案各年净现金流量 单位：万元

年限	0	1	2	3	4	5	6	7
净现金流量								

(2) 计算甲、乙两方案的静态回收期和动态回收期。

(3) 计算甲、乙两方案的净现值。

(4) 计算甲、乙两方案的现值指数。

(5) 计算甲方案的内含收益率。

4. 资料：

D公司正面临印刷设备的选择决策。它可以购买10台甲型印刷机，每台价格8 000元，且预计每台设备每年末支付的修理费为2 000元。甲型设备将于第4年末更换，预计无残值收入。

另一个选择是购买11台乙型设备来完成同样的工作，每台价格5 000元，每台每年末支付的修理费用分别为2 000元、2 500元、3 000元。乙型设备需于3年后更换，在第3年末预计有500元/台的残值变现收入。

该公司此项投资的机会成本为10%；所得税税率为30%（假设该公司将一直盈利），税法规定的该类设备折旧年限为3年，残值率为10%；预计选定设备型号后，公司将长期使用该种设备，更新时不会随意改变设备型号，以便与其他作业环节协调。

要求：分别计算采用甲、乙设备的平均年成本，并据此判断应当购买哪一种设备。

本章考点巩固练习题参考答案及解析

一、单项选择题

1.【答案】D

【解析】可行性分析原则包括环境可行性、技术可行性、市场可行性、财务可行性等。其中，财务可行性分析是投资项目可行性分析的主要内容。

2.【答案】D

【解析】直接投资与间接投资、项目投资与证券投资，两种投资分类方式的内涵和范围是一致的，只是分类角度不同。直接投资与间接投资强调的是投资的方式性，项目投资与证券投资强调的是投资的对象性。

3.【答案】C

【解析】互斥投资是非相容性投资，各个投资项目之间相互关联、相互替代，不能同时存在。

4.【答案】B

【解析】营业现金净流量 = (300 - 210) × (1 - 25%) + 85 = 152.5（万元）。

5.【答案】B

【解析】该设备报废引起的预计现金净流量 = 报废时净残值 + (税法规定的净残值 - 报废时净残值) × 所得税税率 = 3 500 + (5 000 - 3 500) × 25% = 3 875（元）。

6.【答案】B

【解析】内含收益率，是指对投资方案未来的每年现金净流量进行贴现，使所得的现值恰好与原始投资额现值相等，从而使净现值等于零时的贴现率。并不使用资本成本做贴现率，所以选项B是正确的。

7.【答案】A

【解析】第一年流动资金需用额 = 40 - 15 = 25（万元），第二年流动资金需用额 = 50 - 20 = 30（万元），第二年新增流动资金额 = 30 - 25 = 5（万元）。所以本题正确答案为A。

8.【答案】B

【解析】根据“净利润 = (收入 - 付现成

本－折旧）×（1－税率）＝税后收入－税后付现成本－折旧×（1－所得税税率）”有：500－350－折旧×（1－30%）＝80，由此得出：折旧＝100万元；年营业现金净流量＝税后利润＋折旧＝80＋100＝180（万元）。

9.【答案】D

【解析】内含收益率的优点是既可以从动态的角度直接反映投资项目可能达到的报酬率水平，又不受事先给定的贴现率高低的影响，比较客观。

10.【答案】D

【解析】目前账面价值为11 200元，而目前该设备的变现价格为10 000元，即如果变现的话将获得10 000元的现金流入，同时，将会产生变现损失1 200元（11 200－10 000），由于变现的损失计入营业外支出，这将会使企业的应纳税所得额减少，从而少纳税300元（1 200×25%），这相当于使企业获得了300元的现金流入。因此，卖出现有设备时，对本期现金流量的影响为增加10 300元（10 000＋300）。

11.【答案】D

【解析】年金净流量法是净现值法的辅助方法，在各方案寿命期相同时，实质上就是净现值法。因此它适用于期限不同的互斥方案决策。

12.【答案】C

【解析】对于使用年限不同的设备替换重置决策，在不改变企业的生产能力时，决策标准应当选用年金成本法，即选择年金成本最低的方案。所以选项C正确。

13.【答案】D

【解析】证券投资基金的特点：

（1）集合理财实现专业化管理。（2）通过组合投资实现分散风险的目的。（3）投资者利益共享且风险共担。（4）权力隔离的运作机制。（5）严格的监管制度。所以选项D错误。

14.【答案】D

【解析】现值指数＝未来现金净流量现值/原始投资额现值＝（100＋25）/100＝1.25。选项D正确。

15.【答案】B

【解析】静态投资回收期＝原始投资额/每年现金净流量，每年现金净流量＝4＋6＝10（万元），原始投资额为60万元，所以静态投资回收期＝60/10＝6（年），选项B正确。

16.【答案】D

【解析】静态投资回收期的优点是能够直接地反映原始投资的返本期限，便于理解，计算也不难，可以直接利用回收期之前的净现金流量信息。

17.【答案】D

【解析】年折旧＝20/20＝1（万元），经营期内年税后净现金流量＝2.2549＋1＝3.2549（万元），因此有3.2549×（P/A，10%，n）－20＝0，即（P/A，10%，n）＝20/3.2549＝6.1446，查表得n＝10，即动态回收期为10年。

18.【答案】B

【解析】内含收益率是使净现值为零时的折现率，即：NPV＝0＝每年相等的净现金流量×年金现值系数－原始总投资；年金现值系数＝原始总投资/每年相等的净现金流量＝该项目包括建设期的静态回收期＝7.5年。

19.【答案】D

【解析】因为债券价值是指未来现金流入的现值（即各期利息收入的现值加到期本金的现值），因此影响利息、本金和折现率高低的因素就会影响债券价值。而购买价格属于投资现金流出，所以不会影响。

20.【答案】C

【解析】股票投资有风险，因此不能用国债的利息率作为估算股票价值时的折现率。

21.【答案】D

【解析】价格风险指由于市场利率上升，使证券价格普遍下降的风险。证券资产的期限越长，市场利率上升时其价格下跌越剧烈，价格风险越大。到期风险附加率是投资者承担市场利率上升导致证券价格下降的利率变动风险的一种补偿。期限越长的证券，要求的到期风险附加率越大。

22. 【答案】B

【解析】$11\% = 0.6 \times (1+g)/[12 \times (1-6\%)] + g$；$g = 5.39\%$。

23. 【答案】B

【解析】根据债券价值的计算公式可知，市场利率上升，债券价值会下降。

二、多项选择题

1. 【答案】BCD

【解析】根据净现值、现值指数和内含收益率三者的计算公式可知，净现值大于0时，现值指数大于1，内含收益率大于必要报酬率，因此，选项A正确，选项BC的说法不正确；由于折现指标与非折现指标的确定原理不同，根据折现指标的情况，无法判断非折现指标的情况，因此，选项D的说法不正确。

2. 【答案】ABD

【解析】现值指数的分子是现金流入的现值（产出），分母是现金流出的现值（投入）。可以从动态角度反映项目投资的资金投入与总产出的关系。

3. 【答案】AD

【解析】对于单一投资项目而言，当净现值大于0时，现值指数大于1，内含收益率大于实现给定的折现率，项目是可行的。选项AD正确，选项B错误，项目净现值大于0，则其未来现金净流量的现值补偿了原始投资额现值后还有剩余，即动态回收期小于项目投资期5年，选项C错误。

4. 【答案】BC

【解析】内含收益率指标的计算与项目实现给定的折现率无关，静态回收期指标属于静态评价指标，与项目实现给定的折现率无关。

5. 【答案】CD

【解析】动态回收期的主要缺点：没有考虑回收期满以后的现金流，也就是没有衡量盈利性；促使公司接受短期项目，放弃有战略意义的长期项目。

6. 【答案】BC

【解析】选项A属于营运资金的增加，应列入该项目评价的现金流出量；选项B和选项C，由于是否投产新产品不改变企业总的现金流量，不应列入项目的现金流量；选项D，额外的资本性支出（运输、安装、调试，等等）应列入该项目评价的现金流出量。

7. 【答案】ABC

【解析】某方案的年金净流量＝现金净流量总现值/年金现值系数＝现金净流量总终值/年金终值系数＝净现值/年金现值系数。

8. 【答案】BCD

【解析】计算净现值时，折现率可以选取市场利率、投资者希望获得预期最低投资报酬率、企业平均资本成本率。

9. 【答案】AB

【解析】评估指标出现矛盾的原因有两种：一是投资额不同；二是项目寿命不同。

10. 【答案】CD

【解析】在项目寿命不同的情况下，只能通过比较其相同时间段内收益的高低判断方案的优劣，应当使用年金净流量法或共同年限法，所以选项CD正确。

11. 【答案】ABD

【解析】如果考虑所得税，营业现金净流量＝营业收入－付现成本－所得税＝税后营业利润＋非付现成本＝营业收入×（1－所得税税率）－付现成本×（1－所得税税率）＋非付现成本×所得税税率。

12. 【答案】ABC

【解析】资本成本作为折现率与净现值呈反向变化，资本成本越低，净现值越高；资本成本等于内含收益率时，净现值为零；资本成本高于内含收益率时，净现值为负数。

13. 【答案】ABC

【解析】已经发生的不能收回的成本是沉没成本，无须考虑。

14. 【答案】ABCD

【解析】证券资产的特点包括：价值虚拟性、可分割性、持有目的多元性、强流动性、高风险性。

15. 【答案】ABCD

【解析】债券发行价格＝各期利息的现值＋

到期本金（面值）的现值。债券各期利息与选项 ABD 直接有关，选项 C 为计算现值时使用的折现率。

16.【答案】AC

【解析】当市场利率高于票面利率时，债券价值低于债券面值，选项 A 不正确；对于分次付息债券而言，当市场利率等于票面利率时，随着到期时间的缩短，债券价值会呈现周期性波动，并不是一直等于债券面值，选项 C 不正确。

17.【答案】ABCD

【解析】引起债券价值随债券期限变化而波动的原因，是债券票面利率与市场利率的不一致性。如果票面利率与市场利率一致，债券期限变化不会引起债券价值的变化；债券期限越短，债券票面利率对债券价值的影响越小。不论是溢价债券还是折价债券，当债券期限较短时，票面利率与市场利率的差异不会使债券价值过于偏离债券的面值；超长期债券的期限差异，对债券价值的影响不大。

18.【答案】ABCD

【解析】市场利率提高，债券价值变小，反之则相反；长期债券对市场利率的敏感性要大于短期债券；市场利率低于票面利率时，债券价值对市场利率的变化较为敏感，市场利率稍有变化债券价值就会发生剧烈波动；市场利率超过票面利率之后债券价值对市场利率的变化的敏感性减弱，市场利率的提高，不会使债券价值过分降低。

19.【答案】BCD

【解析】市场利率 =5% +3% =8%，债券发行价 =（1 000 +1 000 ×10% ×5）×（P/F，8%，5）=1 020.9（元），债券当前价值 =（1 000 +1 000 ×10% ×5）×（P/F，8%，3）=1 190.7（元），所以选项 A 正确，选项 B 错误；如果债券价格低于债券价值，则适合购买，选项 C 中价格低于价值，可以购买，所以选项 C 错误；因为该债券属于到期一次还本付息债券，如果现在购买，能够持有至到期日，则可以获得总共 5 年期的利息。

20.【答案】CD

【解析】$P_0 = D_1/(R_S - g)$，由公式可以看出，股利增长率为 g，年股利为 D_1，与股票价值呈同向变化，而投资人要求的必要收益率 R_S 与股票价值呈反向变化，贝塔系数与投资人要求的必要收益率呈同向变化，因此贝塔系数同股票价值亦呈反向变化。

三、判断题

1.【答案】×

【解析】对内投资都是直接投资，对外投资主要是间接投资，但也可能是直接投资，比如企业之间的横向经济联合中的联营投资。

2.【答案】√

【解析】发展性投资属于战略性投资，是指对企业未来的生产经营发展全局有重大影响的企业投资。如企业兼并合并的决策、转换新行业和开发新产品决策、大幅扩大生产规模的决策等。

3.【答案】√

【解析】维持性投资：属于战术性投资，是为维持企业现有的生产经营正常进行，不会改变企业未来生产经营发展全局的企业投资。如更新替换旧设备的决策、配套流动资金投资、生产技术革新的决策等。

4.【答案】√

【解析】本题考点是流动资金回收的估算。

5.【答案】√

【解析】投资在建设起点一次投入，运营期各年的净现金流量相等，是项目投资的特殊情况。计算静态投资回收期可以用简化计算方法，即静态投资回收期 = 原始投资/每年相等的现金流量，而根据每年相等的净现金流量 × 按内含收益率确定的年金现值系数 − 原始投资额 =0，可以得到：按内含收益率确定的年金现值系数 = 原始投资/每年相等的现金流量，即：计算内含收益率所使用的年金现值系数等于该项目投资回收期期数。所以本题的说法正确。

6.【答案】×

【解析】对于独立项目的投资决策，在进行排序分析时，以各个方案的获利程度作为评价标准，一般采用内含收益率法进行比较决策。

7.【答案】√

【解析】回收期只是考虑了回收期之前的现金流量，回收期后的现金流量没有考虑，所以不能测度项目的盈利性。

8.【答案】√

【解析】营业现金净流量 = 营业收入 ×（1 − 所得税税率）− 付现成本 ×（1 − 所得税税率）+ 非付现成本 × 所得税税率。

9.【答案】×

【解析】从投资企业的立场看，企业取得借款或归还借款和支付利息均应视为项目无关的现金流量。

10.【答案】√

【解析】内含收益率的计算本身与项目设定的贴现率的高低无关。

11.【答案】×

【解析】净现值与贴现率呈反方向变动，能使投资项目的净现值小于零的贴现率，一定大于该项目的内含收益率。

12.【答案】×

【解析】内含收益率是投资方案本身的投资收益率，判断一个投资方案是否可行需要将其内含收益率与事先给定的贴现率（即投资项目的资本成本或要求的最低投资回报率）进行比较才能进行决策。

13.【答案】√

【解析】第一年末营运资金 = 90 − 70 = 20（万元），第二年末营运资金 = 150 − 115 = 35（万元），则第二年末的营运资金垫支额 = 35 − 20 = 15（万元）。

14.【答案】√

【解析】采用加速折旧法时，前若干年计提的折旧多，利润少，上缴的所得税少，所得税后的现金流量大，后若干年正好相反，但因前若干年的现金流量折现成的现值比较大，因此计算出来的净现值也比较大。

15.【答案】√

【解析】内含收益率较高的项目要优于内含收益率较低的项目，至于它们是否可行，还要和资金成本率比较。

16.【答案】×

【解析】债券期限越长，债券价值越偏离债券面值，并且，溢价债券的价值对债券期限的敏感性要大于折价债券。

17.【答案】√

【解析】由于市场利率下降，再也找不到原来的高回报的投资机会，而造成的无法通过再投资实现预期收益的风险。系统性风险包括价格风险、再投资风险和购买力风险。

18.【答案】√

【解析】长期债券对市场利率的敏感性大于短期债券。

四、计算分析题

1.【答案】

（1）甲公司股票的必要收益率 = 8% + 2 ×（16% − 8%）= 24%

乙公司股票的必要收益率 = 8% + 1.5 ×（16% − 8%）= 20%

丙公司股票的必要收益率 = 8% + 2.5 ×（16% − 8%）= 28%

（2）甲公司的股票价值 = 4 ×（1 + 15%）×（P/F，24%，1）+ 4 × $(1 + 15\%)^2$ ×（P/F，24%，2）+ [4 × $(1 + 15\%)^2$/24%] ×（P/F，24%，2）= 21.49（元）

乙公司的股票价值 = 1 ×（1 + 6%）/（20% − 6%）= 7.57（元）

丙公司的股票价值 = 2 ×（1 + 18%）×（P/F，28%，1）+ 2 × $(1 + 18\%)^2$ ×（P/F，28%，2）+ [2 × $(1 + 18\%)^2$ ×（1 + 4%）/（28% − 4%）] ×（P/F，28%，2）= 10.91（元）

（3）由于甲、乙、丙三家公司股票的价值均大于其市价，所以应该购买。

（4）投资组合的 β 系数 = 2 × 40% + 1.5 × 30% + 2.5 × 30% = 2

组合的必要收益率 = 8% + 2 ×（16% − 8%）= 24%

2.【答案】

将节约的付现成本作为旧机器现金流出，分别计算两方案的现金流出总现值，再求出净现值。

表 6－11

项目	计算过程	现金流量	时间	系数	现值
继续使用旧设备：					
旧设备变现价值		－70 000	0	1	－70 000
变现损失减税	（70 000－120 000）×30%	－15 000	0	1	－15 000
每年税后付现成本	140 000×（1－30%）	－98 000	1－5	3.7907	－371 488.60
每年折旧减税	（120 000/5）×30%	7 200	1－5	3.7907	27 293.04
旧设备流出现值合计					－429 195.56
使用新设备：					
投资		－480 000	0	1	－480 000
第 1 年折旧减税	240 000×30%	72 000	1	0.9091	65 455.20
第 2 年折旧减税	120 000×30%	36 000	2	0.8264	29 750.40
第 3 年折旧减税	40 000×30%	12 000	3	0.7513	9 015.60
第 4 年折旧减税	40 000×30%	12 000	4	0.6830	8 196.00
净残值收入		12 000	5	0.6209	7 450.80
残值净损失减税	（40 000－12 000）×30%	8 400	5	0.6209	5 215.56
新设备流出现值合计					－354 916.44
净现值	新设备流出合计－旧设备流出合计				74 279.12

3.【答案】

（1）平价购入，名义到期收益率与票面利率相同，即为 10%。

甲公司年有效到期收益率 $=(1+10\%/2)^2-1=10.25\%$。

（2）乙债券价值 =40×（P/A，5%，10）+1 000×（P/F，5%，10）=923（元）

（3）V=50×（P/A，4%，2）+1 000×（P/F，4%，2）=1 019（元）

（4）年有效到期收益率为 i，

$1\ 000=1\ 050\times[1/(1+i)^{1/4}]$

$(1+i)^{1/4}=1\ 050/1\ 000=1.05$

$(1+i)=1.2155$

年有效到期收益率 i=（1.2155－1）×100%=21.55%

（5）甲债券价值 $=[50+1\ 050\times(P/F,\ 6\%,\ 1)]/(1+6\%)^{1/2}=1\ 010.69$（元）

4.【答案】

（1）计算股票的价值：

预计第 1 年股利 =2×1.14=2.28（元/股）

预计第 2 年股利 =2.28×1.14=2.60（元/股）

预计第 3 年股利 =2.60×1.08=2.81（元/股）

预计第 3 年股票价值 =2.81/10% =28.1（元/股）

股票价值 =2.28×（P/F，10%，1）+2.60×（P/F，10%，2）+28.1×（P/F，10%，2）=27.44（元/股）

（2）计算长期持有股票的投资收益率：

24.89=2.28×（P/F，i，1）+2.60×（P/F，i，2）+（2.81/i）×（P/F，i，2）

采用试算法结合标值法得，i=11%。

五、综合题

1.【答案】

（1）

①税后年营业收入 =2 800×（1－25%）=2 100（万元）

②税后年付现成本 =1 500×（1－25%）=

1 125（万元）

③每年折旧抵税 = 700 × 25% = 175（万元）

④残值变价收入 = 600 万元

⑤残值净收益纳税 = (600 − 600) × 25% = 0

⑥$NCF_{1\sim5}$ = 2 100 − 1 125 + 175 = 1 150（万元）

NCF_6 = 1 150 + 600 − 0 = 1 750（万元）

⑦NPV = −4 800 + 1 150 × (P/A，12%，5) + 1 750 × (P/F，12%，6) = −4 800 + 1 150 × 3.6048 + 1 750 × 0.5066 = 232.07（万元）

(2)

①目前账面价值 = 4 500 − 400 × 4 = 2 900（万元）

②目前资产报废损失 = 1 900 − 2 900 = −1 000（万元）

③资产报废损失抵税 = 1 000 × 25% = 250（万元）

④残值报废损失减税 = (500 − 400) × 25% = 25（万元）

(3) 因为继续使用旧设备的净现值大于使用新设备的净现值，所以应选择继续使用旧设备，不应更新。

2.【答案】

(1) ①投资期现金净流量 NCF_0 = −(7 200 + 1 200) = −8 400（万元）

②年折旧额 = 7 200 × (1 − 10%)/6 = 1 080（万元）

③生产线投入使用后第 1～5 年每年的营业现金净流量 $NCF_{1\sim5}$ = (11 880 − 8 800) × (1 − 25%) + 1 080 × 25% = 2 580（万元）

④生产线投入使用后第 6 年的现金净流量 NCF_6 = 2 580 + 1 200 + 7 200 × 10% = 4 500（万元）

⑤净现值 = −8 400 + 2 580 × (P/A，12%，5) + 4 500 × (P/F，12%，6)

= −8 400 + 2 580 × 3.6048 + 4 500 × 0.5066 = 3 180.08（万元）

(2) A 方案的年金净流量 = 3 180.08/(P/A，12%，6) = 3 180.08/4.1114 = 773.48（万元）

B 方案的年金净流量 = 3 228.94/(P/A，12%，8) = 3 228.94/4.9676 = 650（万元）

由于 A 方案的年金净流量大于 B 方案的年金净流量，因此乙公司应选择 A 方案。

(3) ①(EBIT − 16 000 × 8%) × (1 − 25%)/(4 000 + 7 200/6) = (EBIT − 16 000 × 8% − 7 200 × 10%) × (1 − 25%)/4 000

EBIT = (5 200 × 2 000 − 4 000 × 1 280)/(5 200 − 4 000) = 4 400（万元）

②每股收益无差别点的每股收益 = (4 400 − 16 000 × 8%) × (1 − 25%)/(4 000 + 7 200/6) = 0.45（元）

③该公司预期息税前利润 4 500 万元大于每股收益无差别点的息税前利润，所以应该选择财务杠杆较大的方案二债券筹资。

(4) ①乙公司普通股的资本成本 = 0.3 × (1 + 10%)/6 + 10% = 15.5%

②筹资后乙公司的加权平均资本成本 = 15.5% × 24 000/(40 000 + 7 200) + 8% × (1 − 25%) × 16 000/(40 000 + 7 200) + 10% × (1 − 25%) × 7 200/(40 000 + 7 200) = 11.06%。

3.【答案】

(1) 计算甲、乙方案各年的净现金流量。

甲方案年折旧 = (100 − 10)/5 = 18（万元）

乙方案年折旧 = (170 − 20)/5 = 30（万元）

表 6－12　甲方案各年净现金流量　单位：万元

年数	0	1	2	3	4	5
净现金流量	−100 − 20 = −120	(82 − 60) + 18 = 40	(82 − 60) + 18 = 40	(82 − 60) + 18 = 40	(82 − 60) + 18 = 40	(82 − 60) + 18 + 10 + 20 = 70

表 6-13 乙方案各年净现金流量 单位：万元

年数	0	1	2	3	4	5	6	7
净现金流量	-170	0	-30	170-80=90	170-80=90	170-80=90	170-80=90	170-80+20+30=140

(2) 计算甲、乙两方案的静态回收期和动态回收期。

甲方案静态回收期 = 120/40 = 3（年）

表 6-14

年数	0	1	2	3	4	5
净现金流量	-120	40	40	40	40	70
折现净现金流量	-120	36.364	33.056	30.052	27.32	43.463
累计折现净现金流量	-120	-83.636	-50.58	-20.528	6.792	50.255

甲方案动态回收期 = 3 + (20.528/27.32) = 3.75（年）

乙方案不包括建设期的静态回收期 = 200/90 = 2.22（年）

乙方案包括建设期的静态回收期 = 2 + 2.22 = 4.22（年）

表 6-15

年数	0	1	2	3	4	5	6	7
净现金流量	-170	0	-30	90	90	90	90	140
折现净现金流量	-170	0	-24.792	67.617	61.47	55.881	50.805	71.848
累计折现净现金流量	-170	-170	-194.792	-127.175	-65.705	-9.824	40.981	112.829

乙方案动态回收期 = 5 + (9.824/50.805) = 5.19（年）

(3) 计算甲、乙两方案的净现值。

从第二问的计算可知，甲方案的净现值为 50.255 万元，乙方案的净现值为 112.829 万元。

(4) 计算甲、乙两方案的现值指数。

从第二问的计算可知，

甲方案的现值指数 = (36.364 + 33.056 + 30.052 + 27.32 + 43.463)/120 = 1.419

乙方案的现值指数 = (67.617 + 61.47 + 55.881 + 50.805 + 71.848)/(170 + 24.792) = 1.58

(5) 计算甲、乙两方案的内含收益率。

甲方案：

NPV = 40 × (P/A, i, 4) + 70 × (P/F, i, 5) − 120 = 0

设 i = 28%，40 × (P/A, 28%, 4) + 70 × (P/F, 28%, 5) − 120 = 40 × 2.5320 + 70 × 0.2910 − 120 = 1.65

设 i = 32%，40 × (P/A, 32%, 4) + 70 × (P/F, 32%, 5) − 120 = 40 × 2.3452 + 70 × 0.2495 − 120 = −8.727

28%——1.65

i——0

32%——−8.727

则：$\dfrac{i-28\%}{32\%-28\%}=\dfrac{0-1.65}{-8.727-1.65}$

i = 28.6%。

4.【答案】

(1) 10台甲型设备年折旧额 = 80 000 × (1 − 10%)/3 = 24 000 (元)

11台乙型设备年折旧额 = 55 000 × (1 − 10%)/3 = 16 500 (元)

(2) 10台甲型设备平均年成本:

购置成本 = 80 000 元

每年末税后修理费的现值 = 20 000 × (1 − 30%) × (P/A, 10%, 4) = 44 378.6 (元)

每年折旧抵税的现值 = 24 000 × 30% × (P/A, 10%, 3) = 17 905.68 (元)

预计无残值收入，因此无残值现金流入;

残值损失减税 = 8 000 × 30% × (P/F, 10%, 4) = 1 639.2 (元)

甲设备现金流出总现值 = 80 000 + 44 378.6 − 17 905.68 − 1 639.2 = 104 833.72 (元)

甲设备平均年成本 = 104 833.72/(P/A, 10%, 4) = 33 071.62 (元)

(3) 11台乙型设备平均年成本:

购置成本 = 55 000 元

每年末修理费的现值 = [2 000 × (P/F, 10%, 1) + 2 500 × (P/F, 10%, 2) + 3 000 × (P/F, 10%, 3)] × 11 × (1 − 30%) = 47 263.37 (元)

每年折旧抵税的现值 = 16 500 × 30% × (P/A, 10%, 3) = 12 310.16 (元)

残值收益的现值 = 5 500 × (P/F, 10%, 3) = 4 132.15 (元)

残值与税法规定残值相同，所以不涉及抵税或多上税的问题;

乙设备现值流出总现值 = 55 000 + 47 263.37 − 12 310.16 − 4 132.15 = 85 821.06 (元)

乙设备平均年成本 = 85 821.06/(P/A, 10%, 3) = 34 509.25 (元)

甲设备平均年成本较低，应当购买甲设备。

第七章　营运资金管理

考情分析

从历年试题分布来看，本章题型既可以出客观题，也可以出主观题。历年考题分数在 11 分左右，是历年考试的重点所在，几乎每年都会考计算题，需要引起考生足够的重视。

教材变化

2020 年本章教材内容较上年无实质性变化。

考点提示

本章主要讲述营运资金管理，包括营运资金的概念和特点、营运资金的管理策略、持有现金的动机、目标现金余额的确定、现金收支日常管理、应收账款的功能和成本、信用政策、应收账款的监控、应收账款日常管理、最优存货量的确定、存货的控制系统、短期借款、短期融资券和商业信用等。

本章考点框架

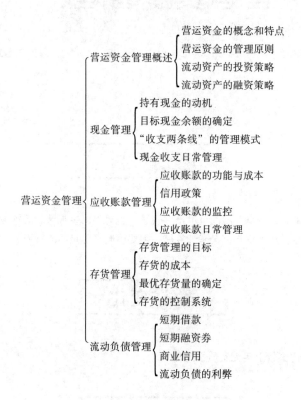

- 营运资金管理
  - 营运资金管理概述
    - 营运资金的概念和特点
    - 营运资金的管理原则
    - 流动资产的投资策略
    - 流动资产的融资策略
  - 现金管理
    - 持有现金的动机
    - 目标现金余额的确定
    - “收支两条线”的管理模式
    - 现金收支日常管理
  - 应收账款管理
    - 应收账款的功能与成本
    - 信用政策
    - 应收账款的监控
    - 应收账款日常管理
  - 存货管理
    - 存货管理的目标
    - 存货的成本
    - 最优存货量的确定
    - 存货的控制系统
  - 流动负债管理
    - 短期借款
    - 短期融资券
    - 商业信用
    - 流动负债的利弊

考点解读及例题点津

第一单元　营运资金管理概述

1 营运资金的概念和特点

一、考点解读

（一）概念

营运资金是指在企业生产经营活动中占用在流动资产上的资金。营运资金有广义和狭义之分，广义的营运资金是指一个企业流动资产的总额；狭义的营运资金概念是指流动资产减去流动负债后的余额。这里指的是狭义的营运资金概念。

（二）流动资产

1. 特点

（1）占用时间短；

（2）周转快；

（3）易变现。

2. 分类

(1) 按占用形态不同，分为现金、以公允价值计量且其变动计入当期损益的金融资产、应收及预付款项和存货。

(2) 按在生产经营过程中所处的环节不同，分为生产领域中的流动资产、流通领域中的流动资产以及其他领域的流动资产。

(三) 流动负债

1. 特点

(1) 成本低；

(2) 偿还期短。

2. 分类

(1) 以应付金额是否确定为标准，可以分成应付金额确定的流动负债和应付金额不确定的流动负债。

(2) 以流动负债形成情况为标准，可以分成自然性流动负债和人为性流动负债。

(3) 以是否支付利息为标准，可以分为有息流动负债和无息流动负债。

(四) 营运资金的特点

(1) 来源具有灵活多样性；

(2) 数量具有波动性；

(3) 周转具有短期性；

(4) 实物形态具有变动性和易变现性。

二、例题点津

【例题1·判断题】 营运资金具有多样性、波动性、短期性、变动性和不易变现性等特点。( )

【答案】×

【解析】营运资金一般具有如下特点：营运资金的来源具有多样性；营运资金的数量具有波动性；营运资金的周转具有短期性；营运资金的实物形态具有变动性和易变现性。

2 营运资金的管理原则

一、考点解读

1. 满足正常资金需求

2. 提高资金使用效率

3. 节约资金使用成本

4. 保持短期偿债能力

二、例题点津

【例题1·多选题】 营运资金管理应该遵循的原则包括 ( )。

A. 满足合理的资金需求

B. 保证一定的盈利能力

C. 保持足够的长期偿债能力

D. 节约资金使用成本

【答案】AD

【解析】企业进行营运资金管理，需要遵循以下原则：(1) 满足合理的资金需求；(2) 提高资金使用效率；(3) 节约资金使用成本；(4) 保持足够的短期偿债能力。

3 流动资产的投资策略

一、考点解读

(一) 紧缩的流动资产投资策略

(1) 维持低水平的流动资产与销售收入比率，将存货尽可能压缩，应收账款和现金余额保持在最低水平。

(2) 可以节约流动资产的持有成本，但与此同时可能伴随着更高风险，这些风险表现为更紧的应收账款信用政策和较低的存货占用水平，以及缺乏现金用于偿还应付账款等。

(3) 对企业的管理水平有较高的要求。因为一旦失控，由于流动资产的短缺，会对企业的经营活动产生重大影响。

(二) 宽松的流动资产投资策略

(1) 维持高水平的流动资产与销售收入比率，企业将保持高水平的现金和有价证券、高水平的应收账款和高水平的存货。

(2) 低风险、低收益。在这种策略下，由于较高的流动性，企业的财务与经营风险较小。但是，过多的流动资产投资，无疑会承担较大的流动资产持有成本，提高企业的资金成本，降低企业的收益水平。

从理论上说，最优的流动资产投资策略应该是使流动资产的持有成本和短缺成本之和最低。

二、例题点津

【例题1·判断题】某公司推行适时制(JIT)，对公司管理水平提出了更高的要求，因此该公司应采用宽松的流动资产投资策略。(　　)

【答案】×

【解析】采用紧缩的流动资产投资策略，无疑对企业的管理水平有较高的要求。存货控制的适时管理系统（JIT），便是其中一个突出代表。

【例题2·单选题】下列不属于紧缩的流动资产投资战略特点的是（　　）。

A. 维持较低的流动资产对销售收入比率

B. 将存货尽可能压缩

C. 应收账款和现金余额保持在最低水平

D. 其风险与收益均较低

【答案】D

【解析】紧缩的流动资产投资战略的特点是维持较低的流动资产——营业收入比率，将存货尽可能压缩，应收账款和现金余额保持在最低水平。其风险与收益均较高。所以应选D。

【例题3·单选题】某公司在营运资金管理中，为了降低流动资产的持有成本、提高资产的收益性，决定保持一个低水平的流动资产与销售收入比率，据此判断，该公司采取的流动资产投资策略是（　　）。

A. 紧缩的流动资产投资策略

B. 宽松的流动资产投资策略

C. 匹配的流动资产投资策略

D. 稳健的流动资产投资策略

【答案】A

【解析】在紧缩的流动资产投资策略下，企业维持较低水平的流动资产与销售收入比率。紧缩的流动资产投资策略可以节约流动资产的持有成本。所以选项A是正确的。

4 流动资产的融资策略

一、考点解读

（一）期限匹配的融资策略特点

长期融资满足非流动资产和永久性流动资产资金的需要，短期融资满足波动性流动资产的资金需要。该种策略风险与收益适中。

（二）保守融资策略特点

长期融资不仅满足非流动资产和永久性流动资产资金的需要，还满足部分波动性流动资产的资金需要，短期融资只满足部分波动性流动资产的资金需要。该种策略风险与收益均较低。

（三）激进融资策略特点

长期融资只满足非流动资产和部分永久性流动资产资金的需要，短期融资不仅满足全部波动性流动资产的资金需要，还满足部分永久性流动资产的资金需要。该种策略风险与收益均较高。

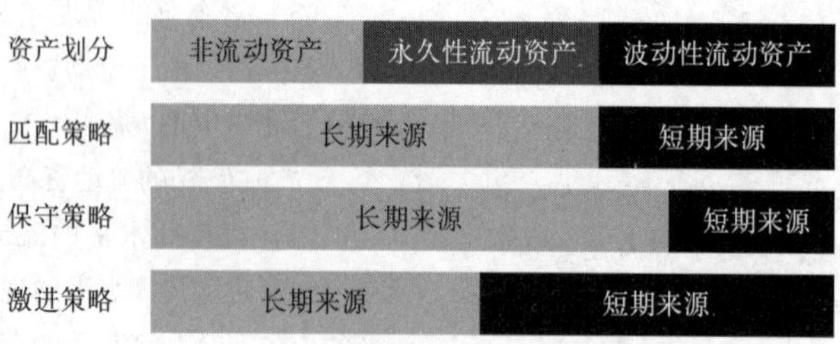

图7－1　可供选择的流动资产融资策略

二、例题点津

【例题1·单选题】下列流动资产融资策略中，收益和风险均较低的是（　　）。

A. 保守融资策略

B. 激进融资策略

C. 产权匹配融资策略

D. 期限匹配融资策略

【答案】A

【解析】保守型融资策略融资成本较高，收

益较低，是一种风险低、收益低、成本高的融资策略。

【例题2·多选题】 在激进的流动资产融资策略中，短期融资方式用来支持（　　）。

A. 部分永久性流动资产

B. 全部永久性流动资产

C. 全部临时性流动资产

D. 部分临时性流动资产

【答案】AC

【解析】在激进融资策略中，企业以长期负债和权益为所有的非流动资产融资，仅对一部分永久性流动资产使用长期融资方式融资。短期融资方式支持剩下的永久性流动资产和所有的临时性流动资产。

第二单元　现金管理

1 持有现金的动机

一、考点解读

（一）现金的含义

现金有广义、狭义之分。广义的现金是指在生产经营过程中以货币形态存在的资金，包括库存现金、银行存款和其他货币资金等。狭义的现金仅指库存现金。这里所讲的现金是指广义的现金。

（二）现金的特点

1. 变现能力最强

2. 收益性最弱

（三）持有现金的动机

表7－1

动机	含义	影响因素
交易性需求	企业为了维持日常周转及正常商业活动所需持有的现金额	企业业务的季节性
预防性需求	企业需要持有一定量现金，以应付突发事件	（1）企业愿冒现金短缺风险的程度 （2）企业预测现金收支可靠的程度 （3）企业临时融资的能力
投机性需求	企业需要持有一定量的现金以抓住突然出现的获利机会	

提示 企业的现金持有量一般小于三种需求下的现金持有量之和，因为为某一需求持有的现金可以用于满足其他需求。

二、例题点津

【例题1·判断题】 企业之所以持有一定数量的现金，主要是出于三个方面的动机：交易动机、预防动机和投资动机。（　　）

【答案】×

【解析】企业持有现金是由于三种需求：交易性需求、预防性需求和投机性需求。

【例题2·单选题】 预防性现金需求是指企业为应付意外事件而持有的现金，其金额不取决于（　　）。

A. 企业愿冒缺少现金风险的程度

B. 企业预测现金收支可靠的程度

C. 企业临时融资的能力

D. 企业经营业务的季节性

【答案】D

【解析】企业经营业务的季节性与交易性现金需求有关，所以选项D不正确。

2 目标现金余额的确定

一、考点解读

（一）成本模型

成本模型强调的是：持有现金是有成本的，最优的现金持有量是使得现金持有成本最小化的持有量。成本模型考虑的现金持有成本主要包括以下项目：

1. 机会成本

机会成本指因持有一定现金而丧失的再投资收益。与现金持有量成正比。

2. 管理成本

管理成本指因持有一定现金而发生的管理费用。在一定范围内与现金持有量之间没有明显的比例关系。

3. 短缺成本

短缺成本指因现金持有量不足所造成的损失。与现金持有量负相关。

4. 最佳现金持有量的确定

最佳现金持有量下的现金持有总成本 = min（管理成本 + 机会成本 + 短缺成本）

（二）存货模型

1. 思路

交易成本和机会成本之和最小的每次现金转换量，就是最佳现金持有量。

2. 相关成本

（1）机会成本：与现金持有量成正比例变化。

（2）交易成本（固定转化成本）：与现金持有量成反比例变化。

3. 相关公式

（1）相关总成本 = 机会成本 + 交易成本

$= (C/2) \times K + (T/C) \times F$

（2）最佳现金持有量 $C^* = \sqrt{(2 \times T \times F)/K}$

（三）随机模型

1. 应用前提

企业现金流量具有很大的不确定性，即企业的现金未来需求总量和收支不可预测。

2. 随机模型的内容

确定现金持有量的上限（H）和下限（L）以及最优现金返回线（R）。当现金余额在上限和下限之间波动时，表明企业现金持有量处于合理的水平，无须进行调整。当现金余额达到上限时，则将部分现金转换为有价证券；当现金余额下降到下限时，则卖出部分证券换取现金。

3. 现金持有量上限、下限和最优现金返回线的确定

（1）最低控制线 L 取决于模型之外的因素，其数额是由现金管理部经理在综合考虑短缺现金的风险程度、公司借款能力、公司日常周转所需资金、银行要求的补偿性余额等因素的基础上确定的。

（2）最优现金返回线的计算公式为：

$$R = \left(\frac{3b \times \delta^2}{4i}\right)^{\frac{1}{3}} + L$$

b——证券与现金的转换成本（指固定转换成本）；

δ——企业每日现金变化的标准差（可根据历史资料预测）；

i——以日为基础计算的现金机会成本，即有价证券的日利息率。

（3）最高控制线 H 的计算公式为：$H = 3R - 2L$。

4. 随机模型的特点

随机模型建立在企业现金未来需求总量和收支不可预测的前提下，因此，计算出来的现金持有量比较保守。

二、例题点津

【例题1·多选题】运用成本模型确定企业最佳现金持有量时，现金持有量与持有成本之间的关系表现为（　　）。

A. 现金持有量越小，总成本越大

B. 现金持有量越大，机会成本越大

C. 现金持有量越小，短缺成本越大

D. 现金持有量越大，管理总成本越大

【答案】BC

【解析】现金持有量越大，机会成本越大，短缺成本越小。

【例题2·单选题】某企业根据现金持有量随机模型进行现金管理。已知现金最低持有量为15万元，现金余额回归线为80万元。如果公司现有现金220万元，此时应当投资于有价证券的金额是（　　）万元。

A. 65　　B. 95　　C. 140　　D. 205

【答案】C

【解析】$H = 3R - 2L = 3 \times 80 - 2 \times 15 = 210$（万元），因此此时应当投资于有价证券的金额 $= 220 - 80 = 140$（万元）。

【例题3·计算题】乙公司使用存货模型确

定最佳现金持有量。根据有关资料分析，2019年该公司全年现金需求量为8 100万元，每次现金转换的成本为0.2万元，持有现金的机会成本率为10%。

要求：

（1）计算最佳现金持有量。

（2）计算最佳现金持有量下的现金转换次数。

（3）计算最佳现金持有量下的现金交易成本。

（4）计算最佳现金持有量下持有现金的机会成本。

（5）计算最佳现金持有量下的相关总成本。

【答案】（1）最佳现金持有量

$=\sqrt{(2\times 8\,100\times 0.2/10\%)}=180$（万元）

（2）现金转换次数 $=8\,100/180=45$（次）

（3）现金交易成本 $=45\times 0.2=9$（万元）

（4）最佳现金持有量下持有现金的机会成本 $=180/2\times 10\%=9$（万元）

（5）最佳现金持有量下的相关总成本 $=9+9=18$（万元）

或：按照公式计算，最佳现金持有量下的相关总成本 $=\sqrt{2\times 8\,100\times 0.2\times 10\%}=18$（万元）。

3 “收支两条线”的管理模式

一、考点解读

“收支两条线”原本是政府为了加强财政管理和整顿财政秩序对财政资金采取的一种管理模式。当前，企业特别是大型集团企业，也纷纷采用“收支两条线”资金管理模式。

（一）企业实行“收支两条线”管理模式的目的

企业作为追求价值最大化的营利组织，实施“收支两条线”主要出于两个目的：第一，对企业范围内的现金进行集中管理，减少现金持有成本，加速资金周转，提高资金使用效率；第二，以实施“收支两条线”为切入点，通过高效的价值化管理来提高企业效益。

（二）“收支两条线”资金管理模式的构建

构建企业“收支两条线”资金管理模式，可从规范资金的流向、流量和流程三个方面入手：

（1）资金的流向方面：企业“收支两条线”要求各部门或分支机构在内部银行或当地银行设立两个账户（收入户和支出户），并规定所有收入的现金都必须进入收入户（外地分支机构的收入户资金还必须及时、足额地回笼到总部），收入户资金由企业资金管理部门（内部银行或财务结算中心）统一管理，而所有的货币性支出都必须从支出户里支付，支出户里的资金只能根据一定的程序由收入户划拨而来，严禁现金坐支。

（2）资金的流量方面：在收入环节上要确保所有收入的资金都进入收入户，不允许有私设的账外小金库。另外，还要加快资金的结算速度，尽量压缩资金在结算环节的沉淀量；在调度环节上通过动态的现金流量预算和资金收支计划实现对资金的精确调度；在支出环节上，根据“以收定支”和“最低限额资金占用”的原则从收入户按照支出预算安排将资金定期划拨到支出户，支出户平均资金占用额应压缩到最低限度。有效的资金流量管理将有助于确保及时、足额地收入资金，合理控制各项费用支出和有效调剂内部资金。

（3）资金的流程方面：资金流程是指与资金流动有关的程序和规定。它是“收支两条线”内部控制体系的重要组成部分，主要包括以下几个部分：①关于账户管理、货币资金安全性等规定；②收入资金管理与控制；③支出资金管理与控制；④资金内部结算和信贷管理与控制；⑤“收支两条线”的组织保障等。

4 现金收支日常管理

一、考点解读

（一）现金周转期

1. 含义

现金周转期指介于企业支付现金与收到现金之间的时间段，也就是经营周期减去应付账款周转期。其中，从收到原材料，加工原材料，形成产成品，到将产成品卖出的这一时期，称为存货周转期；产品卖出后到收到顾客支付的货款的这一时期，称为应收账款周转期或收账期。

但是企业购买原材料并不用立即付款，这一延迟的付款时间段就是应付账款周转期或收账期。具体循环过程如图7－2所示。

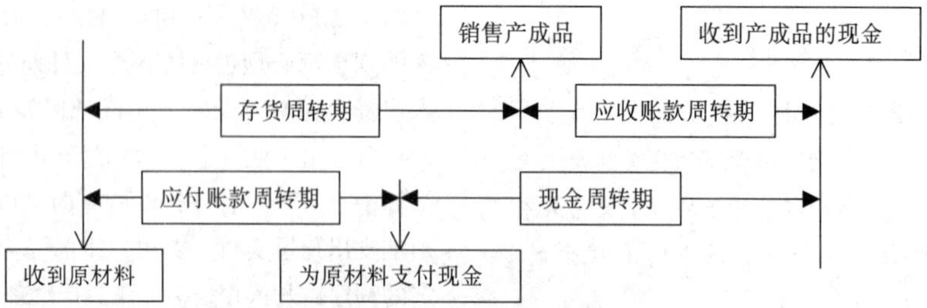

图7－2　现金周转期

2. 计算方法

经营周期＝存货周转期＋应收账款周转期

现金周转期＝经营周期－应付账款周转期

其中：

存货周转期＝存货平均余额/每天的销货成本

应收账款周转期＝应收账款平均余额/每天的销货收入

应付账款周转期＝应付账款平均余额/每天的购货成本

3. 减少现金周转期的措施

（1）加快制造与销售产成品（减少存货周转期）；

（2）加速应收账款的回收（减少应收账款周转期）；

（3）减缓支付应付账款（延长应付账款周转期）。

（二）收款管理

1. 高效率收款系统的标志

（1）使收款成本和收款浮动期达到最小；

（2）保证与客户汇款及现金流入来源相关的信息质量。

2. 收款成本

（1）浮动期成本（机会成本）；

（2）管理收款系统的相关费用（例如银行手续费）；

（3）第三方处理费用或清算相关费用。

3. 收款浮动期

收款浮动期指从支付开始到企业收到资金的时间间隔。包括三个方面：

（1）邮寄浮动期：从付款人寄出支票到收款人或收款人的处理系统收到支票的时间间隔。

（2）处理浮动期：支票的接受方处理支票和将支票存入银行以收回现金所花的时间。

（3）结算浮动期：通过银行系统进行支票结算所需的时间。

4. 收款方式的改善

电子支付方式对比纸基（或称纸质）支付方式是一种改进。电子支付方式提供了如下好处：

（1）结算时间和资金可用性可以预计；

（2）向任何一个账户或任何金融机构的支付具有灵活性，不受人工干扰；

（3）客户的汇款信息可与支付同时传送，更容易更新应收账款；

（4）客户的汇款从纸基方式转向电子方式，减少或消除了收款浮动期，降低了收款成本，收款过程更容易控制，并且提高了预测精度。

（三）付款管理

现金支出管理的主要任务是尽可能延缓现金的支出时间。

1. 使用现金浮游量

现金浮游量是指由于企业提高收款效率和延长付款时间所产生的企业账户上的现金余额和银行账户上的企业存款余额之间的差额。

2. 推迟应付款的支付

推迟应付款的支付是指企业在不影响自己信誉的前提下，充分运用供货方所提供的信用优惠，尽可能地推迟应付款的支付期。

3. 用汇票代替支票

与支票不同的是，承兑汇票并不是见票即付。它推迟了企业调入资金支付汇票的实际所需时间。

4. 改进员工工资支付模式

企业可以为支付工资专门设立一个工资账户，通过银行向职工支付工资。

5. 透支

企业开出支票的金额大于活期存款余额。

6. 争取现金流出与现金流入同步

企业应尽量使现金流出与流入同步，这样，就可以降低交易性现金余额，同时可以减少有价证券转换为现金的次数，提高现金的利用效率，节约转换成本。

7. 使用零余额账户

企业与银行合作，保持一个主账户和一系列子账户。企业只在主账户保持一定的安全储备，而在一系列子账户不需要保持安全储备。

二、例题点津

【例题1·单选题】下列管理措施中，不能缩短现金周转期的是（　　）。

A. 加快制造和销售产品

B. 提前偿还短期融资券

C. 加大应收账款催收力度

D. 利用商业信用延期付款

【答案】B

【解析】现金周转期 = 存货周转期 + 应收账款周转期 − 应付账款周转期，故选项 B 正确。

【例题2·单选题】某公司存货周转期为 180 天，应收账款周转期为 90 天，应付款周转期为 100 天，则该公司现金周转期为（　　）天。

A. 30　　B. 160

C. 170　　D. 260

【答案】C

【解析】现金周转期 = 存货周转期 + 应收账款周转期 − 应付账款周转期 = 180 + 90 − 100 = 170（天），选项 C 正确。

【例题3·多选题】现金支出管理的主要任务是尽可能延缓现金的支出时间，下列属于延缓现金支出时间的方法有（　　）。

A. 改进员工工资支付模式

B. 汇票代替支票

C. 使用零余额账户

D. 透支

【答案】ABCD

【解析】延缓现金支出时间的方法：（1）使用现金浮游量；（2）推迟应付款的支付；（3）汇票代替支票；（4）改进员工工资支付模式；（5）透支；（6）争取现金流出与现金流入同步；（7）使用零余额账户。

第三单元　应收账款管理

1 应收账款的功能与成本

一、考点解读

（一）功能

1. 增加销售的功能

2. 减少存货的功能

（二）成本

1. 应收账款的机会成本

应收账款会占用企业一定量的资金，而企业若不把这部分资金投放于应收账款，便可以用于其他投资并可能获得收益，例如投资债券获得利息收入。这种因投放于应收账款而放弃其他投资所带来的收益，即为应收账款的机会成本。其计算公式如下：

应收账款平均余额 = 日销售额 × 平均收现期

应收账款占用资金 = 应收账款平均余额 × 变动成本率

应收账款占用资金的应计利息（即机会成本）

= 应收账款占用资金 × 资本成本

= 应收账款平均余额 × 变动成本率 × 资本

成本

=日销售额×平均收现期×变动成本率×资本成本

=全年销售额/360×平均收现期×变动成本率×资本成本

=(全年销售额×变动成本率)/360×平均收现期×资本成本

=全年变动成本/360×平均收现期×资本成本

式中：平均收现期指的是各种收现期的加权平均数。

2. 应收账款的管理成本

应收账款的管理成本主要是指在进行应收账款管理时，所增加的费用。主要包括：调查顾客信用状况的费用、收集各种信息的费用、账簿的记录费用、收账费用、数据处理成本、相关管理人员成本和从第三方购买信用信息的成本等。

3. 应收账款的坏账成本

在赊销交易中，债务人由于种种原因无力偿还债务，债权人就有可能因无法收回应收账款而发生损失，这种损失就是坏账成本。可以说，企业发生坏账成本是不可避免的，而此项成本一般与应收账款发生的数量成正比。

坏账成本一般用下列公式测算：

应收账款的坏账成本=赊销额×预计坏账损失率

二、例题点津

【例题1·单选题】企业将资金投放于应收账款而放弃其他投资项目，就会丧失这些投资项目可能带来的收益，则该收益是（　　）。

A. 应收账款的管理成本

B. 应收账款的机会成本

C. 应收账款的坏账成本

D. 应收账款的短缺成本

【答案】B

【解析】应收账款会占用企业一定量的资金，而企业若不把这部分资金投放于应收账款，便可以用于其他投资并可能获得收益，例如投资债券获得利息收入。这种因投放于应收账款而放弃其他投资所带来的收益，即为应收账款的机会成本，本题选项B正确。

【例题2·多选题】赊销在企业生产经营中所发挥的作用有（　　）。

A. 增加现金　　B. 减少存货

C. 促进销售　　D. 减少借款

【答案】BC

【解析】赊销是对客户的优惠，有促进销售和减少存货的功能。

2 信用政策

一、考点解读

（一）信用标准

（1）含义。

信用标准指信用申请者获得企业提供信用所必须达到的最低信用水平，通常以预期的坏账损失率作为判别标准。

（2）信用的定性分析（5C信用评价系统）。

表7-2

5C	含义	衡量
（1）品质	指个人申请人或公司申请人管理者的诚实和正直表现；这是5C中最主要的因素	通常要根据过去的记录结合现状调查来进行分析
（2）能力	指偿债能力	着重了解申请人流动资产数量、质量以及流动比率的高低，必要时还可考察申请人的日常运营情况

续表

5C	含义	衡量
（3）资本	资本是指如果企业或个人当前的现金流不足以还债，他们在短期和长期内可供使用的财务资源	调查了解企业资本规模和负债比率，反映企业资产或资本对负债的保障程度。资本雄厚的企业具有强大的物质基础和抗风险能力
（4）抵押	当公司或个人不能满足还款条款时，可以用作债务担保的资产或其他担保物	分析担保抵押手续是否齐备、抵押品的估值和出售有无问题、担保人的信誉是否可靠等
（5）条件	指影响申请人还款能力和还款意愿的各种外在因素	对企业的经济环境，包括企业发展前景、行业发展趋势、市场需求变化等进行分析，预测其对企业经营效益的影响

（二）信用条件

信用条件指销货企业要求赊购客户支付货款的条件，包括信用期限和折扣条件。

1. 信用期限

信用期限是企业允许顾客从购货到付款之间的时间，或者说是企业给予顾客的最长付款时间。

2. 折扣条件

折扣条件包括现金折扣和折扣期限两个方面。

（1）现金折扣。

现金折扣是在顾客提前付款时给予的优惠。企业采用什么程度的现金折扣，要与信用期限结合起来考虑。

（2）折扣期限。

折扣期限是为顾客规定的可享受现金折扣的付款时间。

（三）收账政策

收账政策是指信用条件被违反时，企业采取的收账策略。

二、例题点津

【例题1·多选题】信用条件是指销货企业要求赊购客户支付货款的条件，其构成要素包括下列各项中的（　　）。

A. 信用期限　　B. 信用标准

C. 现金折扣　　D. 机会成本

【答案】AC

【解析】信用条件是指销货企业要求赊购客户支付货款的条件，由信用期限、折扣期限和现金折扣三个要素组成。

【例题2·单选题】根据信用评价的“5C系统”，如果公司当前的现金流不足以还债，其在短期和长期内可供使用的财务资源，属于（　　）因素。

A. 品质　　B. 能力

C. 条件　　D. 资本

【答案】D

【解析】资本是指如果公司或个人当前的现金流不足以还债，他们在短期和长期内可供使用的财务资源。

【例题3·多选题】企业如果延长信用期限，可能导致的结果有（　　）。

A. 扩大当期销售　　B. 延长平均收账期

C. 增加坏账损失　　D. 增加收账费用

【答案】ABCD

【解析】延长信用期限，会使销售额增加，与此同时，应收账款、收账费用和坏账损失增加，当前者大于后者时，可以延长信用期。本题正确选项为ABCD。

【例题4·计算题】B公司是一家制造类企业，产品的变动成本率为60%，一直采用赊销方式销售产品，信用条件为N/60。如果继续采用N/60的信用条件，预计2020年赊销收入净额为1 000万元，坏账损失为20万元，收账费用为12万元。为扩大产品的销售量，B公司拟将信用条件变更为N/90。在其他条件不变的情况下，预计2020年赊销收入净额为1 100万元，坏账损失为25万元，收账费用为15万元。假定其风险投资最低报酬率为10%，一年按360天计算，所有客户均于信用期满付款。

要求：

(1) 计算信用条件改变后B公司收益的增加额。

(2) 计算信用条件改变后B公司应收账款成本增加额。

(3) 为B公司作出是否应改变信用条件的决策并说明理由。

【答案】

(1) 收益增加 =(1 100 - 1 000)×(1 - 60%)=40 (万元)

(2) 应收账款机会成本增加额 =(1 100/360×90 - 1 000/360×60)×60%×10% =6.5 (万元)

(3) 税前损益增加额 =40 - 6.5 - (25 - 20) - (15 - 12)=25.5 (万元)

结论：由于税前损益增加额大于0，所以，应该改变信用条件。

3 应收账款的监控

一、考点解读

(一) 应收账款监控的理由

(1) 在开票或收款过程中可能会发生错误或延迟；

(2) 有些客户可能故意拖欠到企业采取追款行动才付款；

(3) 客户财务状况的变化可能会改变其按时付款的能力，并且需要缩减该客户未来的赊销额度。

(二) 应收账款监控的方法

1. 应收账款周转天数

(1) 计算公式。

应收账款周转天数 = 应收账款平均余额/平均日销售额

(2) 说明。

①将企业当前的应收账款周转天数与规定的信用期限、历史趋势以及行业正常水平进行比较，可以反映公司整体收款效率；

②应收账款周转天数可能会被销售量的变动趋势和剧烈的销售季节性所破坏。

2. 账龄分析表

(1) 账龄分析表可以将应收账款划分为未到信用期的应收账款和以30天为间隔的逾期应收账款。

(2) 企业既可以按照应收账款总额进行账龄分析，也可以分顾客进行账龄分析。

(3) 账龄分析表与应收账款周转天数的比较：

①账龄分析表比计算应收账款周转天数更能揭示应收账款变化趋势，因为账龄分析表给出了应收账款分布的模式，而不仅仅是一个平均数。

②应收账款周转天数有可能与信用期限相一致，但是有一些账户可能拖欠很严重，应收账款周转天数不能明确地表现出账款拖欠情况。

③当各个月之间的销售额变化很大时，账龄分析表和应收账款周转天数都可能发出类似的错误信号。

3. 应收账款账户余额模式

(1) 含义。

应收账款账户余额的模式反映一定期间的赊销额在发生赊销的当期期末及随后各期仍未偿还的百分比。

(2) 意义。

①将当前模式和过去模式进行对比来评价应收账款余额模式的任何变化。

②运用应收账款账户余额的模式来计划应收账款金额水平，衡量应收账款的收账效率以及预测未来的现金流。

4. ABC分析法

(1) 含义。

ABC分析法又称重点管理法。它将企业的所有欠款客户按其金额的多少进行分类排队，然后分别采用不同的收账策略的一种方法。它一方面能加快应收账款收回，另一方面能将收账费用与预期收益联系起来。

(2) 各类客户的特点及管理方法。

①A类客户。

应收账款逾期金额占应收账款逾期金额总额的比重大。这类客户作为催款的重点对象；可以发出措辞较为严厉的信件催收，或派专人催收，或委托收款代理机构处理，甚至可以通过法律途径解决。

②B 类客户。

应收账款逾期金额占应收账款逾期金额总额的比重居中。可以多发几封信函催收，或打电话催收。

③C 类客户。

应收账款逾期金额占应收账款逾期金额总额的比重较小。对 C 类客户只需要发出通知其付款的信函即可。

二、例题点津

【例题 1 · 单选题】 甲公司第一季度各月赊销额分别为 100 万元、110 万元和 120 万元，信用条件为 n/30，3 月底公司应收账款余额为 150 万元。则该公司在第一季度应收账款平均逾期（　　）天。（一个月按 30 天计算）。

A. 12.88　　B. 10.87

C. 30　　D. 45

【答案】B

【解析】该公司平均日赊销 =（100 + 110 + 120）/90 = 3.67（万元），应收账款周转天数 = 150/3.67 = 40.87（天），平均逾期天数 = 40.87 - 30 = 10.87（天）。

【例题 2 · 单选题】 按照 ABC 分析法，作为催款的重点对象是（　　）。

A. 应收账款逾期金额占应收账款逾期金额总额的比重大的客户

B. 应收账款账龄长的客户

C. 应收账款数额占全部应收账款数额比重大的客户

D. 应收账款比重小的客户

【答案】A

【解析】应收账款逾期金额占应收账款逾期金额总额的比重大的客户属于 A 类客户，这类客户作为催款的重点对象。

【例题 3 · 多选题】 动用应收账款余额控制模式进行应收账款管理可以发挥的作用有（　　）。

A. 预测公司的现金流量

B. 预计应收账款的水平

C. 反映应付账款的周转速度

D. 评价应收账款的收账效率

【答案】ABD

【解析】企业管理部门通过将当期的模式与过去的模式进行对比来评价应收账款余额模式的任何变化。企业还可以运用应收账款账户余额的模式来计划应收账款金额水平，衡量应收账款的收账效率以及预测未来的现金流。

4 应收账款日常管理

一、考点解读

（一）调查客户信用

（二）评估客户信用

（三）收账的日常管理

收账的花费越大，收账措施越有力，可收回的账款应越多，坏账损失也就越小。因此，制定收账政策，需要在收账费用和所减少坏账损失之间作出权衡。

（四）应收账款保理

1. 含义

应收账款保理是企业将赊销形成的未到期应收账款，在满足一定条件的情况下转让给保理商，以获得流动资金，加快资金的周转。

2. 种类

表 7-3

分类标准	类别	含义
是否有追索权	有追索权保理（非买断型）	供应商将债权转让给保理商，供应商向保理商融通资金后，如果购货商拒绝付款或无力付款，保理商有权向供应商要求偿还预付的现金，如购货商破产或无力支付，只要有关款项到期未能收回，保理商都有权向供应商进行追索，因而保理商具有全部"追索权"
	无追索权保理（买断型）	是指保理商将销售合同完全买断，并承担全部的收款风险

续表

分类标准	类别	含义
是否通知购货商保理情况	明保理	指保理商和供应商需要将销售合同被转让的情况通知购货商，并签订保理商、供应商、购货商之间的三方合同
	暗保理	指供应商为了避免让客户知道自己因流动资金不足而转让应收账款，并不将债权转让情况通知客户，货款到期时仍由销售商出面催款，再向银行偿还借款
是否提供预付账款融资	折扣保理（融资保理）	即在销售合同到期前保理商将剩余未收款部分先预付给销售商，一般不超过全部合同额的70% ~90%
	到期保理	指保理商并不提供预付账款融资，而是在赊销到期时才支付，届时不管货款是否收到，保理商都必须向销售商支付货款

3. 作用

（1）融资功能。

（2）减轻企业应收账款的管理负担。

（3）减少坏账损失、经营风险。

（4）改善企业的财务结构。

二、例题点津

【例题1·判断题】 在应收账款保理中，从风险角度看，有追索权的保理相对于无追索权的保理对供应商更有利，对保理商更不利。（　　）

【答案】×

【解析】有追索权保理指供应商将债权转让给保理商，供应商向保理商融通货币资金后，如果购货商拒绝付款或无力付款，保理商有权向供应商要求偿还预付的货币资金，所以对保理商有利，而对供应商不利。

【例题2·单选题】 应收账款保理具有多种方式，其中在销售合同到期前，保理商将剩余未收款部分先预付给销售商，一般不超过全部合同额的70% ~90%，这种保理方式为（　　）。

A. 无追索权保理

B. 有追索权保理

C. 融资保理

D. 明保理

【答案】C

【解析】融资保理又称折扣保理，即在销售合同到期前，保理商将剩余未收款部分先预付给销售商，一般不超过全部合同额的70% ~90%。

第四单元　存货管理

1 存货管理的目标

一、考点解读

（一）保证生产正常进行

（二）提高销售机动性

（三）便于维持均衡生产，降低产品成本

（四）降低存货取得成本

（五）防止意外发生

二、例题点津

【例题1·判断题】 企业持有产成品存货就是为了防止意外事件的发生。（　　）

【答案】×

【解析】企业持有产成品存货除了为防止意外事件的发生外，还有其他目标，比如有利于销售；另外，为了维持均衡生产，降低产品成本，也需要持有产成品存货。

2 存货的成本

一、考点解读

（一）取得成本（用 TC_a 表示）

1. 订货成本

订货成本指取得订单的成本。包括：

（1）订货的固定成本（用 F_1 表示）。

（2）订货的变动成本。

订货成本 $=F_1+\frac{P}{Q}K$

（每次订货的变动成本用 K 表示；订货次数等于存货年需要量 D 与每次进货量 Q 之商）

2. 购置成本

购置成本指购买存货本身所支出的成本，即存货本身的价值。

购置成本 = 订货总量 × 采购单价 = D × U

（年需要量用 D 表示，单价用 U 表示，于是购置成本为 DU）

3. 取得成本 $TC_a=F_1+\frac{D}{Q}K+DU$

（二）储存成本（用 TC_c 表示）

储存成本指为保持存货而发生的成本。包括：

1. 固定储存成本（用 F_2 表示）

2. 变动储存成本（用 K_c 表示）

变动储存成本 = 平均存货量 × 单位存货储存成本 $=K_c\frac{Q}{2}$

3. 储存成本 $TC_c=F_2+K_c\frac{Q}{2}$

（三）缺货成本（用 TC_s 表示）

缺货成本指由于存货供应中断所造成的损失，比如停工损失、拖欠发货损失、丧失销售机会损失、商誉损失。

（四）储备存货的总成本（用 TC 表示）

$$TC=TC_a+TC_c+TC_s$$
$$=F_1+\frac{D}{Q}K+DU+F_2+K_c\frac{Q}{2}+TC_s$$

二、例题点津

【例题 1 · 多选题】 下列成本费用中，一般属于存货变动储存成本的有（　　）。

A. 存货资金应计利息

B. 存货毁损和变质损失

C. 仓库折旧费

D. 库存商品保险费

【答案】ABD

【解析】变动储存成本与存货的数量有关，如存货资金的应计利息、存货的破损和变质损失、存货的保险费用等。仓库折旧费属于固定储存成本。

3 最优存货量的确定

一、考点解读

（一）经济订货基本模型

1. 经济订货基本模型假设条件

（1）存货总需求量是已知常数；

（2）订货提前期是常数；

（3）货物是一次性入库；

（4）单位货物成本为常数，无批量折扣；

（5）库存储存成本与库存水平呈线性关系；

（6）货物是一种独立需求的物品，不受其他货物影响；

（7）不允许缺货，即无缺货成本。

2. 相关公式

相关总成本 $=D/Q\times K+Q/2\times K_c$

经济订货批量 EOQ $=\sqrt{2KD/K_c}$

最小相关总成本 TC（EOQ）$=\sqrt{2KDK_c}$

（二）基本模型的扩展

1. 再订货点

（1）含义。

在订货提前的情况下，企业再次发出订货单时应保持的存货库存量，称为再订货点。

（2）公式。

再订货点 R = 平均交货时间 × 每日平均需要量 = L × d

（3）说明。

在订货提前的情况下，订单虽然提前发出，但订货间隔时间、订货批量、订货次数不变，故订货提前期对经济订货量并无影响。

2. 存货陆续供应和使用模型

经济订货基本模型是建立在存货一次全部入库的假设之上的。事实上，各批存货可能陆续入库，存量陆续增加。特别是产成品入库和在产品转移，几乎总是陆续供应和陆续耗用的。在这种情况下，需要对基本模型做一些修正。

（1）相关总成本 $TC(Q)=\frac{D}{Q}\times K+\frac{Q}{2}\times(1-d/p)\times K_c$

（2）经济订货批量 EOQ

$=\sqrt{2KD/K_c\cdot p/(p-d)}$

（3）最小相关总成本 TC（EOQ）

$=\sqrt{2KDK_c\cdot(1-d/p)}$

3. 保险储备

最佳的保险储备应该是使缺货损失和保险储备的储存成本之和达到最低。

二、例题点津

【例题1·计算题】 甲公司是一家汽车挡风玻璃批发商，为5家汽车制造商提供挡风玻璃，该公司总经理为了降低与存货有关的总成本，请你帮助他确定最佳的采购批量，有关资料如下：

（1）单位进货成本1 200元；

（2）全年需求预计为10 800块玻璃；

（3）每次订货发生时处理订单成本33元；

（4）每次订货需要支付运费70.8元；

（5）每次收货后需要验货，验货时外聘一名工程师，验货过程需要6小时，每小时支付工资11.5元；

（6）为存储挡风玻璃需要租用公共仓库。仓库租金为每年2 500元，另外按平均存量加收每块挡风玻璃8元/年；

（7）挡风玻璃为易碎品，损毁成本为年平均存货价值的1%；

（8）公司的年资金成本为5%。

要求：

（1）计算每次订货的变动成本；

（2）计算每块玻璃的变动储存成本；

（3）计算经济订货量；

（4）计算与经济订货量有关的存货总成本。

【答案】

（1）每次订货的变动成本 $=33+70.8+6\times11.5=172.8$（元）

（2）每块玻璃的变动储存成本 $=8+1\ 200\times1\%+1\ 200\times5\%=80$（元）

（3）经济订货量 $=\sqrt{2\times10\ 800\times172.8/80}=216$（块）

（4）与经济订货量有关的存货总成本 $=\sqrt{2\times10\ 800\times172.8\times80}=17\ 280$（元）

【例题2·单选题】 下列关于存货保险储备的表现中，正确的是（　　）。

A. 较低的保险储备可降低存货缺货成本

B. 保险储备的多少取决于经济订货量的大小

C. 最佳保险储备能使缺货损失和保险储备的储存成本之和达到最低

D. 较高的保险储备可降低存货储存成本

【答案】C

【解析】较高的保险储备可降低缺货损失，但也增加了存货的储存成本。因此，最佳的保险储备应该使缺货损失和保险储备的储存成本之和达到最低。

【例题3·单选题】 某公司全年需用X材料18 000件，计划开工360天。该材料订货日至到货日的时间为5天，保险储备量为50件。该材料的再订货点是（　　）件。

A. 100　　B. 150

C. 250　　D. 300

【答案】D

【解析】再订货点 = 预计交货期内的需求 + 保险储备，预计交货期内的需求 $=18\ 000/360\times5=250$（件），因此，再订货点 $=250+50=300$（件）。

4 存货的控制系统

一、考点解读

（一）ABC控制系统

表7-4

类型	特征	管理方法
A类	价值高，品种数量较少	实行重点控制、严格管理

续表

类型	特征	管理方法
B类	价值一般，品种数量相对较多	对B类和C类库存的重视程度则可依次降低，采取一般管理
C类	品种数量繁多，价值却很小	

（二）适时制库存控制系统

表7-5

基本原理	优点	缺点
制造企业事先与供应商和客户协调好；只有当制造企业在生产过程中需要原料或零件时，供应商才会将原料或零件送来；而每当产品生产出来就被客户拉走	降低库存成本	经营风险大（适时制库存控制系统需要的是稳定而标准的生产程序以及供应商的诚信，否则，任何一环出现差错将导致整个生产线的停止）

二、例题点津

【例题1·单选题】 采用ABC法对存货进行控制时，应当重点控制的是（　　）。

A. 数量较多的存货

B. 占用资金较多的存货

C. 品种较多的存货

D. 库存时间较长的存货

【答案】B

【解析】采用ABC法对存货进行控制时应重点控制A类存货，A类存货属于金额较多、品种数量较少的存货。

【例题2·多选题】 企业如果采取适时制库存控制系统，则下列表述中正确的有（　　）。

A. 库存成本较低

B. 制造企业必须事先与供应商和客户协调好

C. 需要的是稳定而标准的生产程序以及供应商的诚信

D. 供应商必须提前将企业生产所需要的原料或零件送来，避免企业缺货

【答案】ABC

【解析】适时制库存控制系统下只有当制造企业在生产过程中需要原料或零件时，供应商才会将原料或零件送来。

第五单元　流动负债管理

1 短期借款

一、考点解读

（一）短期借款的信用条件

1. 信贷额度

借款企业与银行在协议中规定的借款最高限额。

2. 周转信贷协议

银行具有法律义务地承诺提供不超过某一最高限额的贷款协定。企业要享用周转信贷协定，通常要对贷款限额的未使用部分付给银行一笔承诺费用。

3. 补偿性余额

银行要求借款企业在银行中保持按贷款限额或实际借用额的一定比例（通常为10%～20%）计算的最低存款余额。补偿性余额降低了银行贷款的风险，提高了贷款的实际利率。

补偿性余额贷款的实际利率＝名义利率/(1－补偿性余额比率)

4. 借款抵押

短期借款的抵押品主要有应收账款、存货、应收票据、债务等。

5. 偿还条件

贷款的偿还有到期一次偿还和在贷款期内定期（每月、季）等额偿还两种方式。一般来讲，企业不希望采用后一种偿还方式，因为这会提高借款的实际年利率；而银行不希望采用前一种偿还方式，是因为这会加重企业的财务负担，增加企业的拒付风险，同时会降低实际

贷款利率。

6. 其他承诺

银行有时还会要求企业为取得贷款而作出其他承诺，如及时提供财务报表、保持适当的财务水平等。

（二）短期借款的成本

1. 收款法

收款法是在借款到期时向银行支付利息的方法。采用此法计息，借款的实际利率和名义利率相等。

2. 贴现法

贴现法又称折价法，是指银行向企业发放贷款时，先从本金中扣除利息部分，到期时借款企业偿还全部贷款本金的一种利息支付方法。在这种利息支付方式下，企业可以利用的贷款只是本金减去利息部分后的差额，因此，贷款的实际利率要高于名义利率。

实际利率＝利息/（贷款金额－利息）

＝名义利率/（1－名义利率）

3. 加息法

加息法是银行发放分期等额偿还贷款时采用的利息收取方法。在分期等额偿还贷款情况下，银行将根据名义利率计算的利息加到贷款本金上，计算出贷款的本息和，要求企业在贷款期内分期偿还本息之和的金额。由于贷款本金分期均衡偿还，借款企业实际上只平均使用了贷款本金的一半，却支付了全额利息。这样企业所负担的实际利率便要高于名义利率大约1倍。

二、例题点津

【例题1·单选题】某公司向银行借款100万元，年利率为8%，银行要求保留12%的补偿性余额，则该借款的实际年利率为（　　）。

A. 6.67%　　B. 7.14%

C. 9.09%　　D. 11.04%

【答案】C

【解析】借款的实际年利率＝100×8%/[100×(1－12%)]＝9.09%，所以选项C正确。

2 短期融资券

一、考点解读

（一）含义

短期融资券是由企业依法发行的无担保短期本票。

（二）分类

（1）按发行人分类，短期融资券分为金融企业的融资券和非金融企业的融资券。在我国，目前发行和交易的是非金融企业的融资券。

（2）按发行方式分类，短期融资券分为经纪人承销的融资券和直接销售的融资券。非金融企业一般采用间接承销方式进行，金融企业一般采用直接发行方式进行。

（三）筹资特点

（1）短期融资券的筹资成本较低。

（2）短期融资券的筹资数额比较大。

（3）发行短期融资券的条件比较严格。

二、例题点津

【例题1·单选题】下列关于短期融资券的表述中，错误的是（　　）。

A. 短期融资券不向社会公众发行

B. 必须具备一定信用等级的企业才能发行短期融资券

C. 相对于发行公司债券而言，短期融资券的筹资成本较高

D. 相对于银行借款筹资而言，短期融资券的一次性筹资数额较大

【答案】C

【解析】相对于发行公司债券而言，发行短期融资券的筹资成本较低，所以选项C的说法不正确。

3 商业信用

一、考点解读

（一）含义

商业信用是指在商品或劳务交易中，以延期付款或预收货款方式进行购销活动而形成的借贷

关系，是一种“自动性筹资”。包括应付账款、应付票据、预收货款、应计未付款（应付职工薪酬、应付股利等）。

（二）应付账款

1. 公式

放弃折扣的信用成本率 = [折扣百分比/(1 - 折扣百分比)] × [360/(付款期 - 折扣期)]

2. 放弃现金折扣的信用决策的原因

（1）可能是企业资金暂时的缺乏；

（2）可能是基于将应付的账款用于临时性短期投资，以获得更高的投资收益。企业将应付账款额用于短期投资，所获得的投资报酬率高于放弃折扣的信用成本率，则应当放弃现金折扣。

（三）商业信用的特点

1. 优点

（1）商业信用容易获得。

（2）企业有较大的机动权。

（3）企业一般不用提供担保。

2. 缺点

（1）商业信用筹资成本高。

（2）容易恶化企业的信用水平。

（3）受外部环境影响较大。

二、例题点津

【例题1·多选题】在确定因放弃现金折扣而发生的信用成本时，需要考虑的因素有（　　）。

A. 数量折扣百分比

B. 现金折扣百分比

C. 折扣期

D. 信用期

【答案】BCD

【解析】本题考核放弃现金折扣的成本。放弃现金折扣的信用成本率 = [现金折扣百分比/(1 - 现金折扣百分比)] × [360 天/(付款期 - 折扣期)]。从公式中可知本题正确答案为 BCD。

【例题2·多选题】一般而言，与短期筹资和短期借款相比，商业信用融资的优点有（　　）。

A. 融资数额较大　　B. 融资条件宽松

C. 融资机动权大　　D. 无须提供担保

【答案】BCD

【解析】商业信用筹资的优点：商业信用容易获得、企业有较大的机动权、企业一般不用提供担保。

【例题3·计算题】丙商场季节性采购一批商品，供应商报价为 1 000 万元，付款条件为“3/10，2.5/30，N/90”，目前丙商场资金紧张，预计到第 90 天才有资金用于支付，若要在 90 天内支付只能通过银行借款解决，银行借款年利率为 6%，假设一年按 360 天计算。有关情况如表 7 - 6 所示：

表 7 - 6　　应付账款折扣分析表　　单位：万元

付款日	折扣率	付款额	折扣额	放弃折扣的信用成本率	银行借款利息	享受折扣的净收益
第 10 天	3%	*	30	*	(A)	(B)
第 30 天	2.5%	*	(C)	(D)	*	15.25
第 90 天	0	1 000	0	0	0	0

注：表中“*”表示省略的数据。

要求：

（1）确定表 7 - 6 中字母代表的数值；

（2）计算出丙商场应选择哪一天付款，并说明理由。

【答案】

（1）A = 1 000 × (1 - 3%) × 6% × [(90 - 10)/360] = 12.93（万元）

B = 1 000 × 3% - 12.93 = 17.07（万元）

C = 1 000 × 2.5% = 25（万元）

D = [2.5%/(1 - 2.5%)] × [360/(90 - 30)] = 15.38%

（2）第 10 天享受折扣的净收益 = 17.07 万元

第30天时享受折扣的净收益=15.25万元

第90天时享受折扣的净收益=0

因为第10天付款的净收益最大，故丙商场应选择在第10天付款。

4 流动负债的利弊

一、考点解读

（一）经营优势

（1）容易获得，具有灵活性，能够有效地满足企业季节性信贷需求，创造了需要融资和获得融资之间的同步性。

（2）短期借款一般比长期借款具有更少的约束性条款。

（二）经营劣势

需要持续的重新谈判或滚动安排负债。

二、例题点津

【例题1·多选题】关于流动负债的利弊的说法正确的有（　　）。

A. 流动负债的主要经营优势包括容易获得，具有灵活性，能够有效满足企业季节性信贷需求

B. 短期借款一般比长期借款具有更多的约束性条款

C. 流动负债是为流动资产中的临时性的、季节性的增长进行融资的主要工具

D. 流动负债的一个经营劣势是需要持续的重新谈判或滚动安排负债

【答案】ACD

【解析】短期借款一般比长期借款具有更少的约束性条款。所以选项B不正确。

本章考点巩固练习题

一、单项选择题

1. 一般而言，营运资金指的是（　　）。

A. 流动资产减去存货的余额

B. 流动资产减去流动负债的余额

C. 流动资产减去速动资产后的余额

D. 流动资产减去货币资金后的余额

2. 某公司在营运资金管理中，为了降低流动资产的持有成本、提高资产的收益性，决定保持一个低水平的流动资产与销售收入比率，据此判断，该公司采取的流动资产投资策略是（　　）。

A. 紧缩的流动资产投资策略

B. 宽松的流动资产投资策略

C. 匹配的流动资产投资策略

D. 稳健的流动资产投资策略

3. 某企业以长期融资方式满足固定资产、永久性流动资产和部分波动性流动资产的需要，短期融资仅满足剩余的波动性流动资产的需要，该企业所采用的流动资产融资策略是（　　）。

A. 激进融资策略　　B. 保守融资策略

C. 折中融资策略　　D. 期限匹配融资策略

4. 某公司有长期资金来源7 000万元，全部非流动资产6 000万元、流动资产3 000万元，其中永久性流动资产2 000万元，则该公司的流动资产融资策略是（　　）。

A. 激进融资策略　　B. 保守融资策略

C. 折中融资策略　　D. 期限匹配融资策略

5. 下列流动资产融资策略中，收益和风险均较低的是（　　）。

A. 保守融资策略　　B. 激进融资策略

C. 产权匹配融资策略　D. 期限匹配融资策略

6. 某公司资产总额为9 000万元，其中永久性流动资产为2 400万元，波动性流动资产为1 600万元，该公司长期资金来源金额为8 100万元，不考虑其他情形，可以判断该公司的融资策略属于（　　）。

A. 期限匹配融资策略

B. 保守融资策略

C. 激进融资策略

D. 风险匹配融资策略

7. 某企业的主营业务是生产和销售保健品，目前正处于生产经营活动的旺季。该企业的资产总额6 000万元，其中长期资产3 000万元，流动资产3 000万元，永久性流动资产约占流动资产的40%；负债总额3 600万元，其中短期来源1 800万元。由此可得出结论，该企业奉行的是（　　）。

A. 期限匹配融资策略

B. 激进融资策略

C. 保守融资策略

D. 紧缩型融资策略

8. 某公司持有有价证券的平均年利率为5%，公司的现金最低持有量为1 500元，现金余额的最优返回线为8 000元。如果公司现有现金20 000元，根据现金持有量随机模型，此时应当投资于有价证券的金额是（　　）元。

A. 0　　B. 6 500

C. 12 000　　D. 18 500

9. 企业持有现金的动机包括交易性需求、预防性需求和投机性需求，企业为满足交易性需求而持有现金，所需考虑的主要因素是（　　）。

A. 企业维持日常周转及正常商业活动

B. 企业临时融资能力

C. 企业对待风险的态度

D. 金融市场投资机会的多少

10. 下列关于现金回归线的表述中，正确的是（　　）。

A. 现金最优返回线的确定与企业可接受的最低现金持有量无关

B. 有价证券利息率增加，会导致现金回归线上升

C. 有价证券的每次固定转换成本上升，会导致现金回归线上升

D. 当现金的持有量高于或低于现金回归线时，应立即购入或出售有价证券

11. 减少现金周转期的措施不包括（　　）。

A. 加快制造与销售产成品

B. 加速应收账款的回收

C. 减缓支付应付账款

D. 降低现金折扣的比率

12. 通常情况下，企业持有现金的机会成本（　　）。

A. 与现金余额成反比

B. 与有价证券的利息率成正比

C. 与持有时间成反比

D. 是决策的无关成本

13. 持有过量现金可能导致的不利后果是（　　）。

A. 财务风险加大

B. 收益水平下降

C. 偿债能力下降

D. 资产流动性下降

14. 在其他条件相同的情况下，下列各项中，可以加速现金周转的是（　　）。

A. 减少存货量

B. 减少应付账款

C. 放宽赊销信用期

D. 利用供应商提供的现金折扣

15. 根据营运资金管理理论，下列各项中不属于企业应收账款成本内容的是（　　）。

A. 机会成本　　B. 管理成本

C. 短缺成本　　D. 坏账成本

16. 下列对信用期限的叙述中，不正确的是（　　）。

A. 信用期限越长，企业坏账风险越大

B. 信用期限越长，客户享受的信用条件越优越

C. 信用期限越长，应收账款的机会成本越低

D. 延长信用期限，有利于销售收入的扩大

17. 假设A公司2018年3月底应收账款为360万元，信用条件为在30天按全额付清货款，过去三个月的销售收入分别为270万元、280万元、260万元，若一个月按30天计算，则应收账款平均逾期（　　）天。

A. 40　　B. 10

C. 44　　D. 30

18. 信用条件为“2/10，N/30”时，预计赊销额的60%的客户选择现金折扣优惠，则平均收账期为（　　）天。

A. 16　　B. 18

C. 26　　D. 28

19. 应收账款赊销效果的好坏，依赖于企业的信用政策。公司在对是否改变信用期间进行决策时，不需要考虑的因素是（　　）。

A. 等风险投资的最低报酬率

B. 产品变动成本率

C. 应收账款的坏账损失率

D. 公司的所得税税率

20. 下列关于存货决策的表述中，不正确的是（　　）。

A. 订货间隔期内的预期存货需求量变动越大，企业需要保持的保险储备量就越大

B. 订货间隔期的不确定性越大，企业需要保持的保险储备量就越大

C. 订货至到货间隔期的不确定性越大，企业需要保持的保险储备量就越大

D. 再订货点越大，企业需要保持的保险储备量就越大

21. 已知放弃折扣的信用成本率为27.41%，付款期为40天，折扣期为20天。则现金折扣为（　　）。

A. 1.2%　　B. 1.5%

C. 1.8%　　D. 2.1%

二、多项选择题

1. 下列有关流动资产表述错误的有（　　）。

A. 流动资产是指可以在一年内变现或运用的资产

B. 流动资产具有占用时间短、周转慢、易变现的特点

C. 存货是流动资产的主要组成部分

D. 流动资产按生产经营所处的环节不同可分为生产领域中的流动资产与流通领域中的流动资产

2. 下列有关营运资金表述正确的有（　　）。

A. 数量具有波动性

B. 周转具有短期性

C. 保持足够的短期偿债能力是营运资金管理原则之一

D. 营运资金只能来源于商业信用

3. 运用成本模型确定企业最佳现金持有量时，现金持有量与持有成本之间的关系不正确的有（　　）。

A. 现金持有量越小，总成本越大

B. 现金持有量越大，机会成本越大

C. 现金持有量越小，短缺成本越大

D. 现金持有量越大，管理成本越大

4. 企业持有现金，主要出于交易性、预防性和投机性三大需求，下列各项中体现了交易性需求的有（　　）。

A. 为满足季节性库存的需求而持有现金

B. 为避免因客户违约导致的资金链意外断裂而持有现金

C. 为提供更长的商业信用期而持有现金

D. 为在证券价格下跌时买入证券而持有现金

5. 在确定目标现金余额的存货模型中，需要考虑的相关现金成本有（　　）。

A. 管理成本　　B. 短缺成本

C. 交易成本　　D. 机会成本

6. 下列各项中，属于企业利用商业信用进行筹资的形式有（　　）。

A. 应付票据　　B. 预收账款

C. 短期借款　　D. 应付账款

7. 下列关于营运资金管理的表述中，正确的有（　　）。

A. 销售稳定并可预测时，投资与流动资产的资金可以相对少一些

B. 加速营运资金周转，有助于降低资金使用成本

C. 管理者偏好高风险高收益时，通常会保持较低的流动资产投资水平

D. 销售变数较大而难以预测，通常要维持较低的流动资产与销售收入水平

8. 短期借款的抵押品主要有（　　）。

A. 厂房　　B. 机器设备

C. 应收账款　　D. 债券

9. 某企业拥有流动资产100万元（其中永久性流动资产为30万元），长期融资400万元，短期来源50万元，则以下说法正确的有（　　）。

A. 该企业采取的是激进型融资策略

B. 该企业采取的是保守型融资策略

C. 该企业收益和风险均较高

D. 该企业收益和风险均较低

10. 企业在持续经营过程中，会自发地、直接地产生一些资金来源，部分地满足企业的经营需要，我们称其为自然性流动负债，比如（　　）。

A. 预收账款

B. 应付职工薪酬

C. 应付票据

D. 根据周转信贷协定取得的借款

11. 企业持有现金总额通常小于交易、预防、投机三种动机各自所需现金持有量的简单相加，其原因有（　　）。

A. 现金可在各动机中调剂使用

B. 企业存在可随时借入的信贷资金

C. 满足各种动机所需现金的存在形态可以多样化

D. 现金与有价证券可以互相转换

12. 利用成本分析模式确定最佳现金持有量时，无须考虑的成本费用包括（　　）。

A. 现金管理费用

B. 持有现金的机会成本

C. 现金短缺成本

D. 现金与有价证券的转换成本

13. 下列项目中属于现金持有成本的有（　　）。

A. 现金转换成有价证券的佣金

B. 现金管理人员工资

C. 现金再投资收益

D. 现金安全措施费用

14. 运用成本模型确定企业最佳现金持有量时，现金持有量与持有成本之间的关系表现为（　　）。

A. 现金持有量越小，总成本越小

B. 现金持有量越大，机会成本越大

C. 现金持有量越小，短缺成本越大

D. 现金持有量越大，管理总成本越小

15. 运用存货模式确定最佳现金持有量时，其假设前提有（　　）。

A. 现金收入比较稳定，波动较小

B. 证券变现的不确定性很小

C. 预算期内现金需求总量可以预测

D. 证券的利率或报酬率可以获悉

16. 某企业年销售收入为720万元，信用条件为“1/10，N/30”时，预计有20%的选择享受现金折扣优惠，其余客户在信用期付款，变动成本率为70%，资金成本率为10%，则下列选项正确的有（　　）。

A. 平均收账天数为26天

B. 应收账款占用资金应计利息5.2万元

C. 应收账款占用资金为36.4万元

D. 应收账款占用资金应计利息为3.64万元

17. 现金折扣政策的目的在于（　　）。

A. 吸引顾客为享受优惠而提前付款

B. 减轻企业税负

C. 缩短应收账款平均收款期

D. 节约收账费用

18. 下列有关发行短期融资券的相关规定中，表述正确的有（　　）。

A. 发行人为金融企业

B. 不向社会公众发行

C. 采用实名记账方式

D. 不得自行销售融资券

19. 确定含保险储备量的再订货点时，需要考虑的因素有（　　）。

A. 交货时间　　B. 平均日需求量

C. 保险储备量　　D. 平均库存量

20. 放弃现金折扣的成本受折扣百分比、折扣期和信用期的影响。下列各项中，使放弃现金折扣成本提高的情况有（　　）。

A. 信用期、折扣期不变，折扣百分比提高

B. 折扣期、折扣百分比不变，信用期延长

C. 折扣百分比不变，信用期和折扣期等量延长

D. 折扣百分比、信用期不变，折扣期延长

三、判断题

1. 永久性流动资产是指为了满足企业长期稳定的资金需要，在正常生产经营期间必须保留的流动资产。（　　）

2. 如果销售额不稳定且难以预测，则企业应保持较高的流动资产水平。（　　）

3. 在紧缩型流动资产投资策略下，企业一般会

维持较高水平的流动资产与销售收入比率，因此财务风险与经营风险较小。（ ）

4. 相对于长期资产而言，流动资产具有占用时间短、周转快、易变现等特点。（ ）
5. 如果销售额不稳定且难以预测，则企业应保持较高的流动资产水平。（ ）
6. 根据期限匹配融资策略，固定资产比重较大的上市公司主要应通过长期负债和发行股票筹集资金。（ ）
7. 在随机模型下，当现金余额在最高控制线与最低控制线之间波动时，表明企业现金持有量处于合理区域，无须调整。（ ）
8. 企业之所以持有一定数量的现金，主要是出于交易动机、预防动机和投机动机。（ ）
9. 在最优现金确定的存货模式下，持有现金的机会成本与证券变现的交易次数成本相等时，此时的现金持有量为最佳现金持有量。

（ ）
10. 企业现金管理的意义应当是在收益性与流动性之间作出权衡。企业应把闲置现金投入到流动性高、风险性低、交易期限短的金融工具中，以期获得较多的收入。（ ）
11. 企业内部银行是一种经营部分银行业务的非银行金融机构，需要经过中国人民银行审核批准才能设立。（ ）
12. 收款系统成本包括浮动期成本、管理收款系统的相关费用及第三方处理费用或清算相关费用。（ ）
13. 企业在不影响自己信誉的前提下，要尽可能地推迟应付账款的支付期。（ ）
14. 流动资产、流动负债以及二者之间的关系可以较好地反映企业的偿债能力。（ ）
15. 通过编制应收账款账龄分析表并加以分析，可以了解各顾客的欠款金额、欠款期限和偿还欠款的可能时间。（ ）
16. 企业采用严格的信用标准，虽然会增加应收账款的机会成本，但能扩大商品销售额，从而给企业带来更多的收益。（ ）

四、计算分析题

1. 乙公司使用存货模型确定最佳现金持有量。根据有关资料分析，2015 年该公司全年现金需求量为 8 100 万元，每次现金转换的成本为 0.2 万元，持有现金的机会成本率为 10%。

要求：

(1) 计算最佳现金持有量。

(2) 计算最佳现金持有量下的现金转换次数。

(3) 计算最佳现金持有量下的现金交易成本。

(4) 计算最佳现金持有量下持有现金的机会成本。

(5) 计算最佳现金持有量下的相关总成本。

2. 甲公司是一家制造类企业，全年平均开工 250 天。为生产产品，全年需要购买 A 材料 250 000 件，该材料进货价格为 150 元/件，每次订货需支付运费、订单处理费等变动费用 500 元，材料年储存费率为 10 元/件。A 材料平均交货时间为 4 天。该公司 A 材料满足经济订货基本模型的各项前提条件。

要求：

(1) 利用经济订货基本模型，计算 A 材料的经济订货批量和全年订货次数。

(2) 计算按经济订货批量采购 A 材料的年存货相关总成本。

(3) 计算 A 材料每日平均需用量和再订货点。

五、综合题

1. D 公司是一家服装加工企业，2018 年营业收入为 3 600 万元，营业成本为 1 800 万元，日购货成本为 5 万元。该公司与经营有关的购销业务均采用赊账方式。假设一年按 360 天计算。D 公司简化的资产负债表如表 7－7 所示。

表 7－7　　资产负债简表

（2018 年 12 月 31 日） 单位：万元

资产	金额	负债和所有者权益	金额
货币资金	211	应付账款	120
应收账款	600	应付票据	200

续表

资产	金额	负债和所有者权益	金额
存货	150	应付职工薪酬	255
流动资产合计	961	流动负债合计	575
固定资产	850	长期借款	300
非流动资产合计	850	负债合计	875
		实收资本	600
		留存收益	336
		所有者权益合计	936
资产合计	1 811	负债和所有者权益合计	1 811

要求：

（1）计算D公司2018年的营运资金数额。

（2）计算D公司2018年的应收账款周转期、应付账款周转期、存货周转期以及现金周转期（为简化计算，应收账款、存货、应付账款的平均余额均以期末数据代替）。

（3）在其他条件相同的情况下，如果D公司利用供应商提供的现金折扣，则对现金周转期会产生何种影响？

（4）在其他条件相同的情况下，如果D公司增加存货，则对现金周转期会产生何种影响？

2. 上海东方公司是一家亚洲地区的玻璃套装门分销商，套装门在香港生产然后运至上海。管理当局预计年度需求量为10 000套。套装门的购进单价为395元（包括运费，单位是人民币，下同）。与定购和储存这些套装门的相关资料如下：

（1）去年的订单共22份，总处理成本13 400元，其中固定成本10 760元，预计未来成本性态不变。

（2）虽然对于香港原产地商品进入内地已经免除关税，但是对于每一张订单都要经双方海关的检查，其费用为280元。

（3）套装门从生产商运抵上海后，接收部门要进行检查。为此雇用一名检验人员，每月支付工资3 000元，每个订单的抽检工作需要8小时，发生的变动费用每小时2.5元。

（4）公司租借仓库来存储套装门，估计成本为每年2 500元，另外加上每套门4元。

（5）在储存过程中会出现破损，估计破损成本平均每套门28.5元。

（6）占用资金利息等其他储存成本每套门20元。

（7）从发出订单到货物运到上海需要6个工作日。

（8）为防止供货中断，东方公司设置了100套的保险储备。

（9）东方公司每年经营50周，每周营业6天。

要求：

（1）计算经济批量模型公式中"订货成本"。

（2）计算经济批量模型公式中"储存成本"。

（3）计算经济订货批量。

（4）计算每年与批量相关的存货总成本。

（5）计算再订货点。

（6）计算每年与储备存货相关的总成本。

本章考点巩固练习题参考答案及解析

一、单项选择题

1.【答案】B

【解析】营运资金＝流动资产－流动负债，所以选择B。

2.【答案】A

【解析】在紧缩的流动资产投资策略下，企业维持较低水平的流动资产与销售收入比率。紧缩的流动资产投资策略可以节约流动资产的持有成本。所以选项A是正确的。

3.【答案】B

【解析】在保守融资策略中，长期融资支持固定资产、永久性流动资产和某部分波动性流动资产。

4.【答案】A

【解析】短期资金来源为：6 000 + 3 000 − 7 000 = 2 000（万元），波动性流动资产为：3 000 − 2 000 = 1 000（万元），短期资金来源 > 波动性流动资产，符合营运资金激进融资策略的特征，所以选 A。

5.【答案】A

【解析】保守的融资策略中，长期融资支持非流动资产、永久性流动资产和部分波动性流动资产。企业通常以长期融资来源为部分波动性流动资产的融资，短期融资仅用于融通剩余的波动性流动资产，融资风险较低。但长期负债成本高于短期负债成本，导致融资成本较高，收益较低。保守融资策略是风险与收益均低的策略，所以选择 A。

6.【答案】B

【解析】在保守融资策略中，长期融资支持非流动资产、永久性流动资产和部分波动性流动资产。永久性流动资产为 2 400 万元，波动性流动资产为 1 600 万元，所以非流动资产 = 9 000 − 2 400 − 1 600 = 5 000（万元），非流动资产 + 永久性流动资产 = 5 000 + 2 400 = 7 400（万元）< 8 100 万元，选项 B 正确。

7.【答案】A

【解析】波动性流动资产 = 3 000 ×（1 − 40%）= 1 800（万元）；短期来源 = 1 800 万元，由于短期来源等于波动性流动资产，所以该企业奉行的是期限匹配融资策略。

8.【答案】A

【解析】H = 3R − 2L = 3 × 8 000 − 2 × 1 500 = 21 000（元），根据现金管理的随机模式，如果现金量在控制上下限之间，不必进行现金与有价证券转换。

9.【答案】A

【解析】企业为满足交易性需求所持有的现金余额主要取决于企业维持日常周转及正常商业活动所需持有的现金数额。

10.【答案】C

【解析】从现金回归线公式中可以看出，回归线与下限 L 呈正相关，与有价证券的日利息率呈负相关，与有价证券的每次转换成本呈正相关，所以选项 AB 不正确，选项 C 正确；当现金的持有量达到上下限时，应立即购入或出售有价证券，所以选项 D 不正确。

11.【答案】D

【解析】降低现金折扣的比率意味着减少给客户提供的优惠，会降低客户付款的积极性，从而减缓应收账款的回收，所以应选 D。

12.【答案】B

【解析】持有现金的机会成本，是决策的相关成本，与现金余额成正比，与持有时间成正比，这种成本通常可用有价证券的利息率来衡量。

13.【答案】B

【解析】现金是流动性最强的资产，同时，现金又是非营利资产，所以，企业持有过量现金，会使企业不能偿付的风险下降，但收益水平也下降。

14.【答案】A

【解析】现金周转期 = 应收账款周转期 + 存货周转期 − 应付账款周转期，减少存货量会减少存货周转期，在其他条件不变的情况下，会减少现金周转期，即加速现金周转，所以选项 A 正确。

15.【答案】C

【解析】应收账款的成本主要包括机会成本、管理成本、坏账成本，短缺成本是现金和存货的成本。

16.【答案】C

【解析】信用期限越长，占用在应收账款上的资金越多，应收账款的机会成本越高。所以选项 C 不正确。

17.【答案】B

【解析】平均日销售额 =（270 + 280 + 260）/90 = 9（万元），应收账款周转天数 = 360/9 = 40（天），应收账款平均逾期天数 = 40 − 30 = 10（天）。

18.【答案】B

【解析】应收账款的平均收账天数 = $10 \times 60\% + 30 \times 40\% = 18$（天）。

19.【答案】D

【解析】应收账款赊销效果的好坏，依赖于企业的信用政策。公司在对是否改变信用期限进行决策时，要考虑的因素有收益的增加、应收账款占用资金应计利息的增加、收账费用和坏账损失，其中计算收益的增加时需要使用变动成本率，计算应收账款占用资金应计利息的增加时需要使用风险投资的最低报酬率，计算坏账损失时需要使用应收账款的坏账损失率，所以本题答案为选项D。

20.【答案】D

【解析】订货间隔期内的预期存货需求量变动越大，缺货的可能性就越大，企业需要保持的保险储备量也越大，选项A正确；订货间隔期的不确定性越大，订货间隔期内的预期存货需求量变动就越大，企业需要保持的保险储备量也越大，选项B正确；订货至到货间隔期即交货期的不确定性越大，订货间隔期内的存货供给量变动就越大，缺货的可能性也越大，企业需要保持的保险储备量就越大，选项C正确；再订货点越大，企业需要保持的保险储备量不一定就越大，如交货期与日平均需求量的乘积很大，保险储备量可能不变甚至减少，选项D不正确。

21.【答案】B

【解析】$27.41\% = [X/(1-X)] \times [360/(40-20)]$，$X = 1.5\%$。

二、多项选择题

1.【答案】ABD

【解析】流动资产是指可以在一年内或超过一年的一个营业周期内变现或运用的资产，所以A错误，具有占用时间短、周转快、易变现特点，所以B错误。存货是流动资产的主要组成部分，所以正确，流动资产按生产经营所处的环节不同可分为生产领域中的流动资产、流通领域中的流动资产和其他领域的流动资产，所以D错误。

2.【答案】ABC

【解析】数量具有波动性和周转具有短期性是营运资金的特点，保持足够的短期偿债能力是营运资金管理原则之一，所以ABC正确。营运资金来源具有多样性。所以D错误。

3.【答案】AD

【解析】现金持有量越大，机会成本越大，所以选项B正确；现金持有量越大，短缺成本越小。所以选项C正确。现金持有量越小，短缺成本越大，机会成本越小，总成本不一定越大，所以A错误，现金持有量越大，管理成本一般不变，所以D错误。

4.【答案】AC

【解析】为避免因客户违约导致的资金链意外断裂而持有现金属于预防动机，为在证券价格下跌时买入证券而持有现金属于投机动机，所以选择AC。

5.【答案】CD

【解析】在确定目标现金余额的存货模型中，需要考虑的相关现金成本有交易成本与机会成本。所以选择CD。

6.【答案】ABD

【解析】企业利用商业信用进行筹资的形式通常包括应付账款、应付票据、预收账款与应计未付款等。所以选择ABD。

7.【答案】ABC

【解析】销售额越不稳定，越不可预测，则投资于流动资产上的资金就应越多，以保证有足够的存货和应收账款占用来满足生产经营和顾客的需要，所以，选项C不正确。

8.【答案】CD

【解析】短期借款的抵押品主要有应收账款、存货、应收票据、债券等。

9.【答案】BD

【解析】该企业波动性流动资产 = $100 - 30 = 70$（万元），大于短期来源50万元，所以该企业采取的是保守型融资战略，这种类型的融资战略收益和风险均较低。所以选项BD正确。

10.【答案】ABC

【解析】自然性流动负债是指不需要正式安排，由于结算程序或有关法律法规的规定等原因而自然形成的流动负债；人为性流动负债是指根据企业对短期资金的需求情况，通过人为安排所形成的流动负债。选项D属于人为性流动负债。

11.【答案】ABCD

【解析】由于各种动机所需现金可以调节使用，所以企业持有的现金总额可以小于各种动机所需现金余额之和，且各种动机所需保持的现金也可以是能够随时变现的有价证券以及能够随时变成现金的其他各种存在形态。

12.【答案】AD

【解析】运用成本分析模式确定最佳现金持有量，只考虑因持有一定量现金而产生的机会成本及短缺成本，而不予考虑管理费用和转换成本。

13.【答案】BCD

【解析】选项BD属于现金持有成本中的管理费用；选项C属于现金持有成本中的机会成本；选项A属于转换成本中与交易金额有关的成本。

14.【答案】BC

【解析】本题考核目标现金余额的确定，现金持有量越大，机会成本越大，所以选项B正确；现金持有量越小，短缺成本越大。所以选项C正确。

15.【答案】BCD

【解析】选项A应该改为现金支出过程比较稳定，波动较小。

16.【答案】ACD

【解析】应收账款平均收账天数 $=10\times20\%+30\times80\%=26$（天）；应收账款平均余额 $=(720/360)\times26=52$（万元），应收账款占用资金 $=52\times70\%=36.4$（万元）；应收账款占用资金应计利息 $=36.4\times10\%=3.64$（万元）。

17.【答案】ACD

【解析】现金折扣是企业对顾客在商品价格上所做的扣减，其主要目的在于吸引顾客为享受优惠而提前付款，缩短企业的平均收款期。另外，顾客提前付款的积极性提高，还可以节约收账费用。

18.【答案】BCD

【解析】按照发行短期融资券的相关规定，短期融资券的发行人为非金融企业。

19.【答案】ABC

【解析】含保险储备时的再订货点计算公式为：再订货点 = 交货时间 × 平均日需求量 + 保险储备量，所以选项ABC正确。

20.【答案】AD

【解析】放弃现金折扣成本 = [折扣百分比/(1 - 折扣百分比)] × [360/(付款期 - 折扣期)]，折扣百分比提高后，左边计算式的分子变大，分母变小，所以放弃现金折扣成本提高，选项A正确；信用期延长，公式的分母增大，所以放弃现金折扣成本降低，选项B不正确；信用期和折扣期等量延长，公式的分子、分母均不变，所以放弃现金折扣成本不变，选项C不正确；折扣期延长，公式的分母变小，所以放弃现金折扣成本提高，选项D正确。

三、判断题

1.【答案】×

【解析】永久性流动资产是指为了满足企业长期稳定的资金需要，即使处于经营低谷时也必须保留的流动资产。

2.【答案】√

【解析】如果销售额不稳定而且难以预测，就会存在显著的风险，从而必须保证一个高的流动资产水平，维持较高的流动资产与销售收入比率。所以本题的说法正确。

3.【答案】×

【解析】在紧缩型流动资产投资策略下，企业一般会维持较低水平的流动资产与销售收入比率，因此财务风险与经营风险较高。

4.【答案】√

【解析】流动资产具有占用时间短、周转快、易变现等特点。

5.【答案】√

【解析】如果销售额是不稳定的，但可以预测，如属于季节性变化，那么将没有显著的风险。然而，如果销售额是不稳定而且难以预测，例如石油和天然气开采业以及许多建筑业企业，就会存在显著的风险，从而必须保证一个高的流动资产水平，维持较高的流动资产与销售收入比率。

6.【答案】√

【解析】根据期限匹配融资战略，波动性流动资产等于短期资金来源，固定资产等于长期资金来源（通过长期负债和股票筹集资金）。

7.【答案】√

【解析】本题考核目标现金余额确定的随机模型。在随机模型中，由于现金流量波动是随机的，只能对现金持有量确定一个控制区域，定出上限和下限。当企业现金余额在上限和下限之间波动时，表明企业现金持有量处于合理的水平，无须进行调整。所以本题题干的说法正确。

8.【答案】√

【解析】企业之所以持有一定数量的现金，主要是基于三个方面的动机：交易动机、预防动机和投机动机。

9.【答案】√

【解析】在存货模式下，持有现金的机会成本与证券变现的固定转换成本相等时，现金管理的总成本最低，此时的现金持有量为最佳现金持有量。

10.【答案】√

【解析】企业现金管理的目的首先是保证生产经营业务的现金需求，其次才是使这些现金获得最大的收益。这两个目的要求企业把闲置现金投入到流动性高、风险性低、交易期限短的金融工具中，这样，既可以随时变现又可以获得较多的收入。

11.【答案】×

【解析】企业财务银行是一种经营部分银行业务的非银行金融机构。内部银行是内部资金管理机构，不需要经过中国人民银行审核批准。

12.【答案】√

【解析】收款系统成本包括浮动期成本、管理收款系统的相关费用及第三方处理费用或清算相关费用。

13.【答案】√

【解析】推迟应付账款的支付期，可以节约现金，在不影响自己信誉的前提下，何乐而不为。

14.【答案】×

【解析】偿债能力分为短期偿债能力和长期偿债能力，流动资产、流动负债以及二者之间的关系可以较好地反映企业的短期偿债能力。

15.【答案】×

【解析】通过分析应收账款账龄分析表不能了解到偿还欠款的可能时间。只能了解到顾客的欠款金额、欠款期限，并根据账龄长短预计发生坏账的可能性、收账的程度。

16.【答案】×

【解析】如果企业执行的信用标准过于严格，可能会降低对符合可接受信用风险标准客户的赊销额，因此会限制企业的销售机会，减少商品销售额，从而减少应收账款的机会成本。

四、计算分析题

1.【答案】

（1）最佳现金持有量 $=\sqrt{(2\times8\ 100\times0.2)\div10\%}$

$=180$（万元）

（2）最佳现金持有量现金转换次数 $=8\ 100/180=45$（次）

（3）最佳现金持有量现金交易成本 $=45\times0.2=9$（万元）

（4）最佳现金持有量下持有现金的机会成本 $=180/2\times10\%=9$（万元）

或：最佳现金持有量下持有现金的机会成本 = 9 万元

（5）最佳现金持有量下的相关总成本 $=9+9=18$（万元）

或：最佳现金持有量下的相关总成本 $=\sqrt{2\times8\ 100\times0.2\times10\%}=18$（万元）。

2.【答案】

（1）A 材料的经济订货批量 $=\sqrt{2\times250\ 000\times500/10}=5\ 000$（件）

全年订货次数 = 全年需求量/经济订货批量 = 250 000/5 000 = 50（次）

（2）A 材料的年存货相关总成本 = $\sqrt{2\times250\ 000\times500\times10}=50\ 000$（元）

（3）每日平均需用量 = 250 000/250 = 1 000（件），再订货点 = 1 000 × 4 = 4 000（件）。

五、综合题

1.【答案】

（1）2018 年营运资金数额 = 流动资产 - 流动负债 = 961 - 575 = 386（万元）

（2）应收账款周转期 = 360/(3 600/600) = 60（天）

应付账款周转期 = 120/5 = 24（天）

存货周转期 = 360/(1 800/150) = 30（天）

现金周转期 = 60 + 30 - 24 = 66（天）

（3）利用现金折扣会缩短应付账款的周转期，则现金周转期增加。

（4）增加存货会延长存货周转期，则现金周转期增加。

2.【答案】

（1）订货成本 = (13 400 - 10 760)/22 + 280 + 8 × 2.5 = 420（元）

（2）储存成本 = 4 + 28.5 + 20 = 52.50（元）

（3）经济订货量 $Q=\sqrt{\frac{2\times10\ 000\times420}{52.50}}=400$（套）

（4）每年相关总成本 TC（Q）= $\sqrt{2\times10\ 000\times420\times52.50}=21\ 000$（元）

（5）再订货点 R = L × D + B = 6 × 10 000/(50 × 6) + 100 = 300（套）

（6）每年与储备存货相关的总成本 = 395 × 10 000 + (420 × 10 000/400 + 10 760 + 3 000 × 12) + (52.50 × 400/2 + 52.50 × 100 + 2 500) = 4 025 510（元）。

第八章　成本管理

考情分析

从历年试题分布来看，本章题型有客观题，也有主观题。历年考题分数波动较大，平均在 13 分左右，属于重点章节。

教材变化

2020 年教材本章第一节成本管理概述和第二节本量利分析与应用参照管理会计应用指引进行了修订。

考点提示

本章主要讲述成本管理，包括成本管理的目标、成本管理的原则、成本管理的主要内容、本量利分析、盈亏平衡分析、目标利润分析、敏感性分析、边际分析、标准成本的制定、成本差异的计算及分析、作业成本管理和责任成本管理等内容。

本章考点框架

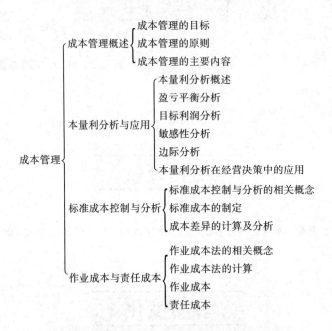

- 成本管理
  - 成本管理概述
    - 成本管理的目标
    - 成本管理的原则
    - 成本管理的主要内容
  - 本量利分析与应用
    - 本量利分析概述
    - 盈亏平衡分析
    - 目标利润分析
    - 敏感性分析
    - 边际分析
    - 本量利分析在经营决策中的应用
  - 标准成本控制与分析
    - 标准成本控制与分析的相关概念
    - 标准成本的制定
    - 成本差异的计算及分析
  - 作业成本与责任成本
    - 作业成本法的相关概念
    - 作业成本法的计算
    - 作业成本
    - 责任成本

考点解读及例题点津

第一单元　成本管理概述

1 成本管理的目标

一、考点解读

表 8-1

目标	特点	内容	
总体目标	主要依据企业竞争战略制定	成本领先战略	成本管理的总体目标是追求成本水平的绝对降低
		差异化战略	成本管理的总体目标则是在保证实现产品、服务等方面差异化的前提下，对产品全生命周期成本进行管理，实现成本的持续降低
具体目标	对总体目标的进一步细分	成本计算的目标	为所有内、外部信息使用者提供成本信息
		成本控制的目标	降低成本水平

二、例题点津

【例题1·单选题】 下列关于成本目标的表述中，不正确的是（　　）。

A. 成本管理目标有总体目标和具体目标之分

B. 成本管理的总体目标主要依据竞争战略确定

C. 成本管理的总体目标有成本计算目标和成本控制目标

D. 成本控制目标是指降低成本水平

【答案】C

【解析】成本管理的具体目标有成本计算目标和成本控制目标。

【例题2·判断题】 实施差异化战略的企业中，成本控制目标是在保证产品质量和服务的前提下，最大限度地降低企业的内部成本，表现为对生产成本和经营费用的控制。（　　）

【答案】×

【解析】实施成本领先战略的企业中，成本控制目标是在保证产品质量和服务的前提下，最大限度地降低企业的内部成本，表现为对生产成本和经营费用的控制。实施差异化战略的企业中，成本控制目标是在保证企业实现差异化战略的前提下，降低产品生命周期成本。表现为对产品生命周期不同阶段成本的控制，如研发成本、供应商部分成本和消费成本的重视和控制。

2 成本管理的原则

一、考点解读

企业进行成本管理，一般应遵循以下原则：

（一）融合性原则

成本管理应以企业业务模式为基础，将成本管理嵌入业务的各领域、各层次、各环节，实现成本管理责任到人、控制到位、考核严格、目标落实。

（二）适应性原则

成本管理应与企业生产经营特点和目标相适应，尤其要与企业发展战略或竞争战略相适应。

（三）成本效益原则

成本管理应用相关工具方法时，应权衡其为企业带来的收益和付出的成本，避免获得的收益小于其投入的成本。

（四）重要性原则

成本管理应重点关注对成本具有重大影响的项目，对于不具有重要性的项目可以适当简化处理。

二、例题点津

【例题1·多选题】 企业进行成本管理应遵循的原则有（　　）。

A. 融合性原则　　B. 适应性原则

C. 成本效益原则　　D. 重要性原则

【答案】ABCD

【解析】企业进行成本管理，一般应遵循以下原则：融合性原则、适应性原则、成本效益原则、重要性原则。

3 成本管理的主要内容

一、考点解读

成本管理具体包括成本预测、成本决策、成本计划、成本控制、成本核算、成本分析和成本考核七项内容。

（一）成本预测

成本预测是以现有条件为前提，在历史成本资料的基础上，根据未来可能发生的变化，利用科学的方法，对未来的成本水平及其发展趋势进行描述和判断的成本管理活动。成本预测是进行成本管理的第一步，也是组织成本决策和编制成本计划的前提。

（二）成本决策

成本决策是在成本预测及有关成本资料的基础上，综合经济效益、质量、效率和规模等指标，运用定性和定量的方法对各个成本方案进行分析并选择最优方案的成本管理活动。成本决策不仅是成本管理的重要职能，还是企业营运决策体系中的重要组成部分。

（三）成本计划

成本计划是以营运计划和有关成本数据、资料为基础，根据成本决策所确定的目标，通过一定的程序，运用一定的方法，针对计划期企业的生产耗费和成本水平进行的具有约束力的成本筹划管理活动。

（四）成本控制

成本控制是成本管理者根据预定的目标，对成本发生和形成过程以及影响成本的各种因素条件施加主动的影响或干预，把实际成本控制在预期目标内的成本管理活动。成本控制的关键是选取适用于本企业的成本控制方法，它决定着成本控制的效果。

（五）成本核算

成本核算是根据成本核算对象，按照国家统一的会计制度和企业管理要求，对营运过程中实际发生的各种耗费按照规定的成本项目进行归集、分配和结转，取得不同成本核算对象的总成本和单位成本，向有关使用者提供成本信息的成本管理活动。

成本核算分为财务成本核算和管理成本核算。

（六）成本分析

成本分析是成本管理的重要组成部分，是利用成本核算提供的成本信息及其他有关资料，分析成本水平与构成的变动情况，查明影响成本变动的各种因素和产生的原因，并采取有效措施控制成本的成本管理活动。

（七）成本考核

成本考核是对成本计划及其有关指标实际完成情况进行定期总结和评价，并根据考核结果和责任制的落实情况，进行相应奖励和惩罚，以监督和促进企业加强成本管理责任制，提高成本管理水平的成本管理活动。

二、例题点津

【例题1·单选题】在企业的日常经营管理工作中，成本管理工作的起点是（　　）。

A. 成本预测

B. 成本决策

C. 成本计划

D. 成本控制

【答案】A

【解析】成本预测是进行成本管理的第一步，也是组织成本决策和编制成本计划的前提。选项A正确。

【例题2·多选题】现代成本控制使用了包括技术和组织手段在内的所有可能的控制手段，具体有（　　）。

A. 目标成本法

B. 作业成本法

C. 责任成本法

D. 标准成本法

【答案】ABC

【解析】现代成本控制突破了经济手段的限制，还使用了包括技术和组织手段在内的所有可能的控制手段，如目标成本法、作业成本法以及责任成本法等。选项ABC正确。选项D标准成本法属于传统的成本控制方法。

第二单元　本量利分析与应用

1 本量利分析概述

一、考点解读

（一）本量利分析的含义

本量利分析，简称CVP分析（cost - volume - profit analysis），是指以成本性态分析和变动成本法为基础，运用数学模型和图式，对成本、利润、业务量与单价等因素之间的依存关系进行分析，发现变动的规律性，为企业进行预测、决策、计划和控制等活动提供支持的一种方法。

（二）本量利分析的基本假设

一般来说，本量利分析主要基于以下四个假设前提：

（1）总成本由固定成本和变动成本两部分组成。

（2）销售收入与业务量呈完全线性关系。

（3）产销平衡。

（4）产品产销结构稳定。

（三）本量利分析的基本原理

本量利分析所考虑的相关因素主要包括销售量、单价、销售收入、单位变动成本、固定成本、营业利润等。这些因素之间的关系可以用下列基本公式来反映：

利润 = 销售收入 - 总成本
= 销售收入 -（变动成本 + 固定成本）
= 销售量 × 单价 - 销售量 × 单位变动成本 - 固定成本
= 销售量 ×（单价 - 单位变动成本）- 固定成本

二、例题点津

【例题1·单选题】下列关于本量利分析的基本假设表述中，不正确的是（　　）。

A. 产销平衡

B. 产品产销结构稳定

C. 销售收入与业务量呈完全线性关系

D. 总成本由营业成本和期间费用两部分组成

【答案】D

【解析】本量利分析主要基于以下四个假设前提：（1）总成本由固定成本和变动成本两部分组成；（2）销售收入与业务量呈完全线性关系；（3）产销平衡；（4）产品产销结构稳定。所以选项D不正确。

【例题2·多选题】根据本量利分析的基本原理，下列计算公式中，正确的有（　　）。

A. 利润 = 销售收入 - 总成本

B. 利润 = 销售收入 -（变动成本 + 固定成本）

C. 利润 = 销售量 × 单价 - 销售量 × 单位变动成本 - 固定成本

D. 利润 = 销售量 ×（单价 - 单位变动成本）- 固定成本

【答案】ABCD

【解析】选项ABCD四个计算公式均正确。本量利分析的基本原理就是在假设单价、单位变动成本和固定成本为常量以及产销一致的基础上，将利润、产销量分别作为因变量与自变量，给定产销量，便可以求出其利润，或者给定目标利润，计算出目标产量。

2 盈亏平衡分析

一、考点解读

（一）单一产品盈亏平衡分析

1. 盈亏平衡点

盈亏平衡点（又称保本点），是指企业达到盈亏平衡状态的业务量或销售额，即企业一定时期的总收入等于总成本、利润为零时的业务量或销售额。

$$盈亏平衡点的业务量 = \frac{固定成本}{单价 - 单位变动成本} = \frac{固定成本}{单位边际贡献}$$

盈亏平衡点的销售额 = 盈亏平衡点的业务量 × 单价

或 $$盈亏平衡点的销售额 = \frac{固定成本}{(1 - 变动成本率)}$$

或 $$盈亏平衡点的销售额 = \frac{固定成本}{边际贡献率}$$

2. 盈亏平衡作业率

盈亏平衡作业率是指盈亏平衡点的业务量（或销售额）占正常经营情况下的业务量（或销售额）的百分比，或者是盈亏平衡点的业务量（或销售额）占实际或预计业务量（销售额）的百分比。

盈亏平衡作业率

$$= \frac{盈亏平衡点的业务量}{\text{正常经营业务量（或实际业务量、预计业务量）}} \times 100\%$$

$$= \frac{盈亏平衡点的销售额}{\text{正常经营销售额（或实际销售额、预计销售额）}} \times 100\%$$

3. 本量利关系图

（1）传统式本量利关系图（见图8-1）。

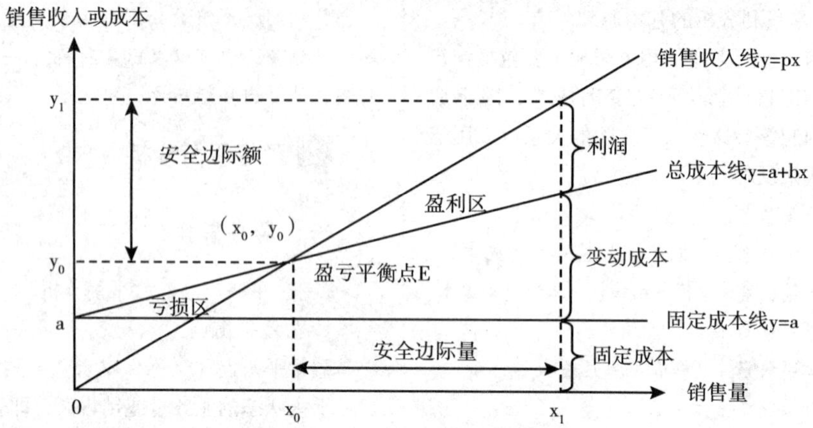

图 8－1　传统式本量利关系图

（2）边际贡献式本量利关系图（见图 8－2）。

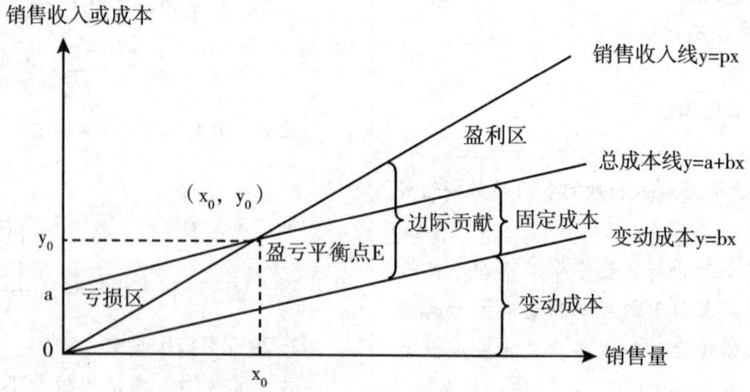

图 8－2　边际贡献式本量利关系图

（3）利量式本量利关系图（见图 8－3）。

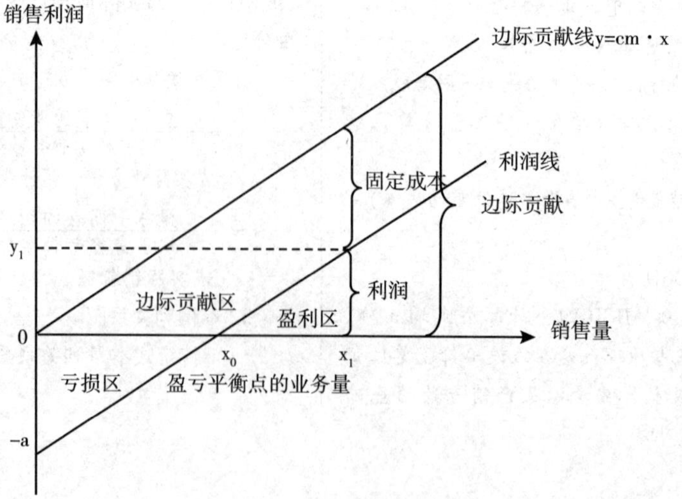

图 8－3　利量式本量利关系图

（二）产品组合盈亏平衡分析

对多种产品进行盈亏平衡分析，在遵循单一产品的盈亏平衡分析的基础上，应根据不同情况采用相应的具体方法来确定。目前，进行多种产品盈亏平衡分析的方法包括加权平均法、联合单位法、分算法、顺序法、主要产品法等。

1. 加权平均法

加权平均法是指在掌握每种单一产品的边际贡献率的基础上，按各种产品销售额的比重进行加权平均，据以计算综合边际贡献率，从而确定多产品组合的盈亏平衡点。其计算公式如下：

某种产品的销售额权重 = 该产品的销售额 ÷ 各种产品的销售额合计

盈亏平衡点的销售额 = 固定成本 ÷（1 - 综合变动成本率）

或 盈亏平衡点的销售额 = 固定成本 ÷ 综合边际贡献率

综合边际贡献率 = 1 - 综合变动成本率

2. 联合单位法

联合单位法是指在事先确定各种产品间产销实物量比例的基础上，将各种产品产销实物量的最小比例作为一个联合单位，确定每一联合单位的单价、单位变动成本，进行本量利分析的一种分析方法。其计算公式为：

联合盈亏平衡点的业务量 = 固定成本总额联合单价 - 联合单位变动成本

某产品盈亏平衡点的业务量 = 联合盈亏平衡点的业务量 × 一个联合单位中包含的该产品的数量

3. 分算法

分算法是在一定的条件下，将全部固定成本按一定标准在各种产品之间进行合理分配，确定每种产品应补偿的固定成本数额，然后再对每一种产品按单一品种条件下的情况分别进行本量利分析的方法。

4. 顺序法

顺序法是指按照事先确定的各品种产品销售顺序，依次用各种产品的边际贡献补偿整个企业的全部固定成本，直至全部由产品的边际贡献补偿完为止，从而完成本量利分析的一种方法。

（1）乐观的排列，即按照各种产品的边际贡献率由高到低排列，边际贡献率高的产品先销售、先补偿，边际贡献率低的产品后出售、后补偿；

（2）悲观的排列，即假定各品种销售顺序与乐观排列相反；

（3）产品的销售顺序也可按照市场实际销路是否顺畅来确定，但这种顺序的确定缺乏统一的标准，存在一定的主观性。

5. 主要产品法

在企业产品品种较多的情况下，如果存在一种产品是主要产品，它提供的边际贡献占企业边际贡献总额的比重较大，代表了企业产品的主导方向，则可以按该主要品种的有关资料进行本量利分析，视同于单一品种。确定主要品种应以边际贡献为标志，并只能选择一种主要产品。

二、例题点津

【例题1·多选题】 根据单一产品的盈亏平衡分析，下列计算公式中，正确的有（　　）。

A. $盈亏平衡点的业务量 = \frac{固定成本}{单价 - 单位变动成本}$

B. 盈亏平衡点的销售额 = 盈亏平衡点的业务量 × 单价

C. $盈亏平衡点的销售额 = \frac{固定成本}{(1 - 变动成本率)}$

D. $盈亏平衡点的销售额 = \frac{固定成本}{边际贡献率}$

【答案】ABCD

【解析】选项 ABCD 均正确。盈亏平衡分析是根据本量利分析基本关系式，确定盈亏平衡点时企业达到盈亏平衡状态的业务量或销售额，即企业一定时期的总收入等于总成本、利润为零时的业务量或销售额。

【例题2·多选题】 从盈亏平衡点的计算公式可以看出，降低盈亏平衡点的途径主要有（　　）。

A. 降低固定成本总额

B. 降低单位变动成本

C. 提高销售单价

D. 降低销售单价

【答案】ABC

【解析】选项 ABC 正确。从盈亏平衡点的计算公式可以看出，降低盈亏平衡点的途径主要有三个：一是降低固定成本总额。在其他因素不变时，盈亏平衡点的降低幅度与固定成本的降低幅度相同。二是降低单位变动成本。在其他因素不变时，可以通过降低单位变动成本来降低盈亏平衡点，但两者降低的幅度并不一致。三是提高销售单价。在其他因素不变时，可以通过提高单价来降低盈亏平衡点，同降低单位变动成本一样，销售单价与盈亏平衡点的变动幅度也不一致。

【例题3·单选题】某企业销售甲产品，单价为100元/件，单位变动成本为50元，固定成本为130 000元，假定该企业正常经营条件下的销售量为5 000件，则该企业的盈亏平衡作业率是（　　）。

A. 47%　　B. 49%

C. 52%　　D. 62%

【答案】C

【解析】该企业盈亏平衡点的业务量＝固定成本÷(单价－单位变动成本)＝130 000÷(100－50)＝2 600（件），盈亏平衡作业率＝2 600÷5 000×100%＝52%，选项C正确。

【例题4·多选题】如果采用加权平均法进行多种产品盈亏平衡分析，下列各项中，将会影响综合盈亏平衡点的有（　　）。

A. 固定成本　　B. 销售数量

C. 单价　　D. 单位变动成本

【答案】ABCD

【解析】盈亏平衡点的销售额＝固定成本÷综合边际贡献率，销售数量、单价、单位变动成本都会影响加权平均边际贡献率，选项ABCD均正确。

【例题5·计算题】某公司生产销售A、B、C三种产品，销售单价分别为20元、30元、40元；预计销售量分别为30 000件、20 000件、10 000件；预计各产品的单位变动成本分别为12元、24元、28元；预计固定成本总额为180 000元。

要求：按联合单位法进行多种产品的盈亏平衡分析。

【答案】产品销售比＝A∶B∶C＝30 000∶20 000∶10 000＝3∶2∶1

联合单价＝20×3＋30×2＋40×1＝160（元）

联合单位变动成本＝12×3＋24×2＋28×1＝112（元）

联合盈亏平衡点的业务量＝180 000/(160－112)＝3 750（件）

各种产品盈亏平衡点销售量计算：

A产品盈亏平衡点销售量＝3 750×3＝11 250（件）

B产品盈亏平衡点销售量＝3 750×2＝7 500（件）

C产品盈亏平衡点销售量＝3 750×1＝3 750（件）

各种产品盈亏平衡点的销售额：

A产品盈亏平衡点的销售额＝11 250×20＝225 000（元）

B产品盈亏平衡点的销售额＝7 500×30＝225 000（元）

C产品盈亏平衡点的销售额＝3 750×40＝150 000（元）

【例题6·单选题】对于生产多种产品的企业而言，如果能够将固定成本在各种产品之间进行合理分配，则比较适用的本量利分析方法是（　　）。

A. 联合单位法　　B. 顺序法

C. 分算法　　D. 加权平均法

【答案】C

【解析】分算法是在一定的条件下，将全部固定成本按一定标准在各种产品之间进行合理分配，确定每种产品应补偿的固定成本数额，然后再对每一种产品按单一品种条件下的情况分别进行本量利分析的方法，本题选项C正确。

【例题7·多选题】多种产品本量利分析中采用联合单位法，下列表达中正确的有（　　）。

A. 联合单位是指固定价值比例构成的一组产品

B. 联合单位法是将各种产品单价的最小比例作为一个联合单位

C. 联合盈亏平衡点的业务量＝$\frac{\text{固定成本总额}}{\text{联合单价}-\text{联合单位变动成本}}$

D. 某产品盈亏平衡点的业务量 = 联合盈亏平衡点的业务量 × 一个联合单位中包含的该产品的数量

【答案】CD

【解析】联合单位法是指在事先确定各种产品间产销实物量比例的基础上，将各种产品产销实物量的最小比例作为一个联合单位，确定每一联合单位的单价、单位变动成本，进行本量利分析的一种分析方法，选项 A 错误。所谓联合单位，是指固定实物比例构成的一组产品，选项 B 错误。选项 CD 正确。

【例题 8 · 判断题】 多种产品本量利分析的顺序法中，如果采用乐观的排序，是按照各种产品的边际贡献率由低到高排列。（　　）

【答案】×

【解析】顺序法是指按照事先确定的各品种产品销售顺序，依次用各种产品的边际贡献补偿整个企业的全部固定成本，直至全部由产品的边际贡献补偿完为止，从而完成本量利分析的一种方法。乐观的排列，即按照各种产品的边际贡献率由高到低排列，边际贡献率高的产品先销售、先补偿，边际贡献率低的产品后出售、后补偿。题目表述错误。

3 目标利润分析

一、考点解读

（一）目标利润分析基本原理

目标利润分析，是在本量利分析方法的基础上，计算为达到目标利润所需达到的业务量、收入和成本的一种利润规划方法，该方法应反映市场的变化趋势、企业战略规划目标以及管理层需求等。计算公式为：

目标利润 =（单价 − 单位变动成本）× 销售量 − 固定成本

实现目标利润业务量 =（固定成本 + 目标利润）÷（单价 − 单位变动成本）

实现目标利润销售额 =（固定成本 + 目标利润）÷ 边际贡献率

实现目标利润销售额 = 实现目标利润业务量 × 单价

（二）实现目标利润的措施

1. 销量提高
2. 单价提高
3. 降低单位变动成本
4. 降低固定成本

二、例题点津

【例题 1 · 多选题】 某产品单价 8 元，单位变动成本 5 元，固定成本 3 000 元，计划产销量 1 000 件，欲实现目标利润 1 000 元，应（　　）。

A. 提高单价 1 元

B. 降低单位变动成本 1 元

C. 减少固定成本 1 000 元

D. 提高单价 0.5 元，同时提高产销量 100 件并减少固定成本 200 元

【答案】ABC

【解析】选项 A，利润 =（单价 − 单位变动成本）× 销量 − 固定成本 =（9 − 5）× 1000 − 3000 = 1 000（元）。选项 B，利润 =（单价 − 单位变动成本）× 销量 − 固定成本 =（8 − 4）× 1 000 − 3 000 = 1 000（元）。选项 C，利润 =（单价 − 单位变动成本）× 销量 − 固定成本 =（8 − 5）× 1 000 − 2 000 = 1 000（元）。选项 D，利润 =（单价 − 单位变动成本）× 销量 − 固定成本 =（8.5 − 5）× 1 100 − 2 800 = 1 050（元），因此选项 D 不正确。

4 敏感性分析

一、考点解读

（一）各因素对利润的影响程度

各相关因素变化都会引起利润的变化，但其影响程度各不相同。反映各因素对利润敏感程度的指标为利润的敏感系数，其计算公式为：

敏感系数 = 利润变动百分比 ÷ 因素变动百分比

将四个因素按敏感系数的绝对值排列，其顺序依次是单价、单位变动成本、销售量、固定成本。也就是说，对利润影响程度最大的因素是单价，然后是单位变动成本、销售量和固定成本。上述各因素敏感系数的排序是在例题所设定的条件下得到的，如果条件发生变化，各因素敏感系数的排序也可能发生变化。

（二）目标利润要求变化时允许各因素的升降幅度

当目标利润有所变化时，只有通过调整各因素现有水平才能达到目标利润变动的要求。因此，对各因素允许升降幅度的分析，实质上是各因素对利润影响程度分析的反向推算，在计算上表现为敏感系数的倒数。

二、例题点津

【例题 1 · 单选题】某公司生产和销售单一产品，该产品单位边际贡献为 2 元，2019 年销售量为 40 万件，利润为 50 万元。假设成本性态保持不变，则销售量的利润敏感系数是（　　）。

A. 0.60　　B. 0.80

C. 1.25　　D. 1.60

【答案】D

【解析】利润 =（单价 − 单位变动成本）× 销售量 − 固定成本 = 单位边际贡献 × 销售量 − 固定成本，固定成本 = 单位边际贡献 × 销售量 − 利润 = 40 × 2 − 50 = 30（万元）。假设销售量上升 10%，变化后的销售量 = 40 ×（1 + 10%）= 44（万元），变化后的利润 = 44 × 2 − 30 = 58（万元），利润变化的百分比 =（58 − 50）/50 = 16%，销售量的敏感系数 = 16%/10% = 1.6，所以，选项 D 正确。

5 边际分析

一、考点解读

（一）边际贡献分析

边际贡献分析，是指通过分析销售收入减去变动成本总额之后的差额，衡量产品为企业贡献利润的能力。边际贡献分析主要包括边际贡献总额和边际贡献率两个指标。

1. 边际贡献总额

边际贡献总额是产品的销售收入扣除变动成本总额后给企业带来的贡献，进一步扣除企业的固定成本总额后，剩余部分就是企业的利润，相关计算公式如下：

边际贡献总额 = 销售收入 − 变动成本总额

= 销售量 × 单位边际贡献

= 销售收入 × 边际贡献率

单位边际贡献 = 单价 − 单位变动成本

= 单价 × 边际贡献率

2. 边际贡献率

边际贡献率，是指边际贡献在销售收入中所占的百分比，表示每 1 元销售收入中边际贡献所占的比重，计算公式如下：

$$边际贡献率 = \frac{边际贡献总额}{销售收入} \times 100\%$$

$$= \frac{单位边际贡献}{单价} \times 100\%$$

$$变动成本率 = \frac{变动成本总额}{销售收入} \times 100\%$$

边际贡献率 = 1 − 变动成本率

3. 相关方程式

根据本量利基本关系，利润、边际贡献及固定成本之间的关系可以表示为：

利润 = 边际贡献 − 固定成本

= 销售量 × 单位边际贡献 − 固定成本

= 销售收入 × 边际贡献率 − 固定成本

（二）安全边际分析

安全边际分析，是指通过分析正常销售额超过盈亏临界点销售额的差额，衡量企业在盈亏平衡的前提下，能够承受因销售额下降带来的不利影响的程度和企业抵御营运风险的能力。

1. 安全边际

安全边际 = 实际销售量或预期销售量 − 盈亏平衡点的业务量

2. 安全边际率

$$安全边际率 = \frac{安全边际}{实际销售量或预期销售量} \times 100\%$$

一般来讲，安全边际体现了企业在营运中的风险程度大小。由于盈亏平衡点是下限，所以，预期销售量或实际销售量与盈亏平衡点的业务量差距越大，安全边际或安全边际率的数值越大，企业发生亏损的可能性越小，抵御营运风险的能力越强，盈利能力越大；反之则相反。

（三）盈亏平衡作业率与安全边际率的关系

只有安全边际才能为企业提供利润，而盈亏平衡点的销售额扣除变动成本后只为企业收回固定成本。安全边际销售额减去其自身变动成本后成为企业利润，即安全边际中的边际贡献等于企业利润。

要提高企业的销售利润率水平主要有两种途径：一是扩大现有销售水平，提高安全边际率；二是降低变动成本水平，提高边际贡献率。

二、例题点津

【例题1·判断题】在本量利关系中，边际贡献的大小与固定成本支出的多少无关。( )

【答案】√

【解析】边际贡献总额=销售收入-变动成本总额，从公式中可知与固定成本支出无关。

【例题2·多选题】根据本量利基本关系，下列关于利润的计算公式中，正确的有（ ）。

A. 利润=安全边际量×单位边际贡献

B. 利润=盈亏平衡点的销售量×单位安全边际

C. 利润=实际销售额×安全边际率

D. 利润=安全边际额×边际贡献率

【答案】AD

【解析】推导过程如下：利润=单位边际贡献×销售量-固定成本=单位边际贡献×(安全边际量+盈亏平衡点的销售量)-固定成本=单位边际贡献×安全边际量+单位边际贡献×盈亏平衡点的销售量-固定成本=单位边际贡献×安全边际量，所以选项A正确；安全边际量=实际或预计销售量-盈亏平衡点的销售量，实际或预计销售量=安全边际量+盈亏平衡点的销售量，盈亏平衡点的销售量=固定成本/单位边际贡献，固定成本=盈亏平衡点的销售量×单位边际贡献，所以选项B不正确；利润=边际贡献-固定成本=销售收入×边际贡献率-盈亏平衡点的销售额×边际贡献率，所以：利润=安全边际量×边际贡献率，选项C不正确，选项D正确。

【例题3·单选题】下列各项指标中，能直接体现企业在营运中的风险程度的是（ ）。

A. 安全边际率　　B. 边际贡献率

C. 净资产收益率　　D. 变动成本率

【答案】A

【解析】安全边际主要用于衡量企业承受营运风险的能力，尤其是销售量下降时承受风险的能力，也可以用于盈利预测。一般来讲，安全边际体现了企业在营运中的风险程度大小，所以选项A正确。

【例题4·单选题】某产品实际销售量为8 000件，单价为30元，单位变动成本为12元，固定成本总额为36 000元。则该产品的安全边际率为（ ）。

A. 25%　　B. 40%

C. 60%　　D. 75%

【答案】D

【解析】盈亏平衡点的销售量=36 000/(30-12)=2 000（件），安全销售量=8 000-2 000=6 000（件），所以安全边际率=6 000/8 000=75%。

【例题5·单选题】若安全边际率为30%，正常销售量为2 000件，则盈亏平衡点的销售量为（ ）件。

A. 600　　B. 1 000

C. 1 400　　D. 1 800

【答案】C

【解析】盈亏平衡作业率+安全边际率=1，故盈亏平衡作业率=1-30%=70%，盈亏平衡点作业率=盈亏平衡点的销售量/正常销售量，盈亏平衡点的销售量=2 000×70%=1 400（件）。

【例题6·单选题】根据本量利关系，只能提高安全边际而不会降低盈亏平衡点的措施是（ ）。

A. 提高单价

B. 增加产销量

C. 降低单位变动成本

D. 压缩固定成本

【答案】B

【解析】销售量越大，越远离盈亏平衡点，风险越小，但不改变盈亏平衡点。其他选项虽可能提高安全边际，但是盈亏平衡点同时下降。

6 本量利分析在经营决策中的应用

一、考点解读

（一）成本分界点的含义

在经营决策中应用本量利分析法的关键在于确定成本分界点。所谓成本分界点就是两个备选方案预期成本相同情况下的业务量。找到了成本分界点，就可以在一定的业务量范围内，选择出最优的方案。

（二）生产工艺设备的选择

企业进行营运活动的最终目的是获取利润，企业管理者的各种经营决策也应围绕着这个目标，在分析时应考虑哪个方案能够为企业提供更多的边际贡献，能够在最大程度上弥补发生的固定成本，从而使企业获得更多利润。

（三）新产品投产的选择

二、例题点津

【例题1·判断题】在经营决策中应用本量利分析法的关键在于确定成本分界点。所谓"成本分界点"就是两个备选方案预期业务量相同时的成本点。（　　）

【答案】×

【解析】在经营决策中应用本量利分析法的关键在于确定成本分界点。所谓成本分界点就是两个备选方案预期成本相同情况下的业务量。找到了成本分界点，就可以在一定的业务量范围内，选择出最优的方案。题目表述错误。

第三单元　标准成本控制与分析

1 标准成本控制与分析的相关概念

一、考点解读

（一）标准成本的概念

标准成本，是指在正常的生产技术水平和有效的经营管理条件下，企业经过努力应达到的产品成本水平。

（二）标准成本的分类

1. 理想标准成本

这是一种理论标准，它是指在现有条件下所能达到的最优成本水平，即在生产过程无浪费、机器无故障、人员无闲置、产品无废品等假设条件下制定的成本标准。

2. 正常标准成本

正常标准成本是指在正常情况下，企业经过努力可以达到的成本标准，这一标准考虑了生产过程中不可避免的损失、故障、偏差等。

提示　通常来说，理想标准成本小于正常标准成本。由于理想标准成本要求异常严格，一般很难达到，而正常标准成本具有客观性、现实性、激励性等特点，所以，正常标准成本在实践中得到广泛应用。

（三）标准成本控制与分析

标准成本控制与分析，又称标准成本管理，是以标准成本为基础，将实际成本与标准成本进行对比，揭示成本差异形成的原因和责任，进而采取措施，对成本进行有效控制的管理方法。标准成本法的流程一般应包括如下五个步骤，即：确定应用对象、制定标准成本、实施过程控制、成本差异计算与动因分析以及标准成本的修订与改进（见图8-4）。

二、例题点津

【例题1·判断题】理想标准成本考虑了生产过程中不能避免的损失、故障和偏差，属于企业经过努力可以达到的成本标准。（　　）

【答案】×

【解析】正常标准成本考虑了生产过程中不能避免的损失、故障和偏差，属于企业经过努力可以达到的成本标准。

2 标准成本的制定

一、考点解读

产品标准成本通常由直接材料标准成本、直接人工标准成本和制造费用标准成本构成。每一成本项目的标准成本应分为用量标准（包括单位产品消耗量、单位产品人工小时等）和价格标准（包括原材料单价、小时工资率、小时制造费用分配率等）。

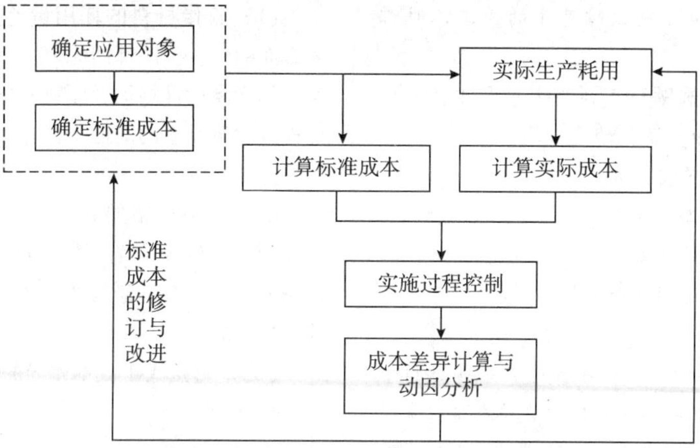

图8-4 标准成本控制与分析流程

产品的标准成本=直接材料标准成本+直接人工标准成本+制造费用标准成本

直接材料标准成本=$\sum$（单位产品的材料标准用量×材料的标准单价）

直接人工标准成本=单位产品的标准工时×小时标准工资率

制造费用标准成本=工时用量标准×标准制造费用分配率

（一）直接材料标准成本的制定

1. 直接材料的标准单价

通常采用企业编制的计划价格，它通常是以订货合同的价格为基础，并考虑到未来物价、供求等各种变动因素后按材料种类分别计算的。

2. 直接材料的标准用量

直接材料的标准用量，一般由生产部门负责，会同技术、财务、信息等部门，按照一系列步骤科学地制定标准用量。

（二）直接人工标准成本的制定

1. 直接人工的标准工时

在制定直接人工的标准工时时，一般由生产部门负责，会同技术、财务、信息等部门，在对产品生产所需作业、工序、流程工时进行技术测定的基础上，考虑正常的工作间隙，并适当考虑生产条件的变化，生产工序、操作技术的改善，以及相关工作人员主观能动性的充分发挥等因素，合理确定单位产品的工时标准。

2. 直接人工的标准工资率

一般由人事部门负责，根据企业薪酬制度以及国家有关职工薪酬制度改革的相关规定等制定。

$$小时标准工资率=\frac{标准工资总额}{标准总工时}$$

（三）制造费用标准成本的制定

1. 制造费用价格标准

制造费用价格标准，即制造费用的分配率标准。其计算公式为：

$$标准制造费用分配率=\frac{标准制造费用总额}{标准总工时}$$

2. 制造费用的用量标准

制造费用的用量标准，即工时用量标准，其含义与直接人工用量标准相同。

二、例题点津

【例题1·单选题】下列各项中，属于“直接人工用量标准”组成内容的是（　　）。

A. 由于设备意外故障产生的停工工时

B. 由于更换产品产生的设备调整工时

C. 由于生产作业计划安排不当产生的停工工时

D. 由于外部供电系统故障产生的停工工时

【答案】B

【解析】工时用量标准包含现有条件下生产单位产品所需的必要的时间，不包含偶然或意外发生的时间，因此由于设备意外故障产生的停工工时、由于生产作业计划安排不当产生的停工工时、由于外部供电系统故障产生的停工工时都不包含。

【例题2·单选题】下列成本差异中，应该由劳动人事部门承担责任的是（　　）。

A. 直接材料价格差异

B. 直接人工工资率差异

C. 直接人工效率差异

D. 变动制造费用效率差异

【答案】B

【解析】直接材料价格差异是在采购过程中形成的，属于采购部门的责任；直接人工工资率差异是价格差异，一般地，这种差异的责任不在生产部门，劳动人事部门更应对其承担责任。直接人工效率差异和变动制造费用效率差异主要应该由生产部门承担责任。

3 成本差异的计算及分析

一、考点解读

成本差异，是指实际成本与相应标准成本之间的差额。当实际成本高于标准成本时，形式超支差异；当实际成本低于标准成本时，形成节约差异。

从标准成本的制定过程可以看出，任何一项费用的标准成本都是由用量标准和价格标准两个因素决定的。因此，差异分析就应该从这两个方面进行。差异的计算公式为：

总差异＝实际产量下实际成本－实际产量下标准成本

＝实际用量×实际价格－实际产量下标准用量×标准价格

＝（实际用量－实际产量下标准用量）×标准价格＋实际用量×（实际价格－标准价格）

＝用量差异＋价格差异

（一）直接材料成本差异的计算分析

1. 公式

直接材料数量差异＝（实际用量－标准用量）×标准单价

直接材料价格差异＝实际用量×（实际单价－标准单价）

2. 差异原因

（1）直接材料的耗用量差异形成的原因是多方面的，有生产部门原因，也有非生产部门原因。如产品设计结构、原料质量、工人的技术熟练程度、废品率的高低等，都会导致材料耗用量的差异。

（2）材料价格差异的形成受各种主客观因素的影响，较为复杂，如市场价格、供货厂商、运输方式、采购批量等的变动，都可能导致材料的价格差异。

（二）直接人工成本差异的计算分析

1. 公式

直接人工效率差异＝（实际工时－标准工时）×标准工资率

直接人工工资率差异＝实际工时×（实际工资率－标准工资率）

2. 差异原因

（1）直接人工效率差异是用量差异，其形成原因也是多方面的，工人技术状况、工作环境和设备条件的好坏等，都会影响效率的高低，但其主要责任还是在生产部门。

（2）工资率差异是价格差异，其形成原因比较复杂，工资制度的变动、工人的升降级、加班或临时工的增减等都将导致工资率差异。

（三）变动制造费用成本差异的计算和分析

1. 公式

变动制造费用效率差异＝（实际工时－标准工时）×变动制造费用标准分配率

变动制造费用耗费差异＝实际工时×（变动制造费用实际分配率－变动制造费用标准分配率）

2. 差异原因

效率差异是用量差异，耗费差异属于价格差异。变动制造费用效率差异的形成原因与直接人工效率差异的形成原因基本相同。

（四）固定制造费用成本差异的计算分析

1. 两差异分析法

耗费差异＝实际固定制造费用－预算产量下标准固定制造费用

＝实际固定制造费用－标准工时×预算产量×标准分配率

＝实际固定制造费用－预算产量下标准工时×

标准分配率

能量差异＝预算产量下标准固定制造费用－实际产量下标准固定制造费用

＝预算产量下标准工时×标准分配率－实际产量下标准工时×标准分配率

＝(预算产量下标准工时－实际产量下标准工时)×标准分配率

2. 三差异分析法

耗费差异＝实际固定制造费用－预算产量下标准固定制造费用

＝实际固定制造费用－预算产量×标准工时×标准分配率

＝实际固定制造费用－预算产量下标准工时×标准分配率

产量差异＝(预算产量下标准工时－实际产量下实际工时)×标准分配率

效率差异＝(实际产量下实际工时－实际产量下标准工时)×标准分配率

二、例题点津

【例题1·单选题】 企业生产X产品，工时标准为2小时/件，变动制造费用标准分配率为24元/小时，当期实际产量为600件，实际变动制造费用为32 400元，实际工作为1 296小时，则在标准成本法下，当期变动制造费用效率差异为（　　）元。

A. 1 200　　B. 2 304

C. 2 400　　D. 1 296

【答案】B

【解析】变动制造费用效率差异＝(实际工时－实际产量下标准工时)×变动制造费用标准分配率＝(1 296－600×2)×24＝2 304（元），本题选项B正确。

【例题2·判断题】 在标准成本法下，固定制造费用成本差异是指固定制造费用实际金额与固定制造费用预算金额之间的差异。(　　)

【答案】×

【解析】在标准成本法下，固定制造费用耗费差异是指固定制造费用实际金额与固定制造费用预算金额之间的差异。

【例题3·单选题】 下列因素中，一般不会导致直接人工工资率差异的是（　　）。

A. 工资制度的变动

B. 工作环境的好坏

C. 工资级别的升降

D. 加班或临时工的增减

【答案】B

【解析】工资率差异是价格差异，其形成原因比较复杂，工资制度的变动、工人的升降级、加班或临时工的增减等都将导致工资率差异。

【例题4·单选题】 实际产量下的实际工时与实际产量下的标准工时的差额再乘以固定制造费用的标准分配率叫作（　　）。

A. 固定制造费用能量差异

B. 固定制造费用耗费差异

C. 固定制造费用效率差异

D. 固定制造费用产量差异

【答案】C

【解析】固定制造费用效率差异＝(实际产量下的实际工时－实际产量下的标准工时)×固定制造费用的标准分配率。

【例题5·单选题】 固定制造费用的能量差异是（　　）。

A. 预算产量下的标准固定制造费用与实际产量下的标准固定制造费用的差额

B. 实际产量下的标准固定制造费用与预算产量下的标准固定制造费用的差额

C. 预算产量下的标准工时与实际产量下的标准工时的差额再乘以实际分配率

D. 实际产量下的标准工时与预算产量下的标准工时的差额再乘以标准分配率

【答案】A

【解析】固定制造费用的能量差异＝预算产量下的标准固定制造费用－实际产量下的标准固定制造费用＝(预算产量下的标准工时－实际产量下的标准工时)×标准分配率。

【例题6·单选题】 与直接人工效率差异形成的原因基本相同的是（　　）。

A. 固定制造费用的耗费差异

B. 固定制造费用的能量差异

C. 变动制造费用的价格差异

D. 变动制造费用的用量差异

【答案】D

【解析】变动制造费用的用量差异也叫变动制造费用的效率差异，它与直接人工效率差异一样，都是由于实际产量下的实际工时脱离实际产量下的标准工时所形成的差异。

第四单元　作业成本与责任成本

1 作业成本法的相关概念

一、考点解读

（一）资源费用

资源费用是指企业在一定期间内开展经济活动所发生的各项资源耗费。资源费用既包括各种房屋及建筑物、设备、材料、商品等各种有形资源的耗费，也包括信息、知识产权、土地使用权等各种无形资源的耗费，还包括人力资源耗费以及其他各种税费支出等。

（二）作业

作业是指企业基于特定目的重复执行的任务或活动，是连接资源和成本对象的桥梁。

按消耗对象不同，作业可分为主要作业和次要作业。

主要作业是指被产品、服务或顾客等最终成本对象消耗的作业。次要作业是被原材料、主要作业等介于中间地位的成本对象消耗的作业。

（三）成本对象

成本对象是指企业追溯或分配资源费用、计算成本的对象物。成本对象可以是工艺、流程、零部件、产品、服务、分销渠道、客户、作业、作业链等需要计量和分配成本的项目。

（四）成本动因

成本动因亦称成本驱动因素，是指诱导成本发生的原因，是成本对象与其直接关联的作业和最终关联的资源之间的中介。

按其在资源流动中所处的位置和作用，成本动因可分为资源动因和作业动因。

资源动因是引起作业成本变动的驱动因素，反映作业量与耗费之间的因果关系。资源动因被用来计量各项作业对资源的耗用，根据资源动因可以将资源成本分配给各有关作业。按照作业成本计算法，作业量的多少决定着资源的耗用量，但资源耗用量的高低与最终的产品数量没有直接关系。

作业动因是引起产品成本变动的驱动因素，反映产品产量与作业成本之间的因果关系。作业动因计量各种产品对作业耗用的情况，并被用来作为作业成本的分配基础，是沟通资源消耗与最终产出的中介。

（五）作业中心

作业中心又称成本库，是指构成一个业务过程的相互联系的作业集合，用来汇集业务过程及其产出的成本。换言之，按照统一的作业动因，将各种资源耗费项目归结在一起，便形成了作业中心。作业中心有助于企业更明晰地分析一组相关的作业，以便进行作业管理以及企业组织机构和责任中心的设计与考核。

二、例题点津

【例题1·多选题】下列各项中，适合作为单位作业的作业动因有（　）。

A. 生产准备次数　　B. 零部件产量

C. 采购次数　　D. 耗电千瓦时数

【答案】BD

【解析】单位作业是生产单位产品时所从事的作业，作业动因是引起产品成本变动的因素。

【例题2·单选题】下列关于成本动因（又称成本驱动因素）的表述中，不正确的是（　）。

A. 成本动因可作为作业成本法中的成本分配的依据

B. 成本动因可按作业活动耗费的资源进行度量

C. 成本动因可分为资源动因和生产动因

D. 成本动因可以导致成本的发生

【答案】C

【解析】成本动因可分为资源动因和作业动因。因此选项C的说法不正确。

2 作业成本法的计算

一、考点解读

（一）资源识别及资源费用的确认与计量

资源识别及资源费用的确认与计量，是指识别出由企业拥有或控制的所有资源，遵循相关会计制度的规定，合理选择会计政策，确认和计量全部资源费用，编制资源费用清单，为资源费用的追溯或分配奠定基础。

（二）成本对象选择

在作业成本法下，企业应将当期所有的资源费用，遵循因果关系和受益原则，根据资源动因和作业动因，分项目经由作业追溯或分配至相关的成本对象，确定成本对象的成本。企业应根据财务会计制度的相关规定并考虑预算控制、成本管理、营运管理、业绩评价以及经济决策等方面的要求确定成本对象。

（三）作业认定

作业认定，是指企业识别由间接或辅助资源执行的作业集，确认每一项作业完成的工作以及执行该作业所耗费的资源费用，并据以编制作业清单的过程。作业认定的内容主要包括对企业每项消耗资源的作业进行识别、定义和划分，确定每项作业在生产经营活动中的作用、同其他作业的区别以及每项作业与耗用资源之间的关系。

作业认定有以下两种形式：第一，根据企业生产流程，自上而下进行分解；第二，通过与企业每一部门负责人和一般员工进行交流，自下而上确定他们所做的工作，并逐一认定各项作业。

作业认定的具体方法一般包括调查表法和座谈法。调查表法，是指通过向企业全体员工发放调查表，并通过分析调查表来识别和确定作业的方法；座谈法，是指通过与企业员工的面对面交谈，来识别和确定作业的方法。

（四）作业中心设计

作业中心设计，是指企业将认定的所有作业按照一定的标准进行分类，形成不同的作业中心，作为资源费用的追溯或分配的对象的过程。作业中心可以是某一项具体的作业，也可以是由若干个相互联系的能够实现某种特定功能的作业的集合。企业可按照受益对象、层次和重要性，将作业分为以下五类，并分别设计相应的作业中心：

（1）产量级作业，是指明确地为个别产品（或服务）实施的、使单个产品（或服务）受益的作业。

（2）批别级作业，是指为一组（或一批）产品（或服务）实施的、使该批该组产品（或服务）受益的作业。

（3）品种级作业，是指为生产和销售某种产品（或服务）实施的、使该种产品（或服务）的每个单位都受益的作业。

（4）顾客级作业，是指为服务特定客户所实施的作业。

（5）设施级作业，是指为提供生产产品（或服务）的基本能力而实施的作业。

（五）资源动因选择与计量

资源动因是引起资源耗用的成本动因，它反映了资源耗用与作业量之间的因果关系。资源动因选择与计量为将各项资源费用归集到作业中心提供了依据。

（六）作业成本汇集

作业成本汇集，是指企业根据资源耗用与作业之间的因果关系，将所有的资源成本直接追溯或按资源动因分配至各作业中心，计算各作业总成本的过程。

作业成本汇集应遵循以下基本原则：（1）对于为执行某种作业直接消耗的资源，应直接追溯至该作业中心；（2）对于为执行两种或两种以上作业共同消耗的资源，应按照各种作业中心的资源动因量比例分配至各作业中心。

（七）作业动因选择与计量

作业动因是引起作业耗用的成本动因，它反映了作业耗用与最终产出的因果关系，是将作业成本分配到流程、产品、分销渠道、客户等成本对象的依据。当作业中心仅包含一种作业的情况下，所选择的作业动因应该是引起该作业耗用的成本动因；当作业中心由若干个作业集合而成的情况下，企业可采用回归分析法或分析判断法，分析比较各具体作业动因与该作业中心成本之间的相关性，选择相关性最大的作业动因，即代表性作业动因，作为作业成本分配的基础。

（八）作业分配

作业成本分配，是指企业将各作业中心的作业成本按作业动因分配至产品等成本对象，并结合直接追溯的资源费用，计算出各成本对象的总成本和单位成本的过程。作业成本分配一般按照以下两个步骤进行：

（1）分配次要作业成本至主要作业，计算主要作业的总成本和单位成本。

（2）分配主要作业成本至成本对象，计算各成本对象的总成本和单位成本。

二、例题点津

【例题 1 · 计算题】 假设该企业主要生产门、窗户和地板，生产工艺流程如图 8－5 所示。

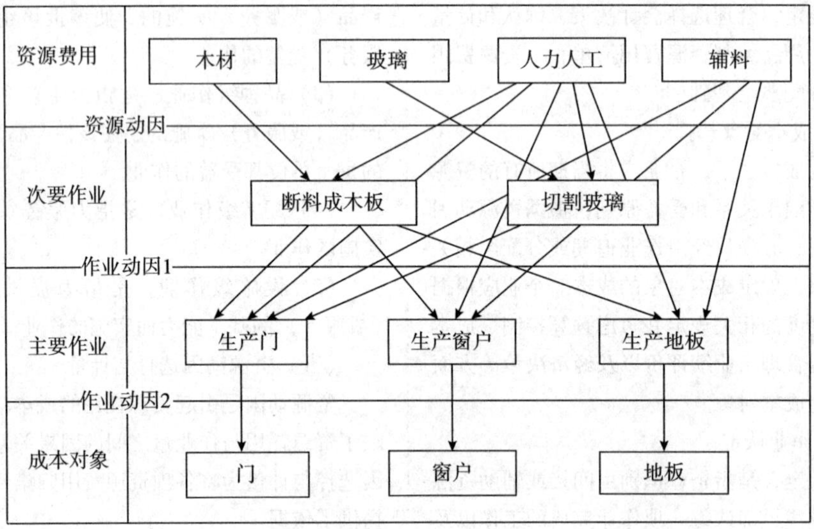

图 8－5　作业流程

假设该厂商共进货 100 000 元木材，人工总成本为 250 000 元，假设各个作业平均分摊人工费用，将原木材断料成为木板以用于生产门、窗户和地板，共 2 000 立方米木板，其中 1 000 立方米木板用于生产门、400 立方米木板用于生产窗户、600 立方米木板用于生产地板，共生产出 500 块地板（注：本题中辅料成本忽略不计）。

作业成本的分配（以生产地板为例）：

第一步：次要作业成本分配至主要作业成本。

断料作业成本分配率＝次要作业总成本÷该作业动因量＝(100 000＋50 000)÷2 000＝75

生产地板消耗的断料成本＝生产地板耗用的次要作业动因量×断料作业成本分配率

＝600×75＝45 000（元）

生产地板作业的总成本＝生产地板直接耗用的人工成本＋生产地板断料成本

＝50 000＋45 000＝95 000（元）

生产地板作业单位成本＝95 000÷500＝190（元）

第二步：主要作业成本分配至成本对象。

根据第一步可知生产地板作业单位成本为 190 元。

地板消耗的生产地板作业的成本＝190×500＝95 000（元）

地板总成本＝95 000 元

地板单位成本＝95 000÷500＝190（元）

3 作业成本

一、考点解读

作业成本管理是基于作业成本法的，以提高客户价值、增加企业利润为目的一种新型管理方法。它通过对作业及作业成本的确认、计量，最终计算产品成本，同时将成本计算深入到作业层次，对企业所有作业活动进行追踪并动态反映。

作业成本管理包含两个维度的含义：成本分配观和流程观，如图8-6所示。

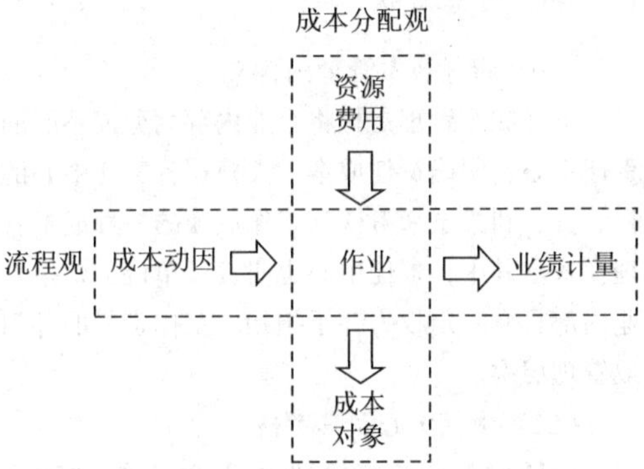

图8-6 作业成本管理结构

图8-6中垂直部分反映了成本分配观，它说明成本对象引起作业需求，而作业需求又引起资源的需求。因此，成本分配是从资源到作业，再从作业到成本对象，而这一流程正是作业成本计算的核心。

图8-6中水平部分反映了流程观，它为企业提供引起作业的原因（成本动因）以及作业完成情况（业绩计量）的信息。流程观关注的是确认作业成本的根源、评价已经完成的工作和已实现的结果。企业利用这些信息，可以改进作业链，提高从外部顾客获得的价值。

流程价值分析关心的是作业的责任，包括成本动因分析、作业分析和业绩考核三个部分。其基本思想是：以作业来识别资源，将作业分为增值作业和非增值作业，并把作业和流程联系起来，确认流程的成本动因，计量流程的业绩，从而促进流程的持续改进。

（一）成本动因分析

要进行作业成本管理，必须找出导致作业成本发生的动因。每项作业都有投入和产出。作业投入是为取得产出而由作业消耗的资源，而作业产出则是一项作业的结果或产品。

（二）作业分析

作业分析的主要目标是认识企业的作业过程，以便从中发现持续改善的机会及途径。分析和评价作业、改进作业和消除非增值作业构成了流程价值分析与管理的基本内容。按照对顾客价值的贡献，作业可以分为增值作业和非增值作业。

1. 增值作业和非增值作业

一项作业必须同时满足下列三个条件才可断定为增值作业：

（1）该作业导致了状态的改变；

（2）该状态的变化不能由其他作业来完成；

（3）该作业使其他作业得以进行。

如果一项作业不能同时满足增值作业的三个条件，就可断定其为非增值作业。

2. 增值作业成本和非增值成本

增值成本即是那些以完美效率执行增值作业所发生的成本，或者说，是高效增值作业产生的成本。而那些增值作业中因为低效率所发生的成本则属于非增值成本。

执行非增值作业发生的成本全部是非增值成本。

3. 作业成本管理中进行成本节约的途径

作业成本管理中进行成本节约的途径，主要有以下四种形式：

（1）作业消除。

（2）作业选择。

（3）作业减少。

（4）作业共享。

4. 作业业绩考核

（1）财务指标主要集中在增值成本和非增值成本上，可以提供增值与非增值报告，以及作业成本趋势报告。

（2）非财务指标主要体现在效率、质量和时间三个方面，如投入产出比、次品率、生产周期等。

二、例题点津

【例题1·多选题】作为成本管理的一个重要内容是寻找非增值作业，将非增值成本降至最低。下列选项中，属于非增值作业的有（　　）。

A. 零部件加工作业

B. 零部件组装作业

C. 产成品质量检验作业

D. 从仓库到车间的材料运输作业

【答案】CD

【解析】非增值作业，是指即便消除也不会影响产品对顾客服务的潜能，不必要的或可消除的作业，如果一项作业不能同时满足增值作业的三个条件，就可断定其为非增值作业。例如检验作业（选项C），只能说明产品是否符合标准，而不能改变其形态，不符合第一个条件；从仓库到车间的材料运输作业可以通过将原料供应商的交货方式改变为直接送达原料使用部门从而消除，故也属于非增值作业。

【例题2·判断题】从作业成本管理的角度看，降低成本的途径中作业消除和作业减少是针对非增值作业而言的。（　　）

【答案】×

【解析】作业消除主要是针对非增值作业而言的，但作业减少是指降低作业的需求，包括对增值作业和非增值作业的需求。

【例题3·判断题】非增值成本是指由非增值作业发生的作业成本，是需要通过持续改善来消除或逐步降低的成本。（　　）

【答案】×

【解析】非增值成本不仅指非增值作业发生的成本，还包括增值作业中因为低效率所发生的作业成本。

【例题4·单选题】根据作业成本管理原理，某制造企业的下列作业中，属于增值作业的是（　　）。

A. 产品检验作业　　B. 产品运输作业

C. 零件组装作业　　D. 次品返工作业

【答案】C

【解析】非增值作业，是指即便消除也不会影响产品对顾客服务的潜能，不必要的或可消除的作业。如果一项作业不能同时满足增值作业的三个条件，就可断定其为非增值作业。例如检验作业，只能说明产品是否符合标准，而不能改变其形态，不符合第一个条件；次品返工作业是重复作业，在其之前的加工作业本就应提供符合标准的产品，因此也属于非增值作业；将原材料从集中保管的仓库搬运到生产部门，将某部门生产的零件搬运到下一个生产部门都是非增值作业。因此，只有选项C属于增值作业。

4 责任成本

一、考点解读

（一）责任成本管理的含义

责任成本管理是指将企业内部划分成不同的责任中心，明确责任成本，并根据各责任中心的权、责、利关系来考核其工作业绩的一种成本管理模式。其中，责任中心也叫责任单位，是指企业内部具有一定权力并承担相应工作责任的部门或管理层次。

（二）责任中心及其考核

责任中心，是指企业内部独立提供产品（或服务）、资金等的责任主体。按照企业内部责任中心的权责范围以及业务活动的不同特点，责任中心一般可以划分为成本中心、利润中心和投资中心三类。

1. 成本中心

（1）含义：成本中心是指有权发生并控制成本的单位。成本中心一般不会产生收入，通常只计量考核发生的成本。

（2）特点：

①不考核收入，只考核成本。

②只对可控成本负责，不负责不可控成本。

③责任成本是成本中心考核和控制的主要内容。

（3）考核指标：

预算成本节约额＝实际产量预算责任成本－实际责任成本

预算成本节约率＝预算成本节约额/实际产量预算责任成本×100%

2. 利润中心

(1) 含义：利润中心是指既能控制成本，又能控制收入和利润的责任单位。它不但有成本发生，而且还有收入发生。因此，它要同时对成本、收入以及收入成本的差额即利润负责。

(2) 分类：利润中心有两种形式：一是自然利润中心，它是自然形成的，直接对外提供劳务或销售产品以取得收入的责任中心；二是人为利润中心，它是人为设定的，通过企业内部各责任中心之间使用内部结算价格结算半成品内部销售收入的责任中心。

(3) 考核指标：利润中心采用利润作为业绩考核指标，分为边际贡献、可控边际贡献和部门边际贡献。

边际贡献 = 销售收入总额 − 变动成本总额

可控边际贡献 = 边际贡献 − 该中心负责人可控固定成本

部门边际贡献 = 可控边际贡献 − 该中心负责人不可控固定成本

3. 投资中心

投资中心是指既能控制成本、收入和利润，又能对投入的资金进行控制的责任中心。

(1) 投资报酬率。投资报酬率是投资中心获得的利润与投资额的比率，其计算公式为：

投资报酬率 = 息税前利润/平均经营资产

平均经营资产 = (期初经营资产 + 期末经营资产)/2

优点：根据现有的会计资料计算，比较客观，可用于部门之间，以及不同行业之间的比较。有利于资产存量的调整，优化资源配置。缺点：过于关注投资利润率也会引起短期行为的产生，追求局部利益最大化而损害整体利益。

(2) 剩余收益。剩余收益是指投资中心的经营收益扣减经营资产按要求的最低投资报酬率计算的收益额之后的余额。其计算公式为：

剩余收益 = 息税前利润 − (平均经营资产 × 最低投资报酬率)

优点：弥补了投资报酬率指标会使局部利益与整体利益冲突的不足。缺点：绝对指标，难以在不同规模的投资中心之间进行业绩比较。仅反映当期业绩，单纯使用这一指标也会导致投资中心管理者的短视行为。

（三）内部转移价格的制定

内部转移定价是企业内部转移价格的制定和应用方法。

内部转移定价通常分为价格型、成本型和协商型三种：

(1) 价格型内部转移定价。

(2) 成本型内部转移定价。

(3) 协商型内部转移定价。

二、例题点津

【例题1·多选题】根据责任成本管理基本原理，成本中心只对可控成本负责。可控成本应具备的条件有（　　）。

A. 该成本是成本中心可计量的

B. 该成本的发生是成本中心可预见的

C. 该成本是成本中心可调节和控制的

D. 该成本是为成本中心取得收入而发生的

【答案】ABC

【解析】可控成本是指成本中心可以控制的各项耗费，它应具备三个条件：第一，该成本的发生是成本中心可以预见的；第二，该成本是成本中心可以计量的；第三，该成本是成本中心可以调节和控制的，所以本题的正确选项是ABC。

【例题2·单选题】某利润中心本期销售收入为7 000万元，变动成本总额为3 800万元，中心负责人可控的固定成本为1 300万元，其不可控但由该中心负担的固定成本为600万元，则该中心的可控边际贡献为（　　）万元。

A. 1 900　　B. 3 200

C. 5 100　　D. 1 300

【答案】A

【解析】该中心的可控边际贡献 = 销售收入 − 变动成本 − 该中心负责人可控的固定成本 = 7 000 − 3 800 − 1 300 = 1 900（万元）。

【例题3·判断题】利润中心对成本的控制是联系着收入进行的，它强调相对成本的节约。（　　）

【答案】√

【解析】利润中心不仅要降低成本，而且要寻求收入的增长，并使之超过成本的增长，所以它强调相对成本的节约。

【例题4·单选题】下列各项中，最适用于评价投资中心业绩的指标是（　　）。

A. 边际贡献　　B. 部门毛利

C. 剩余收益　　D. 部门净利润

【答案】C

【解析】对投资中心的业绩进行评价时，主要有投资报酬率和剩余收益指标。所以本题的正确答案为C。

【例题5·单选题】企业以协商价格作为内部转移价格时，该协商价格的下限一般是（　　）。

A. 单位完全成本加上单位毛利

B. 单位变动成本加上单位边际贡献

C. 单位完全成本

D. 单位变动成本

【答案】D

【解析】企业以协商价格作为内部转移价格时，协商价格的上限是市场价格，下限则是单位变动成本，所以选项D正确。

本章考点巩固练习题

一、单项选择题

1. 下列关于本量利分析的基本关系式中，错误的是（　　）。

A. 单位边际贡献＝单价×边际贡献率

B. 变动成本率＝单位变动成本/单价

C. 边际贡献率－变动成本率＝1

D. 利润＝销售收入×边际贡献率－固定成本

2. 下列关于敏感性分析的表述中，错误的是（　　）。

A. 在不亏损的状态下，销量的敏感系数一定小于固定成本的敏感系数

B. 如果因素与利润同方向变化，敏感系数为正，反方向变化，则敏感系数为负

C. 销售量的敏感系数＝利润变动百分比/销售变动百分比＝经营杠杆系数

D. 单价的敏感系数一般应该是最大的

3. 若某一企业的经营处于盈亏平衡状态，错误的说法是（　　）。

A. 此时销售额正处于销售收入线与总成本线的交点

B. 此时的固定成本为零

C. 此时的营业销售利润率等于零

D. 此时的边际贡献等于固定成本

4. 假设某企业只生产销售一种产品，单价50元，边际贡献率40%，每年固定成本300万元，预计来年产销量20万件，则价格对利润影响的敏感系数为（　　）。

A. 10　　B. 8

C. 4　　D. 40

5. 下列关于安全边际和边际贡献的表述中，错误的是（　　）。

A. 边际贡献的大小，与固定成本支出的多少无关

B. 安全边际表明销售额下降多少，企业仍不至亏损

C. 提高安全边际或提高边际贡献率，可以提高利润

D. 安全边际部分的销售额也就是企业的利润

6. 下列公式中不正确的是（　　）。

A. 安全边际额＝安全边际量×单价

B. 安全边际率＋盈亏平衡作业率＝1

C. 利润＝安全边际量×边际贡献率

D. 销售利润率＝安全边际率×边际贡献率

7. 构成产品标准成本不包括（　　）。

A. 直接材料标准成本

B. 直接人工标准成本

C. 制造费用标准成本

D. 管理费用标准成本

8. 在标准成本管理中，成本总差异是成本控制的重要内容。其计算公式是（　　）。

A. 实际产量下实际成本－实际产量下标准

成本

B. 实际产量下标准成本－预算产量下实际成本

C. 实际产量下实际成本－预算产量下标准成本

D. 实际产量下实际成本－标准产量下的标准成本

9. 某企业本月预计生产 A 产品 10 400 件，实际生产 8 000 件，用工 10 000 小时，实际发生固定制造费用 190 000 元，其中 A 产品的固定制造费用标准分配率为 12 元/小时，工时标准为 1.5 小时/件，则以下计算不正确的是（　　）。

A. 固定制造费用耗费差异为 2 800 元的超支差异

B. 固定制造费用能量差异为 43 200 元的超支差异

C. 固定制造费用成本差异为 46 000 元的超支差异

D. 固定制造费用耗费差异为 43 200 元的节约差异

10. 在某公司月成本考核例会上，各部门经理正在讨论、认定直接人工效率差异的责任部门。根据你的判断，该责任部门应是（　　）。

A. 生产部门　　B. 销售部门

C. 供应部门　　D. 管理部门

11. 下列关于成本动因（又称成本驱动因素）的表述中，不正确的是（　　）。

A. 成本动因可作为作业成本法中的成本分配的依据

B. 成本动因可按作业活动耗费的资源进行度量

C. 成本动因可分为资源动因和生产动因

D. 成本动因可以导致成本的发生

12. 以下不属于流程价值分析与管理的基本内容的是（　　）。

A. 分析和评价作业

B. 改进作业

C. 增加高效率增值作业的比率

D. 消除非增值作业

13. 按产出方式的不同，企业的作业可以分为以下四类。其中，随产量变动而正比例变动的作业是（　　）。

A. 单位作业　　B. 批次作业

C. 产品作业　　D. 支持作业

14. 增值作业需要同时满足的三条标准中不包括（　　）。

A. 该作业导致了状态的改变

B. 该状态的变化不能由其他作业来完成

C. 加工对象状态的改变，可以由其他作业实现，而不能由价值链中的后一项作业实现

D. 该作业使其他作业得以进行

15. 以协商价格作为内部转移价格时，该协商价格的下限通常是（　　）。

A. 单位市场价格　　B. 单位变动成本

C. 单位制造成本　　D. 单位标准成本

16. 在下列各项中，不属于可控成本基本特征的是（　　）。

A. 可以预计　　B. 可以计量

C. 可以控制　　D. 可以对外报告

17. 既能反映投资中心的投入产出关系，又可使个别投资中心的利益与企业整体利益保持一致的考核指标是（　　）。

A. 可控成本　　B. 利润总额

C. 剩余收益　　D. 投资报酬率

18. 最适合作为企业内部利润中心对整个公司所做的经济贡献的评价指标是利润中心（　　）。

A. 边际贡献　　B. 可控边际贡献

C. 部门边际贡献　　D. 净利润

19. 对成本中心而言，下列各项中，不属于该类中心特点的是（　　）。

A. 只考核本中心的责任成本

B. 只对本中心的可控成本负责

C. 只对责任成本进行控制

D. 只对直接成本进行控制

20. 为一组（或一批）产品（或服务）实施的、使该组（或该批）产品（或服务）受益的作业类别是（　　）。

A. 产量级作业　　B. 批别级作业

C. 品种级作业　　D. 顾客级作业

二、多项选择题

1. 下列关于成本管理目标的表述中，正确的有（　　）。

A. 成本管理的总体目标主要依据企业的竞争战略而定

B. 成本管理的具体目标包括成本计算目标和成本控制目标

C. 就成本管理的总体目标而言，在成本领先战略的企业中，成本管理的总体目标是在保证产品质量和服务的前提下，最大限度地降低企业的内部成本，表现为对生产成本和经营费用的控制

D. 就成本管理的具体目标而言，实施差异化战略的企业中，成本控制目标是在保证企业实现差异化战略的前提下，降低产品生命周期成本。表现为对产品生命周期不同阶段成本的控制，如研发成本、供应商部分成本和消费成本的重视和控制

2. 在其他因素不变的情况下，产品单价上升会带来的结果有（　　）。

A. 单位边际贡献上升

B. 变动成本率上升

C. 安全边际下降

D. 盈亏平衡作业率下降

3. 下列可能会影响企业边际贡献率的因素有（　　）。

A. 增加变动成本率较低的产品销量

B. 减少固定成本负担

C. 提高售价

D. 降低变动成本

4. 某企业生产一种产品，单价 20 元，单位变动成本 12 元，固定成本 80 000 元/月，每月正常销售量为 25 000 件。以一个月为计算期，下列说法正确的有（　　）。

A. 盈亏平衡销售量为 10 000 件

B. 安全边际为 300 000 元

C. 盈亏平衡作业率为 40%

D. 销售利润率为 24%

5. 某产品的单位变动成本因原材料涨价提高了 2 元，企业为抵消该变动的不利影响决定产品售价也提高 2 元，假设其他因素不变，则（　　）。

A. 该产品的盈亏平衡点销售额不变

B. 该产品的单位边际贡献不变

C. 该产品的安全边际额不变

D. 该产品的盈亏平衡点销售额增加

6. 某企业只生产一种产品，当年的税前利润为 20 000 元。运用本量利关系对影响税前利润的各因素进行敏感分析后得出，单价的敏感系数为 4，单位变动成本的敏感系数为 −2.5，销售量的敏感系数为 1.5，固定成本的敏感系数为 −0.5。下列说法中，正确的有（　　）。

A. 上述影响税前利润的因素中，单价是最敏感的，固定成本是最不敏感的

B. 当单价提高 10% 时，税前利润将增长 8 000 元

C. 当单位变动成本的上升幅度超过 40% 时，企业将转为亏损

D. 企业的安全边际率为 66.67%

7. 在进行标准成本差异分析时，形成直接材料用量差异的原因经常有（　　）。

A. 操作疏忽致使废品增加

B. 机器或工具不适用

C. 紧急订货形成的成本增加

D. 操作技术改进而节省用料

8. 下列各项中，能够造成变动制造费用耗费差异的有（　　）。

A. 直接材料质量次，废品过多

B. 间接材料价格变化

C. 间接人工工资调整

D. 间接人工的人数过多

9. 企业应用标准成本法的主要目标有（　　）。

A. 揭示与分析标准成本与实际成本之间的差异

B. 对不利差异予以纠正

C. 提高工作效率

D. 不断改善产品成本

10. 下列成本差异中，通常不属于生产部门责任的有（　　）。

A. 直接材料价格差异

B. 直接人工工资率差异

C. 直接人工效率差异

D. 变动制造费用效率差异

11. 关于增值成本和非增值成本，下列表述正确的有（　　）。

A. 对一项增值作业来讲，它所发生的成本都是增值成本

B. 对一项非增值作业来讲，它所发生的成本都是非增值成本

C. 增值成本是高效增值作业产生的成本

D. 非增值作业也可能产生增值成本

12. 增值作业是指那些顾客认为可以增加其购买的产品或服务的有用性，有必要保留在企业中的作业，一项作业可断定为增值作业必须同时满足的条件有（　　）。

A. 该作业使其他作业得以进行

B. 该作业导致加工对象状态的改变

C. 该加工对象状态变化不能由其他作业来完成

D. 该加工对象可以直接出售

13. 运用三差异法分析固定制造费用成本差异时，需要计算（　　）。

A. 耗费差异　　B. 产量差异

C. 能量差异　　D. 效率差异

14. 成本中心只对可控成本负责，不负责不可控成本，以下属于可控成本应具备的条件有（　　）。

A. 该成本的发生是成本中心可以预见的

B. 该成本是成本中心可以计量的

C. 该成本是由成本中心所导致的

D. 该成本是成本中心可以调节和控制的

15. 甲利润中心常年向乙利润中心提供劳务，在其他条件不变的情况下，如果提高劳务的内部转移价格，可能出现的结果有（　　）。

A. 甲利润中心内部利润增加

B. 乙利润中心内部利润减少

C. 企业利润总额增加

D. 企业利润总额不变

16. 投资中心与利润中心的区别主要有（　　）。

A. 考核办法不同　　B. 权利不同

C. 组织形式不同　　D. 规模不同

三、判断题

1. 安全边际表明销售额下降多少企业仍不至亏损。（　　）

2. 提高安全边际或提高边际贡献率，可以提高利润。（　　）

3. 安全边际部分的销售额也就是企业的利润。（　　）

4. 根据传统式本量利关系图，在销售量不变的情况下，盈亏平衡点越低，盈利区越小、亏损区越大。（　　）

5. 本量利分析在经营决策中应用中的所谓“成本分界点”，就是两个备选方案预期销量相同情况下的成本。（　　）

6. 固定制造费用的实际数偏离固定制造费用预算数所形成的差异叫作耗费差异。（　　）

7. 能量差异指的是固定制造费用的实际金额与固定制造费用预算金额之间的差额。（　　）

8. 变动制造费用效率差异的形成原因与直接人工效率差异的形成原因基本相同。（　　）

9. 成本库指一个企业提供某一种产品或服务的成本的合计。（　　）

10. 对作业和流程的执行情况进行评价时，使用的考核指标可以是财务指标也可以是非财务指标，其中非财务指标主要用于时间、质量、效率三个方面的考核。（　　）

11. 成本中心是应用范围最广，但其控制范围最小。（　　）

12. 成本中心当期发生的所有可控成本之和是该责任中心考核和控制的主要内容。（　　）

13. 企业职工个人不能构成责任实体，因而不能成为责任控制体系中的责任中心。（　　）

14. 在不同规模的投资中心之间进行业绩比较时，使用剩余收益指标优于投资报酬率指标。（　　）

15. 协商价格能够较好地满足企业内部交易双方在不同方面的管理需要。（　　）

四、计算分析题

1. 某公司下设A、B两个投资中心。A投资中心的平均经营资产为200万元，投资报酬率为

15%；B投资中心的投资报酬率为17%，剩余收益为20万元。该公司要求的平均最低投资报酬率为12%。现该公司决定追加平均经营资产100万元，若投向A投资中心，每年可增加息税前利润20万元；若投向B投资中心，每年可增加息税前利润15万元。

要求：

(1) 计算追加投资前A投资中心的剩余收益；

(2) 计算追加投资前B投资中心的平均经营资产；

(3) 计算追加投资前该公司的投资报酬率；

(4) 若A投资中心接受追加投资，计算其剩余收益；

(5) 若B投资中心接受追加投资，计算其投资报酬率。

2. 某企业甲产品单位工时标准为2小时/件，标准变动费用分配率为5元/小时，标准固定制造费用分配率为8元/小时。本月预算产量为10 000件，实际产量为12 000件，实际工时为21 600元，实际变动制造费用与固定制造费用分别为110 160元和250 000元。

要求：

(1) 单位产品的变动制造费用标准成本；

(2) 单位产品的固定制造费用标准成本；

(3) 变动制造费用效率差异；

(4) 变动制造费用耗费差异；

(5) 两差异法下的固定制造费用耗费差异；

(6) 两差异法下的固定制造费用能量差异；

(7) 三差异法下固定制造费用的耗费差异、产量差异和效率差异。

3. 某公司只生产销售甲产品，该产品全年产销量一致。该公司2019年甲产品销售量为40万台，单价为600元，变动成本率为50%，固定成本总额为8 400万元。经过公司管理层讨论，公司将2020年目标利润总额确定为6 000万元（不考虑所得税）。假设甲产品单价和成本性态不变。为了实现利润目标，根据销售预测，对甲产品2020年四个季度销售量作出如表8-3的预计。

表8-3　2020年度分季度销售量预测数　单位：万台

项目	第一季度	第二季度	第三季度	第四季度	全年
预计销售量	10	10	10	20	50

若每季末预计的产成品存货占下个季度的20%，2020年末预计的产成品存货数为3万台。根据以上资料，该公司编制的生产预算如表8-4所示。

表8-4　2020年生产预算　单位：万台

项目	第一季度	第二季度	第三季度	第四季度	全年
预计销售量	*	*	*	*	*
加：预计期末产成品存货	(A)	*	(H)	*	*
合计	(B)	(E)	(I)	(L)	(P)
减：预计期初产成品存货	(C)	(F)	(J)	(M)	(Q)
预计生产量	(D)	(G)	(K)	(N)	(R)

要求：

(1) 计算甲产品2020年的边际贡献总额；

(2) 计算甲产品2020年盈亏平衡点的销售量和盈亏平衡点的销售额；

(3) 计算甲产品2020年的安全边际量和安全边际率，并根据投资企业经营安全程度的一般标准，判断公司经营安全与否；

(4) 计算2020年实现目标利润总额6 000万元的销售量；

(5) 确定2020年生产预算表中英文字母代表的数值。

五、综合题

1. Y公司是一家生产制造业生产企业，长期以来只生产丙产品。本年度有关资料如下：

资料一：10月丙产品月初存货量预计为200件，10月和11月的预计销售量分别为2 300件和2 600件。丙产品的预计月末存货量为下月销售量的10%。

资料二：生产丙产品需要耗用A、B、C三种材料，其价格标准和用量标准如表8－5所示。

表8－5　丙产品直接材料成本标准

项目	标准		
	A材料	B材料	C材料
价格标准（元/千克）	6	10	5
用量标准（千克/件）	5	3	8

资料三：公司利用标准成本信息编制直接人工预算。生产丙产品的工时标准为5小时/件，标准工资率为25元/小时。10月丙产品的实际产量为2 500件，实际工时为12 000小时，实际发生直接人工成本235 000元。

资料四：公司利用标准成本信息，并采用弹性预算法编制制造费用预算，丙产品的单位变动制造费用标准成本为30元，每月的固定制造费用预算总额为37 760元。

资料五：丙产品的预计销售单价为350元/件，每月销售收入中，有30%在当月收取现金，另外的70%在下月收取现金。

资料六：11月初现金余额预计为80 600元，本月预计现金支出为900 000元。公司理想的月末现金余额为80 000元且不低于该水平，现金余额不足时向银行借款，多余时归还银行借款，借入和归还金额均要求为1 000元的整数倍。不考虑增值税及其他因素的影响。

要求：

（1）根据资料一，计算10月丙产品的预计生产量。

（2）根据资料二，计算丙产品的单位直接材料标准成本。

（3）根据要求（1）的计算结果和资料三，计算10月的直接人工预算金额。

（4）根据资料三，计算下列成本差异：①直接人工成本差异；②直接人工效率差异；③直接人工工资率差异。

（5）根据要求（1）的计算结果和资料四，计算10月制造费用预算总额。

（6）根据要求（1）、（2）的计算结果和资料三、资料四，计算丙产品的单位标准成本。

（7）根据资料一和资料五，计算公司11月的预计现金收入。

（8）根据要求（7）的计算结果和资料六，计算11月的预计现金余缺，并判断为保持所需现金余额，是否需要向银行借款，如果需要，指出应借入多少款项。

2. 甲公司只生产一种A产品，为了更好地进行经营决策和目标控制，该公司财务经理正在使用2019年相关数据进行本量利分析，有关资料如下：

（1）2019年产销量为8 000件，每件价格1 000元。

（2）生产A产品需要的专利技术需要从外部购买取得，甲公司每年除向技术转让方支付50万元的固定专利使用费外，还需按销售收入的10%支付变动专利使用费。

（3）2019年直接材料费用200万元，均为变动成本。

（4）2019年人工成本总额为180万元，其中：生产工人采取计件工资制度，全年人工成本支出120万元，管理人员采取固定工资制度，全年人工成本支出为60万元。

（5）2019年折旧费用总额为95万元，其中管理部门计提折旧费用15万元，生产部门计提折旧费用80万元。

（6）2019年发生其他成本及管理费用87万元，其中40万元为变动成本，47万元为固定成本。

要求：

（1）计算A产品的单位边际贡献、盈亏平衡点销售量和安全边际率；

（2）计算甲公司税前利润对销售量和单价的敏感系数；

（3）如果2020年原材料价格上涨20%，其他因素不变，A产品的销售价格应上涨多大幅度才能保持2019年的利润水平？

本章考点巩固练习题参考答案及解析

一、单项选择题

1.【答案】C

【解析】C 正确的表达式应为：边际贡献率 + 变动成本率 =1。

2.【答案】A

【解析】在不亏损的状态下，销量的敏感系数一定大于固定成本的敏感系数。

3.【答案】B

【解析】盈亏平衡状态是能使企业利润为零，处于不盈不亏的状态，其判断标志是：销售收入线与总成本线相交、收入总额与成本总额相等、边际贡献等于固定成本。

4.【答案】A

【解析】来年预计利润 = 收入 − 变动成本 − 固定成本 =20 ×50 −20 ×50 ×(1 −40%) −300 = 100（万元）；假设价格增长 10%，达到 55 元，单位变动成本不变还是 30 万元，由于单价变动，所以不能用原来的边际贡献率来计算；预计利润 =20 ×55 −20 ×30 −300 =200（万元）；利润变动率 =(200 −100)/100 = 100%；单价的敏感系数 =100%/10% =10。

5.【答案】D

【解析】利润 = 安全边际 × 边际贡献率，安全边际和边际贡献率，与利润同方向变动，故选项 C 正确。安全边际部分的边际贡献是企业的利润，选项 D 错误。

6.【答案】C

【解析】利润 =(单价 − 单位变动成本) × 正常销售量 − 固定成本 = 单位边际贡献 × 正常销售量 − 盈亏平衡点的销售量 × 单位边际贡献 =(正常销售量 − 盈亏平衡点的销售量) × 单位边际贡献 = 安全边际量 × 单位边际贡献。

7.【答案】D

【解析】产品标准成本通常由直接材料标准成本、直接人工标准成本和制造费用标准成本构成。

8.【答案】A

【解析】成本总差异 = 实际产量下实际成本 − 实际产量下标准成本。

9.【答案】D

【解析】固定制造费用耗费差异 =190 000 − 10 400 ×1.5 ×12 =2 800（元）（超支）；固定制造费用能量差异 =(10 400 ×1.5 −8 000 × 1.5) ×12 =43 200（元）（超支）；固定制造费用成本差异 =190 000 −8 000 ×1.5 ×12 = 46 000（元）（超支）；所以应选 D。

10.【答案】A

【解析】直接人工效率差异是效率差异，其形成的原因是多方面的，工人技术状况、工作环境和设备条件的好坏等，都会影响直接人工效率的高低，但其主要责任还是在生产部门，所以本题正确答案为 A。

11.【答案】C

【解析】成本动因亦称成本驱动因素，是指导致成本发生的因素，所以选项 D 的说法正确；成本动因通常以作业活动耗费的资源来进行度量，所以选项 B 的说法正确；在作业成本法下，成本动因是成本分配的依据，所以选项 A 的说法正确；成本动因又可以分为资源动因和作业动因，所以选项 C 的说法不正确。

12.【答案】C

【解析】作业分析的主要目标是认识企业的作业过程，以便从中发现持续改善的机会及途径。分析和评价作业、改进作业和消除非增值作业构成了流程价值分析与管理的基本内容。

13.【答案】A

【解析】单位作业是指单位产品受益的作业，作业成本与产品数量成正比。

14.【答案】C

【解析】一项作业必须同时满足下列三个条件才可断定为增值作业：(1) 该作业导致了状态的改变；(2) 该状态的变化不能由其他作业来完成；(3) 该作业使其他作业得以进行。

15.【答案】B

【解析】协商价格的上限是市场价格，下限则是单位变动成本。

16.【答案】D

【解析】可控成本是指成本中可以控制的各种耗费，它应具备三个条件：(1) 可以预见；(2) 可以计量；(3) 可以调节和控制。凡不符合上述三个条件的成本都是不可控成本，所以应选 D。

17.【答案】C

【解析】剩余收益指标弥补了投资报酬率指标会使局部利益与整体利益相冲突的不足。所以选项 C 正确。

18.【答案】C

【解析】部门边际贡献反映了部门为企业利润和弥补与生产能力有关的成本所作的贡献，它更多地用于评价部门业绩而不是利润中心管理者的业绩，所以选项 C 正确。

19.【答案】D

【解析】成本中心的特点包括：成本中心只考评成本费用而不考评收益；只对可控成本承担责任；只对责任成本进行考核和控制。责任成本是各成本中心当期确定或发生的各项可控成本之和。因此只有选项 D 不是成本中心的特点。

20.【答案】B

【解析】批别级作业，是指为一组（或一批）产品（或服务）实施的、使该组（或该批）产品（或服务）受益的作业。

二、多项选择题

1.【答案】ABD

【解析】就成本管理的总体目标而言，成本领先战略的企业中，成本管理的总体目标是追求成本水平的绝对降低。

2.【答案】AD

【解析】单价 - 单位变动成本 = 单位边际贡献，若单位变动成本不变动，单价上升，则单位边际贡献也会随之上升，选项 A 正确；盈亏平衡点的销售量 = 固定成本/(单价 - 单位变动成本)，若固定成本和单位变动成本不变动，单价上升，则单位边际贡献也会随之上升，则盈亏平衡点的销售量会下降，则盈亏平衡作业率下降，选项 D 正确。

3.【答案】ACD

【解析】边际贡献的计算在固定成本之前，所以固定成本的高低不会影响边际贡献。

4.【答案】ABCD

【解析】盈亏平衡销售量 = 80 000/(20 - 12) = 10 000（件）；安全边际 = 25 000 × 20 - 10 000 × 20 = 300 000（元）；盈亏平衡作业率 = 10 000/25 000 = 40%，安全边际率 = 1 - 40% = 60%，边际贡献率 = (20 - 12)/20 = 40%，销售利润率 = 60% × 40% = 24%。

5.【答案】BD

【解析】盈亏平衡点销售量 = 固定成本/(单价 - 单位变动成本)，盈亏平衡点销售量不变，但由于单价上升，所以盈亏平衡点销售额增加，所以选项 A 不正确，选项 D 正确；单位边际贡献 = 单价 - 单位变动成本，因单价与单位变动成本同时提高 2 元，单位边际贡献不变，所以选项 B 正确；盈亏平衡点销售额提高，安全边际额下降，所以选项 C 不正确。

6.【答案】ABCD

【解析】敏感系数的绝对值越大，敏感性越强，所以选项 A 的说法正确；根据单价的敏感系数为 4 可知，当单价提高 10% 时，税前利润提高 40%，即提高 20 000 × 40% = 8 000（元），选项 B 正确；根据单位变动成本的敏感系数为 -2.5 可知，当单位变动成本的上升幅度超过 40% 时，税前利润的下降幅度将超过 100%，所以选项 C 正确；根据固定成本的敏感系数为 -0.5 可知，固定成本提高 200% 时，税前利润降低 100%（即降低 20 000 元），而固定成本的提高额 = 税前利润的降低额，所以，固定成本 = 20 000/200% = 10 000

（元），即当年的销售量×（单价－单位变动成本）＝20 000＋10 000＝30 000（元），盈亏临界点时的销售量×（单价－单位变动成本）＝0＋10 000＝10 000（元），即盈亏临界点时的销售量/当年的销售量＝10 000/30 000＝1/3，安全边际量/当年的销售量＝1－1/3＝2/3，安全边际率＝2/3＝66.67%，所以，选项D正确。

7.【答案】ABD
【解析】紧急订货形成的成本增加是直接材料价格差异。所以选项C不正确。

8.【答案】BCD
【解析】变动制造费用耗费差异是变动制造费用的实际分配率脱离标准分配率，按实际工时计算的差异。间接材料价格变化会导致实际的变动制造费用发生变化，影响变动制造费用实际分配率的分子，所以选项B正确；间接人工工资调整会影响职工工作的积极性，影响实际工时，从而影响变动制造费用实际分配率的分母，所以选项C正确；间接人工的人数过多也会影响实际工时，从而影响变动制造费用实际分配率的分母，所以选项D正确。

9.【答案】ABCD
【解析】企业应用标准成本法的主要目标是，通过标准成本与实际成本的比较，揭示与分析标准成本与实际成本之间的差异，并按照例外管理的原则，对不利差异予以纠正，以提高工作效率，不断改善产品成本。

10.【答案】AB
【解析】直接材料价格差异是在采购过程中形成的，属于采购部门的责任；直接人工工资率差异是价格差异，一般地，这种差异的责任不在生产部门，劳动人事部门更应对其承担责任。

11.【答案】BC
【解析】增值作业中低效率产生的成本属于非增值成本，选项A错误；非增值作业产生的成本全部为非增值成本，选项D错误。

12.【答案】ABC
【解析】增值作业是指那些顾客认为可以增加其购买的产品或服务的有用性，有必要保留在企业中的作业。一项作业必须同时满足下列三个条件才可断定为增值作业：（1）该作业导致加工对象状态的改变；（2）该加工对象状态变化不能由其他作业来完成；（3）该作业使其他作业得以进行。所以选项ABC正确，选项D不正确。

13.【答案】ABD
【解析】三差异法将固定制造费用成本总差异分解为耗费差异、产量差异和效率差异三种。

14.【答案】ABD
【解析】成本中心只对可控成本负责，不负责不可控成本，可控成本是指成本中心可以控制的各种耗费，它应具备三个条件：第一，该成本的发生是成本中心可以预见的；第二，该成本是成本中心可以计量的；第三，该成本是成本中心可以调节和控制的。所以不应选C。

15.【答案】ABD
【解析】内部转移价格的变化，会使买卖双方或供求双方的收入或内部利润呈相反方向变化。但是，从整个企业角度看，一方增加的收入或利润正是另一方减少的收入或利润，一增一减，数额相等，方向相反。从整个企业来看，内部转移价格无论怎样变动，企业利润总额不变，变动的只是企业内部各责任中心的收入或利润的分配份额。

16.【答案】ABC
【解析】投资中心的考核指标是投资报酬率和剩余收益，利润中心采用利润作为业绩考核指标，分为边际贡献、可控边际贡献和部门边际贡献，所以应选A；投资中心有投资决策权，利润中心没有投资决策权，所以应选B；投资中心一般具有独立法人资格，利润中心往往是内部组织，不具有独立法人地位，所以应选C。

三、判断题

1.【答案】√
【解析】安全边际是指正常销售超过保本点销

售的差额，它表明销售下降多少企业仍不致亏损。

2.【答案】√

【解析】利润 = 安全边际 × 边际贡献率，安全边际和边际贡献率与利润同方向变动，所以提高安全边际或提高边际贡献率，也可以提高利润。

3.【答案】×

【解析】安全边际的销售额只需弥补自身的变动成本，无须负担固定成本。所以，安全边际的边际贡献就是企业的利润。

4.【答案】×

【解析】在传统式本量利关系图中，横轴代表销售量，以纵轴代表收入和成本，则销售收入线和总成本线的交点就是盈亏平衡点，在盈亏平衡点左边两条直线之间的区域是亏损区，在盈亏平衡点右边两条直线之间的区域表示盈利区，因此盈亏平衡点越低，亏损区会越小，盈利区会越大。

5.【答案】×

【解析】本量利分析在经营决策中应用中的所谓“成本分界点”就是两个备选方案预期成本相同情况下的业务量。

6.【答案】√

【解析】耗费差异 = 预算产量下的实际固定制造费用 − 预算产量下的标准固定制造费用，由公式可知该题正确。

7.【答案】×

【解析】耗费差异指的是固定制造费用的实际金额与固定制造费用预算金额之间的差额；而能量差异则是指固定制造费用预算金额与固定制造费用标准成本的差额。

8.【答案】√

【解析】变动制造费用效率差异 =（实际工时 − 实际产量下的标准工时）× 变动制造费用标准分配率。从公式中可以看出，变动制造费用效率差异的形成原因与直接人工效率的形成原因相同，都是由于实际工时偏离实际产量下的标准工时造成的。

9.【答案】×

【解析】成本库指构成一个业务过程的相互联系的作业集合，用来汇集业务过程及其产生的成本。即按照统一的作业动因，将各种资源耗费项目归结在一起，便形成了作业中心。

10.【答案】√

【解析】若要评价作业流程的执行情况，必须建立业绩指标，可以是财务指标，也可以是非财务指标，非财务指标主要体现在效率、质量和时间三个方面，如投入产出比、次品率、生产周期等。

11.【答案】√

【解析】成本中心的应用范围最广，上至工厂、下至车间、工段，甚至班组、个人都可成为一个成本中心，但其只对可控的成本进行考核和控制。

12.【答案】√

【解析】成本中心当期发生的所有可控成本之和就是其责任成本，责任成本是成本中心考核和控制的主要内容。所以该题表述正确。

13.【答案】×

【解析】成本中心的应用范围非常广，只要是对成本的发生负有责任的单位或个人都可以成为成本中心。

14.【答案】×

【解析】剩余收益指标弥补了投资报酬率指标会使局部利益与整体利益相冲突的不足，但由于其是一个绝对指标，故而难以在不同规模的投资中心之间进行业绩比较。因此该题的说法不正确。

15.【答案】×

【解析】双重价格是由内部责任中心的交易双方采用不同的内部转移价格作为计价基础。当采用单一价格不能使企业整体利益最优时，交易双方可以采用不同的内部转移价格作为计价基础。该种价格能够较好地满足企业内部交易双方在不同方面的管理需要。

四、计算分析题

1.【答案】

（1）计算追加投资前 A 投资中心的剩余收益

A 投资中心的息税前利润额 = 200 × 15% = 30

（万元）

A 投资中心的剩余收益 $=30-200\times12\%=6$（万元）

（2）计算追加投资前 B 投资中心的平均经营资产

B 投资中心的息税前利润额 = 平均经营资产 $\times17\%$

B 投资中心的剩余收益 = 平均经营资产 $\times 17\%$ - 平均经营资产 $\times12\%=20$（万元）

平均经营资产 $=20/(17\%-12\%)=400$（万元）

（3）计算追加投资前该公司的投资报酬率

投资报酬率 $=(200\times15\%+400\times17\%)/(200+400)=16.33\%$

（4）若 A 投资中心接受追加投资，计算其剩余收益

剩余收益 $=(200\times15\%+20)-(200+100)\times12\%=14$（万元）

（5）若 B 投资中心接受追加投资，计算其投资报酬率

投资报酬率 $=(400\times17\%+15)/(400+100)$ $=16.60\%$

2.【答案】

（1）单位产品的变动制造费用标准成本 $=2\times5=10$（元/件）

（2）单位产品的固定制造费用标准成本 $=2\times8=16$（元/件）

（3）变动制造费用效率差异 $=(21\ 600-12\ 000\times2)\times5=-12\ 000$（元）

（4）变动制造费用耗费差异 $=(110\ 160/21\ 600-5)\times21\ 600=2\ 160$（元）

（5）固定制造费用耗费差异 $=250\ 000-10\ 000\times2\times8=90\ 000$（元）

（6）固定制造费用能量差异 $=(10\ 000\times2-12\ 000\times2)\times8=-32\ 000$（元）

（7）固定制造费用耗费差异 $=250\ 000-10\ 000\times2\times8=90\ 000$（元）

固定制造费用产量差异 $=10\ 000\times2\times8-21\ 600\times8=-12\ 800$（元）

固定制造费用效率差异 $=(21\ 600-12\ 000\times2)\times8=-19\ 200$（元）

3.【答案】

（1）甲产品 2020 年边际贡献总额 $=50\times600\times(1-50\%)=15\ 000$（万元）

（2）甲产品 2020 年盈亏平衡点的销售量 $=8\ 400/(600-300)=28$（万台）

2020 年盈亏平衡点的销售额 $=8\ 400/50\%=16\ 800$（万元）

（3）甲产品 2020 年安全边际量 $=50-28=22$（万台）

2019 年安全边际率 $=22/50=44\%$

安全边际率在 $44\%>40\%$，经营安全程度为很安全。

（4）销售量 $=(6\ 000+8\ 400)/(600-300)=48$（万台）

（5）$A=10\times20\%=2$

$B=10+A=10+2=12$

$C=10\times20\%=2$

$D=B-C=12-2=10$

$E=10+10\times20\%=12$

$F=A=2$

$G=E-F=12-2=10$

$H=20\times20\%=4$

$I=10+H=10+4=14$

$J=2$

$K=I-J=14-2=12$

$L=20+3=23$

$M=H=4$

$N=L-M=23-4=19$

$P=50+3=53$

$Q=C=2$

$R=P-Q=53-2=51$

五、综合题

1.【答案】

（1）10 月丙产品的预计生产量 $=2\ 300+2\ 600\times10\%-200=2\ 360$（件）

（2）丙产品的单位直接材料标准成本 $=6\times5+10\times3+5\times8=100$（元/件）

（3）10 月的直接人工预算金额 $=2\ 360\times5\times25=295\ 000$（元）

（4）①直接人工成本差异 $=235\ 000-2\ 500\times$

5×25 = −77 500（元）

②直接人工效率差异 = (12 000 − 2 500 × 5) × 25 = −12 500（元）

③直接人工工资率差异 = [(235 000/12 000) − 25] × 12 000 = −65 000（元）

（5）10月制造费用预算总额 = 2 360 × 30 + 37 760 = 108 560（元）

（6）丙产品的单位标准成本 = 100 + 5 × 25 + 30 + (37 760/2 360) = 271（元）

（7）11月的预计现金收入 = 2 600 × 350 × 30% + 2 300 × 350 × 70% = 836 500（元）

（8）11月的预计现金余缺 = 80 600 + 836 500 − 900 000 = 17 100（元）

需要筹集资金 = 80 000 − 17 100 = 62 900（元），因为借款必须是1 000元的倍数，因此需要向银行借款63 000元。

2.【答案】

（1）单位边际贡献 = 1 000 − 1 000 × 10% − (2 000 000 + 1 200 000 + 400 000)/8 000 = 450（元）

盈亏平衡点销售量 = (500 000 + 600 000 + 950 000 + 470 000)/450 = 5 600（件）

安全边际率 = (8 000 − 5 600)/8 000 = 30%

（2）目前的税前利润 = 450 × 8 000 − (500 000 + 600 000 + 950 000 + 470 000) = 1 080 000（元）

销量增加10%之后增加的税前利润 = 450 × 8 000 × 10% = 360 000（元）

税前利润增长率 = 360 000/1 080 000 = 33.33%

税前利润对销售量的敏感系数 = 33.33%/10% = 3.33

单价提高10%后增加的税前利润 = (1 000 × 10% − 1 000 × 10% × 10%) × 8 000 = 720 000（元）

税前利润增长率 = 720 000/1 080 000 = 66.67%

税前利润对单价的敏感系数 = 66.67%/10% = 6.67

（3）假设销售价格上涨的幅度为W，则：(1 000 × W − 1 000 × W × 10%) × 8 000 = 2 000 000 × 20%

即：900 × W × 8 000 = 400 000

解得：W = 5.56%。

第九章　收入与分配管理

考情分析

从历年试题分布来看，本章题型有客观题，也有主观题。历年考题分数波动较大，平均在 15 分左右，属于重点章节。

教材变化

2020 年本章教材内容中第三节纳税管理进行了修订，并删除了纳税筹划典型案例解析的内容。

考点提示

本章主要讲述收入与分配管理，包括收入与分配管理的主要内容、销售预测分析、销售定价管理、企业筹资纳税管理、企业投资纳税管理、企业营运纳税管理、企业利润分配纳税管理、企业重组纳税管理、股利政策与企业价值、股利支付形式与程序、股票分割与股票回购、股权激励等内容。

本章考点框架

- 收入与分配管理
  - 收入与分配管理概述——收入与分配管理的主要内容
  - 收入管理
    - 销售预测的定性分析法
    - 销售预测的定量分析法
    - 销售定价管理
    - 产品定价方法
    - 价格运用策略
  - 纳税管理
    - 纳税管理概述
    - 企业筹资纳税管理
    - 企业投资纳税管理
    - 企业营运纳税管理
    - 企业利润分配纳税管理
    - 企业重组纳税管理
  - 分配管理
    - 股利分配理论
    - 股利政策
    - 利润分配制约因素
    - 股利支付形式与程序
    - 股票分割与股票回购
    - 股权激励

考点解读及例题点津

第一单元　收入与分配管理概述

1 收入与分配管理的主要内容

一、考点解读

（一）收入与分配管理的原则

1. 依法分配原则

2. 分配与积累并重原则

3. 兼顾各方利益原则

4. 投资与收入对等原则

（二）收入与分配管理的内容

1. 收入管理

收入管理的主要内容包括销售预测分析和销售定价管理。

2. 纳税管理

纳税管理的主要内容包括企业筹资纳税管理、企业投资纳税管理、企业营运纳税管理、企业利润分配纳税管理、企业重组纳税管理。

3. 分配管理

根据我国《公司法》及相关法律制度的规定，公司净利润的分配应按照下列顺序进行。

（1）弥补以前年度亏损。

（2）提取法定公积金。

法定公积金的提取比例为当年税后利润（弥补亏损后）的10%。当年法定公积金已达注册资本的50%时，可以不再提取。法定公积金可用于弥补亏损或转增资本，但企业用法定公积金转增资本后，法定公积金的余额不得低于转增前公司注册资本的25%。

（3）提取任意公积金。

（4）向股东（投资者）分配股利（利润）。

二、例题点津

【例题1·单选题】下列关于提取任意公积金的表述中，不正确的是（　　）。

A. 应从税后利润中提取

B. 应经股东大会决议

C. 满足公司经营管理的需要

D. 达到注册资本的50%时不再计提

【答案】D

【解析】根据我国《公司法》的规定，法定公积金的提取比例为当年税后利润（弥补亏损后）的10%。当法定公积金的累积额已达注册资本的50%时，可以不再提取，而不是任意盈余公积金。所以本题的正确答案为D。

【例题2·单选题】当年法定公积金的累积额已达注册资本的（　　）时，可以不再提取。

A. 10%　B. 25%　C. 50%　D. 75%

【答案】C

【解析】当年法定公积金的累积额已达注册资本的50%时，可以不再提取。

第二单元　收入管理

1 销售预测的定性分析法

一、考点解读

（一）营销员判断法

营销员判断法又称意见汇集法，是由企业熟悉市场情况和相关变化信息的营销人员对市场进行预测，再将各种判断意见加以综合分析、整理，并得出预测结论的方法。

（二）专家判断法

专家判断法是由专家根据他们的经验和判断能力对特定产品的未来销售量进行判断和预测的方法。其主要有个别专家意见汇集法、专家小组法、德尔菲法等方法。

（三）产品寿命周期分析法

产品寿命周期分析法是利用产品销售量在不同寿命周期阶段上的变化趋势，进行销售预测的一种定性分析方法。产品寿命周期一般要经过推广期、成长期、成熟期和衰退期四个阶段。推广期增长率不稳定，成长期增长率最大，成熟期增长率稳定，衰退期增长率为负数。

二、例题点津

【例题1·单选题】产品寿命周期分析法是利用产品在不同寿命周期销量的变化趋势，进行销售预测的一种分析方法。如果产品销售增长率不够稳定，则说明企业处在（　　）。

A. 推广期

B. 成长期

C. 成熟期

D. 衰退期

【答案】A

【解析】产品寿命周期分析法是利用产品在不同寿命周期销量的变化趋势，进行销售预测的一种分析方法。产品寿命周期一般要经过推广期、成长期、成熟期和衰退期四个阶段。推广期增长率不稳定，成长期增长率最大，成熟期增长率稳定，衰退期增长率为负数。

【例题2·多选题】下列方法中属于专家判断法的有（　　）。

A. 产品寿命周期分析法

B. 个别专家意见汇集法

C. 专家小组法

D. 德尔菲法

【答案】BCD

【解析】专家判断法主要有个别专家意见汇集法、专家小组法、德尔菲法，选项BCD正确。

2 销售预测的定量分析法

一、考点解读

（一）趋势预测分析法

1. 算术平均法

（1）算术平均法是指将若干历史时期的实际销售量或销售额作为样本值，求出其算术平均数，并将该平均数作为下期销售量的预测值。

（2）公式：$Y=\frac{\sum X_i}{n}$。

（3）适用：适用于每期销售量波动不大的产品的销售预测。

2. 加权平均法

（1）加权平均法是指将若干历史时期的实际销售量或销售额作为样本值，将各个样本值按照一定的权数计算得出加权平均数，并将该平均数作为下期销售量的预测值。由于市场变化较大，离预测期越近的样本值对其影响越大，而离预测期越远的则影响越小，所以权数的选取应遵循“近大远小”的原则。

（2）公式：$Y=\sum_{i=1}^{n} W_i X_i$。

（3）适用：比算术平均法更为合理，在实践中应用较多。

3. 移动平均法

（1）移动平均法是指从 n 期的时间数列销售量中选取 m 期（m 数值固定，且 $m<n/2$）数据作为样本值，求其 m 期的算术平均数，并不断向后移动计算观测其平均值，以最后一个 m 期的平均数作为未来第 n＋1 期销售预测值的一种方法。这种方法假设预测值主要受最近 m 期销售量的影响。

（2）公式：$Y_{n+1}=\frac{X_{n-(m-1)}+X_{n-(m-2)}+\cdots+X_{n-1}+X_n}{m}$。

为了使预测值更能反映销售量变化的趋势，可以对上述结果按趋势值进行修正，其计算公式为：

$$\overline{Y}_{n+1}=Y_{n+1}+(Y_{n+1}-Y_n)$$

（3）适用：代表性较差。此法适用于销售量略有波动的产品预测。

4. 指数平滑法

（1）指数平滑法实质上是一种加权平均法，是以事先确定的平滑指数 α 及（1－α）作为权数进行加权计算，预测销售量的一种方法。

（2）公式：$Y_{n+1}=aX_n+(1-a)Y_n$。

（3）平滑指数的取值通常在 0.3～0.7，其取值大小决定了前期实际值与预测值对本期预测值的影响。采用较大的平滑指数，预测值可以反映样本值新近的变化趋势；采用较小的平滑指数，则反映了样本值变动的长期趋势。因此，在销售量波动较大或进行短期预测时，可选择较大的平滑指数；在销售量波动较小或进行长期预测时，可选择较小的平滑指数。

（二）因果预测分析法

1. 因果预测分析法最常用的是回归分析法，教材主要介绍回归直线法

回归直线法，也称一元回归分析法。它假定影响预测对象销售量的因素只有一个，根据直线方程式 $y=a+bx$，按照最小二乘法原理，来确定一条误差最小的、能正确反映自变量 x 和因变量 y 之间关系的直线，只要解出其常数项 a 和系数 b，即可计算出特定因素所对应的销售量。

2. 公式

$$b=\frac{n\sum xy-\sum x\sum y}{n\sum x^2-(\sum x)^2}$$

$$a=\frac{\sum y-b\sum x}{n}$$

二、例题点津

【例题 1 · 单选题】下列销售预测分析方法中，属于定量分析法的是（　　）。

A. 专家判断法

B. 营销员判断法

C. 因果预测分析法

D. 产品寿命周期分析法

【答案】C

【解析】选项 ABD 均为定性分析法。

【例题 2 · 多选题】下列关于趋势预测分析法的表述中，正确的有（　　）。

A. 加权平均法比算术平均法更为合理，在

实践中应用较多

B. 指数平滑法实质上是一种加权平均法

C. 指数平滑法在平滑指数的选择上具有一定的主观随意性

D. 指数平滑法运用比较灵活，但适用范围较窄

【答案】ABC

【解析】指数平滑法运用比较灵活，适用范围较广。所以选项D不正确。

【例题3·计算题】 某公司2011～2019年的产品销售量资料如表9-1所示。

表9-1

项目	2011年	2012年	2013年	2014年	2015年	2016年	2017年	2018年	2019年
销售量（吨）	1 950	1 980	1 890	2 010	2 070	2 100	2 040	2 260	2 110
权数	0.03	0.05	0.07	0.08	0.1	0.13	0.15	0.18	0.21

要求：

（1）根据以上相关资料，用算术平均法预测公司2020年的销售量；

（2）根据上述相关资料，用加权平均法预测公司2020年的销售量；

（3）要求分别用移动平均法和修正的移动平均法预测公司2020年的销售量（假设样本期为4期）；

（4）若平滑指数a=0.6，要求利用指数平滑法预测公司2020年的销售量（假设移动平均样本期为4期）。

【答案】

（1）算术平均法下，公司2020年的预测销售量=(1 950+1 980+1 890+2 010+2 070+2 100+2 040+2 260+2 110)/9=2 045.56（吨）。

（2）加权平均法下，公司2020年预测销售量=1 950×0.03+1 980×0.05+1 890×0.07+2 010×0.08+2 070×0.1+2 100×0.13+2 040×0.15+2 260×0.18+2 110×0.21=2 086.5（吨）。

（3）移动平均法：

①移动平均法下，公司2020年预测销售量=(2 100+2 040+2 260+2 110)/4=2 127.5（吨）。

②修正的移动平均法下，公司2019年预测销售量=(2 070+2 100+2 040+2 260)/4=2 117.5（吨）。

$\overline{Y}_{2020}=Y_{2020}+(Y_{2020}-Y_{2019})=2\ 127.5+(2\ 127.5-2\ 117.5)=2\ 137.5$（吨）

（4）指数平滑法下，公司2020年预测销售量=0.6×2 110+(1-0.6)×2 117.5=2 113（吨）。

3 销售定价管理

一、考点解读

（一）影响产品价格的因素

1. 价值因素
2. 成本因素
3. 市场供求因素
4. 竞争因素
5. 政策法规因素

（二）企业的定价目标

1. 实现利润最大化
2. 保持或提高市场占有率
3. 稳定市场价格
4. 应对和避免竞争
5. 树立企业形象及产品品牌

二、例题点津

【例题1·多选题】 下列各项中，可以作为企业产品定价目标的有（　　）。

A. 保持或提高市场占有率

B. 应对和避免市场竞争

C. 实现利润最大化

D. 树立企业形象

【答案】ABCD

【解析】企业自身的实际情况及所面临的外部环境不同，企业的定价目标也多种多样，主要有以下几种：(1) 实现利润最大化；(2) 保持或提高市场占有率；(3) 稳定市场价格；(4) 应对和避免竞争；(5) 树立企业形象及产品品牌。故选项 ABCD 均是正确答案。

【例题2·多选题】影响产品价格的因素包括（　　）。

A. 价值因素　　B. 成本因素

C. 市场供求因素　　D. 竞争因素

【答案】ABCD

【解析】影响产品价格的因素包括价值因素、成本因素、市场供求因素、竞争因素、政策法规因素。

4 产品定价方法

一、考点解读

（一）以成本为基础的定价方法

1. 成本基础的选择

（1）变动成本。

变动成本包括变动制造成本和变动期间费用，变动成本可以作为增量产量的定价依据，但不能作为一般产品的定价依据。

（2）制造成本。

制造成本包括直接材料、直接人工和制造费用，由于它不包括各种期间费用，因此不能正确反映企业产品的真实价值消耗和转移。利用制造成本定价不利于企业简单再生产的继续进行。

（3）全部成本费用。

全部成本费用包括制造成本、管理费用、销售费用和财务费用，在全部成本费用基础上制定价格，既可以保证企业简单再生产的正常进行，又可以使劳动者为社会劳动所创造的价值得以全部实现。

2. 定价方法

（1）全部成本费用加成定价法。

成本利润率定价：

单位产品价格 = 单位成本 ×（1 + 成本利润率）/（1 − 适用税率）

销售利润率定价：

单位产品价格 = 单位成本/（1 − 销售利润率 − 适用税率）

（2）保本点定价法。

单位产品价格 =（单位固定成本 + 单位变动成本）/（1 − 适用税率）

= 单位完全成本/（1 − 适用税率）

（3）目标利润法。

单位产品价格 =（目标利润总额 + 完全成本总额）/ 产品销量 ×（1 − 适用税率）

=（单位目标利润 + 单位完全成本）/（1 − 适用税率）

（4）变动成本定价法。

在企业生产能力有剩余的情况下增加生产一定数量的产品只需负担变动成本，无须负担固定成本。在确定价格时产品成本仅以变动成本计算。

单位产品价格 = 单位变动成本 ×（1 + 成本利润率）/（1 − 适用税率）

（二）以市场需求为基础的定价方法

1. 需求价格弹性系数定价法

$$价格弹性系数\ E = \frac{\dfrac{需求变动量}{基期需求量}}{\dfrac{价格变动量}{基期单位产品价格}}$$

单位产品价格 P =

$$\frac{基期单位产品价格 \times 基期销售数量^{(1/需求价格弹性系数的绝对值)}}{预计销售数量^{(1/需求价格弹性系数的绝对值)}}$$

2. 边际分析定价法

边际分析定价法是指基于微分极值原理，通过分析不同价格与销售量组合下的产品边际收入、边际成本和边际利润之间的关系，进行定价决策的一种定量分析方法。按照边际分析定价法，当边际收入等于边际成本，即边际利润等于零时，利润将达到最大值。此时的价格就是最优销售价格。

二、例题点津

【例题1·单选题】某企业生产丙产品，本期计划销售量为 5 000 件，目标利润总额为 100 000 元，完全成本总额为 200 000 元，适用的消费税税率为 5%，根据上述资料，运用目标利润法测算的单位丙产品的价格应为（　　）元。

A. 56.37　　B. 60.29

C. 63.16　　　　D. 66.69

【答案】C

【解析】单位产品价格 =（目标利润总额 + 完全成本总额）/产品销量 ×（1 - 适用税率）=（100 000 + 200 000）/5 000 ×（1 - 5%）= 63.16（元）。

5 价格运用策略

一、考点解读

（一）折让定价策略

折让定价策略是指在一定条件下，以降低产品的销售价格来刺激购买者，从而达到扩大产品销售量的目的。价格的折让主要表现是价格折扣，主要有现金折扣、数量折扣、团购折扣、预购折扣、季节折扣等。

现金折扣，是指企业为了提高结算保障，对在一定期限内付款的购买者给予的折扣，即购买方如果在企业规定的期限内付款，企业就给予购买方一定的折扣。

数量折扣，是指企业对大量购买或集中购买本企业产品的购买方给予的一种折扣优惠。一般购买量越多、金额越大，折扣也越大。

团购折扣，是指通过团购集合足够人数，便可以以优惠价格购买或使用第三方公司的物品、优惠券或服务。

预购折扣，是指对预先向企业订购或购买产品进行折扣。例如提前预订机票，提前预订旅游产品等。

季节折扣，是企业给予非季节性热销商品的购买者提供的一种价格优惠。

（二）心理定价策略

心理定价策略是指针对购买者的心理特点而采取的一种定价策略，主要有声望定价、尾数定价（一般只适用于价值较小的中低档日用消费品定价）、双位定价（适用于市场接受程度较低或销路不太好的产品）和高位定价等。

（三）组合定价策略

组合定价策略是针对相关产品组合所采取的一种方法。它根据相关产品在市场竞争中的不同情况，使互补产品价格有高有低，或使组合售价优惠。

（四）寿命周期定价策略

寿命周期定价策略是根据产品生命周期，分阶段定价的策略。产品寿命周期一般分为推广期、成长期、成熟期和衰退期。推广期应采用低价促销策略；成长期的产品有了一定的知名度，销售量稳步上升，可以采用中等价格；成熟期的产品市场知名度处于最佳状态，可以采用高价销售；衰退期应该降价促销或维持现价并辅之以折扣等其他手段。

二、例题点津

【例题1·多选题】价格运用策略中，使用产品寿命周期定价策略，应采用低价策略的有（　　）。

A. 推广期　　　　B. 成长期

C. 成熟期　　　　D. 衰退期

【答案】AD

【解析】价格运用策略中，使用产品寿命周期定价策略，在推广期应采用低价促销策略；成长期应采用中等价格；成熟期应采用高价促销，定价时必须考虑竞争者的情况，以保持现有市场销售量；衰退期应降价促销或维持现价并辅之以折扣等，同时积极开发新产品。

第三单元　纳税管理

1 纳税管理概述

一、考点解读

（一）纳税管理

纳税管理是指企业对其涉税业务和纳税实务所实施的管理。

（二）纳税筹划

纳税筹划是指在纳税行为发生之前，在不违反税法及相关法律法规的前提下，对纳税主体的投资、筹资、营运、分配行为等涉税事项作出事先安排，以实现企业财务管理目标的一系列谋划活动。

（三）纳税筹划的原则

1. 合法性原则

合法性原则是纳税筹划的首要原则，是税收筹划与逃税、抗税和骗税等行为的本质区别。

2. 系统性原则

要将税收筹划置于财务管理的大系统下，要着眼于企业整体税负的下降。

3. 经济性原则

纳税筹划的目的是追求企业长期财务目标，选择净收益最大的方案。

4. 先行性原则

企业进行纳税筹划时，要对企业的筹资、投资、营运和分配活动等进行事先筹划和安排，尽可能减少应税行为的发生，降低企业的纳税负担，从而实现纳税筹划的目的。

（四）纳税筹划的方法

1. 减少应纳税额

（1）利用税收优惠政策。

从税制构成角度来看，利用税收优惠进行纳税筹划主要是利用免税政策、减税政策、退税政策、税收扣除政策、税率差异、分劈技术以及税收抵免等税收优惠政策。

（2）转让定价筹划法。

主要是指通过关联企业采用非常规的定价方式和交易条件进行的纳税筹划。

2. 递延纳税

采取有利的会计处理方法是企业实现递延纳税的一个重要途径，主要包括存货计价和固定资产折旧的方法选择等。

二、例题点津

【例题1·单选题】 在税法许可的范围内，下列纳税筹划方法中，能够导致递延纳税的是（　　）。

A. 固定资产折旧法

B. 费用在母子公司之间合理分劈法

C. 转让定价筹划法

D. 研究开发费用加计扣除法

【答案】A

【解析】采取有利的会计处理方法是企业实现递延纳税的一个重要途径，主要包括存货计价和固定资产折旧的方法选择等。所以选项A正确。

【例题2·多选题】 投资企业取得的股息红利收益不需要缴纳企业所得税；投资企业直接以转让股权方式取得的投资收益需要缴纳企业所得税。纳税筹划可以利用的税收优惠政策包括（　　）。

A. 免税政策　　B. 减税政策

C. 退税政策　　D. 税收扣除政策

【答案】ABCD

【解析】利用免税政策、减税政策、退税政策、税收扣除政策均为利用税收优惠进行纳税筹划的主要政策。

2 企业筹资纳税管理

一、考点解读

（一）内部筹资纳税管理

内部筹资虽然不能减少企业的所得税负担，但若将这部分资金分配给股东，股东会承担双重税负。若将其留在企业内部获取投资收益，投资者可以享受递延纳税带来的收益。

（二）外部筹资纳税管理

$V_L = V_U + PV$（利息抵税）$- PV$（财务困境成本）

式中，V_L 表示有负债企业的价值，V_U 表示无负债企业的价值，PV（利息抵税）表示利息抵税的现值，PV（财务困境成本）表示财务困境成本的现值。

使用债务筹资的确可以带来节税收益，增加企业价值，但出于财务管理目标的考虑，在采用债务筹资方式筹集资金时，不仅要将资本结构控制在相对安全的范围内，还要确保总资产收益率（息税前）大于债务利息率。

二、例题点津

【例题1·单选题】 下列筹资方式中，属于可以避免收益向外分配时存在的双重纳税问题，在特定税收条件下减少投资者税负的方式是（　　）。

A. 发行普通股

B. 发行优先股

C. 吸收直接投资

D. 利用留存收益

【答案】D

【解析】从税收角度来看，内部筹资虽然不能减少企业的所得税负担，但若将这部分资金以股利分配的形式发放给股东，股东会承担双重税负；若将这部分资金继续留在企业内部获取投资收益，投资者可以享受递延纳税带来的收益，股东也因此受惠，选项D正确。

3 企业投资纳税管理

一、考点解读

（一）直接投资纳税管理

1. 直接对外投资纳税管理

（1）投资组织形式的纳税筹划。

包括公司制企业与合伙制企业的选择，以及子公司与分公司的选择。

（2）投资行业的纳税筹划。

我国不同行业的税收负担不同，在进行投资决策时，应尽可能选择税收负担较轻的行业。

（3）投资地区的纳税筹划。

由于世界各国以及我国不同地区的税负各有差异，企业在选择注册地点时，应考虑不同地区的税收优惠政策。向海外投资时，由于不同国家税法有较大差异，应该仔细研究有关国家的税收法规。

（4）投资收益取得方式的纳税筹划。

企业投资收益由股息红利和资本利得两部分组成，但这两种收益的所得税税务负担不同。根据企业所得税法规定，居民企业直接投资于其他居民企业取得的股息、红利等权益性投资收益为企业的免税收入，而企业卖出股份所取得的投资收益需要缴纳企业所得税。

2. 直接对内投资纳税管理

（1）长期经营性投资。

在投资环节的纳税筹划较少。

（2）无形资产投资。

为支持企业科技创新，2018年9月财政部提高了研发费用税前加计扣除比例，即企业开展研发活动中实际发生的研发费用，未形成无形资产计入当期损益的，在按规定据实扣除的基础上，在2018年1月1日至2020年12月31日期间，再按照实际发生额的75%在税前加计扣除；形成无形资产的，在上述期间按照无形资产成本的175%在税前摊销。

（二）间接投资纳税管理

间接投资又称证券投资，相比直接投资，间接投资考虑的税收因素较少，但也有纳税筹划的空间。例如，我国税法规定，我国国债利息收入免交企业所得税。

二、例题点津

【例题1·多选题】根据我国相关法律的规定，以下说法正确的有（　　）。

A. 企业开展研发活动中实际发生的研发费用，可以在计算应纳税所得额时加计扣除

B. 企业开展研发活动中实际发生的研发费用，未形成无形资产计入当期损益的，在按规定据实扣除的基础上，在2018年1月1日至2020年12月31日期间，再按照实际发生额的75%在税前加计扣除

C. 企业开展研发活动中实际发生的研发费用，形成无形资产的，在2018年1月1日至2020年12月31日期间按照无形资产成本的175%在税前摊销

D. 企业在具备相应的技术和资金实力时，应该进行自主研发，从而享受加计扣除优惠

【答案】ABCD

【解析】无形资产投资方面，为支持企业科技创新，2018年9月财政部提高了研发费用税前加计扣除比例，即企业开展研发活动中实际发生的研发费用，未形成无形资产计入当期损益的，在按规定据实扣除的基础上，在2018年1月1日至2020年12月31日期间，再按照实际发生额的75%在税前加计扣除；形成无形资产的，在上述期间按照无形资产成本的175%在税前摊销。因此，企业在具备相应的技术和资金实力时，应该进行自主研发，从而享受加计扣除优惠。选项ABCD均正确。

4 企业营运纳税管理

一、考点解读

（一）采购的纳税管理

1. 增值税纳税人的纳税筹划

（1）某些处于生产经营初期的纳税人，由于其经营规模较小，可以选择成为一般纳税人或小规模纳税人，故存在纳税人身份的纳税筹划问题。

（2）一般来说，增值率高的企业，适宜作为小规模纳税人；反之，适宜作为一般纳税人。当增值率达到某一数值时，两类纳税人的税负相同，这一数值被称为无差别平衡点增值率。

（3）设 X 为增值率，S 为不含税销售额，P 为不含税购进额，假定一般纳税人适用的增值税税率为 a，小规模纳税人的征收率为 b，则：

增值率 $X=(S-P)\div S$

一般纳税人应纳增值税 $=S\times a-P\times a=S\times X\times a$

小规模纳税人应纳增值税 $=S\times b$

令：$S\times X\times a=S\times b$

得：$X=b/a$

由以上计算可知，一般纳税人与小规模纳税人的无差别平衡点的增值率为 b/a，当一般纳税人适用的增值税税率[①]为 13%，小规模纳税人增值税的征收率为 3% 时，所计算出的无差别平衡点增值率为 23.08%。若企业的增值率等于 23.08%，选择成为一般纳税人或小规模纳税人在税负上没有差别，其应纳增值税额相同。若企业的增值率小于 23.08%，选择成为一般纳税人税负较轻；反之，选择小规模纳税人较为有利。

2. 购货对象的纳税筹划

企业从不同类型的纳税人处采购货物，所承担的税收负担也不一样。一般纳税人从一般纳税人处采购的货物，增值税进项税额可以抵扣。一般纳税人从小规模纳税人处采购的货物，增值税不能抵扣（由税务机关代开的除外），为了弥补购货人的损失，小规模纳税人有时会在价格上给予优惠，在选择购货对象时，要综合考虑由于价格优惠所带来的成本的减少和不能抵扣的增值税带来的成本费用的增加。

3. 结算方式的纳税筹划

结算方式包括赊购、现金、预付等。在价格无明显差异的情况下，采用赊购方式不仅可以获得推迟付款的好处，还可以在赊购当期抵扣进项税额；采用预付方式时，不仅要提前支付货款，在付款的当期如果未取得增值税专用发票，相应的增值税进项税额不能被抵扣。因此，在购货价格无明显差异时，要尽可能选择赊购方式。在三种购货方式的价格有差异的情况下，需要综合考虑货物价格、付款时间和进项税额抵扣时间。

4. 增值税专用发票管理

根据进项税额抵扣时间的规定，对于取得防伪税控系统开具的增值税专用发票，纳税人应及时使用增值税发票选择确认平台确认需要抵扣的增值税发票电子信息。购进的多用途物资应先进行网上确认再抵扣，待转为非应税项目时再作进项税额转出处理，以防止非应税项目物资转为应税项目时，由于超过发票确认时间而不能抵扣其进项税额。

（二）生产的纳税管理

1. 存货计价的纳税筹划

虽然从长期看来，存货的计价方法不会对应纳增值税总额产生影响，但纳税人可以通过采用不同的存货计价方法来改变销售成本，继而改变所得税纳税义务在时间上的分布来影响企业价值。

2. 固定资产的纳税筹划

对于盈利企业，新增固定资产入账时，其账面价值应尽可能低，尽可能在当期扣除相关费用，在征得税务机关同意的情况下，尽量缩短折旧年限或采用加速折旧法。对于亏损企业和享受税收优惠的企业，应该合理预计企业的税收优惠期间或弥补亏损所需年限，进行适当的折旧安

① 按照《关于深化增值税改革有关政策的公告》（财政部、税务总局、海关总署公告 2019 年第 39 号）规定，增值税一般纳税人（以下简称“纳税人”）发生增值税应税销售行为或者进口货物，原适用 16% 税率的，税率调整为 13%；原适用 10% 税率的，税率调整为 9%。

排，尽量在税收优惠期间和亏损期间少提折旧，以达到抵税收益最大化。

3. 期间费用的纳税筹划

企业在生产经营过程中所发生的费用和损失，只有部分能够计入所得税扣除项目，且有些扣除项目还有限额规定。

（三）销售的纳税管理

1. 结算方式的纳税筹划

不同销售结算方式中纳税义务的发生时间不同，这为企业进行纳税筹划提供了可能。销售结算方式的筹划是指在税法允许的范围内，尽量采取有利于本企业的结算方式，以推迟纳税时间，获得纳税期的递延。

2. 促销方式的纳税筹划

不同促销方式下，同样的产品取得的销售额有所不同，其应交增值税也有可能不一样。

销售折扣不得从销售额中减除，不能减少增值税纳税义务，但是可以尽早收到货款，提高企业资金周转效率。

如果销售额和折扣额在同一张发票上注明，可以以销售额扣除折扣额后的余额作为计税金额，减少企业的销项税额。

实物折扣，是指销货方在销售过程中，当购买方购买货物时配送、赠送一定数量的货物，实物款额不仅不能从货物销售额中减除，而且还需要按“赠送他人”计征增值税。

以旧换新，一般应按新货物的同期销售价格确定销售额，不得扣减旧货物的收购价格。

二、例题点津

【例题1·单选题】某商业企业经销商品的不含税销售额为1 000元，若不含税购进额为800元，若一般纳税人适用的增值税税率为13%，小规模纳税人征收率为3%时，从减少税负角度看下列表述正确的是（　　）。

A. 选择成为小规模纳税人税负较轻

B. 选择成为一般纳税人税负较轻

C. 选择成为小规模纳税人与一般纳税人税负无差别

D. 不一定

【答案】B

【解析】增值率X＝(1 000－800)/1 000＝20%。无差别平衡点增值率＝3%/13%＝23.08%。若企业的增值率等于23.08%，选择成为一般纳税人或小规模纳税人在税负上没有差别，其应纳增值税额相同。若企业的增值率小于23.08%，选择成为一般纳税人税负较轻；反之，选择小规模纳税人较为有利。选项B正确。

5 企业利润分配纳税管理

一、考点解读

（一）所得税纳税管理

利润分配环节的所得税纳税管理主要体现为亏损弥补的纳税筹划。税法规定，纳税人发生年度亏损，可以用下一纳税年度的所得弥补；下一年度的所得不足以弥补的，可以逐年延续弥补，但延续弥补期最长不得超过5年。但对于高新技术企业和科技型中小企业，自2018年1月1日起，亏损结转年限由5年延长至10年。

（二）股利分配纳税管理

1. 基于自然人股东的纳税筹划

当前法律制度下，对于上市公司自身而言，进行股利分配可以鼓励个人投资者长期持有公司股票，有利于稳定股价；对于自然人股东而言，如果持股期限超过1年，由于股票转让投资收益的税负（印花税）重于股息红利收益的税负（0税负），上市公司发放股利有利于长期持股的个人股东获得纳税方面的好处。

2. 基于法人股东的纳税筹划

基于法人股东考虑，公司进行股利分配可以帮助股东减少纳税负担，增加股东收益，为了维持与股东的良好关系，保障股东利益，在企业财务状况允许的情况下，公司应该进行股利分配。

二、例题点津

【例题1·单选题】根据法律规定，企业纳税年度发生的亏损准予向以后年度结转，用以后年度税前利润弥补，但弥补亏损期限最长不得超过（　　）年，期间不论是盈利还是亏损，都作为实际弥补年限计算。

A. 5　　B. 3

C. 8　　D. 10

【答案】A

【解析】税法规定，纳税人发生年度亏损，可以用下一纳税年度的所得弥补；下一年度的所得不足以弥补的，可以逐年延续弥补，但延续弥补期最长不得超过5年。但对于高新技术企业和科技型中小企业，自2018年1月1日起，亏损结转年限由5年延长至10年。选项A正确。

6 企业重组纳税管理

一、考点解读

企业重组纳税管理可以从两个方面入手：一是通过重组事项，长期降低企业各项纳税义务；二是减少重组环节的纳税义务。

（一）企业合并的纳税筹划

1. 并购目标企业的选择

并购有税收优惠政策的企业；并购亏损的企业；并购上下游企业或关联企业。

2. 并购支付方式的纳税筹划

（1）股权支付。

我国税法规定，当企业符合特殊性税务处理的其他条件，且股权支付金额不低于其交易支付总额的85%时，可以使用资产重组的特殊性税务处理方法，这样可以相对减少合并环节的纳税义务，获得抵税收益。

（2）非股权支付。

非股权支付采用一般性税务处理方法，对合并企业而言，需对被合并企业公允价值大于原计税基础的所得进行确认，缴纳所得税，并且不能弥补被合并企业的亏损。

（二）企业分立的纳税筹划

1. 分立方式的选择

（1）新设分立。

通过新设分立，把一个企业分解成两个甚至更多个新企业，单个新企业应纳税所得额大大减少，使之适用小型微利企业，可以按照更低的税率征收所得税。或者通过分立，使某些新设企业符合高新技术企业的规定，从而享受税收优惠。

（2）存续分立。

通过存续分立，可以将企业某个特定部门分立出去，获得流转税的税收收益。

2. 支付方式的纳税筹划

企业分立的支付方式有股权支付和非股权支付。《企业所得税法》规定，当企业符合特殊性税务处理的其他条件，且被分立企业股东在该企业分立发生时取得的股权支付金额不低于其交易支付总额的85%时，可以使用企业分立的特殊性税务处理方法，这样可以相对减少分立环节的所得税纳税义务，并且被分立企业未超过法定弥补期限的亏损额可按分立资产占全部资产的比例进行分配，由分立企业继续弥补。

二、例题点津

【例题1·多选题】 下列关于企业重组纳税管理的表述中，正确的有（　　）。

A. 企业合并的支付方式有股权支付和非股权支付

B. 企业合并使用非股权支付采用一般性税务处理方法

C. 一般性税务处理方法不需要对被合并企业公允价值大于原计税基础的所得进行确认，因而无须缴纳所得税

D. 企业重组纳税管理主要包括长期降低企业各项纳税义务和减少重组环节的纳税义务两个方面

【答案】ABD

【解析】非股权支付采用一般性税务处理方法，对合并企业而言，需要对被合并企业公允价值大于原计税基础的所得进行确认，缴纳所得税，并且不能弥补被合并企业的亏损。选项C不正确。

第四单元 分配管理

1 股利分配理论

一、考点解读

（一）股利无关论

该理论认为，在一定的假设条件限定下，股利政策不会对公司的价值或股票的价格产生任何影响。公司市场价值的高低，是由公司投资决策的获利能力和风险组合决定，而与公司的利润分配政策无关。股利无关论建立在完全资本市场理论之上的。假设包括：

（1）市场具有强式效率，没有交易成本，没有任何一个股东的实力足以影响股票价格；

（2）不存在任何公司或个人所得税；

（3）不存在任何筹资费用；

（4）公司的投资决策与股利决策彼此独立，即投资决策不受股利分配的影响；

（5）股东对股利收入和资本增值之间并无偏好。

（二）股利相关理论

1. “手中鸟”理论

该理论认为，公司的股利政策与公司的股票价格是密切相关的，即当公司支付较高的股利时，公司的股票价格会随之上升，公司的价值将得到提高。

2. 信号传递理论

该理论认为，公司可以通过股利政策向市场传递有关公司未来获利能力的信息，从而会影响公司的股价。一般来讲，预期未来获利能力强的公司，往往愿意通过相对较高的股利支付水平，把自己同预期盈利能力差的公司区别开来，以吸引更多的投资者。

3. 所得税差异理论

该理论认为，由于普遍存在的税率以及纳税时间的差异，资本利得收入比股利收入更有助于实现收益最大化目标，公司应当采用低股利政策。

4. 代理理论

该理论认为，股利的支付能够有效地降低代理成本。首先，股利的支付减少了管理者对自由现金流量的支配权，这在一定程度上可以抑制公司管理者的过度投资或在职消费行为，从而保护外部投资者的利益；其次，较多的现金股利发放，减少了内部融资，导致公司进入资本市场寻求外部融资，从而公司将接受资本市场上更多、更严格的监督，这样便通过资本市场的监督减少了代理成本。因此，高水平的股利政策降低了企业的代理成本，但同时增加了外部融资成本，理想的股利政策应当是使两种成本之和最小。

二、例题点津

【例题1·单选题】厌恶风险的投资者偏好确定的股利收益，而不愿将收益存在公司内部去承担未来的投资风险，因此公司采用高现金股利政策有利于提升公司价值，这种观点的理论依据是（　　）。

A. 代理理论

B. 信号传递理论

C. 所得税差异理论

D. “手中鸟”理论

【答案】D

【解析】“手中鸟”理论认为，用留存收益再投资给投资者带来的收入具有较大的不确定性，并且投资的风险随着时间的推移会进一步加大，因此，厌恶风险的投资者会偏好确定的股利收入，而不愿将收入留存在公司内部，去承担未来的投资风险。选项D正确。

【例题2·单选题】某股利分配理论认为，由于对资本利得收益征收的税率低于对股利收益征收的税率，企业应采用低股利政策。该股利分配理论是（　　）。

A. 代理理论

B. 信号传递理论

C. “手中鸟”理论

D. 所得税差异理论

【答案】D

【解析】所得税差异理论认为，由于普遍存在的税率以及纳税时间的差异，资本利得收益比股利收益更有助于实现收益最大化目标，公司应当采用低股利政策。一般来说，对资本利得收益征收的税率低于对股利收益征收的税率；再者，即使两者没有税率上的差异，由于投资者对资本利得收益的纳税时间选择更具有弹性，投资者仍可以享受延迟纳税带来的收入差异。选项D正确。

2 股利政策

一、考点解读

（一）剩余股利政策

1. 含义

剩余股利政策是指公司生产经营所获得的净收益首先按照最优资本结构的要求满足追加投资的需要，如果还有剩余，拿剩余的部分作为股利发放给股东，如果没有剩余，则不派发股利。剩余股利政策的理论依据是股利无关理论。

2. 优点

保持最佳的资本结构，实现企业价值的长期最大化。

3. 缺点

不利于投资者安排收入与支出；不利于公司树立良好的形象。

4. 适用

一般适用于公司初创阶段。

（二）固定或稳定增长的股利政策

1. 含义

固定或稳定增长的股利政策指公司将每年派发的股利额固定在某一特定水平或是在此基础上维持某一固定比率逐年稳定增长。公司只有在确信未来盈余不会发生逆转时才会宣布实施固定或稳定增长的股利政策。

2. 优点

有利于树立公司的良好形象，增强投资者对公司的信心，稳定股票的价格；有助于投资者安排股利收入和支出。

3. 缺点

股利的支付与企业的盈利相脱节，可能会导致企业资金紧缺，财务状况恶化；在企业无利可图的情况下，若依然实施固定或稳定增长的股利政策，也是违反《公司法》的行为；不利于保持理想的资本结构。

4. 适用

通常适用于经营比较稳定或正处于成长期的企业，且很难被长期采用。

（三）固定股利支付率政策

1. 含义

固定股利支付率政策指公司将每年净利润的某一固定百分比作为股利分派给股东，股利支付率一经确定，一般不得随意变更。

2. 优点

股利与公司盈余紧密地配合，体现了“多盈多分、少盈少分、无盈不分”的股利分配原则；从企业的支付能力的角度看，这是一种稳定的股利政策。

3. 缺点

容易给投资者带来经营状况不稳定、投资风险较大的不良印象；容易使公司面临较大的财务压力；合适的固定股利支付率的确定难度比较大；不利于股东安排收入与支出；不利于保持理想的资本结构。

4. 适用

只是比较适用于那些处于稳定发展且财务状况也较稳定的公司。

（四）低正常股利加额外股利政策

1. 含义

低正常股利加额外股利政策是指公司事先设定一个较低的正常股利额，每年除了按正常股利额向股东发放股利外，还在公司盈余较多、资金较为充裕的年份向股东发放额外股利。但是，额外股利并不固定化，不意味着公司永久地提高了股利支付率。

2. 优点

赋予公司较大的灵活性；使那些依靠股利度日的股东每年至少可以得到虽然较低但比较稳定的股利收入，从而吸引住这部分股东。

3. 缺点

由于各年度之间盈利波动使得额外股利不断变化，造成分派的股利不同，容易给投资者造成收益不稳定的感觉。当公司在较长时间持续发放额外股利后，可能会被股东误认为“正常股利”，一旦取消，传递出的信号可能会使股东认为这是公司财务状况恶化的表现，进而导致股价下跌。

4. 适用

对那些盈利随着经济周期而波动较大的公司或者盈利与现金流量很不稳定时，低正常股利加额外股利政策也许是一种不错的选择。

二、例题点津

【例题1·多选题】下列各项中，属于剩余股利政策优点的有（ ）。

A. 保持最佳资本结构

B. 降低再投资的资金成本

C. 使股利与企业盈余紧密结合

D. 实现企业价值的长期最大化

【答案】ABD

【解析】剩余股利政策的优点是：留存收益优先保证再投资的需要，有助于降低再投资的资金成本，保持最佳的资本结构，实现企业价值的长期最大化。选项ABD正确。

3 利润分配制约因素

一、考点解读

（一）法律因素

包括：资本保全约束（目的在于维持企业资本的完整性，保护企业完整的产权基础，保障债权人的利益）、资本积累约束、超额累积利润约束、偿债能力约束。

（二）公司因素

包括：现金流量、资产的流动性、盈余的稳定性、投资机会、筹资因素、其他因素（由于股利的信号传递作用，公司不宜经常改变其利润分配政策，应保持一定的连续性和稳定性。此外，在进行政策选择时要考虑发展阶段以及所处行业状况）。

（三）股东因素

包括：控制权、稳定的收入、避税。

（四）其他因素

包括：债务契约、通货膨胀（在通货膨胀时期，企业一般会采取偏紧的利润分配政策）。

二、例题点津

【例题1·判断题】股东为防止控制权稀释，往往希望公司提高股利支付率。（ ）

【答案】×

【解析】公司支付较高的股利，会导致留存收益减少，意味着将来发行新股的可能性加大，而发行新股会引起公司控制权的稀释。因此股东为防止控制权稀释，往往希望公司降低股利支付率。

4 股利支付形式与程序

一、考点解读

（一）股利支付形式

1. 现金股利

现金股利是最常见的方式。公司选择发放现金股利除了要有足够的留存收益外，还要有足够的现金。

2. 财产股利

财产股利是以现金以外的其他资产支付的股利，主要是以公司所拥有的其他公司的有价证券作为股利支付给股东。

3. 负债股利

负债股利是以负债方式支付的股利，通常以公司的应付票据支付给股东，有时也以发放公司债券的方式支付股利。

4. 股票股利

股票股利指公司以增发股票的方式支付股利。股票股利不会引起公司资产的流出或负债的增加，而只涉及股东权益内部结构的调整，即在减少未分配利润项目金额的同时，增加公司股本额，同时还可能引起资本公积的增减变化，而股东权益总额不变。发放股票股利会因普通股股数增加而引起每股利润下降，每股市价有可能因此而下跌，但股东持股比例不变，股东所持股票的市场价值总额仍能保持不变。

发放股票股利虽不直接增加股东的财富，也不增加公司的价值，但对股东和公司都有特殊意义。

对股东来讲，股票股利的优点主要有：

（1）派发股票股利后，若每股市价不成比例下降，股东便可以获得股票价值相对上升的好处；

（2）会给股东带来资本利得纳税上的好处。

对公司来讲，股票股利的优点主要有：

（1）公司保留成本较低的资金，从而有利于公司的发展；

（2）可以降低公司股票的市场价格，有利于促进股票的交易和流通；

（3）有利于促进股权的分散，防止公司被恶意控制；

（4）可以传递公司未来发展前景良好的信息，增强投资者的信心，在一定程度上稳定股票价格。

（二）股利支付程序

1. 股利宣告日

股东大会决议通过并由董事会将股利支付情况予以公告的日期。

2. 股权登记日

有权领取本期股利的股东资格登记截止日期。

3. 除息日

领取股利的权利与股票分离的日期。

4. 股利发放日

实际发放股利的日期。

二、例题点津

【例题1·多选题】对公司而言，发放股票股利的优点有（　　）。

A. 减轻公司现金支付压力

B. 使股权更为集中

C. 可以向市场传递公司未来发展前景良好的信息

D. 有利于股票交易和流通

【答案】ACD

【解析】对公司来讲，股票股利的优点主要有：（1）发放股票股利不需要向股东支付现金，在再投资机会较多的情况下，公司就可以为再投资提供成本较低的资金，从而有利于公司的发展，选项A正确；（2）发放股票股利可以降低公司股票的市场价格，既有利于促进股票的交易和流通，又有利于吸引更多的投资者成为公司股东，进而使股权更为分散，有效地防止公司被恶意控制，选项B错误，选项D正确；（3）股票股利的发放可以传递公司未来发展前景良好的信息，从而增强投资者的信心，在一定程度上稳定股票价格，选项C正确。

【例题2·单选题】要获得收取股利的权利，投资者购买股票的最迟日期是（　　）。

A. 除息日　　B. 股权登记日

C. 股利宣告日　　D. 股利发放日

【答案】B

【解析】股权登记日即有权领取本期股利的股东资格登记截止日期。

【例题3·单选题】下列各项股利支付形式中，不会改变企业资本结构的是（　　）。

A. 股票股利　　B. 财产股利

C. 负债股利　　D. 现金股利

【答案】A

【解析】发放股票股利对公司来说，并没有现金流出企业，也不会导致公司的财产减少，而只是将公司未分配利润转化为股本和资本公积，不改变公司股东权益总额，但会改变股东权益的构成。所以，选项A正确。

5 股票分割与股票回购

一、考点解读

（一）股票分割

1. 含义

股票分割又称拆股，即将一股股票拆分成多股股票的行为。股票分割对公司的资本结构和股东权益不会产生任何影响，只会使发行在外的股票总数增加，每股面值降低，并由此引起每股收益和每股市价下跌，而资产负债表中股东权益各账户的余额都保持不变，股东权益总额也维持不变。

2. 股票分割与股票股利的区别

（1）股票股利属于收益分配范畴，股票分割不属于收益分配；

（2）股票股利不影响股票的面值，股票分割会降低股票的面值；

（3）股票股利会对股东权益内部结构产生影响，股票分割不会对股东权益内部结构产生影响。

3. 作用

（1）使每股市价降低，促进股票流通和交易；

(2) 可以向市场和投资者传递“公司发展前景良好”的信号，有助于提高投资者对公司股票的信心。

4. 反分割

与股票分割相反，如果公司认为其股票价格过低，不利于其在市场上的声誉和未来的再筹资时，为提高股票的价格，会采取反分割措施。

(二) 股票回购

1. 含义

股票回购是指上市公司出资将其发行在外的普通股以一定价格购买回来予以注销或作为库存股的一种资本运作方式。

2. 动机

现金股利的替代；改变公司的资本结构；传递公司信息；基于控制权的考虑。

3. 影响

(1) 符合股票回购条件的多渠道回购方式允许公司选择适当时机回购本公司股份，将进一步提升公司调整股权结构和管理风险的能力，提高公司整体质量和投资价值。

(2) 因实施持股计划和股权激励的股票回购，形成资本所有者和劳动者的利益共同体，有助于提高投资者回报能力；将股份用于转换上市公司发行的可转换为股票的公司债券实施的股票回购，也有助于拓展公司融资渠道，改善公司资本结构。

(3) 当市场不理性，公司股价严重低于股份内在价值时，为了避免投资者损失，适时进行股份回购，减少股份供应量，有助于稳定股价，增强投资者信心。

(4) 股票回购若用大量资金支付回购成本，一方面，容易造成资金紧张，降低资产流动性，影响公司的后续发展；另一方面，在公司没有合适的投资项目又持有大量现金的情况下，回购股份，也能更好地发挥货币资金的作用。

(5) 上市公司通过履行信息披露义务和公开的集中交易方式进行股份回购有利于防止操纵市场、内幕交易等利益输送行为。

二、例题点津

【例题1·单选题】 下列各项中，受企业股票分割影响的是（　　）。

A. 每股股票价值　　B. 股东权益总额

C. 企业资本结构　　D. 股东持股比例

【答案】A

【解析】股票分割在不增加股东权益的情况下增加了股份的数量，股东权益总额及其内部结构都不会发生任何变化，变化的只是股票面值。所以，选项A正确。

【例题2·多选题】 下列各项中，属于上市公司股票回购动机的有（　　）。

A. 替代现金股利　　B. 提高每股收益

C. 规避经营风险　　D. 稳定公司股价

【答案】ABD

【解析】经营风险是企业在经营活动中面临的风险，和股票回购无关。

6 股权激励

一、考点解读

(一) 股票期权模式

1. 含义

股票期权模式是指上市公司授予激励对象在未来一定期限内以预先确定的条件购买本公司一定数量股票的选择权。

2. 优点

能够降低委托代理成本；有利于降低激励成本；可以锁定期权人的风险。

3. 缺点

影响现有股东的权益；可能遭遇来自股票市场的风险；可能带来经营者的短期行为。

4. 适用

适合那些初始资本投入较少、资本增值较快、处于成长初期或扩张期的企业，如网络、高科技等风险较高的企业。

(二) 限制性股票模式

1. 含义

公司为了实现某一特定目标，先将一定数量的股票赠与或以较低的价格售予激励对象。只有当实现预定目标后，激励对象才可将限制性股票抛售并从中获利。若预定目标没有实现，公司有权将免费赠与的限制性股票收回或将售出股票以激励对象购买时的价格回购。

2. 优点

在限制期间公司不需要支付现金对价，便能够留住人才。

3. 缺点

缺乏一个能推动企业股价上涨的激励机制，在企业股价下降的时候，激励对象仍能获得股份，这样可能达不到激励的效果，并使股东遭受损失。

4. 适用

对于成熟企业，由于其股价上涨空间有限，采用限制性股票模式较为合适。

（三）股票增值权模式

1. 含义

股票增值权模式指公司授予经营者一种权利，如果经营者努力经营企业，在规定的期限内，公司股票价格上升或者业绩上升，经营者就可以按一定比例获得这种由于股价上升所带来的收益，收益为行权价与行权日二级市场股份之间的差价或净资产的增值额。

2. 优点

比较易于操作，股票增值权持有人行权时，直接兑现股票升值部分；审批程序简单，无须解决股票来源问题。

3. 缺点

激励效果相对较差；使公司的现金支付压力较大。

4. 适用

股票增值权激励模式较适合现金流量比较充裕且比较稳定的上市公司和现金流量比较充裕的非上市公司。

（四）业绩股票激励模式

1. 含义

业绩股票激励模式指公司在年初确定一个合理的年度业绩目标，若激励对象实现了公司预定的年度业绩目标，公司给予激励对象一定数量的股票，或奖励给其一定数量的奖金来购买公司的股票。

2. 优点

激励对象获得激励股票后便成为公司股东，与原股东有了共同利益，会更加努力提升公司业绩和股价。

3. 缺点

公司业绩目标确定的科学性很难保证，容易导致公司高管人员为获得业绩股票而弄虚作假；激励成本较高，可能造成公司支付现金的压力。

4. 适用

比较适合业绩稳定型的上市公司及其集团公司、子公司。

二、例题点津

【例题1·单选题】股权激励的限制性股票模式的优点是（　　）。

A. 存在一个能推动股价上涨的激励机制

B. 在限制期间公司不需要支付现金对价，便能够留住人才

C. 在企业股价下降的时候，仍能达到激励的效果

D. 能够降低委托代理成本

【答案】B

【解析】限制性股票模式的优点是在限制期间公司不需要支付现金对价，便能够留住人才。缺点是缺乏一个能推动股价上涨的激励机制，在企业股价下降的时候，激励对象仍能获得股份，这样可能达不到激励的效果，并使股东遭受损失。选项B正确。

【例题2·多选题】下列关于股权激励的股票期权模式的表述中，正确的有（　　）。

A. 能够降低委托代理成本

B. 有利于降低激励成本

C. 可以锁定期权人的风险

D. 可能带来经营者的短期行为

【答案】ABCD

【解析】股票期权模式的优点是能够降低委托代理成本、有利于降低激励成本、可以锁定期权人的风险。缺点是影响现有股东的权益、可能遭遇来自股票市场的风险、可能带来经营者的短期行为。选项ABCD均正确。

【例题3·判断题】业绩股票激励模式指公司为了实现某一特定目标，公司先将一定数量的股票赠与或以较低的价格售予激励对象，只有当实现预期目标后，激励对象才可将该股票抛售并

从中获利。(　　)

【答案】×

【解析】业绩股票激励模式指公司在年初确定一个合理的年度业绩目标，若激励对象实现了公司预定的年度业绩目标，公司给予激励对象一定数量的股票，或奖励给其一定数量的奖金来购买公司的股票。

本章考点巩固练习题

一、单项选择题

1. 下列净利润分配事项中，根据相关法律法规和制度，应当最后进行的是（　　）。
A. 向股东分配股利
B. 提取任意公积金
C. 提取法定公积金
D. 弥补以前年度亏损

2. 下列关于提取任意公积金的表述中，不正确的是（　　）。
A. 应从税后利润中提取
B. 应经股东大会决议
C. 满足公司经营管理的需要
D. 达到注册资本的50%时不再计提

3. 预测产品销量时将历史实际销售作为样本值，将各个样本值按照一定的权数计算得出加权平均数，并将该平均数作为下期销量的预测值的方法叫作（　　）。
A. 加权平均法　　B. 算术平均法
C. 移动平均法　　D. 指数平滑法

4. 下列各项中，一般不作为以成本为基础的转移定价计价基础的是（　　）。
A. 全部成本费用
B. 固定成本
C. 变动成本
D. 制造成本

5. 以成本为基础制定产品价格时，不能正确反映企业产品的真实价值消耗和转移，不利于企业简单再生产的继续进行的成本基础是（　　）。
A. 变动成本　　B. 制造成本
C. 全部成本费用　　D. 责任成本

6. 对于市场接受程度较低或销路不太好的产品，在使用心理定价策略时，可以采用（　　）策略。
A. 尾数定价　　B. 双位定价
C. 高位定价　　D. 声望定价

7. 某企业生产乙产品，本期计划销售量为10 000件，应负担的固定成本总额为500 000元，单位产品变动成本为100元，适用的消费税税率为5%，根据上述资料，运用保本点定价法测算的单位乙产品的价格应为（　　）元。
A. 157.9　　B. 162.3
C. 166.6　　D. 173.2

8. 公司实施税务管理要求所能增加的收益超过税务管理成本，体现的原则是（　　）。
A. 税务风险最小化原则
B. 依法纳税原则
C. 税务支出最小化原则
D. 成本效益原则

9. 某企业目前有1 000万元的闲置资金，打算近期进行为期半年的短期投资。拟选择投资购买国债，国债年利率3%，每半年付息一次，企业所得税税率25%，则该企业购买国债投资的税后收益为（　　）万元。
A. 30　　B. 22.5
C. 17.5　　D. 15

10. 下列股利政策中，根据股利无关理论制定的是（　　）。
A. 剩余股利政策
B. 固定股利支付率政策
C. 稳定增长股利政策
D. 低正常股利加额外股利政策

11. 某公司近年来经营业务不断拓展，目前处于成长阶段，预计现有的生产经营能力能够满足未来10年稳定增长的需要，公司希望其股利与公司盈余紧密配合。基于以上条件，最为适宜该公司的股利政策是（　　）。

A. 剩余股利政策

B. 固定股利政策

C. 固定股利支付率政策

D. 低正常股利加额外股利政策

12. 认为较多地派发现金股利可以在一定程度上抑制管理者过度地扩大投资或进行特权消费的股利理论是（　　）。

A. “手中鸟”理论　B. 所得税差异理论

C. 代理理论　D. 信号传递理论

13. 下列各项政策中，最能体现“多盈多分、少盈少分、无盈不分”股利分配原则的是（　　）。

A. 剩余股利政策

B. 低正常股利加额外股利政策

C. 固定股利支付率政策

D. 固定或稳定增长的股利政策

14. 下列关于股利分配政策的表述中，正确的是（　　）。

A. 公司盈余的稳定程度与股利支付水平负相关

B. 偿债能力弱的公司一般不应采用高现金股利政策

C. 基于控制权的考虑，股东会倾向于较高的股利支付水平

D. 债权人不会影响公司的股利分配政策

15. 相对于其他股利政策而言，既可以维持股利的稳定性，又有利于优化资本结构的股利政策是（　　）。

A. 剩余股利政策

B. 固定股利政策

C. 固定股利支付率政策

D. 低正常股利加额外股利政策

16. 下列各项中，相对而言会发放较多股利的是（　　）。

A. 公司未来投资机会较多

B. 投资人出于避税考虑

C. 公司属于周期性行业

D. 公司资产流动性较高

17. 下列各项中，不影响股东权益总额变动的股利支付形式是（　　）。

A. 现金股利　B. 股票股利

C. 负债股利　D. 财产股利

18. 在下列各项中，能够增加普通股股票发行在外股数，但不改变公司资本结构的行为是（　　）。

A. 支付现金股利　B. 增发普通股

C. 股票分割　D. 股票回购

19. 股份有限公司赋予激励对象在未来某一特定日期内，以预先确定的价格和条件购买公司一定数量股份的选择权，这种股权激励模式是（　　）。

A. 股票期权模式

B. 限制性股票模式

C. 股票增值权模式

D. 业绩股票激励模式

20. 对那些盈利随着经济周期而波动较大的公司或者在盈利与现金流量很不稳定时，（　　）也许是一种不错的选择。

A. 低正常股利加额外股利政策

B. 固定股利支付率政策

C. 固定或稳定增长的股利政策

D. 剩余股利政策

二、多项选择题

1. 以制造成本为基础计算产品成本，其成本计算范围包括（　　）。

A. 直接材料　B. 直接人工

C. 变动制造费用　D. 固定制造费用

2. 以全部成本费用为基础计算产品成本，其成本计算范围包括（　　）。

A. 制造成本　B. 管理费用

C. 销售费用　D. 财务费用

3. 下列关于边际分析定价法的表述中，正确的有（　　）。

A. 边际分析定价法，是指基于微分极值原理，进行定价决策的一种定量分析方法

B. 利用边际分析定价法，当边际收入与边际成本之差最大时，利润将达到最大值。此时的价格就是最优销售价格

C. 边际是指每增加或减少一个单位所带来的差异

D. 利用边际分析定价法，当收入函数和成本函数均可微时，直接对利润函数求一阶导数，即可得到最优售价

4. 下列关于指数平滑法的表述中，正确的有（　　）。

A. 平滑指数取值大小决定了前期实际值与预测值对本期预测值的影响

B. 采用较大的平滑指数，预测值可以反映样本值变动的长期趋势

C. 采用较小的平滑指数，预测值可以反映样本值新近的变化趋势

D. 在销售量波动较大或进行短期预测时，可选择较大的平滑指数；在销售量波动较小或进行长期预测时，可选择较小的平滑指数

5. 某企业生产丁产品，设计生产能力为 2 000 件，计划生产 1 500 件，预计单位产品的变动成本为 200 元，计划期的固定成本费用总额为 60 000 元，该产品适用的消费税税率为 5%，成本利润率必须达到 20%。假定本年度接到一额外订单，订购 300 件丁产品，单价 260 元。则下列结果正确的有（　　）。

A. 计划内单位丁产品价格为 303.18 元

B. 追加生产 300 件丁产品的变动成本总额为 60 000 元

C. 计划外单位丁产品价格为 252.63 元

D. 该企业应接受这一额外订单

6. 以市场需求为基础的定价方法包括（　　）。

A. 需求价格弹性系数定价法

B. 指数平滑法

C. 边际分析定价法

D. 德尔菲法

7. 企业税务管理的内容不包括（　　）。

A. 企业涉税活动管理

B. 企业纳税实务管理

C. 税务行政管理

D. 税务信息管理

8. 在选择固定资产的折旧方法时，能够起到延期纳税作用的有（　　）。

A. 直线折旧法　　B. 双倍余额递减法

C. 年数总和法　　D. 缩短折旧年限法

9. 下列各项股利政策中，股利水平与当期盈利直接关联的有（　　）。

A. 固定股利政策

B. 稳定增长股利政策

C. 固定股利支付率政策

D. 低正常股利加额外股利政策

10. 下列符合股利分配代理理论观点的有（　　）。

A. 可以保护外部投资者的利益

B. 股利政策相当于协调股东与管理者之间代理关系的一种约束机制

C. 股利政策向市场传递有关公司未来盈利能力的信息

D. 可以抑制公司的管理者过度地扩大投资

11. 对公司来讲，股票股利的优点主要有（　　）。

A. 公司保留成本较低的资金，从而有利于公司的发展

B. 可以降低公司股票的市场价格，有利于促进股票的交易和流通

C. 有利于促进股权的分散，防止公司被恶意控制

D. 可以增强投资者的信心，在一定程度上稳定股票价格

12. 下列关于发放股票股利的表述中，正确的有（　　）。

A. 不会导致公司现金流出

B. 会增加公司流通在外的股票数量

C. 会改变公司股东权益的内部结构

D. 会对公司股东权益总额产生影响

13. 股票股利与股票分割的共同之处在于（　　）。

A. 都可以向投资者传递公司发展前景良好的信息，有助于提高投资者对公司的信心

B. 都会在一定程度上加大对公司股票恶意收购的难度

C. 都属于收益分配范畴，能使公司未分配利润减少

D. 都能使公司股票每股市价降低，促进股票流通和交易

14. 上市公司发放股票股利可能导致的结果有

（ ）。

A. 公司股东权益内部结构发生变化

B. 公司股东权益总额发生变化

C. 公司每股利润下降

D. 公司股份总额发生变化

15. 公司发放股票股利的优点有（ ）。

A. 节约公司现金

B. 有利于促进股票的交易和流通

C. 给股东带来纳税上的好处

D. 有利于减少负债比重

16. 采用低正常股利加额外股利政策的理由有（ ）。

A. 有利于保持最优资本结构

B. 使公司具有较大的灵活性

C. 使股利与盈利相联系

D. 使依靠股利度日的股东有比较稳定的收入，从而吸引住这部分股东

17. 处于初创阶段的公司，一般不宜采用的股利分配政策有（ ）。

A. 固定股利政策

B. 剩余股利政策

C. 固定股利支付率政策

D. 稳定增长股利政策

18. 下列关于股利无关论的表述中，正确的有（ ）。

A. 股东不关心股利分不分以及分多少

B. 股利支付率对公司价值无影响

C. 公司价值由公司投资决策的获利能力和风险组合决定

D. 股利无关论需要一定的假设条件限定

19. “股利无关论”建立在完全资本市场理论之上，这些假设包括（ ）。

A. 市场具有强势效率

B. 不存在任何公司和个人所得税

C. 不存在任何筹资费用

D. 公司的投资决策与股利决策彼此独立

20. 下列属于股票回购缺点的有（ ）。

A. 股票回购易造成公司资金紧缺，资产流动性变差

B. 股票回购可能使公司的发起人忽视公司长远的发展

C. 股票回购容易导致公司操纵股价

D. 股票回购不利于公司实施反收购策略

三、判断题

1. 根据《公司法》的规定，法定公积金的提取比例为当年税后利润的15%。（ ）

2. 采用产品寿命周期法进行销售预测分析，在成熟期产品销售稳定。（ ）

3. 加权平均法是将历史实际销售作为样本值，将各个样本值按照一定的权数计算得出加权平均数，并将该平均数作为下期销量的预测值。在使用加权平均法进行销售预测时，权数的选取应遵循“远大近小”的原则。（ ）

4. 采用边际分析定价法定价时，其决策原则是边际利润等于零时的价格就是最优销售价格。（ ）

5. 采用加权平均法进行销售预测，适用于每月销售量波动不大的产品的销售预测。（ ）

6. 采用指数平滑法进行销售预测，代表性较差。此法适用于销售量略有波动的产品预测。（ ）

7. 采用因果预测分析法进行销售预测，假定影响销售量的因素是多元的，所以预测起来比较复杂。（ ）

8. 在股利支付程序中，除息日是指领取股利的权利与股票分离的日期，在除息日股票的股东有权参与当次股利的分配。（ ）

9. 当公司处于经营稳定或成长期，对未来的盈利和支付能力可作出准确判断并具有足够把握时，可以考虑采用稳定增长的股利政策，增强投资者信心。（ ）

10. 股利的支付与企业的盈利相脱节，可能会导致企业资金紧缺，财务状况恶化的股利政策是固定股利支付率政策。（ ）

11. 体现风险投资与风险收益相对等的股利政策是低正常股利加额外股利政策。（ ）

12. 企业发放股票股利会引起每股利润下降，从而导致每股市价有可能下跌，因而每位股东所持股票的市场价值总额也随之下降。（ ）

13. 股利无关论认为，投资者并不关心股利发放与否以及发放多少。（　　）
14. 在股权登记日前，股利权从属于股票，从股权登记日开始，股利权与股票相分离。（　　）
15. 股票分割不仅有利于促进股票流通和交易，而且还有助于公司并购政策的实施。（　　）
16. 代理理论认为，高支付率的股利政策有助于降低企业的代理成本，但同时也会增加企业的外部融资成本。（　　）
17. 业绩股票激励模式只对业绩目标进行考核，而不要求股价的上涨，因而比较适合业绩稳定的上市公司。（　　）

四、计算分析题

1. 某公司2019年底的所有者权益总额为9 000万元，普通股6 000万股。目前的资本结构为长期负债占55%，所有者权益占45%，没有需要付息的流动负债。该公司的所得税税率为30%。预计继续增加长期债务不会改变目前11%的平均利率水平。

董事会在讨论明年资金安排时提出：

（1）计划年度分配现金股利0.05元/股；

（2）为新的投资项目筹集4 000万元的资金；

（3）计划年度维持目前的资本结构，并且不增发新股，不举借短期借款。

要求：

测算实现董事会上述要求所需要的息税前利润。

2. 某公司成立于2018年1月1日，2018年度实现的净利润为1 000万元，分配现金股利550万元，提取盈余公积450万元（所提盈余公积均已指定用途）。2019年实现的净利润为900万元（不考虑计提法定盈余公积的因素）。2020年计划增加投资，所需资金为700万元。假定公司目标资本结构为自有资金占60%，借入资金占40%。

要求：

（1）在保持目标资本结构的前提下，计算2020年投资方案所需的自有资金额和需要从外部借入的资金额。

（2）在保持目标资本结构的前提下，如果公司执行剩余股利政策。计算2019年度应分配的现金股利。

（3）在不考虑目标资本结构的前提下，如果公司执行固定股利政策，计算2019年度应分配的现金股利、可用于2020年投资的留存收益和需要额外筹集的资金额。

（4）不考虑目标资本结构的前提下，如果公司执行固定股利支付率政策，计算该公司的股利支付率和2019年度应分配的现金股利。

（5）假定公司2020年面临着从外部筹资的困难，只能从内部筹资，不考虑目标资本结构，计算在此情况下2019年度应分配的现金股利。

五、综合题

1. 戊公司是一家以软件研发为主要业务的上市公司，其股票于2015年在我国深圳证券交易所创业板上市交易。戊公司有关资料如下：

资料一：X是戊公司下设的一个利润中心，2019年X利润中心的营业收入为600万元，变动成本为400万元，该利润中心负责人可控的固定成本为50万元，由该利润中心承担的但其负责人无法控制的固定成本为30万元。

资料二：Y是戊公司下设的一个投资中心，年初已占用的投资额为2 000万元，预计每年可实现利润300万元，投资报酬率为15%。2020年初有一个投资额为1 000万元的投资机会，预计每年增加利润90万元。假设戊公司投资的必要报酬率为10%。

资料三：2019年戊公司实现的净利润为500万元，2019年12月31日戊公司股票每股市价为10元。戊公司2019年末资产负债表相关数据如表9－2所示。

表9－2　戊公司资产负债表相关数据

单位：万元

项目	金额
资产总计	10 000
负债合计	6 000
股本（面值1元，发行在外1 000万股）	1 000

续表

项目	金额
资本公积	500
盈余公积	1 000
未分配利润	1 500
所有者权益合计	4 000

资料四：戊公司2020年拟筹资1 000万元以满足投资的需要。戊公司2019年末的资本结构是该公司的目标资本结构。

资料五：戊公司制定的2019年度利润分配方案如下：(1) 鉴于法定盈余公积累计已超过注册资本的50%，不再计提盈余公积；(2) 每10股发放现金股利1元；(3) 每10股发放股票股利1股，该方案已经股东大会审议通过。发现股利时戊公司的股价为10元/股。

要求：

(1) 依据资料一，计算X利润中心的边际贡献、可控边际贡献和部门边际贡献，并指出以上哪个指标可以更好地评价X利润中心负责人的管理业绩。

(2) 依据资料二：①计算接受新投资机会之前的剩余收益；②计算接受新投资机会之后的剩余收益；③判断Y投资中心是否应该接受该投资机会，并说明理由。

(3) 根据资料三和资料四，如果戊公司采用剩余股利分配政策，计算：①戊公司2020年度投资所需的权益资本数额；②每股现金股利。

(4) 根据资料三和资料五，计算戊公司发放股利后的下列指标：①未分配利润；②股本；③资本公积。

本章考点巩固练习题参考答案及解析

一、单项选择题

1.【答案】A

【解析】净利润的分配顺序为弥补以前年度亏损、提取法定公积金、提取任意公积金、向股东（投资者）分配股利（利润），选项A正确。

2.【答案】D

【解析】根据《公司法》的规定，法定公积金的提取比例为当年税后利润（弥补亏损后）的10%。当法定盈余公积金的累积额已达注册资本的50%时，可以不再提取，而不是任意公积金。所以本题的正确答案为D。

3.【答案】A

【解析】加权平均法是将历史实际销售作为样本值，将各个样本值按照一定的权数计算得出加权平均数，并将该平均数作为下期销量的预测值。

4.【答案】B

【解析】在企业成本范畴中，基本上有三种成本可以作为定价基础，即变动成本、制造成本和全部成本费用。制造成本是指企业为生产产品或提供劳务等发生的直接费用支出，一般包括直接材料、直接人工和制造费用，因此，选项B是正确答案。

5.【答案】B

【解析】制造成本一般包括直接材料、直接人工和制造费用，由于它不包括各种期间费用，因此不能正确反映企业产品的真实价值消耗和转移。利用制造成本定价不利于企业简单再生产的继续进行，所以正确选项是B。

6.【答案】B

【解析】心理定价策略是针对购买者的心理特点而采取的一种定价策略，对于市场接受程度较低或销路不太好的产品可以采用双位定价策略，所以选项B正确。

7.【答案】A

【解析】单位固定成本 = 500 000 ÷ 10 000 = 50

（元），单位产品价格 =（单位固定成本 + 单位变动成本）÷（1 - 适用税率）=（50 + 100）÷（1 - 5%）= 157.9（元）。选项 A 正确。

8.【答案】D

【解析】成本效益原则即经济性原则，要求企业进行税务管理时要着眼于整体税负的减轻，针对各税种和企业的现实情况综合考虑，力争使通过税务管理实现的收益增加超过税务管理的成本。

9.【答案】D

【解析】投资收益 = 1 000 × 3% × 1 ÷ 2 = 15（万元），根据税法规定国债的利息收入免交所得税，所以税后收益为 15 万元。选项 D 正确。

10.【答案】A

【解析】剩余股利政策的理论依据是股利无关理论。选项 A 正确。

11.【答案】C

【解析】固定股利支付率政策的优点之一是股利与公司盈余紧密地配合，体现了“多盈多分、少盈少分、无盈不分”的股利分配原则。

12.【答案】C

【解析】代理理论认为，股利政策是协调股东与管理者之间代理关系的一种约束机制。根据代理理论，在存在代理问题时，较多地派发现金股利至少有以下两点好处：一是可以在一定程度上抑制管理者过度地扩大投资或进行特权消费；二是较多地派发现金股利，会导致企业进入资本市场寻求外部融资，从而经常接受资本市场的有效监督。高水平的股利支付政策有助于降低企业的代理成本，但同时也增加了企业的外部融资成本，理想的股利政策应当是使两种成本之和最小的股利政策。选项 C 正确。

13.【答案】C

【解析】采用固定股利支付率政策，股利与公司盈余紧密地配合，体现了“多盈多分、少盈少分、无盈不分”的股利分配原则。选项 C 正确。

14.【答案】B

【解析】一般来讲，公司的盈余越稳定，其股利支付水平也就越高，所以选项 A 的说法不正确；公司要考虑现金股利分配对偿债能力的影响，确定在分配后仍能保持较强的偿债能力，所以偿债能力弱的公司一般不应采用高现金股利政策，选项 B 的说法正确；基于控制权的考虑，股东会倾向于较低的股利支付水平，以便从内部的留存收益中取得所需资金，所以选项 C 的说法不正确；一般来说，股利支付水平越高，留存收益越少，企业的破产风险加大，就越有可能损害到债权人的利益，因此，为了保证自己的利益不受侵害，债权人通常都会在债务契约、租赁合同中加入关于借款企业股利政策的限制条款，所以选项 D 的说法不正确。

15.【答案】D

【解析】低正常股利加额外股利政策的优点包括：(1) 赋予公司较大的灵活性，使公司在股利发放上留有余地，并具有较大的财务弹性。公司可根据每年的具体情况，选择不同的股利发放水平，以稳定和提高股价，进而实现公司价值的最大化。(2) 使那些依靠股利度日的股东每年至少可以得到虽然较低但比较稳定的股利收入，从而吸引住这部分股东。所以选项 D 正确。

16.【答案】D

【解析】公司未来投资机会较多应少发放股利，所以选项 A 不正确；投资人出于避税考虑应少发放股利，所以选项 B 不正确；公司盈余状况不稳定（周期性行业企业即如此）应少发放股利，所以选项 C 不正确；公司资产流动性较高，不能偿付的风险较小，可以相对多发放一些股利，只有选项 D 正确。

17.【答案】B

【解析】发放股票股利，不改变股东权益总额，但会改变股东权益的构成。所以本题的正确答案为 B。

18.【答案】C

【解析】股票分割会增加发行在外的普通股股数，而且不会改变公司资本结构；单纯支付现金股利不会影响普通股股数；增发普通股会增加普通股股数，但也会改变资本结构；股票回购会减少普通股股数。所以只有选项 C 正确。

19.【答案】A

【解析】股票期权是指股份公司赋予激励对象在未来某一特定日期内以预先确定的价格和条件购买公司一定数量股份的选择权。选项 A 正确。

20.【答案】A

【解析】对那些盈利随着经济周期而波动较大的公司或者盈利与现金流量很不稳定时，低正常股利加额外股利政策也许是一种不错的选择。选项 A 正确。

二、多项选择题

1.【答案】ABCD

【解析】以制造成本为基础计算产品成本，其成本计算范围包括直接材料、直接人工和制造费用。选项 ABCD 均正确。

2.【答案】ABCD

【解析】以全部成本费用为基础计算产品成本，其成本计算范围包括制造成本、管理费用、销售费用和财务费用。在全部成本费用基础上制定价格，既可以保证企业简单再生产的正常进行，又可以使劳动者为社会劳动所创造的价值得以全部实现。选项 ABCD 均正确。

3.【答案】ACD

【解析】利用边际分析定价法，当边际收入等于边际成本时，那么，利润将达到最大值。此时的价格就是最优销售价格。选项 B 不正确。

4.【答案】AD

【解析】采用指数平滑法，平滑指数的取值通常在 0.3 ~ 0.7，其取值大小决定了前期实际值与预测值对本期预测值的影响。采用较大的平滑指数，预测值可以反映样本值新近的变化趋势；采用较小的平滑指数，则反映了样本值变动的长期趋势。因此，在销售量波动较大或进行短期预测时，可选择较大的平滑指数；在销售量波动较小或进行长期预测时，可选择较小的平滑指数。所以选项 AD 正确，选项 BC 不正确。

5.【答案】ABCD

【解析】计划内单位丁产品固定成本 = 60 000/1 500 = 40（元），计划内单位丁产品价格 = (40 + 200) × (1 + 20%)/(1 − 5%) = 303.18（元）；追加生产 300 件丁产品的变动成本总额 = 200 × 300 = 60 000（元）；计划外单位丁产品价格 = 200 × (1 + 20%)/(1 − 5%) = 252.63（元）；因为额外订单单价高于其按变动成本计算的价格，故应接受这一额外订单。选项 ABCD 均正确。

6.【答案】AC

【解析】指数平滑法是销售预测的趋势分析法，所以选项 B 不正确；德尔菲法是销售预测的定性分析法，所以选项 D 不正确。

7.【答案】CD

【解析】企业税务管理的内容主要有两个方面：一是企业涉税活动管理；二是企业纳税实务管理。

8.【答案】BCD

【解析】采用直线法，企业各期税负均衡；采用加速折旧法，企业生产经营前期利润较少、从而纳税较少，生产经营后期利润较多，从而纳税较多，加速折旧法起到了延期纳税的作用。选项 BCD 均可以起到延期纳税的作用。

9.【答案】CD

【解析】固定或稳定增长股利政策的缺点之一是股利的支付与企业的盈利相脱节。低正常股利加额外股利政策，是指公司事先设定一个较低的正常股利额，每年除了按正常股利额向股东发放股利外，还在公司盈余较多、资金较为充裕的年份向股东发放额外股利。

10.【答案】ABD

【解析】代理理论认为，股利政策是协调股东与管理者之间代理关系的一种约束机制。根据代理理论，在存在代理问题时，较多地派发现金股利至少有以下两点好处：一是可以在一定程度上抑制管理者过度地扩大投资或进行特权消费；二是较多地派发现金股利，会导致企业进入资本市场寻求外部融资，从而经常接受资本市场的有效监督，实际上保护了外部投资者的利益，所以选项ABD正确；选项C属于股利分配的信号传递理论的观点。

11.【答案】ABCD

【解析】对公司来讲，股票股利的优点主要有：

(1) 发放股票股利不需要向股东支付现金，在再投资机会较多的情况下，公司就可以为再投资提供成本较低的资金，从而有利于公司的发展。

(2) 发放股票股利可以降低公司股票的市场价格，既有利于促进股票的交易和流通，又有利于吸引更多的投资者成为公司股东，进而使股权更为分散，有效地防止公司被恶意控制。

(3) 股票股利的发放可以传递公司未来发展前景良好的信息，从而增强投资者的信心，在一定程度上稳定股票价格。选项ABCD均正确。

12.【答案】ABC

【解析】发放股票股利，只会引起股东权益内部此增彼减，不会对公司股东权益总额产生影响，所以选项D不正确。

13.【答案】ABD

【解析】股票股利使未分配利润减少，但股票面值不变；股票分割正好相反，使股票面值下降，未分配利润不减少。选项C不正确。

14.【答案】ACD

【解析】发放股票股利是所有者权益内部的此增彼减，不会影响所有者权益总额。所以选项B不正确。

15.【答案】ABC

【解析】发放股票股利是所有者权益内部的此增彼减，不会影响负债。所以选项D不正确。

16.【答案】ABCD

【解析】低正常股利加额外股利政策是公司一般情况下每期只支付一个固定的、数额较低的股利，在盈余较多的年份，再根据实际情况向股东发放额外股利。固定的、数额较低的股利，使依靠股利度日的股东有比较稳定的收入，额外股利并不固定化，不意味着公司永久地提高了规定的股利率，使公司的股利与盈利和资金需求紧密相连，具有较大的灵活性，有利于保持最优资本结构。

17.【答案】ACD

【解析】固定或稳定增长的股利政策通常适用于经营比较稳定或正处于成长期的企业，但很难被长期采用，所以选项AD是正确答案；剩余股利政策不利于投资者安排收入与支出，也不利于公司树立良好的形象，一般适用于公司初创阶段，所以选项B不是正确答案；固定股利支付率政策比较适用于那些处于稳定发展阶段且财务状况也较稳定的公司，所以选项C是正确答案。

18.【答案】ABCD

【解析】股利无关论认为，在一定的假设条件限定下，股利政策不会对公司的价值或股票的价格产生任何影响。一个公司的股票价格完全由公司投资决策的获利能力和风险组合决定，而与公司的利润分配政策无关。

19.【答案】ABCD

【解析】“股利无关论”是建立在完全资本市场理论之上的。假设包括：(1) 市场具有强势效率；(2) 不存在任何公司和个人所得税；(3) 不存在任何筹资费用；(4) 公司的投资决策与股利决策彼此独立。

20.【答案】ABC

【解析】股票回购使流通在外的股份数变少，股价上升，从而可以有效地防止恶意收购。

三、判断题

1.【答案】×

【解析】根据《公司法》的规定，法定公积金的提取比例为当年税后利润（弥补亏损后）的10%。

2.【答案】×

【解析】采用产品寿命周期法进行销售预测分析，在成熟期产品销售增长率稳定，并不是销售稳定，销售是稳定增长的。

3.【答案】×

【解析】在使用加权平均法进行销售预测时，由于市场变化较大，离预测期越近的样本影响越大，而离预测期越远的影响越小，所以权数的选取应遵循“近大远小”的原则。

4.【答案】√

【解析】采用边际分析定价法定价时，当边际收入等于边际成本，即边际利润等于零时，利润将达到最大值。此时的价格就是最优销售价格。

5.【答案】×

【解析】采用算术平均法进行销售预测，适用于每月销售量波动不大的产品的销售预测。

6.【答案】×

【解析】移动平均法代表性较差。此法适用于销售量略有波动的产品预测。

7.【答案】×

【解析】因果预测分析法（回归直线法）也称一元回归分析法。它假定影响销售量的因素只有一个，根据直线方程式 $y = a + bx$，按照最小二乘法原理，来确定一条误差最小的、能正确反映自变量 x 和因变量 y 之间关系的直线，只要解出其常数项 a 和系数 b，即可计算出特定因素所对应的销售量。

8.【答案】×

【解析】除息日是指领取股利的权利与股票分离的日期，在除息日之前购买股票的股东才能领取本次股利。

9.【答案】√

【解析】采用固定或稳定增长的股利政策，要求公司对未来的盈利和支付能力作出准确的判断。固定或稳定增长的股利政策通常适用于经营比较稳定或正处于成长期的企业。

10.【答案】×

【解析】股利的支付与企业的盈利相脱节，可能会导致企业资金紧缺，财务状况恶化的股利政策是固定股利或稳定增长的政策。

11.【答案】×

【解析】体现风险投资与风险收益相对等的股利政策是固定股利支付率政策。

12.【答案】×

【解析】股票股利不会引起公司资产的流出或负债的增加，而只涉及股东权益内部结构的调整，即在减少未分配利润项目金额的同时，增加公司股本额，同时还可能引起资本公积的增减变化，而股东权益总额不变。发放股票股利会因普通股股数增加而引起每股利润下降，每股市价有可能因此而下跌，但股东持股比例不变，股东所持股票的市场价值总额仍能保持不变。

13.【答案】√

【解析】股利发放或者是股利多发放，不需要资金的投资者可以用其得到的现金股利在股票市场上购买股票；若是股利不发放或是股利少发放，需要资金的投资者可以卖掉一部分股票以获取资金，两者没有差别。公司市场价值的高低，是由公司所选择的投资决策的获利能力和风险组合所决定的，而与公司的利润分配政策无关。

14.【答案】×

【解析】在除息日前，股利权从属于股票，从除息日开始，股利权与股票相分离，而不是股权登记日。

15.【答案】√

【解析】股票分割后，股价下降，被并购方可换的股票数量增加，有可能同意被并购。

16.【答案】√

【解析】代理理论认为，高支付率的股利政策有助于降低企业的代理成本，但同时也会增加企业的外部融资成本。因此理想的股利政策应当是使两种成本之和最小。

17.【答案】√

【解析】业绩股票激励模式只对公司的业绩目标进行考核，不要求股价的上涨，因此比较适合业绩稳定型的上市公司及其集团公司、子公司。

四、计算分析题

1.【答案】发放现金股利所需税后利润 $=0.05\times 6\,000=300$（万元）

投资项目所需税后利润 $=4\,000\times 45\%=1\,800$（万元）

计划年度的税后利润 = 300 + 1 800 = 2 100（万元）

税前利润 = 2 100/(1 - 30%) = 3 000（万元）

计划年度借款利息 = (原长期借款 + 新增借款) × 利率 = (9 000/45% × 55% + 4 000 × 55%) × 11% = 1 452（万元）

息税前利润 = 3 000 + 1 452 = 4 452（万元）。

2.【答案】

(1) 2020 年投资方案所需的自有资金额 = 700 × 60% = 420（万元）

2020 年投资方案所需从外部借入的资金额 = 700 × 40% = 280（万元）

(2) 在保持目标资本结构的前提下，执行剩余股利政策：

2019 年度应分配的现金股利 = 2019 年净利润 - 2020 年投资方案所需的自有资金额 = 900 - 420 = 480（万元）

(3) 在不考虑目标资本结构的前提下，执行固定股利政策：

2019 年度应分配的现金股利 = 上年分配的现金股利 = 550 万元

可用于 2020 年投资的留存收益 = 900 - 550 = 350（万元）

2020 年投资需要额外筹集的资金额 = 700 - 350 = 350（万元）

(4) 在不考虑目标资本结构的前提下，执行固定股利支付率政策：

该公司的股利支付率 = 550/1 000 × 100% = 55%

2019 年度应分配的现金股利 = 55% × 900 = 495（万元）

(5) 因为公司只能从内部筹资，所以 2020 年的投资需要从 2019 年的净利润中留存 700 万元，所以 2019 年度应分配的现金股利 = 900 - 700 = 200（万元）。

五、综合题

1.【答案】

(1) X 公司边际贡献 = 600 - 400 = 200（万元）

可控边际贡献 = 200 - 50 = 150（万元）

部门边际贡献 = 150 - 30 = 120（万元）

可控边际贡献可以更好地评价利润中心负责人的管理业绩。

(2) ①接受新投资机会之前的剩余收益 = 300 - 2 000 × 10% = 100（万元）

②接受新投资机会之后的剩余收益 = (300 + 90) - (2 000 + 1 000) × 10% = 90（万元）

③由于接受投资后剩余收益下降，所以 Y 不应该接受投资机会。

(3) ①资产负债率 = 6 000/10 000 = 60%

2020 年投资所需要权益资本数额 = 1 000 × (1 - 60%) = 400（万元）

②现金股利 = 500 - 400 = 100（万元）

每股现金股利 = 100/1 000 = 0.1（元/股）

(4) 由于是在我国上市交易的公司，按照我国发放股票股利的规定，按照股票面值计算股票股利的价格。

①发行股利后的未分配利润 = 1 500 - 100（现金股利）- 100（股票股利）= 1 300（万元）

②发行股利后的股本 = 1 000 + 100（股票股利）= 1 100（万元）

③发行股利后的资本公积 = 500 万元（股票股利按面值计算，资本公积不变）。

第十章 财务分析与评价

考情分析

本章主要讲述财务分析与评价，包括财务分析的意义与内容、财务分析的方法、偿债能力分析、营运能力分析、盈利能力分析、发展能力分析、现金流量分析、上市公司特殊财务分析指标、管理层讨论与分析、企业综合绩效分析的方法、综合绩效评价等内容。从历年考试情况来看，既可以出客观题，也可以出主观题。历年考题分数在 10 分左右。

教材变化

2020 年教材本章修改了财务报表分析用的资产负债表；企业综合绩效分析方法中新增了经济增加值法，本章其他内容较上年无实质变化。

考点提示

本章主要讲述财务分析与评价，既可以出客观题，也可以出主观题。主要的考点有基本的财务报表分析，包括短期偿债能力分析、长期偿债能力分析、营运能力分析、盈利能力分析、发展能力分析、现金流量分析，还有上市公司特殊财务分析的指标。

本章考点框架

- 财务分析与评价
  - 财务分析与评价概述
    - 财务分析的意义和内容
    - 财务分析的方法
  - 基本的财务报表分析
    - 短期偿债能力分析
    - 长期偿债能力分析
    - 影响偿债能力的其他因素
    - 营运能力分析
    - 盈利能力分析
    - 发展能力分析
    - 现金流量分析
  - 上市公司财务分析
    - 上市公司特殊财务分析指标
    - 管理层讨论与分析
  - 财务评价与考核
    - 企业综合绩效分析的方法
    - 综合绩效评价

考点解读及例题点津

第一单元　财务分析与评价概述

1 财务分析的意义和内容

一、考点解读

（一）财务分析的含义

财务分析是根据企业财务报表等信息资料，采用专门方法，系统分析和评价企业财务状况、经营成果以及未来发展趋势的过程。

（二）财务分析信息的需求者及各自的分析重点

1. 所有者

关心其资本的保值和增值状况，重视企业盈利能力指标，主要进行企业盈利能力分析。

2. 债权人

首先关注的是其投资的安全性，主要进行企业偿债能力分析，同时也关注企业盈利能力分析。

3. 经营决策者

关注企业经营理财的各方面，包括偿债能力、营运能力、盈利能力、发展能力，主要进行各方面综合分析，并关注企业财务风险和经营风险。

4. 政府

兼具多重身份，既是宏观经济管理者，又是国有企业的所有者和重要的市场参与者，因此政府对企业财务分析的关注点因所具身份不同而异。

（三）财务分析的内容

包括：偿债能力分析、营运能力分析、盈利能力分析、发展能力分析和现金流量分析。

二、例题点津

【例题1·单选题】 企业所有者作为投资人，关心其资本的保值和增值状况，因此较为重视企业的（　　）。

A. 偿债能力　　B. 营运能力

C. 盈利能力　　D. 发展能力

【答案】C

【解析】企业所有者作为投资人，关心其资本的保值和增值状况，因此较为重视企业盈利能力指标，主要进行企业盈利能力分析，所以选项C正确。

【例题2·判断题】 经营决策者为了实现财务管理目标，在财务分析中主要关注企业的盈利能力和相关风险。（　　）

【答案】×

【解析】经营决策者关注企业经营理财的各方面，包括偿债能力、营运能力、盈利能力、发展能力，主要进行各方面综合分析，并关注企业财务风险和经营风险。

2 财务分析的方法

一、考点解读

（一）比较分析法

1. 含义

财务报表中的比较分析法，是指对两个或两个以上的可比数据进行对比，找出企业财务状况，经营成果中的差异与问题。根据比较对象的不同，比较分析法分为趋势分析法、横向比较法和预算差异分析法。

2. 具体分析方法

（1）重要财务指标的比较。

不同时期财务指标的比较主要有以下两种方法：

①定基动态比率 =（分析期数额/固定基期数额）×100%

②环比动态比率 =（分析期数额/前期数额）×100%

（2）会计报表的比较。

（3）会计报表项目构成的比较。

3. 使用比较分析法需注意的问题

（1）用于对比的各期指标在计算口径必须保持一致；

（2）剔除偶发性项目的影响，使分析所利用的数据能反映正常的生产经营状况；

（3）运用例外原则对某项有显著变动的指标作重点分析。

（二）比率分析法

1. 含义

比率分析法是通过计算各种比率指标来确定财务活动变动程度的方法。

2. 具体方法

（1）构成比率 $=\dfrac{\text{某个组成部分数值}}{\text{总体数值}}\times 100\%$，又称结构比率，是某项财务指标的各组成部分数值占总体数值的百分比，反映部分与总体的关系。利用构成比率，可以考察总体中某个部分的形成和安排是否合理。

（2）效率比率 $=\dfrac{\text{所得}}{\text{所费}}\times 100\%$，是某项财务活动中所费与所得的比率，反映投入与产出的关系。利用效率比率指标，可以进行得失比较，考察经营成果，评价经济效益。

（3）相关比率 $=\dfrac{\text{某一指标}}{\text{与其相关指标}}\times 100\%$，是以某个项目和与其有关但又不同的项目加以对比所得的比率，反映有关经济活动的相互关系。利用相关比率指标，可以考察企业相互关联的业务安排得是否合理，以保障经营活动顺畅进行。

3. 使用比率分析法需注意的问题

（1）对比项目的相关性；

（2）对比口径的一致性；

（3）衡量标准的科学性。

（三）因素分析法

1. 含义

依据分析指标与其影响因素的关系，从数量上确定各因素对分析指标影响方向和影响程度的一种方法。

2. 具体方法

（1）连环替代法，是将分析指标分解为各个可以计量的因素，并根据各个因素之间的依存关系，顺次用各因素的比较值（通常即实际值）替代基准值（通常即标准值或计划值），据以测定各因素对分析指标的影响。

（2）差额分析法，是连环替代法的一种简化形式，是利用各个因素的比较值与基准值之间的差额，来计算各因素对分析指标的影响。

3. 使用因素分析法需注意的问题

（1）因素分解的关联性；

（2）因素替代的顺序性；

（3）顺序替代的连环性；

（4）计算结果的假定性。

二、例题点津

【例题1·单选题】 下列财务指标中，属于效率指标的是（　　）。

A. 速动比率　　B. 资产负债率

C. 资产净利率　　D. 已获利息倍数

【答案】C

【解析】效率比率是某项财务活动中所费与所得的比率，反映投入与产出的关系。利用效率比率指标，可以进行得失比较，考察经营成果，评价经济效益。

【例题2·多选题】 采用比较分析法时，应当注意（　　）。

A. 所对比指标的计算口径必须一致

B. 应剔除偶发性项目的影响

C. 应运用例外原则对某项有显著变动的指标作重点分析

D. 对比项目的相关性

【答案】ABC

【解析】采用比较分析法时，应当注意以下问题：（1）所对比指标的计算口径必须一致；（2）应剔除偶发性项目的影响；（3）应运用例外原则对某项有显著变动的指标作重点分析。对比项目的相关性属于比率分析法应当注意的问题。

【例题3·多选题】 运用因素分析法进行分析时，应注意的问题有（　　）。

A. 因素分解的关联性

B. 因素替代的顺序性

C. 顺序替代的连环性

D. 计算结果的准确性

【答案】ABC

【解析】因素分析法是依据分析指标与其影响因素的关系，从数量上确定各因素对分析指标影响方向和影响程度的一种方法。采用这种方法的出发点在于，当有若干因素对分析指标发生影响作用时，假定其他各个因素都无变化，顺序确定每一个因素单独变化所产生的影响。运用因素分析法应注意的问题有：因素分解的关联性、因素替代的顺序性、顺序替代的连环性和计算结果的假定性。

第二单元　基本的财务报表分析

1 短期偿债能力分析

一、考点解读

（一）营运资金

1. 公式

营运资金 = 流动资产 − 流动负债

2. 说明

（1）当流动资产大于流动负债时，营运资金为正数，表明企业财务状况稳定。营运资金的数额越大，财务状况越稳定。

（2）营运资本是绝对数，不便于不同企业之间比较。

（二）流动比率

1. 公式

流动比率 = 流动资产/流动负债

2. 说明

（1）流动比率高偿债能力不一定强，流动比率低偿债能力不一定差。

（2）计算出来的流动比率，只有和同行业、本企业历史平均数比较，才能知道这个比例是高是低。

（3）一般情况下，营业周期、流动资产中应收账款和存货的周转速度是影响流动比率的主要因素，营业周期短，应收账款和存货的周转速度快的企业流动比率低一些是可以接受的。

（三）速动比率

1. 公式

速动比率 = 速动资产/流动负债

2. 说明

（1）速动资产指可以在较短时期内变现的资产，包括货币资金、以公允价值计量且其变动计入当期损益的金融资产和各种应收款项等。另外的流动资产，包括存货、预付账款、一年内到期的非流动资产和其他流动资产等，称为非速动资产。

（2）速动资产主要是剔除了存货，其原因是：存货变现速度较慢；部分存货可能已抵押；存货成本和市价可能存在差异。

（3）速动比率比流动比率更准确、可靠。

（4）速动比率高偿债能力不一定强，速动比率低偿债能力不一定差。有的企业速动比率较高，但速动资产中逾期应收账款较多，此时偿债能力并不强；有的企业速动比率虽然较低，但速动资产质量很好，且其流动比率较高，并且流动资产中的存货属于紧俏的存货，此时偿债能力仍然较强。

（5）影响速动比率可信性的重要因素是应收账款的变现能力。原因：应收账款不一定都能变成现金；报表中的应收账款不能反映平均水平。

（四）现金比率

1. 公式

现金比率 =（货币资金 + 交易性金融资产）/流动负债

2. 说明

真正能够用来偿债的是现金资产，因此该指标最能够反映企业的短期偿债能力。

二、例题点津

【例题1·单选题】下列各项中，不属于速动资产的是（　　）。

A. 现金

B. 产成品

C. 应收账款

D. 以公允价值计量且其变动计入当期损益的金融资产

【答案】B

【解析】构成流动资产的各项目，流动性差别很大。其中货币资金、以公允价值计量且其变动计入当期损益的金融资产和各项应收账款，可以在较短时间内变现，称为速动资产。

【例题2·单选题】在流动比率大于1的情况下，期末以现金偿付一笔短期借款所导致的结果是（　　）。

A. 营运资本减少

B. 营运资本增加

C. 流动比率降低

D. 流动比率提高

【答案】D

【解析】营运资本 = 流动资产 − 流动负债，用现金偿付一笔短期借款，会导致流动资产和流动负债同时减少相同的金额，所以营运资本不变；在流动比率大于1的情况下，流动资产和流动负债同时减少相同的金额会使流动比率提高。

【例题3·多选题】下列关于流动比率的表述中，正确的有（　　）。

A. 流动比率高偿债能力不一定强

B. 流动比率低偿债能力不一定差

C. 营业周期短、应收账款和存货的周转速度快的企业流动比率高一些是可以接受的

D. 计算出来的流动比率，只有和同行业、本企业历史平均数比较，才能知道是高是低

【答案】ABD

【解析】一般情况下，营业周期、流动资产中应收账款和存货的周转速度是影响流动比率的主要因素，营业周期短、应收账款和存货的周转速度快的企业流动比率低一些是可以接受的。

【例题4·判断题】现金比率不同于速动比率之处主要在于剔除了应收账款对短期偿债能力的影响。（　　）

【答案】√

【解析】现金资产包括货币资金和交易性金融资产等。现金比率剔除了应收账款对偿债能力的影响，最能反映企业直接偿付流动负债的能

力，表明每1元流动负债有多少现金资产作为偿债保障。

2 长期偿债能力分析

一、考点解读

（一）资产负债率

1. 公式

资产负债率 = 负债总额/资产总额 ×100%

2. 说明

（1）一般情况下，资产负债率越小，表明企业长期偿债能力越强。

（2）债权人认为该指标越低越好，但从企业所有者的角度来看，当全部资金收益率超过负债资金利息率时，所有者希望该指标高一些好；反之，则希望该指标低一些好。

（3）分析资产负债率，要结合以下几个方面：

①结合营业周期分析：营业周期短的企业，资产周转速度快，可以适当提高资产负债率；

②结合资产构成分析：流动资产占比较大的企业，可以适当提高资产负债率；

③结合企业经营状况分析：兴旺期间的企业可以适当提高资产负债率；

④结合宏观经济环境分析：如利率和通货膨胀率水平。当利率提高时会加大负债的成本，企业应降低资产负债率；

⑤结合资产质量和会计政策分析；

⑥结合行业差异分析：不同行业的资产负债率有较大差异。

（二）产权比率

1. 公式

产权比率 = 负债总额/所有者权益总额 ×100%

2. 说明

（1）一般情况下，产权比率越低，表明企业的长期偿债能力越强，债权人权益的保障程度越高，承担的风险越小，但也说明企业没有充分发挥负债的财务杠杆作用。所以，企业在评价产权比率适度与否时，应从提高获利能力和增强偿债能力两个方面综合考察，要在保障债务偿还安全的前提下，尽可能提高产权比率。

（2）产权比率与资产负债率对评价偿债能力的作用基本相同。两者的主要区别是：资产负债率侧重于债务偿还安全性的物质保障程度，产权比率侧重于揭示财务结构的稳健程度以及自有资金对偿债风险的承受能力。

（三）权益乘数

1. 公式

权益乘数 = 资产总额/权益总额 = 1 + 产权比率 = 1/(1 − 资产负债率)

2. 说明

资产负债率和产权比率越高，权益乘数越大，表明企业财务杠杆的运用程度越高。

（四）利息保障倍数

1. 公式

利息保障倍数 = 息税前利润/应付利息

= (净利润 + 利润表中的利息费用 + 所得税)/应付利息

2. 说明

（1）公式中分母的“应付利息”：不仅包括财务费用中的利息费用，也包括资本化利息。

（2）在短期内，利息保障倍数小于1也仍然具有利息支付能力，因为计算净利润时减去的折旧、摊销无须支付现金。

二、例题点津

【例题1·单选题】产权比率越高，通常反映的信息是（　　）。

A. 财务结构越稳健

B. 长期偿债能力越强

C. 财务杠杆效应越强

D. 股东权益的保障程度越高

【答案】C

【解析】产权比率 = 负债总额/所有者权益总额 ×100%，这一比率越高，表明企业长期偿债能力越弱，债权人权益保障程度越低，所以选项BD不正确；产权比率高，是高风险、高报酬的财务结构，财务杠杆效应强，所以选项C正确，选项A不正确。

【例题2·多选题】在下列关于资产负债率、权益乘数和产权比率之间关系的表达式中，正确的有（　　）。

A. 权益乘数 − 产权比率 = 1

B. 权益乘数=1/(1-资产负债率)

C. 资产负债率×权益乘数=产权比率

D. (1+产权比率)×(1-资产负债率)=1

【答案】ABCD

【解析】由于存在权益乘数=1+产权比率=1/(1-资产负债率)，所以选项ABD正确。产权比率=资产负债率×权益乘数，所以选项C正确。

【例题3·判断题】在其他条件不变的情况下，权益乘数越大则财务杠杆系数越大。(　　)

【答案】√

【解析】权益乘数是表示企业负债程度的，权益乘数越大，资产负债率越高，负债程度越高，财务杠杆系数越大。

【例题4·判断题】产权比率是负债对权益之比。该比率越低，偿债的保障程度越高，所以企业应尽量降低产权比率。(　　)

【答案】×

【解析】产权比率过低，说明财务杠杆的利用程度不充分，不一定好。

3 影响偿债能力的其他因素

一、考点解读

影响偿债能力的其他因素：

(1) 可以动用的银行贷款指标或授信额度；

(2) 资产质量；

(3) 或有事项和承诺事项；

(4) 经营租赁。

二、例题点津

【例题1·多选题】下列各项因素中，影响企业偿债能力的有(　　)。

A. 经营租赁　　B. 或有事项

C. 资产质量　　D. 授信额度

【答案】ABCD

【解析】影响偿债能力的其他因素包括：(1) 可动用的银行贷款指标或授信额度；(2) 资产质量；(3) 或有事项和承诺事项；(4) 经营租赁。所以选项ABCD均正确。

4 营运能力分析

一、考点解读

(一) 流动资产营运能力比率分析

1. 应收账款周转率

(1) 公式。

应收账款周转次数=营业收入/应收账款平均余额

=营业收入/[(期初应收账款+期末应收账款)÷2]

应收账款周转天数=计算期天数/应收账款周转次数

=(计算期天数×应收账款平均余额)/营业收入

(2) 说明。

①营业收入指扣除销售折扣和折让后的销售净额；

②应收账款包括会计报表中的应收账款和应收票据等全部赊销账款在内；

③应收账款使用未提取坏账准备的应收账款计算；

④应收账款应使用多个时点的平均数。

2. 存货周转率

(1) 公式。

存货周转次数=营业成本/存货平均余额

=营业成本/[(期初存货+期末存货)/2]

存货周转天数=计算期天数/存货周转次数

=(计算期天数×存货平均余额)/营业成本

(2) 说明。

①存货周转率的高低与企业经营特点有密切关系，要注意行业可比性；

②该比率反映的是存货整体的周转情况，不能说明企业经营各环节的存货周转情况和管理水平；

③应该结合应收账款周转情况和信用政策进行分析。

3. 流动资产周转率

流动资产周转次数=营业收入/流动资产平均余额

=营业收入/[(期初流动资产+期末流动资产)/2]

流动资产周转天数 = 计算期天数/流动资产周转次数

= (计算期天数 × 流动资产平均余额)/营业收入净额

（二）固定资产营运能力分析

固定资产周转次数 = 营业收入/平均固定资产 = 营业收入/[(期初固定资产 + 期末固定资产)/2]

（三）总资产营运能力分析

总资产周转次数 = 营业收入/平均资产总额 = 营业收入/[(期初总资产 + 期末总资产)/2]

二、例题点津

【例题1·多选题】 下列各项中，影响应收账款周转率指标的有（　　）。

A. 应收票据　　B. 应收账款

C. 预付账款　　D. 销售折扣与折让

【答案】ABD

【解析】应收账款包括会计报表中“应收账款”和“应收票据”等全部赊销账款在内，因为应收票据是销售形成的应收款项的另一种形式，所以本题选项AC正确；其中营业收入净额是营业收入扣除了销售折扣、折让等以后的金额，故选项D正确。

【例题2·单选题】 下列关于存货周转率的表述中，错误的是（　　）。

A. 存货周转率的高低与企业经营特点有密切关系，要注意行业可比性

B. 在存货不变的情况下，营业成本越高，存货周转天数越长

C. 存货周转率反映存货整体周转情况，不能说明企业经营各环节存货周转和管理水平

D. 应该结合应收账款周转情况和信用政策进行分析

【答案】B

【解析】存货周转次数 = 营业成本/存货平均余额 = 营业成本/[(期初存货 + 期末存货)/2]；存货周转天数 = 计算期天数/存货周转次数。从上述计算公式中可以看出选项B不正确。

【例题3·判断题】 在其他条件不变的情况下，流动资产周转速度越快，需补充流动资产参加周转的数额就越多。（　　）

【答案】×

【解析】流动资产周转速度越快，取得同样多的营业收入所需的流动资产就越少。

5 盈利能力分析

一、考点解读

（一）营业毛利率

营业毛利率 = (营业收入 − 营业成本)/营业收入 × 100% = 营业毛利/营业收入 × 100%

营业毛利率是企业盈利的基础，如果没有足够的毛利，企业就无法足额弥补各种费用并取得净利润。

（二）营业净利率

营业净利率 = 净利润/营业收入 × 100%

营业净利率的分子是利润表的最后一行，其分母是利润表的第一行。因此，营业净利率涵盖了利润表的全部信息。其驱动因素是利润表各项目。

（三）总资产净利率

总资产净利率 = 净利润/平均资产总额 × 100%

（1）该指标反映了企业运用全部资产创造利润的能力；

（2）总资产净利率 = 营业净利率 × 总资产周转率

（3）该指标的分子分母口径不一致。

（四）净资产收益率

净资产收益率 = 净利润/平均净资产

（1）该指标反映了企业运用股东权益创造利润的能力；

（2）净资产收益率 = 总资产净利率 × 权益乘数

（3）该指标具有很强的综合性。

二、例题点津

【例题1·单选题】 假定其他条件不变，下列各项经济业务中，会导致公司总资产净利率上升的是（　　）。

A. 收回应收账款

B. 用资本公积转增股本

C. 用银行存款购入生产设备

D. 用银行存款归还银行借款

【答案】D

【解析】总资产净利率 = 净利润/平均总资产，选项 AC 都是资产内部的此增彼减；选项 B 引起所有者权益内部此增彼减；只有选项 D 会使得银行存款减少，从而使得总资产减少，总资产净利率上升。

【例题 2 · 判断题】营业净利率涵盖了利润表的全部信息。(　　)

【答案】√

【解析】营业净利率的分子“净利润”是利润表的最后一行，其分母“营业收入”是利润表的第一行。因此，营业净利率涵盖了利润表的全部信息。

6 发展能力分析

一、考点解读

(一) 营业收入增长率

营业收入增长率 = 本年营业收入增长额/上年营业收入 ×100%

(二) 总资产增长率

总资产增长率 = 本年资产增长额/年初资产总额 ×100%

(三) 营业利润增长率

营业利润增长率 = 本年营业利润增长额/上年营业利润总额 ×100%

(四) 资本保值增值率

资本保值增值率 = 扣除客观因素后的期末所有者权益/期初所有者权益 ×100%

(五) 所有者权益增长率

所有者权益增长率 = 本年所有者权益增长额/年初所有者权益 ×100%

二、例题点津

【例题 1 · 判断题】计算资本保值增值率时，期末所有者权益的计量应当考虑利润分配政策的影响。(　　)

【答案】√

【解析】资本保值增值率的高低，除了受企业经营成果的影响外，还受企业利润分配政策的影响。

【例题 2 · 计算题】丙公司是一家上市公司，管理层要求财务部门对公司的财务状况和经营成本进行评价。财务部门根据公司 2018 年和 2019 年的年报整理出用于评价的部分财务数据，如表 10 - 1 所示。

表 10 - 1　丙公司部分财务数据

单位：万元

资产负债表项目	2019 年期末余额	2018 年期末余额
应收账款	65 000	55 000
流动资产合计	200 000	220 000
流动负债合计	120 000	110 000
负债合计	300 000	300 000
资产总计	800 000	700 000
利润表项目	2019 年度	2018 年度
营业收入	420 000	400 000
净利润	67 500	55 000

要求：

(1) 计算 2019 年末的下列财务指标：①营运资金；②权益乘数。

(2) 计算 2019 年度的下列财务指标：①应收账款周转率；②净资产收益率；③资本保值增值率。

【答案】

(1)

①营运资金 = 200 000 - 120 000 = 80 000 (万元)

②权益乘数 = 800 000/(800 000 - 300 000) = 1.6

(2)

①应收账款周转率 = 420 000/[(65 000 + 55 000)/2] = 7

②2018 年末所有者权益 = 700 000 - 300 000 = 400 000 (万元)

2019 年末所有者权益 = 800 000 - 300 000 = 500 000 (万元)

净资产收益率 = 67 500/[(500 000 + 400 000)/2] ×100% = 15%

③资本保值增值率 = 500 000/400 000 × 100% = 125%

7 现金流量分析

一、考点解读

（一）获取现金能力的分析

1. 营业现金比率

营业现金比率 = 经营活动现金流量净额/营业收入

2. 每股营业现金净流量

每股营业现金净流量 = 经营活动现金流量净额/普通股股数

3. 全部资产现金回收率

全部资产现金回收率 = 经营活动现金流量净额/平均总资产 × 100%

（二）收益质量分析

1. 净收益营运指数

（1）公式。

净收益营运指数 = 经营净收益/净利润

其中：经营净收益 = 净利润 - 非经营净收益。

（2）说明。净收益营运指数越大，收益质量越高。

2. 现金营运指数

（1）公式。

现金营运指数 = 经营活动现金流量净额/经营所得现金

经营所得现金 = 经营活动净收益 + 非付现费用

（2）说明。现金营运指数小于 1，说明收益质量不够好，取得收益的代价增加了。

二、例题点津

【例题 1 · 多选题】 下列财务比率的相关公式中，正确的有（　　）。

A. 每股营业现金净流量 = 经营活动现金流量净额/普通股股数

B. 净收益营运指数 = 净利润/经营净收益

C. 经营净收益 = 净利润 - 非经营收益

D. 现金营运指数 = 经营活动现金流量净额/非付现费用

【答案】ACD

【解析】净收益营运指数 = 经营净收益/净利润。

【例题 2 · 判断题】 净收益营运指数是收益质量分析的重要指标，一般而言，净收益营运指数越小，表明企业收益质量越好。（　　）

【答案】×

【解析】净收益营运指数越小，非经营收益所占比重越大，收益质量越差。所以本题的说法是错误的。

【例题 3 · 判断题】 营业现金比率是指企业货币资金和交易性金融资产之和与企业营业收入的比值。其计算公式为：营业现金比率 =（货币资金 + 交易性金融资产）/营业收入。（　　）

【答案】×

【解析】销售现金比率是指企业经营活动现金流量净额与企业营业收入的比值。其计算公式为：营业现金比率 = 经营活动现金流量净额/营业收入。

第三单元　上市公司财务分析

1 上市公司特殊财务分析指标

一、考点解读

（一）每股收益

1. 基本每股收益

基本每股收益 = 归属于公司普通股股东的净利润/发行在外的普通股加权平均数

2. 稀释每股收益

（1）企业存在稀释性潜在普通股的，应当计算稀释每股收益。潜在普通股主要包括：可转换公司债券、认股权证、股份期权等。

（2）可转换公司债券。对于可转换公司债券，计算稀释每股收益时，分子的调整项目为可转换公司债券当期已确认为费用的利息等的税后影响额；分母的调整项目为假定可转换公司债券当期期初或发行日转换为普通股的股数加权平均数。

（3）认股权证和股份期权。对于认股权证和股份期权，计算稀释每股收益时，作为分子的净利润金额一般不变，分母的调整项目为增加的普通股股数，同时还应考虑时间权数。

$$认股权证或股份期权行权增加的普通股股数 = 行权认购的股数 \times \left(1 - \frac{行权价格}{普通股平均市价}\right)$$

（4）认股权证、股份期权等的行权价格低于当期普通股平均市场价格时，应当考虑其稀释性。

（5）说明。每股收益在不同行业、不同规模的上市公司之间具有很大的可比性，因而在各上市公司之间的业绩比较中被广泛地加以应用。此指标越大，盈利能力越好，股利分配来源越充足，资产增值能力越强。

（二）每股股利

1. 公式

每股股利 = 现金股利总额/期末发行在外的普通股股数

2. 影响因素

受每股收益和股利政策的影响。

3. 说明

反映每股股利和每股收益之间关系的一个指标是股利发放率，即每股股利与每股收益之比。借助该指标，投资者可以了解一家上市公司的股利发放政策。

（三）市盈率

1. 公式

市盈率 = 每股市价/每股收益

2. 影响因素

（1）上市公司盈利能力的成长性；

（2）投资者所获收益率的稳定性；

（3）市盈率也受到利率水平变动的影响。

3. 说明

市盈率越高，意味着企业未来成长的潜力越大，也即投资者对该股票的评价越高；反之，投资者对该股票评价越低。另外，市盈率越高，说明投资于该股票的风险越大，市盈率越低，说明投资于该股票的风险越小。

（四）每股净资产

1. 公式

每股净资产 = 期末普通股净资产/期末发行在外的普通股股数

2. 说明

这里所说的账面净资产是指企业账面上的总资产减去负债后的余额。该指标反映了在会计期末每一股在账面上到底值多少钱，它与股票面值、发行价值、市场价值乃至清算价值等往往有较大差距。

（五）市净率

1. 公式

市净率 = 每股市价/每股净资产

2. 说明

一般而言，市净率较低的股票投资价值较高，反之则相反。但有时较低的市净率反映投资者对公司未来的不良预期，而较高的市净率则相反。

二、例题点津

【例题1·单选题】下列各项中，不会稀释公司每股收益的是（　　）。

A. 发行认股权证

B. 发行短期融资券

C. 发行可转换公司债券

D. 授予管理层股份期权

【答案】B

【解析】企业存在稀释性潜在普通股的，应当计算稀释每股收益。潜在普通股包括：可转换公司债券、认股权证和股份期权等。因此本题的正确答案是B。

【例题2·单选题】影响市盈率高低的因素不包括（　　）。

A. 投资者所获报酬率的稳定性

B. 上市公司每股收益的高低

C. 上市公司盈利能力的成长性

D. 利率水平的变动

【答案】B

【解析】影响市盈率高低的因素包括上市公司盈利能力的成长性，投资者所获收益率的稳定性和利率水平的变动。

【例题3·判断题】对于认股权证和股份期权，在计算稀释每股收益时，作为分子的净利润金额一般不变。（　　）

【答案】√

【解析】对于认股权证和股份期权，在计算稀释每股收益时，分子的净利润并不发生变化。所以作为分子的净利润金额一般不变。

2 管理层讨论与分析

一、考点解读

（一）含义

管理层讨论与分析是上市公司定期报告中管理层对于本企业过去经营状况的评价分析以及对企业未来发展趋势的前瞻性判断，是对企业财务报表中所描述的财务状况和经营成果的解释，是对经营中固有风险和不确定性的揭示，同时也是对企业未来发展前景的预期。

（二）目的

要求上市公司编制并披露管理层讨论与分析的目的在于，使公众投资者能够有机会了解管理层自身对企业财务状况与经营成果的分析评价，以及企业未来一定时期内的计划。这些信息在财务报表及附注中并没有得到充分揭示，对投资者的投资决策却相当重要。

（三）披露原则

管理层讨论与分析信息大多涉及“内部性”较强的定性型软信息，无法对其进行详细的强制规定和有效监控，因此，西方国家的披露原则是强制与自愿相结合，企业可以自主决定如何披露这类信息。我国也基本实行这种原则，如中期报告中的“管理层讨论与分析”部分以及年度报告中的“董事会报告”部分，都是规定某些管理层讨论与分析信息必须披露，而另一些管理层讨论与分析信息鼓励企业自愿披露。

（四）披露内容

1. 报告期间经营业绩变动的解释

（1）分析企业主营业务及其经营状况；

（2）概述企业报告期内总体经营情况，列示企业主营业务收入、主营业务利润、净利润的同比变动情况，说明引起变动的主要影响因素。若企业实际经营业绩较曾公开披露过的本年度盈利预测或经营计划低于10%以上或高于20%以上，应详细说明造成差异的原因。

（3）报告期企业资产构成、销售费用、管理费用、财务费用、所得税等财务数据同比发生的重大变动及产生变化的主要影响因素。

（4）结合企业现金流量表相关数据，说明企业经营活动、投资活动和筹资活动产生的现金流量的构成情况及变动原因分析。

（5）对企业设备利用情况、订单的获取情况、产品的销售或积压情况、主要技术人员变动情况等与企业经营相关的重要信息进行讨论与分析。

（6）企业主要控股企业及参股企业的经营情况及业绩分析。

2. 企业未来发展的前瞻性信息

（1）分析所处行业的发展趋势及企业面临的市场竞争格局。产生重大影响的，应给予管理层基本判断的说明。

（2）企业应当向投资者提示管理层所关注的未来企业发展机遇和挑战。企业可以编制并披露新年度的盈利预测，该盈利预测必须经过具有证券期货相关业务资格的会计师事务所审核并发表意见。

（3）企业应当披露为实现未来发展战略所需的资金需求及使用计划，以及资金来源情况，说明维持企业当前业务并完成在建投资项目的资金需求，未来重大的资本支出计划。

（4）企业应当针对自身特点进行风险揭示，披露的内容应当充分、准确、具体。同时企业可以根据实际情况，介绍采取的对策和措施。

二、例题点津

【例题1·多选题】上市公司年度报告信息披露中，“管理层讨论与分析”披露的主要内容有（　　）。

A. 对报告期间经济状况的评价分析

B. 对未来发展趋势的前瞻性判断

C. 注册会计师审计意见

D. 对经营中固有风险和不确定性的提示

【答案】ABD

【解析】管理层讨论与分析是上市公司定

期报告中管理层对本企业过去经营状况的评价分析以及对企业和未来分析趋势的前瞻性判断，是对企业财务报表中所描述的财务状况和经营成果的解释，是对经营中固有风险和不确定性的揭示，同时也是对企业未来发展前景的预期。

第四单元 财务评价与考核

1 企业综合绩效分析的方法

一、考点解读

（一）杜邦分析法

1. 相关公式

（1）净资产收益率 = 总资产净利率 × 权益乘数

（2）总资产净利率 = 营业净利率 × 总资产周转率

（3）权益乘数 = 资产总额/所有者权益 = 1 + 产权比率 = 1/(1 - 资产负债率)

2. 作用

主要是用来分析净资产收益率高低变化的原因。

（二）沃尔评分法

1. 传统的沃尔评分法

（1）原理。由亚历山大·沃尔创设的财务分析方法。他选择了七种财务比率，分别给定了其在总评价中所占的比重，总和为 100 分。然后，确定标准比率，并与实际比率相比较，评出每项指标的得分，求出总评分。若总评分达到或超过了 100 分，说明信用水平较好，反之说明信用水平较差。

（2）缺点。

①未能证明为什么要选择这七个指标；

②未能证明每个指标所占比重的合理性；

③从技术上讲有一个问题，就是当某一个指标严重异常时，会对总评分产生不合逻辑的重大影响。

2. 现代改进的分析方法

（1）指标选择。一般认为企业财务评价的内容首先是盈利能力，其次是偿债能力，最后是成长能力，它们之间大致可按 5∶3∶2 的比重来分配。

（2）特点。标准比率以本行业平均数为基础，在给每个指标评分时，应规定其上限和下限，以减少个别指标异常对总分造成不合理的影响。

（3）基本公式。

每分比率差 = (最高比率 - 标准比率)/(最高评分 - 标准评分)

调整分 = (实际比率 - 标准比率)/每分比率差

指标评分 = 标准分 + 调整分

（三）经济增加值法

1. 概念及计算公式

经济增加值（EVA）是指税后净营业利润扣除全部投入资本的成本后的剩余收益。

经济增加值 = 税后净营业利润 - 平均资本占用 × 加权平均资本成本

2. 说明

计算公式中，税后净营业利润衡量的是企业的经营盈利情况；平均资本占用反映的是企业持续投入的各种债务资本和股权资本；加权平均资本成本反映的是企业各种资本的平均成本率。

注意：在计算经济增加值时，需进行相应的会计科目调整，如营业外收支、递延税金等都要从税后净营业利润中扣除，以消除财务报表中不能准确反映企业价值创造的部分。经济增加值为正，表明经营者在为企业创造价值；经济增加值为负，表明经营者在损毁企业价值。

3. 优缺点

优点：传统绩效评价方法大多只是从反映某方面的会计指标来度量公司绩效，无法体现股东资本的机会成本及股东财富的变化。而经济增加值法是从股东角度去评价企业经营者有效使用资本和为企业创造价值的业绩评价指标。因此，它克服了传统绩效评价指标的缺陷，能够真实地反映公司的经营业绩，是体现企业最终经营目标的绩效评价办法。

缺点：（1）经济增加值法仅能衡量企业当期或预判未来一到三年的价值创造情况，无法衡量企业长远发展战略的价值创造；（2）该指标计算主要基于财务指标，无法对企业进行综合评价；（3）由于不同行业、不同规模、不同成长阶段等的公司，其会计调整项和加权平均资本成本各不相同，故该指标的可比性较差；（4）如何计算经济增加值尚存许多争议，这些争议不利于建立一个统一的规范，使得该指标往往主要用于一个公司的历史分析以及内部评价。

二、例题点津

【例题1·多选题】传统的沃尔评分法的缺点包括（　　）。

A. 所选定的分析指标中没有考虑偿债能力

B. 未能证明为什么要选择这七个指标

C. 未能证明每个指标所占比重的合理性

D. 当某一个指标严重异常时，会对总评分产生不合逻辑的重大影响

【答案】BCD

【解析】传统的沃尔评分法的缺点包括：未能证明为什么要选择这七个指标；未能证明每个指标所占比重的合理性；从技术上讲有一个问题，就是当某一个指标严重异常时，会对总评分产生不合逻辑的重大影响。

【例题2·判断题】既是企业获利能力指标的核心，也是杜邦财务分析体系的核心指标的是净资产收益率。（　　）

【答案】√

【解析】净资产收益率是所有比率中综合性最强、最具有代表性的一个指标。

【例题3·计算题】丁公司2019年12月31日的资产负债表显示：资产总额年初数和年末数分别为4 800万元和5 000万元，负债总额年初数和年末数分别为2 400万元和2 500万元，丁公司2019年度收入为7 350万元，净利润为294万元。

要求：

（1）根据年初、年末平均值，计算权益乘数。

（2）计算总资产周转率。

（3）计算营业净利率。

（4）根据（1）、（2）、（3）的计算结果，计算总资产净利率和净资产收益率。

【答案】

（1）年初股东权益＝4 800－2 400＝2 400（万元）

年末股东权益＝5 000－2 500＝2 500（万元）

平均总资产＝(4 800＋5 000)/2＝4 900（万元）

平均股东权益＝(2 400＋2 500)/2＝2 450（万元）

权益乘数＝4 900/2 450＝2

（2）总资产周转率＝7 350/4 900＝1.5

（3）营业净利率＝294/7 350×100%＝4%

（4）总资产净利率＝4%×1.5＝6%

净资产收益率＝6%×2＝12%

【例题4·多选题】某企业现有A、B两个部门，2019年A部门税后经营利润为700万元，资产总额为4 000万元，加权平均资本成本为12%；B部门税后经营利润为740万元，资产总额为4 200万元，加权平均资本成本为13%。下列各项说法中正确的有（　　）。

A. 从经济增加值的角度看，A部门的绩效更好

B. 从经济增加值的角度看，B部门的绩效更好

C. 经济增加值法可以对企业进行综合评价

D. 经济增加值法的可比性较差

【答案】AD

【解析】已知：经济增加值＝税后净营业利润－平均资本占用×加权平均资本成本

A部门的经济增加值＝700－4 000×12%＝220（万元）

B部门的经济增加值＝740－4 200×13%＝194（万元）

结果表明，虽然A部门税后经营利润不如B

部门高，但其经济增加值更大。因此，从经济增加值的角度来看，A 部门的绩效更好，选项 A 正确。

经济增加值法的缺点为：（1）经济增加值法仅能衡量企业当期或预判未来一到三年的价值创造情况，无法衡量企业长远发展战略的价值创造；（2）该指标计算主要基于财务指标，无法对企业进行综合评价；（3）由于不同行业、不同规模、不同成长阶段等的公司，其会计调整项和加权平均资本成本各不相同，故该指标的可比性较差；（4）如何计算经济增加值尚存许多争议，这些争议不利于建立一个统一的规范，使得该指标往往主要用于一个公司的历史分析以及内部评价。所以选项 D 正确。

2 综合绩效评价

一、考点解读

（1）综合绩效评价是综合分析的一种，一般是站在企业所有者的角度进行的。

（2）综合绩效评价的内容与评价指标。

综合绩效评价包括管理绩效的定性评价和财务绩效的定量评价。管理绩效的定性评价包括企业发展战略的确立与执行、经营决策、发展创新、风险控制、基础管理、人力资源、行业影响、社会贡献等方面内容，财务绩效的定量评价包括盈利能力状况、资产质量状况、债务风险状况、经营增长状况等方面内容。

二、例题点津

【例题 1 · 单选题】在财务绩效评价中，管理绩效的定性评价不包括（　　）。

A. 风险控制　　B. 债务风险

C. 社会贡献　　D. 发展创新

【答案】B

【解析】财务绩效定量评价是指对企业一定期间的盈利能力、资产质量、债务风险和经营增长四个方面进行定量对比分析和评判。管理绩效定性评价是指在企业财务绩效定量评价的基础上，通过采取专家评议的方式，对企业一定期间的经营管理水平进行定性分析与综合评判。管理绩效定性评价指标包括企业发展战略的确立与执行、经营决策、发展创新、风险控制、基础管理、人力资源、行业影响、社会贡献等方面。

本章考点巩固练习题

一、单项选择题

1. 适用比较分析法进行财务分析时要注意的问题不包括（　　）。

A. 用于对比的各期指标在计算口径上必须保持一致

B. 剔除偶发性项目的影响

C. 只能用于纵向比较，不能用于横向比较

D. 运用例外原则对某项有显著变动的指标作重点分析

2. 下列业务中，能够降低企业短期偿债能力的是（　　）。

A. 企业采用分期付款方式购置一台大型机械设备

B. 企业从某国有银行取得 3 年期 500 万元的贷款

C. 企业向战略投资者进行定向增发

D. 企业向股东发放股票股利

3. 有时速动比率小于 1 也是正常的，比如（　　）。

A. 应收账款不能收现

B. 大量采用现金结算

C. 存货过多导致速动资产减少

D. 流动负债大于速动资产

4. 产权比率越高，通常反映的信息是（　　）。

A. 财务结构越稳健

B. 长期偿债能力越强

C. 财务杠杆效应越强

D. 股东权益的保障程度越高

5. 某企业采用“营业收入”计算出来的存货周转次数为5次，采用“营业成本”计算出来的存货周转次数为4次，如果已知该企业的营业毛利为2 000万元，净利润为1 000万元，则该企业的营业净利率为（　　）。

A. 20%　　B. 10%

C. 5%　　D. 8%

6. 影响速动比率可信性的最主要因素是（　　）。

A. 存货的变现能力

B. 短期证券的变现能力

C. 产品的变现能力

D. 应收账款的变现能力

7. 下列事项中，有助于提高企业短期偿债能力的是（　　）。

A. 利用短期借款增加对流动资产的投资

B. 为扩大营业面积，与租赁公司签订一项新的长期房屋租赁合同

C. 补充长期资本，使长期资本的增加量超过长期资产的增加量

D. 提高流动负债中的无息负债比率

8. ABC公司无优先股，上年每股收益为4元，每股发放股利2元，留存收益在过去一年中增加了500万元。年底每股净资产为30元，负债总额为5 000万元，则该公司的资产负债率为（　　）。

A. 30%　　B. 33%

C. 40%　　D. 44%

9. 在下列关于资产负债率、权益乘数和产权比率之间关系的表达式中，正确的是（　　）。

A. 资产负债率 + 权益乘数 = 产权比率

B. 资产负债率 − 权益乘数 = 产权比率

C. 资产负债率 × 权益乘数 = 产权比率

D. 资产负债率/权益乘数 = 产权比率

10. 某公司2019年度营业收入为6 000万元。年初应收账款余额为300万元，年末应收账款余额为500万元，坏账准备按应收账款余额10%提取。每年按360天计算，则该公司应收账款周转天数为（　　）天。

A. 15　　B. 17

C. 22　　D. 24

11. 已知经营杠杆系数为4，每年的固定成本为9万元，利息费用为1万元，则利息保障倍数为（　　）。

A. 2　　B. 2.5

C. 3　　D. 4

12. 企业综合绩效评价包括财务绩效评价，在财务绩效评价的经营增长状况评价中，基本指标是（　　）。

A. 资本保值增值率

B. 技术投入比率

C. 总资产增长率

D. 销售利润增长率

13. 两家商业企业本期销售收入、存货平均余额相同，但毛利率不同，则毛利率高的企业存货周转率（以销售成本为基础计算）会比较（　　）。

A. 高　　B. 低

C. 不变　　D. 难以判断

14. 某公司2019年度归属于普通股股东的净利润为500万元，发行在外普通股加权平均数为1 250万股，该普通股平均每股市场价格为4元。2019年1月1日，该公司对外发行250万份认股权证，行权日为2022年3月1日，每份认股权证可以在行权日以3.5元的价格认购本公司1股新发的股票，2019年的稀释每股收益为（　　）元。

A. 0.38　　B. 0.39

C. 0.40　　D. 0.41

15. 某公司2019年初所有者权益为1.25亿元，2019年末所有者权益为1.50亿元。该公司2019年的所有者权益增长率是（　　）。

A. 16.67%　　B. 20.00%

C. 25.00%　　D. 120.00%

16. 2019年末甲公司每股账面价值为30元，负债总额6 000万元，每股收益为4元，每股发放现金股利1元，留存收益增加1 200万元，假设甲公司一直无对外发行的优先股，则甲公司2019年末的权益乘数是（　　）。

A. 1.15　　B. 1.50

C. 1.65　　D. 1.85

17. 在杜邦财务分析体系中，假设其他情况相同，下列说法中错误的是（　　）。
A. 权益乘数大则财务风险大
B. 权益乘数大则净资产收益率大
C. 权益乘数大等于产权比率大
D. 权益乘数大则总资产净利率大

18. 下列各项财务指标中，能够揭示公司每股股利与每股收益之间关系的是（　　）。
A. 市净率　　B. 股利发放率
C. 每股市价　　D. 每股净资产

19. 下列各项财务指标中，能够综合反映企业成长性和投资风险的是（　　）。
A. 市盈率　　B. 每股收益
C. 营业净利率　　D. 每股净资产

20. 甲公司的生产经营存在季节性，每年的6月到10月是生产经营旺季，11月到次年5月是生产经营淡季。如果使用应收账款年初余额和年末余额的平均数计算应收账款周转次数，计算结果会（　　）。
A. 高估应收账款周转速度
B. 低估应收账款周转速度
C. 正确反映应收账款周转速度
D. 无法判断对应收账款周转速度的影响

二、多项选择题

1. 以下关于比率分析法的说法中，正确的有（　　）。
A. 构成比率又称结构比率，利用构成比率可以考察总体中某个部分的形成和安排是否合理，以便协调各项财务活动
B. 利用效率比率指标，可以考察企业有联系的相关业务安排得是否合理，以保障经营活动顺畅进行
C. 营业利润率属于效率比率
D. 相关比率是以某个项目和与其有关但又不同的项目加以对比所得的比率，反映有关经济活动的相互关系

2. 一般而言，存货周转次数增加，其所反映的信息有（　　）。
A. 盈利能力下降
B. 存货周转期延长
C. 存货流动性增强
D. 资产管理效率提高

3. 影响速动比率可信性的重要因素是应收账款的变现能力，其原因在于（　　）。
A. 报表中的应收账款反映的是应收账款余额，并未剔除坏账准备
B. 应收账款中含有预付账款
C. 季节性生产的企业应收账款存在季节性波动
D. 应收账款不一定都能变成现金

4. 速动资产中剔除存货的原因有（　　）。
A. 存货变现速度较慢
B. 存货不能够用于偿债
C. 部分存货可能已抵押
D. 存货成本和市价可能存在差异

5. 下列关于资产负债率的表述中，正确的有（　　）。
A. 兴旺期间的企业可以适当提高资产负债率
B. 营业周期短的企业，可以适当提高资产负债率
C. 流动资产占比较大的企业，可以适当提高资产负债率
D. 当利率提高时，应降低资产负债率

6. 下列关于利息保障倍数的表述中，正确的有（　　）。
A. 利息保障倍数 = 息税前利润/应付利息
B. 利息保障倍数 =（净利润 + 利润表中的利息费用 + 所得税）/财务费用
C. 在短期内，利息保障倍数小于1也仍然具有利息支付能力
D. 在短期内，利息保障倍数大于1也仍然具有利息支付能力

7. 在一定时期内，应收账款周转次数多、周转天数少表明（　　）。
A. 收账速度快
B. 信用管理政策宽松
C. 应收账款流动性强
D. 应收账款管理效率高

8. 在其他条件不变的情况下，会引起总资产周转率上升的经济业务有（　　）。
A. 用银行存款偿还短期借款
B. 借入一笔短期借款

C. 用银行存款购入一台设备

D. 用银行存款支付一年电话费

9. 假设其他条件不变，下列计算方法的改变会导致应收账款周转天数减少的有（　　）。

A. 从使用赊销额改为使用营业收入进行计算

B. 从使用应收账款平均余额改为使用应收账款平均净额进行计算

C. 从使用应收账款全年日平均余额改为使用应收账款旺季的日平均余额进行计算

D. 从使用已核销应收账款坏账损失后的平均余额改为核销应收账款坏账损失前的平均余额进行计算

10. 股利发放率是上市公司财务分析的重要指标，下列关于股利发放率的表述中，正确的有（　　）。

A. 可以评价公司的股利分配政策

B. 反映每股股利与每股收益之间的关系

C. 股利发放率越高，盈利能力越强

D. 是每股股利与每股净资产之间的比率

11. 下列财务比率的公式中，正确的有（　　）。

A. 资本保值增值率 = 年末所有者权益总额/年初所有者权益总额 ×100%

B. 所有者权益增长率 = 本年所有者权益增长额/年初所有者权益 ×100%

C. 营业现金比率 = 经营活动现金流量净额/营业收入

D. 全部资产现金回收率 = 经营现金净流量/平均总资产 ×100%

12. 市净率指标的计算需要涉及的参数包括（　　）。

A. 每股市价

B. 期末普通股股数

C. 期末普通股净资产

D. 期末普通股股本

13. 下列有关计算每股收益的表述中，正确的有（　　）。

A. 认股权证、股份期权等的行权价格高于当期普通股平均市场价格时，应当考虑其稀释性

B. 行权价格和拟行权时转换的普通股股数，只能按照认股权证合同不能按照股份期权合同确定

C. 在股票价格比较平稳的情况下，可以采用每周或每月股票的收盘价作为代表性的价格

D. 在股票价格波动较大的情况下，可以采用每周或每月股票最高价与最低价的平均值作为代表性价格

14. 某公司2019年初对外发行了100万份认股权证，每份认股权证可以认购一股普通股，行权价格为3.5元/股，2019年该公司净利润为200万元，发行在外的普通股加权平均股数为500万股，普通股市场价格为4元，则下列结果正确的有（　　）。

A. 基本每股收益 = 200/500 = 0.40（元/股）

B. 稀释每股收益 = 200/(500 + 100) = 0.33（元/股）

C. 认股权证持有者有可能行权

D. 认股权证持有者不可能行权

15. 对于可转换公司债券，计算稀释每股收益时，下列表述中正确的有（　　）。

A. 作为分子的净利润金额一般不变

B. 分子的调整项目为可转换公司债券当期已确认为费用的利息等的税后影响额

C. 分母的调整项目为假定可转换公司债券当期期初或发生日转换为普通股的股数加权平均数

D. 分母的调整项目为假定可转换公司债券转换为普通股的股数

16. 计算下列各项指标时，其分母需要采用平均数的有（　　）。

A. 基本每股收益

B. 应收账款周转次数

C. 总资产净利率

D. 每股净资产

17. 下列关于每股收益的表述中，正确的有（　　）。

A. 企业利用回购库存股方式减少发行在外的普通股股数会使每股收益增加

B. 企业将盈利用于派发股票股利就会稀释每股收益

C. 对投资者来说每股收益是综合性的盈利

概念

D. 每股收益是一个绝对数指标，在不同行业、不同规模的上市公司之间不具有可比性

18. 下列关于市盈率的表述中，不正确的有（　　）。

A. 市盈率越高，意味着投资者对该股票的评价越高

B. 市盈率越高，意味着企业未来成长的潜力越大，投资于该股票风险越小

C. 市盈率越低，意味着投资者对该股票的评价越低

D. 市盈率越低，意味着企业未来成长的潜力越小，投资于该股票风险越大

19. 下列说法正确的有（　　）。

A. 上市公司每股股利发放多少，除了受上市公司获利能力大小影响以外，还取决于企业的股利分配政策

B. 上市公司的市盈率一直是广大股票投资者进行中长期投资的重要决策指标

C. 每股净资产 = 期末普通股净资产/期末发行在外的普通股股数

D. 资产负债率 × 权益乘数 = 产权比率

20. 反映收益质量的财务指标有（　　）。

A. 营业现金比率

B. 全部资产现金回收率

C. 净收益营运指数

D. 现金营运指数

三、判断题

1. 一般而言，企业存货需要量与企业生产及销售规模成正比，与存货周转一次所需天数成反比。（　　）

2. 资产负债率与产权比率的区别是：前者侧重于揭示财务结构的稳健程度，后者侧重于分析债务偿还安全的物质保障程度。（　　）

3. 企业在评价产权比率适度与否时，要在保障债务偿还安全的前提下，尽可能提高产权比率。（　　）

4. 某公司今年与上年相比，营业收入增长 10%，净利润增长 8%，资产总额增加 12%，负债总额增加 9%。可以判断，该公司净资产收益率比上年下降了。（　　）

5. 净资产收益率反映了企业所有者投入资本的获利能力，说明了企业筹资、投资、资产营运等各项财务及其管理活动的效率。（　　）

6. 资本保值增值率是企业期末所有者权益总额与期初所有者权益总额的比值，可以反映企业当年资本的实际增减变动情况。（　　）

7. 在净收益营运指数的计算中，经营净收益是净利润与非付现费用之差。（　　）

8. 相关比率是某项财务活动中所费与所得的比率，反映投入与产出的关系。（　　）

9. 政府对企业财务分析的关注点因所具身份不同而异。（　　）

10. 综合绩效评价包括管理绩效的定量评价和财务绩效的定性评价，它们所占的权重同等重要。（　　）

11. 人们一般将每股收益视为企业能否成功地达到其利润目标的计量标志，也可以将其看成一家企业管理效率、盈利能力和股利来源的标志。（　　）

12. 上市公司盈利能力的成长性和稳定性是影响其市盈率的重要因素。（　　）

13. 市盈率是评价上市公司盈利能力的指标，市盈率越高，企业未来成长的潜力越大，说明投资风险越小。（　　）

14. 市盈率是评价上市公司盈利能力的指标，它反映投资者愿意对公司每股净利润支付的价格。（　　）

15. 市净率指标反映了每一股在账面上到底值多少钱，它与股票面值、发行价值、市场价值乃至清算价值等往往有较大差距。（　　）

16. 认股权证、股份期权等的行权价格高于当期普通股平均市场价格时，应当考虑其稀释性。（　　）

17. 要求上市公司编制并披露管理层讨论与分析的目的在于，使公众投资则能够有机会了解管理层自身对企业财务状况与经营成本的分析与评价。（　　）

18. 企业财务绩效定量评价是在管理绩效定性评价的基础上进行的。（　　）

19. 在采用因素分析法进行财务分析时，既可以

按照各因素的依存关系排成一定的顺序并依次替代，也可以任意颠倒顺序，其计算结果是相同的。（　）

20. 市盈率是反映股票投资价值的重要指标，该指标数值越大，表明投资者越看好该股票的投资预期。（　）

四、计算分析题

1. 已知某公司2019年会计报表的有关资料如表10－2所示。

表10－2

资产负债表项目	年初数	年末数
资产（万元）	8 000	10 000
负债（万元）	4 500	6 000
所有者权益（万元）	3 500	4 000
利润表项目	**上年数**	**本年数**
主营业务收入净额（万元）	（略）	20 000
净利润（万元）	（略）	500

要求：

（1）计算杜邦财务分析体系中的下列指标（凡计算指标涉及资产负债表项目数据的，均按平均数计算）：①净资产收益率；②总资产净利率（保留三位小数）；③主营业务净利率；④总资产周转率（保留三位小数）；⑤权益乘数。

（2）用文字列出净资产收益率与上述其他各项指标之间的关系式，并用本题数据加以验证。

2. 已知某企业上年营业收入为6 900万元，全部资产平均余额为2 760万元，流动资产平均余额为1 104万元；本年营业收入为7 938万元，全部资产平均余额为2 940万元，流动资产平均余额为1 323万元。

要求：

（1）计算上年与本年的全部资产周转率（次）、流动资产周转率（次）和资产结构（流动资产占全部资产的百分比）。

（2）运用差额分析法计算流动资产周转率与资产结构变动对全部资产周转率的影响。

3. 某公司2019年的有关资料为：年初总资产为250万元，年末总资产为200万元，总资产周转率为0.6次。2020年有关资料为：年末流动比率为200%，年末速动比率为120%，年末资产总额为200万元，年末流动负债为35万元，年末长期负债为35万元，年初存货为30万元。2020年营业净利率为21%，总资产周转率为0.8次，存货周转率为5次，该企业流动资产中只有货币资金、应收账款和存货。

要求：

（1）计算该公司2020年末的流动资产总额、年末资产负债率和净资产收益率。

（2）计算该公司2020年的存货、营业成本和营业收入。

（3）运用差额分析法计算2020年与2019年相比，资产周转率与平均资产变动对营业收入的影响。

五、综合题

1. 某公司有关资料如表10－3所示。

表10－3

项目	2017年	2018年	2019年
净利润（万元）		3 600	4 000
销售收入（万元）		26 000	30 000
年末资产总额（万元）	20 000	30 000	36 000
年末股东权益总额（万元）	18 000	20 000	26 000
年末普通股总数（万元）	16 000	16 000	16 000
普通股平均股数（万元）		16 000	16 000

假定2018年、2019年普通股每股市价均为6.5元。

要求：

（1）分别计算2018年、2019年下列指标（要求所涉及的资产负债表数值取平均数）：

①营业净利率；②总资产周转率；③权益乘数；④平均每股净资产；⑤每股收益；⑥市盈率。

（2）用连环替代法分析营业净利率、总资产周转率、权益乘数、平均每股净资产对每股收益指标的影响程度。

2. 某企业2019年12月31日的资产负债表（简表）如表10－4所示。

表10－4　　单位：万元

资产	期末数	负债及所有者权益	期末数
货币资金	300	应付账款	300
应收账款净额	900	应付票据	600
存货	1 800	长期借款	2 700
固定资产净值	2 100	实收资本	1 200
无形资产	300	留存收益	600
资产总计	5 400	负债及所有者权益总计	5 400

该企业2019年的营业收入为6 000万元，营业净利率为10%，净利润的50%分配给投资者。预计2020年营业收入比2019年增长25%，为此需要增加固定资产200万元，增加无形资产100万元，根据有关情况分析，企业流动资产项目和流动负债项目将随营业收入同比例增减。

假定该企业2020年的营业净利率和利润分配政策与上年保持一致，该年度长期借款不发生变化；2020年末固定资产净值和无形资产合计为2 700万元。2020年企业需要增加对外筹集的资金由投资者增加投入解决（假设不考虑折旧与摊销的影响）。

要求：

（1）2020年需要增加的营运资金。

（2）2020年需要增加对外筹集的资金（不考虑计提法定盈余公积的因素，以前年度的留存收益均已有指定用途）。

（3）2020年末的流动资产额、流动负债额、资产总额、负债总额和所有者权益总额。

（4）2020年的速动比率和产权比率。

（5）2020年的流动资产周转次数和总资产周转次数。

（6）2020年的净资产收益率。

（7）2020年的所有者权益增长率和总资产增长率。

本章考点巩固练习题参考答案及解析

一、单项选择题

1.【答案】C

【解析】适用比较分析法进行财务分析时要注意的问题是：（1）用于对比的各期指标在计算口径上必须保持一致；（2）剔除偶发性项目的影响，使分析所利用的数据能反映正常的生产经营状况；（3）运用例外原则对某项有显著变动的指标作重点分析。

2.【答案】A

【解析】建造合同、长期资产购置合同中的分阶段付款，也是一种承诺，应视同需要偿还的债务，属于降低短期偿债能力的表外因素。选项BC会增加企业短期偿债能力，选项D不影响企业短期偿债能力。

3.【答案】B

【解析】通常认为速动比率应当大于1，低于1则被认为是短期偿债能力偏低。但这只是一般的看法。因行业不同速动比率也有很大差别，不能一概而论。例如采用大量现金销售的商店，几乎没有应收账款，大大低于1的速动比率也是正常的。

4.【答案】C

【解析】产权比率=负债总额/所有者权益总额×100%，这一比率越高，表明企业长期偿债能力越弱，债权人权益保障程度越低，所以选项BD不正确；产权比率高，是高风险、高报酬的财务结构，财务杠杆效应强，所以选项C正确，选项A不正确。

5.【答案】B

【解析】

(1) 设企业营业收入为x，则根据按照营业收入计算的存货周转次数有：x/存货=5，存货=x/5。

(2) 根据按照营业成本计算的存货周转次数有：4=(x-2 000)/存货，存货=(x-2 000)/4。

(3) 解方程：x/5=(x-2 000)/4，可以得出，x=10 000万元。

(4) 营业净利率=1 000/10 000×100%=10%。

6.【答案】D

【解析】速动比率是用速动资产除以流动负债，在速动资产中，应收账款的变现能力具有一定的不确定性，所以应收账款的变现能力是影响速动比率可信性的最主要因素。

7.【答案】C

【解析】选项A会使流动负债和流动资产同时增加，营运资本不变；选项B会使企业实际的偿债能力降低，选项D不会提高短期偿债能力。只有选项C，可以使营运资本增加，因而会提高短期偿债能力。

8.【答案】C

【解析】普通股数=500/(4-2)=250(万股)；所有者权益=250×30=7 500(万元)；资产负债率=5 000/(5 000+7 500)=5 000/12 500=40%。

9.【答案】C

【解析】资产负债率=负债总额/资产总额，权益乘数=资产总额/权益总额，产权比率=负债总额/权益总额。所以，资产负债率×权益乘数=(负债总额/资产总额)×(资产总额/权益总额)=负债总额/权益总额=产权比率。

10.【答案】D

【解析】应收账款周转率=6 000/[(300+500)/2]=15(次)，应收账款周转天数=360/15=24(天)。

11.【答案】C

【解析】经营杠杆系数=(息税前利润+固定成本)/息税前利润=1+9/息税前利润=4，解得：息税前利润=3万元，故利息保障倍数=3/1=3。

12.【答案】A

【解析】在财务绩效评价的经营增长状况评价中，修正指标是销售利润增长率、总资产增长率和技术投入比率。

13.【答案】B

【解析】毛利率=1-营业成本率，存货周转率=营业成本/平均存货余额，营业收入相同的情况下，毛利率越高，营业成本越低，存货平均余额相同的情况下，存货周转率越低。

14.【答案】B

【解析】调整增加的普通股股数=250×(1-3.5/4)=31.25(万股)，稀释每股收益=500/(1 250+31.25)=0.39(元)。

15.【答案】B

【解析】所有者权益增长率=(1.5-1.25)/1.25=20%。

16.【答案】B

【解析】每股留存收益增加=每股收益-每股现金股利=4-1=3(元)，股数=留存收益增加/每股留存收益增加=1 200/3=400(万股)，所有者权益=400×30=12 000(万元)，权益乘数=(12 000+6 000)/12 000=1.5。

17.【答案】D

【解析】总资产净利率=营业净利率×总资产周转率，与权益乘数无关。

18.【答案】B

【解析】股利发放率=每股股利/每股收益，所以本题的正确答案为B。

19.【答案】A

【解析】一方面，市盈率越高，意味着企业

未来成长的潜力越大，也即投资者对该股票的评价越高，反之，投资者对该股票评价越低。另一方面，市盈率越高，说明投资于该股票的风险越大，市盈率越低，说明投资于该股票的风险越小。所以本题的正确答案为A。

20.【答案】A

【解析】应收账款的年初余额是在1月初，应收账款的年末余额是在12月末，这两个月份都是该企业的生产经营淡季，应收账款的数额较少，因此用这两个月份的应收账款余额平均数计算出的应收账款周转速度会比较高。

二、多项选择题

1.【答案】ACD

【解析】利用效率比率指标，可以进行得失比较，考察经营成果，评价经济效益。相关比率是以某个项目和与其有关但又不同的项目加以对比所得的比率，反映有关经济活动的相互关系。利用相关比率指标，可以考察企业有联系的相关业务安排得是否合理，以保障经营活动顺畅进行。选项B不正确，选项D正确。效率比率是某项财务活动中所费与所得的比率，反映投入与产出的关系。选项C正确。构成比率又称结构比率，是某项财务指标的各组成部分数值占总体数值的百分比，反映部分与总体的关系。利用构成比率可以考察总体中某个部分的形成和安排是否合理，以便协调各项财务活动。选项A正确。

2.【答案】CD

【解析】存货周转次数是衡量和评价企业购入存货、投入生产、销售收回等各环节管理效率的综合性指标。一般来讲，存货周转速度越快，存货占用水平越低，流动性越强，存货转化为现金或应收账款的速度就越快，这样会增加企业的短期偿债能力及盈利能力。

3.【答案】CD

【解析】影响速动比率可信性的重要因素是应收账款的变现能力，其原因是：应收账款不一定都能变成现金；季节性生产的企业应收账款存在季节性波动。

4.【答案】ACD

【解析】速动资产主要是剔除了存货，其原因是：存货变现速度较慢；部分存货可能已抵押；存货成本和市价可能存在差异。

5.【答案】ABCD

【解析】分析资产负债率要结合以下几个方面。结合营业周期分析：营业周期短的企业，资产周转速度快，可以适当提高资产负债率；结合资产构成分析：流动资产占比较大的企业，可以适当提高资产负债率；结合企业经营状况分析：兴旺期间的企业可以适当提高资产负债率；结合库管经济环境分析：如利率和通胀水平。当利率提高时会加大负债的成本，企业应降低资产负债率；结合资产质量和会计政策分析；结合行业差异分析：不同行业的资产负债率有较大差异。

6.【答案】ACD

【解析】利息保障倍数=息税前利润/应付利息支出=(净利润+利润表中的利息费用+所得税)/应付利息，应付利息不仅包括财务费用中的利息费用，还应包括计入固定资产成本的资本化利息。

7.【答案】ACD

【解析】一般来说，应收账款周转率越高、周转天数越短表明应收账款管理效率越高。在一定时期内应收账款周转次数多、周转天数少表明：(1) 企业收账迅速，信用销售管理严格；(2) 应收账款流动性强，从而增强企业短期偿债能力；(3) 可以减少收账费用和坏账损失，相对增加企业流动资产的投资收益；(4) 通过比较应收账款周转天数及企业信用期限，可评价客户的信用程度，调整企业信用政策。

8.【答案】AD

【解析】选项AD使资产减少，总资产周转率上升；选项B使资产增加，总资产周转率下降；选项C不会造成资产变化，总资产周转率不变。

9.【答案】AB

【解析】应收账款周转天数=365×应收账款/

周转额，选项 A 和选项 B 会导致应收账款周转天数减少；选项 C 和选项 D 会导致应收账款周转天数增加。

10.【答案】AB

【解析】反映每股股利和每股收益之间关系的一个重要指标是股利发放率，即每股股利分配额与当期的每股收益之比。借助于该指标，投资者可以了解一家上市公司的股利发放政策。所以本题的正确答案为选项 AB。

11.【答案】BCD

【解析】资本保值增值率 = 扣除客观因素后的期末所有者权益总额/期初所有者权益总额 ×100%。

12.【答案】ABC

【解析】市净率 = 每股市价/每股净资产，其中：每股净资产 = 期末普通股净资产/期末发行在外的普通股股数。如果存在优先股应从股东权益中减去优先股权益，包括优先股的清算价值及拖欠的优先股股利，得出普通股权益。

13.【答案】CD

【解析】认股权证、股份期权等的行权价格低于当期普通股平均市场价格时，应当考虑其稀释性，选项 A 不正确；行权价格和拟行权时转换的普通股股数，按照有关认股权证合同和股份期权合约确定，选项 B 不正确；普通股平均市场价格通常按照每周或每月具有代表性的股票交易价格进行简单算术平均计算。在股票价格比较平稳的情况下，可以采用每周或每月股票的收盘价作为代表性的价格，在股票价格波动较大的情况下，可以采用每周或每月股票最高价与最低价的平均值作为代表性价格，选项 CD 正确。

14.【答案】ABC

【解析】普通股市场价格高于执行价格时，认股权证持有者有可能行权，当然也可能等待观望以期股价涨得更高，以得到更高的差价。但认股权证持有者不可能行权肯定是不正确的，只有在股票市价低于执行价格时认股权证持有者才不可能行权。

15.【答案】BC

【解析】对于可转换公司债券，计算稀释每股收益时，分子的调整项目为可转换公司债券当期已确认为费用的利息等的税后影响额；分母的调整项目为假定可转换公司债券当期期初或发生日转换为普通股的股数加权平均数。

16.【答案】ABC

【解析】对于比率指标，当分子、分母是一个时期指标，另一个是时点指标时，为了计算口径的一致性，应把取自资产负债表的时点指标取平均数。基本每股收益 = 归属于公司普通股股东的净利润/发行在外的普通股加权平均数；应收账款周转次数 = 营业收入/应收账款平均余额；总资产净利率 =（净利润/平均总资产）×100%；每股净资产 = 期末普通股净资产/期末发行在外的普通股股数，因此选项 D 的分母不是平均数。

17.【答案】ABC

【解析】每股收益这一财务指标在不同行业、不同规模的上市公司之间具有相当大的可比性，因而在各上市公司之间的业绩比较中被广泛地加以引用。此指标越大，盈利能力越好，股利分配来源越充足，资产增值能力越强。

18.【答案】BD

【解析】市盈率越高，意味着企业未来成长的潜力越大，但投资于该股票的风险也越大；市盈率越低，意味着企业未来成长的潜力越小，但投资于该股票的风险也越小。

19.【答案】ABCD

【解析】每股股利反映的是上市公司每一普通股获取股利的大小。每股股利越大，则企业股本获利能力就越强；每股股利越小，则企业股本获利能力就越弱。但须注意，上市公司每股股利发放多少，除了受上市公司获利能力大小影响以外，还取决于企业的股利分配政策，选项 A 正确；上市公司的市盈率一直是广大股票投资者进行中长期投资的重要决策指标，选项 B 正确；每股净资产 = 期末普通股净资产/期末发行在外的普通股股数，资产负债率 × 权益乘数 = 产权比率，选项 CD 正确。

20.【答案】CD

【解析】选项 AB 是反映获取现金能力的指标；选项 CD 是反映收益质量的指标。

三、判断题

1.【答案】√

【解析】存货属于变动性资产，随营业收入变化成正比例变化；存货周转天数越短，取得同样多营业收入占用的存货就越少，所以企业存货需要量与存货周转天数成反比。

2.【答案】×

【解析】资产负债率与产权比率的区别是：前者侧重于分析债务偿付安全性的物质保障程度，后者侧重于揭示财务结构的稳健程度。

3.【答案】√

【解析】企业在评价产权比率适度与否时，应从提高获利能力和增强偿债能力两个方面综合考察，要在保障债务偿还安全的前提下，尽可能能提高产权比率。

4.【答案】√

【解析】与上年相比，其营业收入增长超过净利润增长，所以营业净利率下降了；资产总额增加超过营业收入增加，所以总资产周转率下降了；资产总额增加超过负债总额增加，所以权益乘数下降了。由于净资产收益率 = 营业净利率 × 总资产周转率 × 权益乘数，因此，可以判断，该公司净资产收益率比上年下降了。

5.【答案】√

【解析】净资产收益率反映了企业所有者投入资本的获利能力，说明了企业筹资、投资、资产营运等各项财务及其管理活动的效率。

6.【答案】×

【解析】资本保值增值率是扣除客观因素后的期末所有者权益总额与期初所有者权益总额的比值。

7.【答案】×

【解析】净收益营运指数 = 经营净收益/净利润；其中，经营净收益 = 净利润 − 非经营收益。

8.【答案】×

【解析】效率比率是某项财务活动中所费与所得的比率，反映投入与产出的关系；相关比率是以某些项目和与其有关但又不同的项目加以对比所得的比率，反映有关经济活动的相互关系，利用相关比率指标，可以考察企业相互关联的业务安排得是否合理，以保障经营活动顺畅进行。

9.【答案】√

【解析】政府兼具多重身份，既是宏观经济管理者，又是国有企业的所有者和重要的市场参与者，因此政府对企业财务分析的关注点因所具身份不同而异。

10.【答案】×

【解析】综合绩效评价包括管理绩效的定性评价和财务绩效的定量评价，前者权重占30%，后者权重占70%；管理绩效的定性评价包括战略管理、发展创新、经营决策、风险控制、基础管理、人力资源、行业影响、社会贡献等方面内容，财务绩效的定量评价包括盈利能力状况、资产质量状况、债务风险状况、经营增长状况等方面内容。

11.【答案】√

【解析】对投资者来说，每股收益是一个综合性的盈利概念，能比较恰当地说明收益的增加或减少。人们一般将每股收益视为企业能否成功地达到其利润目标的计量标志，也可以将其看成一家企业管理效率、盈利能力和股利来源的标志。

12.【答案】√

【解析】影响股票市盈率的因素有：第一，上市公司盈利能力的成长性；第二，投资者所获报酬率的稳定性；第三，市盈率也受到利率水平变动的影响。所以说上市公司盈利能力的成长性和稳定性是影响市盈率的重要因素的说法是正确的。

13.【答案】×

【解析】市盈率越高，意味着企业未来成长的潜力越大，也即投资者对该股票的评价越高，但是市盈率越高，说明投资于该股票的风险越大。

14.【答案】√

【解析】市盈率＝每股市价/每股收益，由市盈率的计算公式可知本题正确。

15.【答案】√

【解析】市净率＝每股市价/每股净资产，指标反映每一股在账面上到底值多少钱，它与股票面值、发行价值、市场价值乃至清算价值是不同的含义。

16.【答案】×

【解析】认股权证、股份期权等的行权价格低于当期普通股平均市场价格时，应当考虑其稀释性。

17.【答案】×

【解析】要求上市公司编制并披露管理层讨论与分析的目的在于，使公众投资则能够有机会了解管理层自身对企业财务状况与经营成本的分析与评价，以及企业未来一定期间的计划。

18.【答案】×

【解析】企业财务绩效定量评价是指对企业一定期间的获利能力、资产质量、债务风险和经营增长四个方面进行定量对比分析和评判。管理绩效定性评价是指在企业财务绩效定量评价的基础上，通过采取专家评议的方式，对企业一定期间的经营管理水平进行定性分析和综合评判。

19.【答案】×

【解析】采用因素分析法时应注意因素分解的关联性、因素替代的顺序性、顺序替代的连环性、计算结果的假定性。因素分析法所计算的各因素变动的影响数，会因替代计算顺序的不同而有差别。

20.【答案】√

【解析】市盈率的高低反映了市场上投资者对股票投资收益和投资风险的预期，市盈率越高，意味着投资者对股票的收益预期越看好，投资价值越大。

四、计算分析题

1.【答案】

(1) 计算杜邦财务分析体系中的下列指标。

①净资产收益率＝500/[(3 500＋4 000)/2]＝13.33%

②总资产净利率＝500/[(8 000＋10 000)/2]＝5.556%

③主营业务净利率＝500/20 000＝2.5%

④总资产周转率＝20 000/[(8 000＋10 000)/2]＝2.222（次）

⑤权益乘数

平均负债＝(4 500＋6 000)/2＝5 250

平均资产＝(8 000＋10 000)/2＝9 000

权益乘数＝1/[1－(5 250/9 000)]＝2.4

(2) 用文字列出净资产收益率与上述其他各项指标之间的关系式，并用本题数据加以验证。

净资产收益率＝营业净利率×总资产周转率×权益乘数＝2.5%×2.22×2.4＝13.33%

2.【答案】

(1) 上年全部资产周转率＝6 900/2 760＝2.5（次）

本年全部资产周转率＝7 938/2 940＝2.7（次）

上年流动资产周转率＝6 900/1 104＝6.25（次）

本年流动资产周转率＝7 938/1 323＝6（次）

上年流动资产占全部资产的百分比＝1 104/2 760＝40%

本年流动资产占全部资产的百分比＝1 323/2 940＝45%

(2) 流动资产周转率变动的影响＝(6－6.25)×40%＝－0.1（次）

资产结构变动的影响＝6×(45%－40%)＝0.3（次）

由于流动资产周转率降低使总资产周转率下降0.1次，由于流动资产比重增加导致总资产周转率提高0.3次，两者共同作用使总资产周转率提高0.2次(2.7－2.5)。

3.【答案】

(1) 流动资产总额＝流动负债×流动比率＝35×200%＝70（万元）

资产负债率＝(35＋35)/200＝35%

权益乘数＝1/(1－35%)＝1.54

净资产收益率＝营业净利率×总资产周转率×权益乘数＝21%×0.8×1.54＝25.87%

(2) 年末存货 = 70 − 35 × 120% = 28（万元）
平均存货 = (30 + 28)/2 = 29（万元）
营业成本 = 存货周转率 × 平均存货 = 5 × 29 = 145（万元）
营业收入 = 总资产周转率 × 平均资产总额 = 0.8 × 200 = 160（万元）
(3) 2019 年营业收入 = 总资产周转率 × 平均资产总额 = 0.6 × [(250 + 200)/2] = 135（万元）
总资产周转率提高对营业收入的影响 = (0.8 − 0.6) × [(250 + 200)/2] = 45（万元）
平均资产总额下降对营业收入的影响 = 0.8 × (200 − 225) = −20（万元）

五、综合题

1.【答案】
(1) 2018 年营业净利率 = 净利润/营业收入 = 3 600/26 000 = 13.846%
2018 年总资产周转率 = 营业收入/平均资产总额 = 26 000/[(20 000 + 30 000)/2] = 1.04
2018 年权益乘数 = 平均资产总额/平均权益总额 = [(20 000 + 30 000)/2]/[(18 000 + 20 000)/2] = 1.3158
2018 年平均每股净资产 = 平均股东权益/平均普通股股数 = [(18 000 + 20 000)/2]/16 000 = 1.1875（元）
2018 年每股收益 = 净利润/年末普通股股数 = 3 600/16 000 = 0.225（元）
2018 年市盈率 = 每股市价/每股收益 = 6.5/0.225 = 28.89（倍）
2019 年营业净利率 = 净利润/营业收入 = 4 000/30 000 = 13.33%
2019 年总资产周转率 = 营业收入/平均资产总额 = 30 000/[(30 000 + 36 000)/2] = 0.91
2019 年权益乘数 = 平均资产总额/平均权益总额 = [(30 000 + 36 000)/2]/[(20 000 + 26 000)/2] = 1.435
2019 年平均每股净资产 = 平均股东权益/普通股平均股数 = [(20 000 + 26 000)/2]/16 000 = 1.4375（元）
2019 年每股收益 = 4 000/16 000 = 0.25（元）
2019 年市盈率 = 6.5/0.25 = 26（倍）
(2) 2018 年每股收益 = 营业净利率 × 总资产周转率 × 权益乘数 × 平均每股净资产
= 13.846% × 1.04 × 1.3158 × 1.1875 = 0.225（元）
第一次替代 = 13.33% × 1.04 × 1.3158 × 1.1875 = 0.2166（元）
第二次替代 = 13.33% × 0.91 × 1.3158 × 1.1875 = 0.1895（元）
第三次替代 = 13.33% × 0.91 × 1.435 × 1.1875 = 0.2067（元）
第四次替代 = 13.33% × 0.91 × 1.435 × 1.4375 = 0.25（元）
销售净利率下降的影响 = 0.2166 − 0.225 = −0.0084（元）
总资产周转率下降的影响 = 0.1895 − 0.2166 = −0.0271（元）
权益乘数提高的影响 = 0.2067 − 0.1895 = 0.0172（元）
平均每股净资产提高的影响 = 0.25 − 0.2067 = 0.0433（元）
合计使 2019 年每股收益提高 = −0.0084 − 0.0271 + 0.0172 + 0.0433 = 0.025（元）
2019 年每股收益 = 营业净利率 × 总资产周转率 × 权益乘数 × 平均每股净资产
= 13.33% × 0.91 × 1.435 × 1.4375 = 0.25（元）

2.【答案】
(1) 2020 年需要增加的营运资金 = 6 000 × 25% × [(3 000/6 000) − (900/6 000)] = 525（万元）
(2) 2020 年需要增加对外筹集的资金 = 525 + 200 + 100 − 6 000 × (1 + 25%) × 10% × 50% = 450（万元）
(3) 2020 年末的流动资产额 = 300 + 900 + 1 800 + 6 000 × 25% × [(300 + 900 + 1 800)/6 000] = 3 750（万元）
2020 年末的流动负债额 = 300 + 600 + 6 000 × 25% × [(300 + 600)/6 000] = 1 125（万元）
2020 年末的资产总额 = 3 750 + 2 100 + 300 + 200 + 100 = 6 450（万元）

2020年末的负债总额 = 1 125 + 2 700 = 3 825（万元）

2020年末的所有者权益总额 = 6 450 - 3 825 = 2 625（万元）

（4）2020年末的速动比率 = [3 750 - 1 800 × (1 + 25%)]/1 125 = 1.33

2020年末的产权比率 = 3 825/2 625 = 1.46

（5）2020年的流动资产周转次数 = 6 000 × (1 + 25%)/[(300 + 900 + 1 800 + 3 750)/2] = 2.22（次）

2020年的总资产周转次数 = 6 000 × (1 + 25%)/[(5 400 + 6 450)/2] = 1.27（次）

（6）2020年的净资产收益率 = 6 000 × (1 + 25%) × 10%/[(1 200 + 600 + 2 625)/2] = 33.90%

（7）2020年的所有者权益增长率 = (2 625 - 1 200 - 600)/(1 200 + 600) = 45.83%

2020年的总资产增长率 = (6 450 - 5 400)/5 400 = 19.44%